游戏运营

高手进阶之路

饭大官人／著

電子工業出版社
Publishing House of Electronics Industry
北京•BEIJING

内 容 简 介

这是一本系统的、成体系的、注重运营效能、强化系统思维、提升专业认知的书籍。本书几乎完整覆盖了一个游戏运营人员日常工作中的方方面面，并从工作中具体的业务场景出发，归纳整理出各种解决问题的方法论。

本书为广大游戏从业者建立了完整的知识技能成长体系，包含两大岗位基本功——内容输出和协作推进，四大职业技能——活动策划、版本管理、用户运营、数据分析，三大通用能力——学习、管理、沟通能力。各个章节均独立成文，每篇内容至少深入解决一个问题。

如果你是一个工作 0～2 年的运营新人，顺着读下去，相信本书中的一些技巧能够快速帮你确立部门内的核心地位。如果你是一个工作 2～5 年的运营人，建议你带着问题从各个章节中寻找答案，获取方法论后应用到自己的工作之中，相信你一定会收获比过往更满意的结果。

图书在版编目（CIP）数据

游戏运营：高手进阶之路 / 饭大官人著. —北京：电子工业出版社，2018.1
ISBN 978-7-121-32848-0

Ⅰ. ①游… Ⅱ. ①饭… Ⅲ. ①游戏－电子计算机工业－工业企业管理－运营管理 Ⅳ. ①F407.67

中国版本图书馆 CIP 数据核字（2017）第 247853 号

责任编辑：董　英
印　　刷：三河市龙林印务有限公司
装　　订：三河市龙林印务有限公司
出版发行：电子工业出版社
北京市海淀区万寿路 173 信箱　　邮编：100036
开　　本：720×1000　1/16　印张：26　字数：525 千字
版　　次：2018 年 1 月第 1 版
印　　次：2023 年10月第 17 次印刷
定　　价：79.00 元

凡所购买电子工业出版社图书有缺损问题，请向购买书店调换。若书店售缺，请与本社发行部联系，联系及邮购电话：（010）88254888，88258888。

质量投诉请发邮件至 zlts@phei.com.cn，盗版侵权举报请发邮件至 dbqq@phei.com.cn。
本书咨询联系方式：010-51260888-819，faq@phei.com.cn。

参加工作的第 0～24 个月，平均每周工作 7×14 小时
参加工作的第 25～39 个月，平均每周工作 7×15 小时
参加工作的第 40～48 个月，平均每周工作 6×13 小时
参加工作的第 49～75 个月，平均每周工作 6×12 小时
……

像这种工作强度的笨蛋
要么是工作能力太差导致的工作时间长
要么就是为了在领导面前表现自己故意刷加班时长
当然了，也可能是其他什么别的原因
但今天，这个笨蛋写了一本书
……

一个不折腾会死星人
终身求道者，对专业有极限追求的手艺人
献给游戏人、运营人、职场人的礼物

You know some birds are not meant to be caged
their feathers are just too bright

游戏运营技能树

技能树	技能	技能定义
基本功	内容输出	负责准确传达信息
	协作推进	驱动他人协同配合
岗位技能	活动策划	完成运营 KPI 的利器
	用户运营	经营用户，输出价值
	版本管理	负责产品调整优化
	数据分析	协助决策，验收结果
通用能力	学习能力	影响个人成长的能力 具体定义见百科词条
	管理能力	
	沟通能力	
知识点	经济学	影响业务质量的知识 具体定义见百科词条
	心理学	
	行为学	

“我相信能在端游、页游、手游同时管用的方法论，以后做任何风口、任何平台的游戏都能管用。”

“当你把书中的知识框架完全吃透，变成自己的条件反射，用在自己的工作中，看看自己解决问题的思路清晰了多少，看看自己的头发茂密了多少，看看运营的数据涨了多少……”

“案例只是用了游戏行业的案例，你可以把书中提炼出来的知识框架套用在整个大互联网领域，我相信也是行之有效的。”

“最后三个章节的内容，你可以把书中提炼出来的知识框架套用在整个互联网职场里，我相信你会认为管用的。”

“我们可以打个赌，十年之后，重新审视书中的内容，看看它们会不会过时或落伍。”

序

日本有一个纪录片《寿司之神》，讲述的是在日本东京地铁银座站的地下室，有一个只有 10 个卡座的寿司餐厅，店内没菜单、没小菜、没酒水，只有“主厨推荐”寿司，菜品一律以当天的材料时价计算。可就是这个毫不起眼的寿司餐厅，曾连续两年荣获米其林三星最高评鉴，被誉为值得花一辈子排队等待的餐厅，来这里吃寿司至少要提前一个月预订。其店主小野二郎以 86 岁高龄被吉尼斯世界纪录鉴定为“全世界最年长的米其林三星大厨”。

片中有一句话值得我们每个游戏从业者铭记：“一旦你决定好自己的职业，你必须全心投入工作之中，你必须爱自己的工作，千万不要有怨言，你必须穷尽一生磨炼技能，这就是成功的秘诀，也是让人家敬重你的关键。”

我曾经在英雄互娱的集团年会上跟大家提到，我欣赏的职场人应该具备两颗心：一颗是责任心，另一颗是进取心。人在完成一项工作时，能力是基础，态度是关键。拥有责任心通常意味着对自己的工作高度负责，输出的结果有价值、可交付。拥有进取心意味着永远不满足于现状，渴望有所建树，不断争取更好的结果。这两颗心交织在一起，就是职业精神！

小野二郎先生终其一生都在做寿司，完美寿司背后是绝不妥协的信念和态度：一个人不仅将自己所从事的工作当作自己的事业，更是作为一种精神寄托！正是将这种职业精神发挥到了极致，他才能够交付如此完美的作品。

做游戏，在某种意义上而言是一样的。

中国游戏行业从来不缺少创业人，缺少的是职业人，谁能够把自己的专业雕琢到极致，谁的竞争优势才能最强大，谁才能具有真正的不可替代性，谁才能够永远在复杂环境下立于不败之地。

小到一个个体，大到一家公司，我们身处的时代最需要什么样的精神？在有些人一味追求物质刺激而精神世界越来越贫乏的时代，我们企业的下一个增长动力从哪里来？如何做出不一样的游戏，做出用户喜欢的下一个时代的东西？

我想，本书从某个角度给了我们答案。

饭大官人是一个典型的“不折腾会死星人”，在他成长的那些年，对很多事情充满了好奇心和破解欲，愿意花费足够多的精力去钻研它们，正是这种不断学习、不断打磨自己专业能力的精神成就了今天的他。放在武侠小说里，用“武痴”这个词形容他毫不为过。

他有着非常亮丽的过往，在端游、页游、手游三个年代经历过三款明星项目，擅长写作也喜欢分享，长期以来在行业媒体上发表的经验心得类文章深受业内人士的追捧，对游戏运营有着自己独到而深刻的理解，其专业能力毋庸置疑。我们第一次见面，他就说想写一本书，我问他初衷，他挠了挠头说：“我喜欢游戏，既然进入了这个行业，总得做点什么吧！”

中国游戏行业迄今已经发展了十几个年头，关于游戏运营的知识大都零碎地藏在网络之中，并没有形成科学的知识体系。眼下，这个对专业能力有着极致追求的手艺人，穷尽自己所能完成了一本书，为游戏行业做出了自己的贡献。

书中的很多内容都是在他过往经历中曾经被证明过的、行之有效的工作方法论，难能可贵的是，本书足够系统，包含一个游戏运营人成长过程中所需掌握的知识体系，小到发邮件、写公告，大到完成运营目标、团队管理、个人成长……值得很多游戏从业者仔细研读。

最后，感谢作者为我们这个行业提供如此有价值的学习教材！同时也期望有更多具备职业精神的手艺人创造与众不同的价值，从而让游戏行业得到更好的发展！

应书岭
英雄互娱创始人、董事长、CEO

我在《运营之光：我的互联网运营方法论与自白》一书中就曾提到过：从 2016 年开始，在整个互联网圈内，大家渐渐意识到需要终结“运营”这样一个职能的“认知混乱”，慢慢建设起更多成型的方法论和知识体系。

从事实来看，也的确如此——从 2016 年以来，包括我的《运营之光：我的互联网运营方法论与自白》在内，先后有多本运营主题的书籍面世，引起了一小波“运营热”。这一波“运营热”让整个互联网行业对于“运营”的认知有了一轮全面的提升。

然而，在我看来，我们谈论“运营”也会分为两种角度或语境。

其一，是更为宏观、通用、普世的语境。

在这样的语境下，我们更应该站在整个互联网产业的角度上去思考“运营”这个职能出现和存在的必要性与合理性，它与传统的市场营销、品牌、销售之间的关系是怎样的，它有哪些通用的、我们必须掌握的工作方法或思路，作为一个厮混于互联网圈的运营人的职业发展路径是怎样的，以及它又存在着哪些宏观的规律。

其二，则是立足于某个特定行业，更加专精、深入的语境。

具体来说，在我们掌握和理解了足够多的基础认知、通用工作方法和手段之后，你会发现，如果聚焦到某个特定领域，各种手段如何结合业务形态来进行组织和衔接，仍然是非常考验人的。

比如，如果你愿意去深入了解，你就会发现，在电商、游戏、社区、教育、医疗、企业服务等各类特定领域，运营的打法、逻辑天差地别，完全不同。

在我看来，过去两年里，互联网业内基本已经完成了对于第一个语境的学习和认知一致，而接下来，更多运营从业者乃至创业者们迫切需要补齐的是第二个视角。

据此，我也有一个小小的预测——未来的 1 到 2 年，关于运营会有更多一线高手从第二种语境切入，来系统梳理和分享自己在某个垂直行业中的运营经验。我觉得，这对于很多在各行业浸淫了多年，对于各种运营打法熟稔无比，同时又乐于分享，希望借助自己的总结和经验来帮助这个行业变得更好的高手来说，也许是一种必然。

幸运的是，我们已经开始看到这样的人出现——本书的作者饭大官人，正是一个典型的游戏行业中的顶尖运营高手。

他从最基础的一线客服做起，一路成了国内顶尖游戏的产品运营总监，先后操盘过诸多明星产品，创造过数十亿元收入流水。从游戏行业的竞争激烈程度来看，说他是一个从“死人堆”中爬出来的高手，也毫不夸张。

更为难得的是，饭大官人是一个既认真，又诚恳，还擅长讲述的顶尖高手。

我第一次与饭大官人见面，是因为我们想要找他来一起合作推出一个课程。为了这次见面，他特意花了两天时间研究了我们的业务和产品，做了大量准备，到了见面时，他用短短 20 分钟，凭借着自己在游戏行业中多年来操盘用户激励体系的经验，为我快速梳理出了一套针对我们的业务在用户行为引导和激励方面的全面优化建议。在讲述的过程中他运用了大量模型和工具，把一些晦涩的专业知识讲得深入浅出，所给出的建议则既准又狠，几乎是毫无保留地把他的专业经验和核心心法和盘托出，令我们顿时惊为天人。

听这样一个人跟你讲游戏的运营，可谓再合适不过。

你手里捧着的这本书，正是饭大官人本人毫无保留的分享。可以说，其中的诸多内容，尤其是关于如何提升产品营收部分，可谓游戏行业中价值极高，甚至很多人可能都不愿意拿出来公开讲的内容。

对于所有游戏行业的运营从业者来说，这样一本书的出现，可以说是莫大的幸事。

我愿意在此认真地把这本书推荐给所有仍在运营岗位上摸爬滚打的从业者，以及所有会涉及运营团队管理的创业者们。

相信你与我一样，必不会失望。

黄有璨
三节课联合创始人
《运营之光：我的互联网运营方法论与自白》作者

当人工智能、区块链等概念成为新的风向标时，我们都知道“移动互联网已成为上一个风口”。

但从另一方面看，任何行业都会由新兴期逐渐进入成熟期。一个真正靠实力存活下来的企业，在每个行业的不同发展时期，都会采用不同的发展策略：新兴期，机会多，重在快，重在抢地盘，重在圈用户；成熟期，新用户少，新机会少，重在精，重在细分，重在建立壁垒。

手游是移动互联网最具市场代表性的领域，既刺激又充满了神秘感。远有《阴阳师》的全民 SSR，近有《王者荣耀》的月入 30 亿元，不管是用户，还是收入，手游都成了移动互联网在中国最成功的应用领域，不是之一。而且，以中国企业目前的发展态势来看，我们极有可能借助这个行业向全球实现真正意义上的反向文化输出（注意：它是真正的全球化，而不是只做亚洲大中华文化圈的伪全球化），如果成真，这将成为中国互联网发展历程中史诗般的成就。

然而，当这个行业逐渐进入成熟期，在流量成本陡升、新增骤减、头部产品和头部企业更加集中、各个产品都在激烈争夺用户时间的时候，对于我们身在竞争中心的这些创业者来说，最佳的竞争策略是什么？答案很明确：一是细分化+高品质的产品，二是精细化运营。前者是研发，负责孕育产品；后者是运营，负责把产品“养大成人”。两者都是需要极具耐心且极具智慧的，未来，只有能把两者彻底打通并运转到位的企业，才可能“见到后天的太阳”。

这是一本有关运营的书，但这绝不仅仅是只关运营的书，它的可贵之处在于，通过运营的视角，告诉读者一些“成功产品背后鲜为人知的秘密”。甚至，你可以通过这个视角重新审视所有的互联网领域乃至更广泛的其他领域，你会发现：这本书介绍的很多思维模式、方法概念，同样适用，同样有效。

我与饭大官人虽相识已久，但从未谋面，一直通过文字学习其经验、了解其思想，他很多运营方面的文章我都会转发给自己的团队，不仅要求团队成员研读，还时不时地组织讨论，团队成员和我都从中受益良多。

如今，饭大官人能抽出宝贵时间系统地整理自己的理论和经验，对我等同行实在是一件幸事。我创业四年，目前余香也正处于加强运营的关键节点，一切都像安排好的，在我们最需要的时候，“它”出现了。作为长期关注“有效方法”的实战派，我向互联网同行、手游同行、运营同行郑重推荐此书：学习，落地，必将有所收获。

谢廷宝
成都余香 CEO
《潮爆三国》《魂武者》制作人

对于已经上线的游戏，一般情况下，我们都通过运营来获取各种信息，除了常规的“留存”和“付费”之外，我们还经常会通过深度数据分析、用户调研、竞品体验对比等方法，对游戏的运营状态进行判断。运营被誉为战斗在产品的第一线。毫不夸张地说，一个好的运营足以左右游戏上线后的走向与市场表现。

什么是好的运营？我的认知是，拥有丰富的理论体系，但不盲从于固有的经验；曾与用户零距离接触，也经历过大量挫折教训；具备强大的洞察能力，并精通所有的执行归纳；了解行业的各类变革，且懂得顺势而为，不逆流而上；掌握极多游戏的数据，也绝不闭门造车，不专行独断；善于沟通，善于应变，善于学习，善于创新。

饭大官人的这本书给我的感受是非常诚恳，非常接地气。如果你是新手，这本书可以教给你非常多的基础概念与信息；如果你还在学习的路上，这本书可以和你产生非常多的共鸣；如果你是运营高手，这本书依然可以作为很好的工具，里面有非常多的表单可以帮助你完善思考的维度。

如今的游戏行业，做产品越来越难。在我看来，没有方法论的运营新手，对项目成功概率的贡献几乎为零，这话虽不中听，但如果有了这样的认知，反而离目标越来越近，衷心希望这本书能够对大家有所帮助。

曹楠
龙拳网络 CEO
《拳皇 98 终极之战》制作人

游戏行业经历了端游、页游、手游三个大时代。在当今的环境下，头部公司快速迭代产品占据市场份额，后面梯队的公司不断调整策略来应对市场环境和用户需求的变化，在飞速发展的行业背景下，每个人都会感受到危机。如何有效地快速打造自己的核心竞争力，是每个人都会焦虑的问题。

在我的职业生涯里，有一个如今焦虑时代里少有的“明白人”，那就是本书的作者——饭大官人。7 年前，我们曾有过一段合作共事的时光，在研发商指派的对接人中，他是我们团队最受欢迎的对象，事无大小，但凡是从他手里交付的结果总是远超我们的期待，其专业能力、责任心、自我驱动力给我们留下了深刻的印象。

这个“不折腾会死星人”对自己的专业能力有着极限、苛刻、近乎疯狂的追求，这些年他的经历让人艳羡，永远在学习、探索、求知，正是这份独有的秉性，才成就了如今的他。

行业里同时拥有“端页手”多款成功项目经验的人本就极少，行业里能把成功的经验总结成方法论的人更少，行业里愿意无私地将这些经验分享出来的少之又少。如今，同时满足这 3 个条件的饭大官人，愿意把自己的经历、知识、方法论出版成书，实乃行业幸事。我相信，每个游戏从业者都能够从本书中收获自己想要的东西。

周舟
腾讯互娱
北大光华管理学院 EMBA 硕士
《择天记》《六龙争霸 3D》《全民无双》手游发行制作人

游戏圈是个拥有高度不确定性的行业，产品研发完成上线取得一定成绩后，续作反而遭遇“滑铁卢”。有一些失败的原因我们似乎渐渐明白了，而另一些失败的原因则直到产品被遗忘都没有头绪。

当产品获得一些成绩时，也许参与产品制作的人也未必知道为什么能获得这样的成绩。所以延续过往经验，可能是个错误的开始。

我们还是相信，游戏行业有方法可寻。我们听到或者看到一些经验分享时，都期待干货，期待实用的工具，能够拿来直接使用。可是大部分情况下都是听起来振奋做起来失落。毕竟他人分享的背后是不同的团队基因与文化传承，很多都不能直接拿来使用，要思考融合，要调整适应。

我是个相信方法论的人，研发的方法、运营的方法、管理的方法。一个团队可以做多大的事情，很大程度上取决于方法论这个杠杆。现状是多数人的方法论体系不够完整，信息流转不严谨，只能不断犯错，同时也在从别人的错误中学习和成长。可这实在太慢了。也许一些团队用 6 个月获得的一个试错经验，却只是别人的基本功而已。

饭大官人是我认识的朋友中将学以致用、刻意练习做到优秀的佼佼者之一。难能可贵的是他花费了大量时间，将自己对运营的理解与实践成体系地分享给这个行业的从业者。书中讲述的东西一个人想要自己全部经历，也许需要 5 年甚至更久，所以本书对于这个行业来说是一笔不小的财富。

郑重推荐给大家，一起学习，践行。价值之大，可能远超我们的想象。

甄朝珺
雷尚科技 VP

作为一直在做出海的发行，我们团队需要把产品向百余个国家输出，其中各区域的用户行为习惯、文化理念都有所不同，如何能够在海外获得成功，首先无可厚非的是合适的产品，其次是专业的发行团队。其中运营环节承载着调优、营收、本地化等核心工作。个人理解：运营的专业与否将直接影响一款产品的成与败。

正因为运营有着如此大的作用，所以在游戏圈里运营岗也是最容易“上位”的岗位。有些运营最终成为知名公司的 COO，有些运营带着不甘离开了这个行业。同样的起点，不同的终点。跟前者在一起讨论问题时总是让我如沐春风，缜密的思维逻辑、有效的工作方式以及不断自我提升的诉求，无论上述哪一点都让我备感激励和启发。与后者交流……总之结束后很快忘记刚刚都聊了什么内容。

饭大官人作为我最佩服的游戏圈大牛之一，愿意写书确实是游戏圈同行的一大福音。我本以为这将是一本告诉新人如何入行或告诉高阶运营如何突破自我的书，但这本书却两者兼而有之。

书中的章节构思极其精巧，通过渐进的方式向从业者讲述了一个运营经历的各个阶段，你能看到扎实的基本功沉淀，科学的工作方法论，优秀的领导力，合理的时间管理和自我成长。看似是一本授经之作，但我个人觉得更像是一本开放式的自传，通过精准有效的实例和发散式的思维引导，以阶段性的描述让读者知道在不同阶段作为当事人的心境与眼界是如何变化的，字里行间，你可以感受到满满的诚意。

蔡克文

万达院线游戏海外负责人

运营可以说是互联网这个行业里入门门槛最低的岗位，不需要会编程也不需要你会设计，一张白纸即可。从踏入运营行业的第一天起，随着时间的积累，白纸上会涂写出各式各样的笔画，最后呈现出怎样的画卷取决于自己。踏实的执行能力在白纸上画下轮廓，对问题保持思考让空间丰富立体，而思维模式会让整个画卷丰富多彩，甚至美轮美奂。

为什么喜爱画画的那么多，成为画家的却那么少？换言之，成为优秀的运营人难吗？

很难，前进的路上并没有几盏灯为你指明方向，黑夜行走可能会撞得遍体鳞伤，而走错路回头时几年时光已流逝。

从互联网出现运营开始，从早几年的不被认同，到前几年逐渐被认可，再到如今必不可少，走过了太多辛酸不易。同为运营出身，深知运营的不易，而如今的运营身处岗位价值认同的环境中，不需要担心前路艰险，你抬头看，远处，又一盏灯正在为我们亮起。

饭大官人的这本书不只教我们如何把事情做好，更多的是教我们如何思考，以及训练自己的思维模式。整本书由浅入深，执行化思维、流程化思维、结构化思维融入字里行间，读完好不痛快，合上书品一品，有滋有味。希望各位未来不止于优秀，也希望一起为未来的路上点亮更多的灯。

孙秀龙
天象互动运营总监
前《刀塔传奇》运营负责人

记得 2015 年的时候，各个手游媒体公众号都在推一个叫“饭大官人”的文章，此君笔名风骚，文字犀利，观点独到，那段时间游戏行业的朋友圈时不时被他写的东西刷屏，我带着好奇心和交流专业的目的，找饭大官人吃了一顿饭。

不知道为什么，很多作者的气质和他们写的文字并不那么“搭”。第一次听冯大辉现场演讲我惊呆了，这么内向的人竟然能写出如此犀利的文字，对饭大官人的第一印象也是如此。

当时的他刚好处在离职状态，但是他没有一丝焦虑，他很清楚自己想要什么，自己能得到什么。整个聊天过程他一直从容淡定，语速不快，你能从他说的每一句话里感受到他的真诚，以及一种高手独有的、一切尽在掌握的自信。

后来饭大官人又攒了一个局，把一些公司的运营负责人都拉到了一个群里。大家都知道，运营都是闷头做事的，不喜欢社交。后来我们发现，这个群就是用来实时交流业务的，我想，只有对专业有极致追求的人才会如此。

更让我自愧的是，饭大官人不但跟游戏圈的人交流业务，还通过自己的专业能力结交了很多游戏圈外的大佬，感觉他只要愿意，就能通过专业搞定任何事，我想这就是他的自信来源吧。

饭大官人是“见过世面”的人，有些人从业许多年都没做过几千万元的产品，而饭大官人早期就积累了很多顶级明星项目经验，这份履历是极其稀有和宝贵的。但这种经验很多人都藏着掖着，不愿意分享。

几个月前，他为了写书特地辞去了工作，闭关几个月，把自己过往的一切，系统地、毫无保留地分享出来，从字里行间你能够感受到一个对业务有极限追求的人最大的诚意。

打不死的小强

《游戏运营手册》《小白学运营》作者

初入职场，有幸与作者共事过两年，之后就再也没机缘共事过。两条射线以各自独特的风格相互欣赏着，发展着，都是从行业最基础的岗位开始，一晃眼 9 年过去了……回头想想，这 9 年间出彩的事做过不少，可是现在一一数来感觉却近乎平淡。可以先沾沾自喜地说自己提升了，但是理性思考一下，之所以能一次一次地把事情“做出彩”，那些能把事情前呼后应上下承接的方法和技巧几乎是一样的。我认为作者应该与我有同样的感触。

请允许我个人给作者贴几个标签：“理想家”、“实干家”和“渔者”。

“理想家”，通常在刚接手一份工作或者一个项目时，就会不自觉地流露出一种一览众山小、不是针对谁的气场。因为在接手的瞬间，便为自己定下目标，这个目标一定是高于同事、同行的水准的。“如有神助”的力量，源自于内心那个既定硕果的版图投影。

“实干家”，能够落到我们手上的事情，通常都是极其难搞的攻坚型业务，进入实际操作环节，迅速列出多种方案，拆出核心环节。再以特定的方法和技巧穿插实现，那种感觉真是沛然莫之能御。

“渔者”，不为鱼而渔，只为鱼儿上钩那一瞬息丰收的成就喜悦。可是当别人在羡慕他的满载而归时，谁知道这些“鱼”让他经历过什么？！

本书，当然也不会讲述那些经历，而是简要分享一个实干家应有/必备的方法与技巧。运营是什么并不重要，重要的是无论运营做什么，最终目的都是驱动团队实现目标。而这个“目标”最好由“运营”或者“你”自己划定。所谓不为鱼而渔，享受你的职业。

刘贺贺

资深运营人

说几个我了解到饭大官人的小细节。2015 年因为投稿合作的关系与饭大官人结识，在他的第一封投稿邮件里，有一句话让我印象很深："我要树立一个符号，通过认认真真做内容俘获读者的心。"

怎么说呢？他在很多方面都有自己的偏执。比如抵制标题党，虽然经常还是被我说服；比如从来不提他过往的那些明星项目，也很不愿我们以此作为文章的噱头。他最爱说的一句话是："识货的自然识货。"

作为一名资深运营，我认为他已经把很多事情作为本能了。比如在沟通上就特别为对方考虑，他不像一般的作者把稿件扔过来就完事，而是每次都会把文章的构思与诉求告诉我们，这无疑高效地降低了沟通成本；同时他也很注意营销，比如投来第一篇稿子时他就对我说"这样质量的稿子我还有 10 篇"，那我肯定是全都要了。

在我认识的诸多游戏运营之中，饭大官人可以说是最爱阅读的人之一。通过大量阅读书籍，以及多款成功项目实战经验的历练，他建立了一套完整的知识框架体系。这本书，正是凝练着他多年的心得经验体会，如果有人要选一本书学习游戏运营，那么这本书就再合适不过了。

邓梁

《游戏葡萄》主编

前言

我是一个极其幸运的人，经历了中国游戏行业端游、页游、手游三个年代的黄金时期，早年所经历过的几家公司都是高速发展的明星公司，运营的均是行业里的明星产品，其中端游和页游月收入峰值均超过了 5000 万元，运营的手游更是一度长期霸占畅销榜，月收入轻松跨进了亿元俱乐部。

能做到以上这些，肯定不是一个人的功劳。我恰好幸运地身处于这几款产品的运营团队之中，我们只是很好地尽到了自己应尽的本分，完成了一个又一个的运营指标，于是就蹭到了一些光环。

长久以来，我都是在团队内分享，2015 年第一次通过游戏葡萄（行业内面向商家的垂直媒体）发表自己关于游戏运营的经验心得，意外地收获了很多的转发和称赞，渐渐地在圈内有了一点小名气。当我面对很多同行读者提问时，发现行业内大多数人的迷茫和痛苦都是自己曾经经历过的，这不禁让我回想起职业生涯早期阶段走过的那些弯路。

自我工作的第 18 个月起，开始在业务上独当一面，随着自己的工龄渐长，从上司那里获得的大多数是如何经营跨部门之间的关系，获得纯粹来源于业务层面的指导越来越少……

经历了一些事情之后，渐渐地发现经营好关系能够让自己的职场位置很安全，但对解决问题的帮助始终有限，一切都靠自我摸索尝试，野蛮生长，我深知这种痛苦，一种想把事情做好、但是最后结果有落差的那种痛苦。

很多时候，如果努力、走心、拼尽全力也得不到更好的结果，那么很可能并非态度问题，并非资源问题，而是能力问题。好比打篮球，会打的人很省力气，不会打的人也能靠态度积极和良好的身体素质使劲折腾，但是从效能和结果上来看，往往不尽如人意。

在任何一个领域，想要追求最好的结果，最终还是依靠专业能力。于是，我主动放弃所有无法为自己提供能力成长的事情，把几乎所有的精力集中在同很多行业内外的业务高手交流、学习、共同成长上。天道酬勤，渐渐地越来越多的事情结果让公司感到满意，渐渐地在很多事情上拥有了一种确认感，渐渐地建立了自己的知识体系。

迄今为止，我输出的所有经验类文章里，从来不提任何产品的名字（我不想蹭任何产品的光环），在输出这些经验心得时，心中一直秉持的是总结出共性的规律，这种规律是经历过端游、页游、手游三个时期的共同验证的，唯有如此才能够经得起时间的考验，沉淀为真正有价值的东西。

如今我尽我所能，将这些年的业务积累提炼出各种解决问题的方法论，罗列在本书内，写给游戏行业里那些期望快速成长但是又相对迷茫的运营人。

自己背负了这么大一个包袱——写给行业的书，动笔之前深感压力巨大，不过领英的创始人雷德·霍夫曼（Reid Hoffman）先生曾经说过的话给了我一些信心："如果你不为你发布的东西感到一点点尴尬，那就说明你等的时间太长了。它只需好到对人们有用就行了，此外并没有什么天大的秘密。"

所以，我已经尽自己最大的努力，创造了最小化可行产品（Minimum Viable Product）。

第 1 章　系统思考与表达，升级自己的认知系统

清单思维是运营人最重要的思维方式，掌握了这种思维方式，任何复杂多变的工作都会变得容易掌控。本章通过一线业务场景帮助大家建立清单思维，它将受用于你的整个职业生涯。

第 2 章　活动设计就是用户行为设计

活动几乎就是运营的一切，是安身立命之本，所有的运营 KPI（关键绩效指标）都通过活动达成，在工作中占据最高权重，当我们拥有了顶级活动设计的意识形态时，就可以通吃整个互联网行业。

第 3 章　营收有道，商业策划基本功

赚钱是企业的生命线，本章讲述了我做运营和研发以来积累的所有关于营收的经验心得，告诉你如何在有限的用户量下，有节奏地管理好版本，做好产品营收。

第 4 章　知识武装大脑，构建核心竞争力

通过一系列案例介绍了经济学、心理学、行为学的底层知识，并讨论如何将这些知识应用于自己的游戏研发和运营之中。

第 5 章　运营就是最大化输出用户价值

运营的工作就是最大化输出用户价值，本章从五个角度去分析如何输出用户价值，介绍从零开始搭建一个用户成长体系的思路，以及提升用户满意度的具体方法论。

第 6 章　沟通协作，如何推进跨部门业务

从游戏上线场景说起，穷尽了一款 S 级产品上线的全部业务清单，以及如何推进业务，做好沟通协作，科学化地提升运营工具效率。

第 7 章　不止是用心，我的团队管理方法论

我从业以来的所有团队管理心得，即如何从零开始组建团队，培养团队，为团队赋能，设计规章制度，从而让自己成为甩手掌柜的方法论。

第 8 章　学习与成长，进阶高手之路

本章分享了自己快速打造职场竞争力的心得体会，掌握了正确的方法就能快速脱颖而出，迅速形成正循环，短短几年就能走完别人好多年才能走完的路。

在本书之前，游戏行业里关于运营的让我印象深刻的书有两本，一本是《小白学运营》，另外一本是《游戏数据分析的艺术》，鉴于这两本书，本书的定位选择了差异化。

这是一本系统的、成体系的、注重运营效能、强化系统思维、提升专业认知的书。如果你是一个工作 0～2 年的运营新人，顺着读下去，相信本书中的一些技巧能够快速帮你确立部门内的核心地位。如果你是一个工作 2～5 年的运营人，建议你带着问题从各个章节中寻找答案，获取方法论后应用到自己的工作之中，相信你一定会收获比过往更满意的结果。

很多时候企业家的战略和愿景很美好，但往往执行落地很困难。本书中的内容几乎覆盖了一个游戏运营人员日常工作中的方方面面。各个章节均独立成文，每篇文章至少深入解决一个问题。

如同游戏一样，知识体系也是不断进化和迭代的，本书的所有内容都来源于我从事运营工作以来长期积累的经验心得、价值观和方法论，这些内容一定存在个人局限性，以及很多有待改进的空间。如果你在阅读的过程中，感觉到欲言又止，往往是我不敢确认的部分，希望各位读者能够理解，如果你希望深入探讨，私下约我好了。

欢迎大家关注我的个人微信公众号“饭大官人”（ID：fanfan19860403），我将对书中的内容进行深入讨论，持续不断地迭代它们。

肯尼迪在就任美国总统时发表了一篇就职演说，其中有这一句话："不要问你们的国家能为你们做些什么，而是要问你们能为国家做些什么。"看到这句话时我甚为触动，希望这本书能够帮助运营人快速成长，运用书中的知识运营人能够高效快速地解决问题，这也算是我为自己所处的行业做出的一点点贡献。

茨威格在《人类的群星闪耀时》一书中写道："一个人生命中最大的幸运，莫过于在他的人生中途，即在他年富力强的时候，发现了自己的使命。"

读者服务

轻松注册成为博文视点社区用户（www.broadview.com.cn），扫码直达本书页面。

- **提交勘误**：您对书中内容的修改意见可在 提交勘误 处提交，若被采纳，将获赠博文视点社区积分（在您购买电子书时，积分可用来抵扣相应金额）。
- **交流互动**：在页面下方 读者评论 处留下您的疑问或观点，与我们和其他读者一同学习交流。

页面入口：http://www.broadview.com.cn/32848

术语列表

英文缩写	英文解释	中文解释
ACU	Average Concurrent User	平均同时在线用户
AU	Active User	活跃用户
APA	Active Payment Account	活跃付费账号
ARPU	Average Revenue Per User	平均每用户收入
ARPPU	Average Revenue Per Paying User	平均每付费用户收入
AccRu	Accumulated Registered user	累积注册用户
AccAu	Accumulated Active user	累积活跃用户
AccPu	Accumulated Pay user	累积付费用户
CCU	Concurrent User	同时在线人数
CAC	Customer Acquisition Cost	用户获取成本
DAU	Daily Activited User	日活跃用户
MAU	Monthly Activited User	月活跃用户
PCU	Peak Concurrent User	最高同时在线人数
PU	Pay User	付费用户
PUR	Pay Users Rate	付费渗透率
RU	Registered User	注册用户
LTV	Life Time Value	生命周期价值
CPM	Cost Per Mille	每印象成本
CPS	Cost Per Sale	每销售成本
CPA	Cost Per Action	每效果成本
CPC	Cost Per Click	每点击成本
ROI	Return On Investment	投资回报率

续表

英文缩写	英文解释	中文解释
KPI	Key Performance Indicator	关键绩效指标
IPO	Initial Public Offering	首次公开募股
PGC	Professional Generated Content	专业生产内容
UGC	User Generated Content	用户生产内容
FPSG	First Person Shooting Game	第一人称射击类游戏
RPG	Role Playing Game	角色扮演类游戏
ARPG	Action Role Playing Game	动作角色扮演类游戏
MOBA	Multiplayer Online Battle Arena	多人在线战术竞技游戏
LOL	League of Legend	《英雄联盟》
GM	Game Master	游戏管理员
NPC	Non Player Character	非玩家控制角色
Buff	Buff	增益效果
Roll	Roll	掷骰子来决定物品的归属
DPS	Damage Per Second	每秒伤害
PVE	Player Vs Environment	玩家与电脑的战斗
PVP	Player Vs Player	玩家与玩家的战斗

目录

第 1 章　系统思考与表达，升级自己的认知系统 1

1.1　所有运营人的第一课，清单思维 2

1.1.1　清单的价值 3

1.1.2　制作清单的注意事项 4

1.1.3　顶级人才的基础素质 5

1.2　用清单思维建立游戏运营框架 6

1.2.1　游戏行业的大框架 7

1.2.2　游戏运营的目标和业务范畴 8

1.2.3　游戏运营各业务范畴的价值 10

1.3　运营基本功，如何写好运营公告 17

1.3.1　先结构化思考，然后庖丁解牛 17

1.3.2　做足准备，方可面对所有紧急场景 21

1.3.3　未雨绸缪，做好无数的提前量准备 21

1.3.4　运营效率提升工具，建设公告模板 22

1.3.5　新人文案管理，建立运营意识形态 24

1.4　穷尽可能，搭建运营发布渠道 26

1.4.1　打过大仗才能显著提升运营境界 27

1.4.2　通过目标反推宣传执行方案 29

1.4.3　设计好宣传内容，控制好宣传节奏 31

1.5　邮件才是真正的见字如面 32

1.5.1　邮件沟通的重要性 32

1.5.2　为什么会有邮件沟通 33

1.5.3　如何写好邮件内容 34

1.5.4　如何让对方易于理解 36

1.5.5　如何让对方易于执行 41

1.5.6　邮件来往的注意事项 44

1.5.7　如何降低组织间的信息折损 46

第 2 章　活动设计就是用户行为设计 48

2.1　从目的说起，穷尽运营活动清单 49

2.1.1 做用户导入，警惕“垃圾流量” 49
2.1.2 做游戏营收，警惕“吃相难看” 50
2.1.3 各大活动类型介绍 51
2.2 从成长说起，如何系统搭建活动框架 60
2.2.1 初级运营只会抄，高级运营有套路 60
2.2.2 快速成长技巧：反编译竞品活动 62
2.2.3 反编译竞品活动的价值 65
2.3 顶级活动策划应当具备的意识形态 66
2.4 主题篇，既要被发现，也要被传播 70
2.4.1 围绕如何吸引用户而展开 70
2.4.2 用户关注区和传播社交币 71
2.4.3 设计主题的六大套路 72
2.4.4 站在巨人的肩膀上 75
2.5 奖励篇，调动用户参与意愿的关键 76
2.5.1 依据用户、场景、时机设计奖励 78
2.5.2 营收类活动奖励设计心得体验 78
2.5.3 用科学的方法调研奖励需求 80
2.5.4 如何运营“玩家后援团” 81
2.6 规则篇，让双方交换更容易达成 83
2.6.1 理解易、门槛低、路径短，追求参与深度 83
2.6.2 简单和有趣之间的博弈 85
2.6.3 规则设计由繁化简，迭代由简到繁 87
2.6.4 设计活动规则，就是设计交易框架 88
2.7 宣传篇，不是通知用户，而是打动用户 90
2.7.1 经营信息输出渠道 91
2.7.2 依据场景，有针对性地进行内容设计 94
2.7.3 养成好的行为习惯 97
2.8 成本篇，控制活动成本的四个环节 99
2.8.1 策划环节——考验运营的业务经验 99
2.8.2 开发环节——考验运营的开发协作 100
2.8.3 宣传环节——考验运营的规划安排 101
2.8.4 运营环节——考验运营的经营维护 101
2.8.5 人人都想提升效率，降低成本 103
2.9 风险篇，正确认识风险，积极拥抱风险 104
2.9.1 一次活动事故，诸多影响 104
2.9.2 降低活动风险及影响的方法论 106
2.9.3 如何看待和理解风险 108
2.10 数据篇，必须了解的数据分析方法论 110

2.10.1 数据分析的价值所在 110
2.10.2 基于业务理解开展数据分析 111
2.10.3 数据思维：人人心中应该有个漏斗 112
2.10.4 数据思维：建立多维坐标，精细化运营 114
2.10.5 数据思维：不要预设结论，错误归因 115
2.10.6 数据思维：培养数据敏感度 115
2.11 执行篇，执行的关键在于公共人力资源 116
2.11.1 换位思考，估算自己能拿到多少支持 117
2.11.2 从上往下推，还是从下往上推 118
2.11.3 搞关系会来事，有多大的作用 119
2.11.4 如何搞好关系，打造口碑 120
2.12 复盘篇，团队加速成长的秘密 122
2.12.1 如何看待总结复盘 122
2.12.2 分析结果、分析执行过程、分析偏差 123
2.12.3 总结复盘的长期价值 126
2.13 目标只是眼前，目的才是远方 128
2.13.1 目的和目标的区别 128
2.13.2 如何看待老板制定的 KPI 129
2.13.3 依据目标 KPI 规划活动节奏 130

第 3 章 营收有道，商业策划基本功 133

3.1 如何科学化地设计营收节奏 134
3.1.1 新游戏上线第一步，努力做好破冰付费设计 135
3.1.2 新服开启，如何刺激用户消费升级 136
3.1.3 挖坑填坑，如何合理规划营收节奏 140
3.2 商业策划的营收设计案 142
3.3 除了十连抽，随机抽奖还能怎么玩 149
3.4 如何设计有诚意的营收活动 154
3.4.1 为不同类型的用户设计定位 154
3.4.2 设计形式，规则、随机、连接用户 155
3.4.3 实例呈现活动玩法设计过程 158
3.4.4 根据节日情况进行营销包装 160
3.4.5 节日活动设计方法论 161
3.5 做好用户分类，精细化营收 163
3.5.1 从营收角度，聊聊用户分类 163
3.5.2 针对免费用户——努力破冰，创造参与感 164
3.5.3 针对付费用户——性价比原则 165

3.5.4 针对土豪用户——设计竞争付费机制 166
3.6 如何挖掘游戏付费点 167
3.6.1 向最复杂的 RPG 取经，设计游戏付费点 169
3.6.2 通过本质理解付费点 173
3.6.3 设计不同层级的消费选择，并控制好差距 174
3.7 大后期产品如何延长游戏生命周期 175

第 4 章 知识武装大脑，构建核心竞争力 182

4.1 我们是如何被商家操控的 183
4.1.1 经济学指导下的 14 种销售方式 185
4.1.2 打动用户行为的 10 种影响力技巧 185
4.2 7 种提升游戏收入的经济学知识 187
4.2.1 随机博彩 187
4.2.2 组合销售 191
4.2.3 周期订购 194
4.2.4 差异定位 196
4.2.5 竞价拍卖 201
4.2.6 微量 205
4.2.7 绩效结算 207
4.3 7 种提升游戏活跃的经济学知识 209
4.3.1 意愿付费 209
4.3.2 众筹 210
4.3.3 投资理财 212
4.3.4 典当置换 214
4.3.5 共享经济 214
4.3.6 直销 216
4.3.7 动态博弈 217
4.4 10 种影响用户决策行为的技巧 221
4.4.1 技巧 1：锚点对比 221
4.4.2 技巧 2：比例偏见 222
4.4.3 技巧 3：损失规避 224
4.4.4 技巧 4：心理账户 226
4.4.5 技巧 5：沉没成本 227
4.4.6 技巧 6：互惠 228
4.4.7 技巧 7：喜好 230
4.4.8 技巧 8：权威 232
4.4.9 技巧 9：从众 232

4.4.10 技巧 10：承诺一致 234
4.4.11 影响力技巧的使用 235
4.5 从免费说起，问题比答案更有效 237
4.5.1 免费模式背后的经济学成因 237
4.5.2 为什么是他们率先使用了免费 238
4.5.3 学习知识并加以练习 239
4.6 定价与定位，如何最大化地去追求利润 240
4.6.1 价格战背后的逻辑是什么 242
4.6.2 游戏行业的利润杠杆在哪里 243

第 5 章 运营就是最大化输出用户价值 245

5.1 极限挖掘与输出用户价值 246
5.1.1 活跃：开展一切运营行为的前提 247
5.1.2 营收：尽全力让更多的用户付费 249
5.1.3 资料：精细化，平台化运营的前提 249
5.1.4 内容：刺激用户输出内容，塑造游戏文化 251
5.1.5 传播：提供激励规则，促使用户口碑传播 252
5.2 从零开始，搭建平台用户体系 254
5.2.1 平台用户体系——任务 255
5.2.2 平台用户体系——等级 257
5.2.3 平台用户体系——待遇 257
5.2.4 平台用户体系——货币 260
5.2.5 平台用户体系——商城 260
5.2.6 平台用户体系运营策略 261
5.2.7 如何面对渠道的竞争 262
5.3 客服运营不分家，提升用户满意度 263
5.3.1 为什么用户服务质量被忽略 264
5.3.2 一线游戏客服工作现状 265
5.3.3 做好服务是一个系统工程 267
5.3.4 客服业务：问题咨询 268
5.3.5 客服业务：Bug 建议 269
5.3.6 客服业务：数据处理 270
5.3.7 客服业务：VIP 服务和 GS 272

第 6 章 沟通协作，如何推进跨部门业务 274

6.1 运营协作清单，S 级游戏上线那些事 275
6.1.1 游戏研发模块 275

6.1.2 平台支持模块 279

6.1.3 营销推广模块 282

6.2 从封测到公测，科学提升运营效率 284

6.2.1 快速提升运营段位 285

6.2.2 游戏测试的三个阶段 286

6.2.3 科学化决策业务取舍 288

6.2.4 有大局观的负责人如何取舍 291

6.3 99%的人一直错误理解沟通能力 292

6.3.1 游戏公司的前线和后勤 292

6.3.2 不要掉进传话陷阱 294

6.3.3 沟通能力强不是情商高 296

6.3.4 应急沟通话术 297

6.3.5 如何提升沟通能力 298

6.4 产品运营不分家，如何做好业务推进 300

6.4.1 向产品经理学习“需求” 303

6.4.2 先提升能力，再学会来事 304

6.4.3 如何进行内部公关，寻求支持 305

6.4.4 人人都吐槽的问题为何无人解决 307

6.4.5 如何赢得开发团队的深度信任 308

6.4.6 从将才到帅才 310

第 7 章 不止用心，我的团队管理方法论 311

7.1 万用的组建团队方法论 312

7.1.1 寻找能力互补 312

7.1.2 追求性格互补 314

7.1.3 确定团队愿景 315

7.2 如何带好运营队伍 316

7.2.1 每日行为构成 316

7.2.2 设计招聘漏斗 317

7.2.3 关注运营效能 318

7.2.4 面试就是人才储备 319

7.2.5 如何说服对方降薪入职 319

7.2.6 如何处理人员流动 320

7.2.7 树立周期目标，为个人赋能 321

7.2.8 建立部门规则，提升人员素质 322

7.2.9 设计奖惩政策，营造学习环境 322

7.2.10 处理下属犯错 323

7.2.11 如何看待德才兼备 324

7.2.12 什么样的人才值得提拔 324
7.2.13 尽量利益分配透明化 325
7.3 如何设计部门规章制度 326
7.3.1 如何保障有效执行 328
7.3.2 各项规则设计的初衷 329
7.3.3 部门规章制度的迭代 337
7.4 胸有经纬，成就王师之路 338
7.4.1 权力和责任是匹配的 339
7.4.2 大局观，对结果负责 340
7.4.3 提供可交付的结果 341
7.4.4 两个职场新人的成长故事 342
7.4.5 精要思维，做好时间管理 343
7.4.6 “被动技能”与“主动技能” 345
7.4.7 获取对方的意愿 347
7.4.8 避免假装掌握陷阱 348
7.4.9 想要加薪，拿了 OFFER 找我谈 349

第 8 章 学习与成长，进阶高手之路 351

8.1 人在职场，如何快速打造个人竞争力 352
8.2 道、法、术、器之间的概念和关系 356
8.3 过目难忘，极其牢固掌握知识技能的秘密 360
8.4 海量知识随时获取的时代，如何提升学习效率 363
8.5 锻炼最强大脑，养成学习好习惯 367
8.6 月薪 3000 元到月薪 30000 元的升级之路 371
8.6.1 为什么努力却没有效果 371
8.6.2 修炼专业技能树 372
8.6.3 如何排除干扰持续修炼 374
8.6.4 跳出舒适区，刻意练习 375
8.6.5 让自己进入正循环 377
8.6.6 10000 个小时定律 377
8.6.7 这个世界没有怀才不遇 379
8.7 管理时间账户，通往财富自由之路 380
8.7.1 认识时间账户 380
8.7.2 投资时间管理 382
8.7.3 权衡什么更重要 384
8.7.4 复用每份时间 385
8.7.5 如何保障执行 386
8.7.6 天才都是工作狂 386

第 1 章　系统思考与表达，升级自己的认知系统

清单思维是运营人最重要的思维方式，掌握了这种能力，任何复杂多变的工作都会变得容易掌控，成功建立清单思维，将受用于整个职业生涯。

1.1 所有运营人的第一课，清单思维

运营，从字面上理解，就是运转经营，这意味着企业里面发生的任何事情都能与运营发生联系，其工作的繁重程度早已超出想象，是行业里最复杂的工作，没有之一。无论我们多么小心，总会丢失掉一些关键性的步骤，当运营事故发生后，我们只能采取亡羊补牢的方式去弥补自己的过失，这自然不是我们的追求。

优秀的运营人，必须追求“一次性就把事情做对”的能力，这种能力不是靠态度积极努力、工作细致认真，而是靠一种科学化的管理工具——清单。

清单，顾名思义，是某种表单，即按照某种规则陈列出来的相关条目。我们最常见的就是工资单（如图 1-1 所示），上面包含了多个类目，每个类目上的数据清晰明了，不光帮助人事部门做好了工作管理，还极大地降低了解释成本。这种每个月我们认真观摩思考很久的东西，理所应当要研究如何应用到自己的工作中来。

东 风 HONDA									工 资 单	
部门：	涨断连杆2班		工号：2312			姓名：刘建根		年月：2011-11-9		
基本工资	绩效	住房补贴	岗位工资	应发工资小计						
1736	781	347	250	3114						
独补	特勤	特勤2	加班	餐补	高温费	其他项	行车补贴	购车补贴	补贴小计	
0	104	200	382	139	150	0	0	0	975	
个人养老	个人医保	个人失业	个人公积金	代扣税	借款	房水电	其他扣款	医药费	病事假等	扣款小计
334.32	83.58	0	334		0	0	0	0	0	751.90
公积金缴存										
个人	公司								实发合计	
334	334								3337.10	

图 1-1

在运营过程中，工作范畴繁而杂，我们每个人都避免不了犯错，但犯错也分为两大类型，一种是“无知之错”，一种是“无能之错”，前者可以原谅，后者往往因为粗心大意而产生。

这种愚蠢的错误相信管理者曾经“强调过无数遍”，往往在事故问责的时候，犯错的员工只能低着头说“对不起，我忘了”，管理者往往只能叹气徒呼奈何。

人类的大脑有着天然的缺陷，疲劳会导致记忆不完整、精力不集中，靠自己的大脑、靠互相提醒是很难记住所有事情的，而清单的存在，就是为大脑搭建起了一张“认知防护网”。

那些在很多场景下“一次性就把事情做对”的优秀运营人，其实就是手里多了一张清单。

1.1.1　清单的价值

1．协助执行——减少疏漏，避免遗忘

有些人坐在工位上，工作状态十分多变，偶尔无所事事，突然想起一件事情就手忙脚乱，这种工作状态就是“心中没谱”，此处的“谱”指的就是清单。

对个体而言，每个人每天有多少工作需要完成？事情的优先级和完成标准是什么？对组织而言，每个周期需要完成的工作内容和质量是怎样的？所有的工作都可以通过清单来体现。高层管理者检查部门工作清单，中层管理者检查员工个人工作清单，就能够对团队的工作进行把控。

从执行业务层面而言，典型如测试清单，游戏包上线前要通过多少种测试；例行维护结束后，要通过多少个部门确认才能够开启服务器状态；公告发布后，有无人去线上检查状态。执行清单天生就是为了减少疏漏，避免遗忘。

2．制定框架——建立条理清晰的结构

聪明人做事情从来都能做到分门别类，为复杂的事情建立一种框架，任何混乱的东西都会被梳理得井井有条。典型如组织结构、部门业务范围、职责分工、行为规范等。

越是大公司，组织管理越是条理分明，以某大型互联网公司的晋升通道为例，把所有的岗位分为了 5 大类：技术类、策划类、设计类、市场类、职能类；然后通过这 5 个类别设定了对应的细分领域，并且对各个岗位的要求设计了能力通道，这就是一个晋升框架。

从组织分工而言，在公司运营过程中，各个业务线上的工作都由各个部门去负责，明确责任归属权，在这个基础上，做到权力、责任、利益分配到位，避免业务纠纷，确保事情能够成功执行。这就是一个职能管理框架。如果我们发现了两个部门或人员互相推诿，那就说明职能管理框架不明晰。

3．梳理知识——作为工作手册和行为指南

执行清单更多的是基于具体问题的实际操作，讲的是具体战术打法。但具体的行为背后必然有一套理论、标准作为执行的依据。即：在什么情况下，应该怎么做，做成什么样。

这种业务层面的事情，用清单来管理最合适不过了。公告写作、活动策划通通可以以清单的形式展现，制作清单的过程就是自己梳理知识和流程的过程。

以公告发布为例，本质上是在运营行为中，面对不同的行为建立一种传输给用户的话术，运营中会遇见多少种场景，需要采取怎样的话术，进行怎样的表达，进而向用户传达运营意图。

清单就是部门的培训体系，一旦知识型清单建立完毕，管理者不用再支付大量的培训教学成本，只需要把工作手册（业务清单）扔给新人，新人就可以凭借清单完成对应的操作而不出错。

4．帮助决策——多维度评价，理性决策

人是感性化的，做决策可能会受情绪影响。但是清单能够帮助我们回归理性，帮助我们做出更为科学的选择。

游戏是艺术品，很难评价好坏，当渠道面对着成千上万种游戏，到底怎样分配自己的流量资源，同样也有着一张清单，罗列一系列的评价标准。典型的维度有产品 IP、开发团队、发行公司、运营能力、美术表现、核心战斗、交互体验、玩法创新……经过十几个维度的综合评价，最后加权算出一个总分数，来进行评级定档，然后选择分配对应的资源。

很多风险投资商决策是否投资给某个创业团队，也是凭借一张清单，全面考察该团队的多个维度，来决定是否进行投资行为。股票操作员也是同理，面对着高风险的市场行为决策，自己心中也有一套决策清单，用来保证自己长期赢利。越是高风险的东西，越是自己的核心竞争力，这种清单价值几百上千万不等。

1.1.2　制作清单的注意事项

1．追求相互独立、完全穷尽

MECE，麦肯锡的知识，对于一个重大的命题，能够做到不重叠、不遗漏地分类，而且能够借此有效把握问题的核心，设计解决问题的方法。“相互独立”意味着问题的细分是在同一维度上并有明确区分不可重叠，“完全穷尽”则意味着全面和周密。

我们设计任何清单，都必须确认清单上的所有内容都是清晰的平行关系而不是包含关系（即相互独立），同时还要审视，以保证它同时还囊括了与这一问题有关的所有问题或事项（即完全穷尽）。

2．定义类别、陈述原因、设计权重

定义类别，就是对类别进行解释说明，以避免其他人错误理解。

陈述原因，就是为什么要如此处理，以便于后面的人进行迭代。

设计权重，就是分配各个类别的优先级重要度，以保证精力合理分配。

3．根据情况无限拓展，反复迭代

一旦完成了清单，并不意味着终结，而是要不断进行迭代。

迭代原因 1：环境每时每刻都在发生变化，过去的知识在新环境中可能不管用，所以面对新环境就要做出新的解决方案。

迭代原因 2：设计清单的人可能能力、经历有限，当遇见了新问题，超出了当前清单的处理范围，则需要进行迭代。

迭代原因 3：即使当下的方案不遗漏所有场景并能做到有效处理，但为了追求更好，每时每刻反思自己当下的方案是否拥有优化的空间。

所以，任何一个清单，从被发明的那一刻起，就要面对无数的考验，它的存在能够解决多少问题，是不是最优处理方案，是否拥有迭代的空间。

制作清单的工具非常多，Axure 原型工具、Excel 表格、纸张手绘……工具只是呈现思维的方式，初始工具笔者推荐还是手绘，可以随时开始，随时结束。

当然了，最重要的还是制作清单的思维，它考察的是一个人对于事情的认知深度，设计清单是高密度的智力支付，因为很难，所以才有价值。

以上就是设计清单的具体要点。为了帮助大家深入理解，本书内的很多章节都讲了清单的用法。比如如何写公告、如何写邮件、如何做好运营活动、有哪些销售方式和技巧……几乎每个章节都有清单思维的体现。整本书都是从具体业务场景出发，把设计清单的思路展现给大家。

推荐一本书：《清单革命》，大家可以去豆瓣上搜书评获得核心知识点，如果感兴趣则可以购买原书阅读，其中讲的是医疗卫生相关的案例。我们通过看书学习到的知识，通过思考用于工作中才有价值，无法吸收的知识只能叫信息，过一段时间会忘记。

1.1.3　顶级人才的基础素质

管理 7 个人以内的团队，可以用帮派式的做法和自己事无巨细的检查，但是这种

管理方式总有一个临界值，超过这个临界值，就得使用管理工具。

早年看过一本关于国美的书，黄光裕先生编写了一本内部员工管理手册，可以管理好一家店的同时，复制到全国千千万家店面，一旦建立好了规则，管理 5 个人和管理 50 个人是一样的。虽然我没管过 500 个人，但是我相信再大的公司也是各种部门的组合，是保证部门业务高效运转的清单的合集。我相信很多伟大的公司都存在着类似这样的各种各样的业务管理手册。

靠个人意愿管理是农耕文明，靠清单管理才称得上是科学文明。

清单是工具，同时也是个人、组织的核心资产，是自带体系的表现。一个运营团队的所有清单构成，基本上决定了这个运营团队的过往积累。这些积累存在，就不会因为某几个核心岗位人员的离开，导致业务迅速坍塌。

能制作清单的人，懂得对问题进行深入思考，并尝试设计一劳永逸的解决方案。他们往往讨厌一成不变重复的工作，迫切希望发明清单，然后把这个工作甩给新人。

他们是甩手掌柜，他们管理的团队，每项工作都完成得极其细致，即使负责人三个月不出现在公司，部门依旧可以正常运转。

他们是团队中最宝贵的人才，是智力集中的体现，是系统思考的代表。

他们一旦很轻松地收拾完了自己的本职工作，几乎马上进入倦怠期，此时要不断地提升他们的工作难度，避免他们产生厌倦情绪。

人才主要处理无序化的东西，或者说从无序中设计出有序（继而马上厌倦），而有序性是看得懂字的员工就可以处理的事。

他们对无序化感兴趣，而不感到痛苦。衡量一个人有没有创新者素质，就看他对于没有规则的、无序的东西，是否有兴奋感和破解欲。

积极拥抱变化、驾驭无序、追求不确定性是顶级人才的基础素质。

建立清单思维，开启我们的顶级运营人成长之路。

1.2 用清单思维建立游戏运营框架

一旦涉及框架层的东西，我都在尝试追求相互独立，完全穷尽，但这是一件比较困难的事情，想完成这个任务，其工作量等同于搭建一个 Wiki 百科级的东西。但是行业内也从来没有一个学科和标准去定义，所以我斗胆做出 1.0 版本，在定义的过程中，也是尽力而为，旨在帮助大家以一个组织管理者的维度去理解组织结构、业务结构。

同时以抛砖引玉的姿态，希望更多游戏圈内的人才一同打磨完善，形成共同认识，逐渐完善游戏这个细分领域的学科知识。

经常会有人问我，运营工作范围包含哪些？为什么有些工作职能，感觉市场也可以做，产品也可以做，客服也可以做，工作了两年感觉傻傻分不清楚。

我在职业生涯早期也遇到了类似问题，不管公司大小，部门命名如何，各部门职能如何，永远都存在着中间地带。比如用户、产品调研、数据挖掘、分析、活动策划、执行、内容生产等诸多事情，不光运营能做，营销、产品、客服等部门通通都可以完成。

我早期对运营的理解就是，别人不能做的，不愿意做的，所有的脏活、苦活、累活都归运营去收拾，谁让你是中心部门，天天驱动着其他部门配合你完成业务指标，维持公司的经营运转呢？不找你找谁。

所以，个人为运营人赋予了另外一个含义——职业经理人。

职业经理人对企业经营的结果负责，驱动各个部门完成业务指标，从这个维度来看，运营工作中的所有业务行为与职业经理人并无二致。

1.2.1　游戏行业的大框架

从整个大模块而言，我把游戏这个细分领域分为了四个体系，如图 1-2 所示。

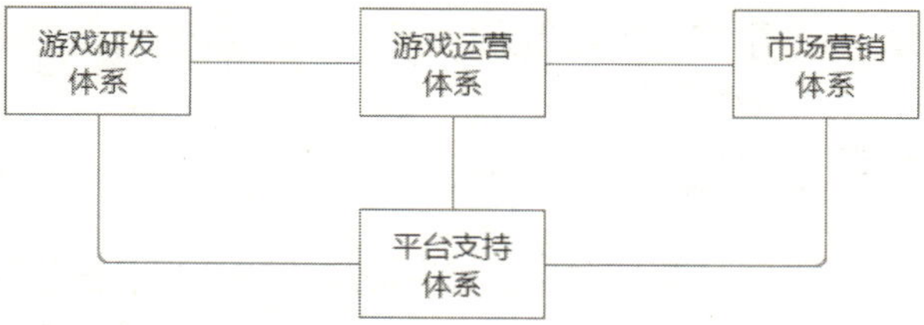

图 1-2

1. 游戏研发体系——对游戏的内容品质负责

游戏本质就是一个内容娱乐产业，又称为第九艺术，同时又是一个商业化的内容型产品，产品品质好，用户留存就高。通常一波新用户进入后，前面 7 天的用户留存情况直接呈现研发能力的强弱。游戏本身好不好玩，是否吸引人，用户会“用脚投票”。

最后用户选择的，一定是同品类中产品综合品质最好的那一个。

2．市场营销体系——对游戏的新进用户数负责

和其他的行业没有任何不同，游戏也需要打造品牌，导入用户，每当产品上线或版本迭代，第一时间就是吸引用户进入。找准用户群定位，花最少的钱导入最多用户。

获取用户的平均成本直接呈现市场营销能力的强弱。

3．游戏运营体系——对留存和收入负责

掌握好整体的运营节奏，并通过各种运营手法满足运营目的，“用户量”和“收入”两大数据指标直接呈现运营能力的强弱。

综上，我们发现，研发追求的指标“用户留存”和市场追求的指标“获客成本”都是为运营的两大指标“用户量”和“收入”服务的。

这两大部门在工作的过程中，跟运营有着无数的联系。

4．平台支持体系——对业务运转的效率和质量负责

平台支持体系是重要的后勤部门，核心目标就是做好一线的服务支持工作，因此追求的指标为“质量”和“效率”。产品、开发、设计、测试，同样也是一支完全服务于运营和市场的研发团队。他们的业务范围：用户体系（注册、登录、充值、成长体系）、网站搭建、运维服务、数据支持、公共美术、开发支持。

各大体系实际工作中负责的内容更多，对应的指标均可划分得更细，这里只是就最重要的进行阐述，鉴于本书主题，我们拆解一下运营需要负责的工作范围。

1.2.2　游戏运营的目标和业务范畴

游戏圈是个大金矿，通过单款产品的爆发成就了一系列上市公司，我的经历横跨了 PC 客户端、网页游戏、移动游戏的黄金年代，此间经历了非常多的工作范畴，即使是未来的其他网络游戏平台载体，运营中的所有工作都是跟“用户量”和“收入”这两个指标直接关联的。

网络游戏从来都是赢家通吃，大家在一个网络游戏里面待着，就没有必要再玩其他同类型的网络游戏了。用户量越多越容易形成一个生态，收入越容易做。

对用户而言运营的工作范畴是：最大化地提供价值，解决用户在游戏过程中遇到

的一切问题。

比如用户玩游戏时遇见了不好的体验，无法登录、服务器卡顿、充值不到账、装备丢失、游戏版本不平衡、失去了追求、即将流失等一切问题都会反馈给运营团队（运营加客服），进而去推动公司各个部门解决。解决得好用户留下，解决得烂用户会投奔竞争对手的怀抱。

对于公司而言运营的工作范畴是：尽全力留住用户，并且最大化地输出用户价值。

最直接的用户价值就是充钱了，我们说的某公司运营“吃相难看”，其实就是一味地追求收入、不顾节奏、不注重用户体验的敛财行为。游戏太黑，破坏游戏体验，用户无法承受，同样意味着流失。

游戏运营的核心在于：在提供给用户价值（期望用户留存）和提供给公司价值（促使用户付费）之间去寻找一个平衡。

综上，我眼中的运营框架都是围绕着“用户量”和“收入”这两个指标的上升而进行搭建的。分拆到具体的工作执行层面，清单如表 1-1 所示。

表 1-1

业务范畴	基本定义	涉及部门
活动策划	为达到各种目的而设计跟用户完成价值交换的行为手段	全部
数据分析	跟活动紧密关联，是事先帮助决策、事后验收效果的行为手段	全部
新闻公告	为达成运营目标，针对不同的用户群体传达的信息内容	市场
游戏资料	游戏资料、数据库、FAQ、攻略帮助用户更好地体验游戏的内容	研发
版本管理	用户意见反馈、Bug 反馈、控制产品版本迭代的沟通型工作	研发
竞品调研	市场竞品调研、评测、分析了解竞品动向的侦测型工作	全部
运营维护	停机维护、版本更新、开服合服、数据调整类沟通执行型工作	平台
工具建设	运营过程中，想办法提升工作运转效率的工具类产品研发工作	平台
用户运营	维系用户关系、输出用户价值的经营管理工作	平台
渠道运营	配合商务，与渠道沟通，互相交换流量的工作	商务
媒体运营	产品官网、自媒体、外部媒体的经营管理工作	市场
营销品牌	协助市场、品牌部门完成的市场行为工作	市场
……	……	……

在各个游戏公司中，组织划分和业务划分略有差异，各部门在协同工作的过程中，往往都是主要负责和协同负责，这里本着职业经理人的姿态，站在运营的角度，列举了工作过程中必然会涉及的业务范畴。

1.2.3 游戏运营各业务范畴的价值

1. 活动策划价值概述

活动策划是游戏运营最核心的业务，完成 KPI 的利器。极易入门，极难精通。

活动的类型分为很多种，其本质就是在一段时间内，用户支付行为（时间和金钱）来获得奖励（物质和精神）的一种价值交换。这是运营达成目的的最重要的手段。

如表 1-2 所示为运营主要负责的四类活动，后面的章节会介绍更多的活动类型。

表 1-2

收入消耗	充值/消耗送，充值/消耗减，充值/消耗抽奖，限时打折
用户活跃	冲级赛，排行榜，登录/在线领奖，投票类，赛事类
内容创作	征集攻略、图片、视频用于游戏文化建设，市场营销行为
市场营销	新手礼包、注册送礼、下载送礼，连续登录 x 天送礼，转发送礼

怎样才算做得好？

用户量持续增加，收入持续增加。

活动做好了，运营的工作就完成了 80%，余下皆是加分项。

2. 数据分析价值概述

数据是客观事实的一种呈现方式，数据能够帮助我们更好地了解情况。在做某件事情之前，数据帮助我们更好地做决策；完成某件事情之后，数据又能够帮助我们验证效果。

这是一门互联网领域的成熟学科，埋点、挖掘、采集、提取、呈现、分析是一个完整的过程，应用于工作中的各个领域。游戏圈研发、运营、市场均会涉及。同样，入门易，精通难。

怎样才算做得好？

完整，准确，及时，提供决策依据，输出价值。

数据分析精通者往往会独立成立一个完整的部门。

3. 新闻公告价值概述

用户群体分为：

（1）未体验游戏的新用户；
（2）正在玩游戏的活跃用户；
（3）玩过一段时间但流失的流失用户；
（4）游戏媒体、渠道的从业者。

针对第一种用户，吸引用户下载游戏体验。
针对第二种用户，满足用户常规需求，宣布运营行为。
针对第三种用户，尝试通过各种手段吸引流失用户回流。
针对第四种用户，努力塑造游戏品牌，获取更多的推广资源。

比如市场商务媒介同事们朋友圈里刷的一些内容其实一部分是刷给同行从业者看的。

怎样才算做得好？

清晰，准确，无歧义，附着影响力，达到影响用户群的目的。

4．游戏资料价值概述

单机游戏年代就有产物了，在经历过 PC 游戏、网页游戏，到如今手机游戏时代，只有那些体量特别大的游戏才有资本建设。游戏资料的价值如下：

（1）帮助新玩家快速上手游戏，避免卡壳流失的官方攻略或 FAQ；
（2）帮助重度游戏玩家确认游戏数据库中的具体数值，深入研究游戏的内容；
（3）媒体也需要游戏资料、攻略，搭建游戏专区，吸引用户，获取流量；
（4）游戏自带社交属性，往往附着用户情感，用户需要交流游戏经验，输出心情。

比较尴尬的是，由于游戏版本经常迭代，所以官方的基础资料建设工作往往跟不上版本迭代，解决办法都知道，研发与运营做好信息同步工作，但是实际执行起来往往……

只有最优秀的运营团队才有精力做好 PGC 和 UGC 的行为，这一块工作内容跟用户运营有重叠。

怎样才算做得好？

提供及时、完整、准确、满足内容需求的信息。

站在互联网大圈内去看，“内容运营 = 新闻公告 + 游戏资料”，极其考验策划和写作功底，是超级稀缺的技能。

5. 版本管理——价值概述

用户在体验游戏的过程中，一定会遭遇 Bug 和生产建议，运营都会通过各种渠道收集整理，并提供给游戏研发进行评估，以便在后面的版本中进行迭代，提升用户体验。

研发的精力往往是有限的，他们的精力主要分配在：

（1）开发新版本内容；
（2）解决老版本 Bug；
（3）优化游戏性能、资源；
（4）协助运营开发工具；
（5）协助其他部门的诸多杂事。

而先做什么、后做什么，则是运营综合各种情况、权衡利弊排出的版本管理进度。

在游戏行业之中，虽然研发在一定意义上等于互联网中的产品经理，但是距离用户更近的则是运营和客服。所以在版本迭代上，基本上是游戏制作人和运营负责人的博弈结果。市场部门偶尔也会参与版本内容的研发，以提炼产品卖点，从而制订推广计划。

怎样才算做得好？

有条不紊的节奏、优秀的人力资源分配和项目管理能力。

做的过程中，是否能够满足各方面需求、团队表现是否从容则是极其考验负责人功底的。

版本内容层面：老板、各需求部门要加这个、加那个，结果把干活的同事逼得要死要活，造成大量加班，延期（错误的估算），那就是不好的管理。

用户体验层面：比如卡机、掉线、充值、反外挂，糟糕的体验设计造成大量的用户犯错。

工具建设层面：一线同事没有查询工具，查询不到问题，没有 GM 工具无法为用户完成补偿行为等。

上线后的各种问题会一个又一个地暴露，做什么不做什么，先后顺序，其实是判断、博弈、妥协的结果。

6. 竞品调研价值概述

知己知彼，百战不殆，调研评测分析报告其实是一个侦测型的工作，往往有余力的运营人员才会做。

每个用户群体的背后都有着至少 5 款游戏在争夺市场占有率。比如 FPS，比如球类，比如竞速类，比如 MOBA，而卡牌和 RPG 等重度红海领域就不说了，至少几十款。

这些领域里面都有第一、第二和第三，竞品在市场向、运营向、研发向的种种行为都会被同行拿出来分析研究，市场老大和追赶者互相研究彼此，分析对方的行为进而追求更多的市场占有率。

怎样才算做得好？

调研报告的价值：是否能够帮助研发团队进行游戏产品优化；是否能够帮助运营团队进行运营节奏优化；是否能够帮助市场团队以更低的成本获取用户。

7．运营维护价值概述

必不可少的流程型工作。

如申请版号、申请网文、法律函、应对 3·15 投入、反外挂、打击盗号团伙。申请配置游戏服务器，把新进用户导入各个服务器之中，常规停机维护，开服合服，版本更新，数据清理和调整，都是研发、运营和运维、数据等支持部门开展的日常行为工作，所有行为的执行者都是平台部门，所有行为的发起者和验收者都是运营部门。

这些工作往往因为工具欠缺、意识形态薄弱、组织流程不合理会造成大量的人力资源浪费，很多公司快速发展的过程中，在无法满足工具流程的前提下，都是拿人堆业务。

怎样才算做得好？

当运营发起需求时，各个部门的运转质量、效率、成本极其考验流程质量管理与过往积累。

8．工具建设价值概述

发公告、发礼包、封号、禁言、解封、查询数据、充值补单、权限设计、检测预警……

大部分运营行为的执行都是依赖工具的，我们都知道当用户提问时，客服查询不到意味着服务无法开展，提供不了好的服务则影响用户留存。工具做得好，运营效率高，质量高。

提出业务需求的人甚至推进业务的人往往都是运营。这一块本质是平台产品经理的工作，但很多公司没有这种类型的岗位，则由运营人员兼任。由于专业不对口，既要懂业务流程，又要懂后台开发，往往后台工具十分难用。

怎样才算做得好？

笔者有过切肤之痛，也曾担任过类似的岗位职责，为此还对于工具建设做出了一套评价指标，如表 1-3 所示。

表 1-3

维度	维度定义	既往案例
安全稳定	业务运转过程中的出错概率	/
人力成本	经营者的业务能力，素质要求	/
时间周期	业务从开始到结束的处理周期	/
参与人数	沟通执行涉及各部门的总人数	/
功能强弱	功能强大，可实现多样化的需求	/
处理效率	操作便捷性，处理业务的速度	/

安全稳定	能力要求	时间周期	参与人数	功能强弱	处理效率
高风险	5 年经验+	1 周+	10+	好困难	想骂人
不稳定	3 ~5 年	3~6 天	5~9	较麻烦	比较慢
较稳定	1 ~2 年	1~2 天	2~4	没问题	还可以
很平稳	毕业生	1 天内	1	小意思	高效率

做到极致，能够以平台产品经理的姿态，做出商业化的产品。

9. 用户运营价值概述

不同的用户，可挖掘的价值不同：

- 我们希望更多的用户沉迷游戏，游戏才会有人气；
- 我们希望更多的用户付钱，从而带来更多的收入；
- 我们希望掌握更多的用户资料，这是精细化运营的前提；
- 我们希望用户更多地输出游戏内容，进而塑造游戏内容文化；
- 我们希望更多的用户帮助我们进行传播，进而增加用户池总量。

运营就是管理和经营好各个层级的用户，并且尽可能地让这些用户去输出自己的价值。

怎样才算做得好？

把上面我们希望的事情做到极致，在单位时间内最大化地输出用户价值。

10．渠道运营——价值概述

PC 客户端年代游戏垂直媒体（173、多玩）是主要用户导入渠道。

网页游戏年代则被各个渠道平台占据，分成一度能达到 1：9。

手机游戏年代，大体分为 iOS（官方和越狱）和安卓（一线和二线）。

任何一个行业的发展期，渠道都会有更大的影响力。如果你的产品很优秀，又保持了差异化，那么会获得渠道的青睐；如果你的产品很平庸，那么基本上就是渠道说了算，渠道基本上控制了同质化游戏产品的生死。

一部分渠道运营是流程型工作，通常是商务和运营与渠道负责人联系，推动产品接入，版本更新，替换安装包，更换推广素材，提供礼包，SDK 更新，事件处理，保证运营跨部门同步产品信息的及时性和有效性，做好对接工作。

精细化一些的，如共同制订推广计划，针对竞品制订策略，商务预约资源，做好渠道预热活动。

怎样才算做得好？

在需要刷脸的环节，渠道关系维护得好，工作对接流畅。高级一些的，获得更高的产品评级，获得更多的流量资源。

11．媒体运营价值概述

内容运营，上游是生产，下游是曝光。

媒体分为官方的和非官方的，基本上是聚集了大量用户的地方。运营想要传达的东西，都是通过媒体这一放大器实现的。

官方自媒体：游戏官网、游戏论坛、微信公众号/服务号、新浪微博、百度贴吧、百度词条。

非官方媒体：行业内面向商家的媒体、行业内面向玩家的媒体、渠道专区、媒体专区。

UGC 和 PGC 互相搭配生产出优质的内容，双方互相配合的一系列工作。

怎样才算做得好？

媒体覆盖范围广，内容曝光频率高，免费流量交换。

12．营销品牌价值概述

协助市场部门、品牌部门完成游戏产品的营销推广行为。

在游戏圈，这一块基本上研发和运营是协同自己公司的市场、商务、品牌、公关部门的同事一起为自己的游戏产品去增加更多影响力。

常见的异业合作包括电视台采访、影视植入等。越多的人知道，就意味着被接受的可能性就越大。正如很多事物突然流行起来，人们纷纷参与，背后必然有一个品牌作为支撑，为其背书。此前如三国杀，现在如王者荣耀、狼人杀。大量的曝光获得大量的影响力。

怎样才算做得好？

游戏产品的品牌影响力会通过各种指数来衡量（百度、微信），细分一些，如获客成本、市场占有率等。

以上所述为游戏运营领域的运营框架 1.0。

我们擅长什么，就从哪个位置入门，每个岗位都有着基础的打杂类、执行类工作，同样有着非常高阶的知识技能。

比如做好活动策划，基本上可以通吃所有的互联网活动岗位；数据分析也是一门极深的专业领域；优质的内容永远稀缺，写好新闻公告、游戏资料，建设好媒体运营，自然能去从事传媒相关的工作；做好工具建设就能做好互联网（工具型）产品经理。

任何人都可以通过运营入门，在各个岗位上修炼，又可以通过运营切换到自己喜欢的、感兴趣的岗位上去。

在有些工作中，运营处于绝对的主导地位，有些则属于从属地位。由于各个公司的部门、职能划分不一样，因此业务分工也不同。更多的工作意味着更多的人数以及能力要求，很多东西都是逐渐发展起来的。不要过于在意哪个部门具体负责什么内容，所有的事情都是公司的事情。

再次强调，做运营要有一个职业经理人的心态。优先做好自己当下主导的工作，然后在所有能够帮助“用户量”和“收入”提升的工作上努力。

1.3　运营基本功，如何写好运营公告

游戏运营新人的工作一般是从写公告开始的，这是一项使用文字向用户传递信息的技能。作为一个代表官方形象的通知型文本，它不同于邮件和日常聊天，没有任何补充信息的可能性，是纯粹的一次性单向传递，往往要求公告撰写者在短短几十个字内做到精炼、准确、得体，尽可能保证用户准确理解，无任何障碍或歧义。在实际的工作场景中，运营场景极其多变，不同于寻常写作，没有过多酝酿的时间，要求反应迅速，快速输出。

每附加一项要求，难度呈几何倍数上升，这件事情就变得极其不简单，这项能力以后还将在很多的场景被高频使用，是游戏运营最重要的基本功之一。

且，本节可能是所有搜索引擎下能够找到的最好的运营公告撰写心得。

“如果让我看到你对用户发布的文字里面有一个错别字，每个字扣你 100 块钱！”
“什么叫没有错别字有没有奖励？没有错别字是基本要求好不好？”

当年的老大对月薪不足 2000 元的我咆哮到……

那个时候我颤巍巍地想，如果我错 20 个字这个月就得喝西北风了。感谢当年老大的严格要求，正因为如此，我才养成了细心审查和反复雕琢的习惯，只有这样，才对得起我以后所面对的所有用户，对得起现在正阅读本书的你们。

1.3.1　先结构化思考，然后庖丁解牛

面试运营时，我一定会问非常基础的问题，从这些基础问题里，能够考验出一个人对待简单事情的理解程度。比如“你平常是怎么写公告的？当运营事故发生后，你能在多长时间内完成公告的输出与发布？”

面试者的回答往往让人不太满意，有一些人不知道如何去答，有一些人则是“改、抄、替换关键词”，也不怪他们，这方面的技能过于基础，一直也没人重视，毕竟写字是一个人人都会的事情。

发布公告，说人话就是官方向用户去传达信息，声明事件，考虑到主客体之间的关系，公告这类官方声明的行文方式不同于其他文体的（例如新闻稿、攻略、资料站、软文等）表达形式，**精炼、准确、无遗漏**是必须重视的。

虽然我非常讨厌新闻联播式的文风，但个人认为，**严肃、严谨的表达**或许是相对

比较保险的做法，毕竟“官方”二字顶在头上。当然针对不同亚文化圈的用户群体，可以适当有一些“特别的内容”，这取决于你所处的行业，以及公告主体内容是什么，即使如此，也请努力控制这些内容出现的比例。

我所理解的官方公告结构如下。

1．清晰明了的标题

公告大多数都会占据头条主推的位置，用户希望看标题就明白是什么事，是什么就说什么，切不可取巧，**准确描述远远大于辞藻华丽**。能做到用 12 个字说清楚，就不要用 24 个字说清楚，当然越短越难。

标题党骗点击这类技巧更是万万不可，那是新闻传媒的做法，为了骗点击刻意为之。**诚恳其实是一种态度，你今天透支了信任，未来用户也许就不会信任你了**，不要让用户对官方产生任何负面印象。

2．称谓和落款

亲爱的 XXX 用户，您好！

（公告正文内容……）

《XXXX》运营团队

2008 年 8 月 8 日

写公告的问候和落款基本上是复制粘贴的，保持称谓的一致是保险的做法，当然某些亚文化圈的称谓可以设计得稍微特别一些，如某某 er、虎扑 JRS、各位撸友、艾泽拉斯的勇士们、《剑网 3》的侠士们……落款上也可以卖萌，不一定非得是某团队，这些各自发挥。**一个领域的文化认同感是非常重要的，运营更应该从各方面去塑造文化认同感。**

在一些特别的场景我们还会故意营造出不一样的称谓和落款，例如重大事件或节日、CEO 致玩家信这类场景。

3．精炼准确的正文内容

正文是最难搞的部分，也是最考验文字基本功的部分，这个需要大量的练习，往往言之有物特别困难。

- 符合客观事实，实话实说，诚恳是种态度；

- 简短严谨，朗朗上口，能一句说明白就别两句；
- 说人话，专业术语请翻译成大家能明白的通俗语言；
- 头脑清醒，仔细斟酌每句话用户看了会产生什么想法；
- 公告发布后在用户之间产生的影响，才是我们在意的事情。

以上的短语读起来是不是比段落文字要好得多？这些内容写起来真的很累，痛苦就在于字斟句酌，我想只有从事过文字工作的人才会深以为然。**关于“道”的部分就是这么枯燥而无味**，满篇都是正确的废话。

列举一个场景，生活中很常见。

“张总，我们几个 partner 研究了一下你这个 Deal，总体说来，你们 Business Model 有创新，cash flow 和 revenue 很健康，你们的 founder 和 team 我们也很满意。我们打算投 3 个 million，给你的 post valuation 按 8 倍 forward P/E，稍后我会给你一份 Term Sheet，你们研究一下，签了我们就开始做 DD、再报 IC 批准，如果顺利的话，2 个月之后就可以 close 了。”

我想能说出上面的这种话的人，自然认为对方明白。那么换一个地方相信也会习惯性地说出：

“先生，麻烦您给我一例煎饼果子，七分熟，少少辣，多一些 sauce，嗯，还有，extra egg。”

在运营过程中经常出现的场景，各位一定遇到过：

“我明明公告里说明白了啊，这帮玩家不看公告的吗？”

“XXX 和 YYY 这不是一个意思吗？玩家为什么会这么理解呢？”

且不说运营和用户之间，就算是天天一起工作的同事之间都会因为表述问题产生歧义理解。

自己脑海里面想的东西写出来自己当然明白，但是用户看了是否明白、有无歧义只有用户才知道，大家的文化、教育、专业、背景不同，接触的信息不同，对于词语的理解不同，往往就造成了误解的产生。

规避歧义，也是有技巧的。

我早年有一个习惯，每次写出公告后，先给几个跨部门的同事看，通过他们去获取反馈意见，再修订和调整，他们身上有几个特质：

- 非本部门，自然不知道我的运营动机；
- 熟悉用户，同理心强，了解用户感受；
- 熟悉产品，以用户视角感受官方想表达什么。

我想最能够满足以上条件的就是游戏客服了，如果他们都觉得没问题，一般不会有太多问题，就算有问题，当公告放出去，用户之间的反馈客服也能够第一时间反馈给公告撰写者，从而完成对应的调整。毕竟客服同事曾经一同参与公告的撰写和验收，因为公告歧义的问题，致使客服在一线支付大量的解释成本，这是不可接受的事情。

如果运营公告写得好，能够有效降低部分问题的咨询量，减少负担，化解问题于无形中，我相信做过客服的同学都体会过向用户解释很多公告里面歧义的地方，例如图 1-3 中的“丝毫没有不延迟，不掉线情况发生”。

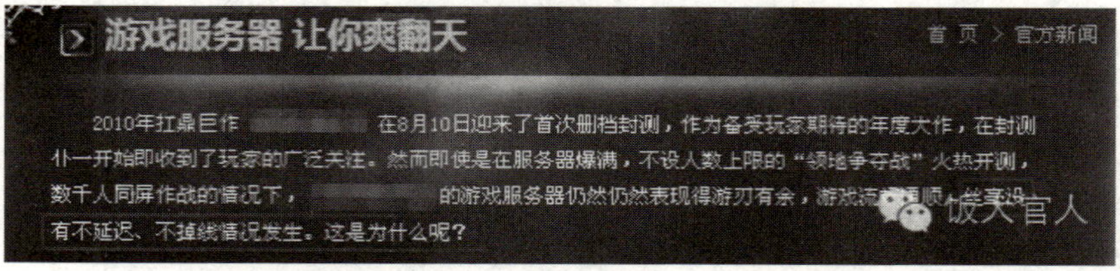

图 1-3

如果这一段内容，你只记住了“公告要给游戏客服看”，那我就觉得完了，其实我想表达的是，**“你要找的人，是满足怎样的条件，才可以给你最好的反馈”**，这才是核心点。

许多公告就是不说人话，合服非要说是服务器数据互通，外挂非要说成第三方非法软件程序，显得自己高大上，网络割接谁能解释一下是什么鬼，登录送关羽非要说成青龙偃月伴你同行以显得自己有文化意境……

“你造吗。有兽。为直在想。神兽。我会像间酱紫。古琼气。对饮说。其实。为直都。宣你！宣你恩久了，做我女票吧！”

此类台湾腔随处可见。即使你是运营二次元的游戏，“腹黑忠犬攻”、“傲娇女王受”、“宅腐基萌反逆黑化”等词汇要出现，也请控制好比例和接受度。

你自己是 HIGH（高兴）了，其实用户看了云里雾里，很多时候是尺度的问题，各位自行拿捏。

1.3.2　做足准备，方可面对所有紧急场景

计划内的事情我们每个人都能轻松自如地应对，但运营随时随地会有事故情况发生，当事故发生的时候，能够快速准确地向用户发布公告解释说明，是优秀运营团队的一个重要标准。

说人话：**当事故发生，多少分钟后，用户就可以看到一篇得体的公告。**

说个常见的场景：某次测试导入 5 万人，可能会出现如下情况：

（1）服务器无法正常开启；
（2）开启后大量用户排队 LOADING（加载）；
（3）开启后，服务器频繁重启；
（4）开启后，角色创建失败；
（5）开启后，用户在游戏过程中回档；
（6）开启后，用户掉线重登，角色消失；
（7）服务器需维护 2 个小时修复 Bug；
（8）修复 Bug 后，客户端更新出问题；
（9）更新后再次开启，引发新问题。
……

不列举了，这仅仅是服务器运维端出现的一些事故，反正当初做运营什么奇葩事都遇见过，其他人工作失误，擦好屁股就是做运营的基本功（图 1-4）。

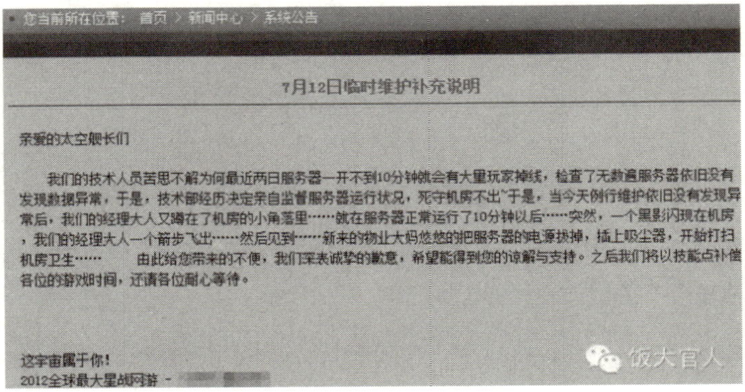
您当前所在位置：首页 > 新闻中心 > 系统公告

7月12日临时维护补充说明

亲爱的太空舰长们

我们的技术人员苦思不解为何最近两日服务器一开不到10分钟就会有大量玩家掉线，检查了无数遍服务器依旧没有发现数据异常，于是，技术部经历决定亲自监督服务器运行状况，死守机房不出~于是，当今天例行维护依旧没有发现异常后，我们的经理大人又蹲在了机房的小角落里……就在服务器正常运行了10分钟以后……突然，一个黑影闪现在机房，我们的经理大人一个箭步飞出……然后见到……新来的物业大妈悠悠的把服务器的电源拔掉，插上吸尘器，开始打扫机房卫生……　由此给您带来的不便，我们深表诚挚的歉意，希望能得到您的谅解与支持。之后我们将以技能点补偿各位的游戏时间，还请各位耐心等待。

这宇宙属于你！
2012全球最大星战网游 -

图 1-4

1.3.3　未雨绸缪，做好无数的提前量准备

道歉公告是提前准备好的，至少两个版本。补偿措施也是提前准备好的，至少两

个版本。就算我们无法确认问题，但是你至少要说点“目前用户遇见××问题，我们在努力排查中”这样的场面话。

与此同时还得做点什么，如果用户无法游戏，页面类的玩法活动也是提前准备好的（PC 客户端年代的经验），转移他们的注意力，不能让进不去游戏的用户无聊发呆，我们要紧紧地吸附他们，不能让用户跑了，为研发同事修复 Bug 争取时间。

第二天媒体新闻头条：由于××游戏太好玩，太火了，吸引 *X* 万人拥堵得跟春运一样，导致服务器卡爆了，如今服务器胜利开启，欢迎大家来游戏吧。今天注册登录的用户还可以获得价值 8888 的游戏大礼包……当然别忘记删除官网前一天的道歉补偿公告内容。

以上都是很久以前的事了，我们回归正题。

1.3.4 运营效率提升工具，建设公告模板

我相信每个运营团队都会有自己的公告模板，好的工具可以套用于各种场景，一旦模板化之后，成为了独立话术，就可以当作工具使用，只需要做好关键词的替换就能够完成对外公告的发布。这意味着时间成本上的节约，意味着当出现了各种运营状况，运营团队手忙脚乱去安排各个部门协同的工作之时，一个运营新人就能第一时间向用户去宣布运营行为而不出错。

我们继续结构化分析公告模板的结构，也是清单思维的体现，如图 1-5 所示。

运营事件：运营中常见的几类大事件类型。
子场景：各个大事件类型下又分为多个场景。
真实原因：为何要做（迅速帮助新人建立运营意识）。
对外陈述：有的事情并非能真实告诉用户，你懂的。
官方表态：祝福、道歉、补偿、建议。

为什么会有“真实原因”和“对外陈述”，原谅我曾经在一个怎样的公司里成长，也许这种成长可以称之为成熟吧。

运营事件	子场景	真实原因	对外陈述	官方表态
版本更新	常规更新	常规更新	增加新玩法修 Bug	祝福
	临时更新	解决次要问题	发现次要问题+	道歉补偿
	紧急更新	解决紧急问题	发现紧急问题	
	延长更新时间	各种原因	由于此次更新工作量巨大	
	更新时间调整	各种原因	由于此次更新数据量繁重	道歉
服务器维护	例行维护	常规维护	为保证服务器质量	祝福
	紧急维护	解决紧急问题	为解决什么问题 为优化服务器结构 为优化系统功能	道歉补偿
	维护时间延长	各种原因	由于数据异常，信息丢失	
	维护时间调整	各种原因	由于此次维护数据量繁重	道歉
平台维护	官网论坛维护	各种原因	提升运营服务质量	建议
	充值中心维护			
	客服中心维护			
危机公关	游戏爆卡	预告建议	机房异常	道歉补偿
			机房搬迁/切割/设备升级 机房网络优化调整	
			运营商/骨干网络异常	
	功能说明	预告建议	什么功能影响什么行为	
	服务器回档	解决玩家不满意	解决玩家不满意	道歉补偿
	游戏道具丢失			
	重大功能 Bug			
	重大设计失误			
开服合服	常规开服	提升人数	期待已久	祝福
	增开新服	服务器饱和	人数火爆，登陆拥堵	祝福
	常规合服	服务器饱和	提升服务器质量	祝福
	延迟开服	各种原因	解决不满意	道歉补偿

图 1-5

一句话总结：公告就是**“宣布运营动作 + 场面话”**。

先说**“场面话”**，在结尾的官方表态时，长期不变其实就是没诚意的表现，稍微变一变就能让用户感受到你的用心。

祝福姿态：

- 祝您游戏愉快！（无聊）
- 《产品名》因您而精彩！（没诚意）
- 祝 RP（人品）爆发，天天掉宝，游戏心想事成！

- 对广大玩家的厚爱表示感动，祝游戏愉快！
- 希望您玩得开心，与好基友开启美妙的游戏历程！
- 公司团队名与广大玩家共享快乐，愿您精彩不断！
- 皇图霸业，剑指长空，诚祝各位纵横《产品名》!
- 铁马金戈烽烟四起，愿诸位谱写一段无悔的英雄传奇！
- 游星戏斗纵马《产品名》，醉卧云端笑傲新服，我们等你来战！

还有努力姿态的、道歉姿态的、建议姿态的等就不逐一列举了。

“宣布运营动作”，对外陈述的模块更容易模板化了，此处原本准备了一套服务器爆卡的措辞，想一想还是省略了，因为真的没意思。另外一个原因，这个公告模板也太老了。

模板不是死的，有固定的格式，也有自由发挥的地方，注意领会精神，无论你是做端游、页游还是手游，甚至不在这个圈混了，模板的建设也是结构化思考的一种体现，比如图 1-6 所示的模板。我在参加工作的第 6 个月就做了一套公告模板，领导马上就给我加了薪，同时在以后工作的岁月里也迭代了若干个版本，不为啥，结构化的清单思维已经成为了一种习惯。

事故发生后的新闻稿

______高度重视，______当即做出批示，要求不惜______搜救______人员，全力抢救伤员，查明事故原因，积极做好善后工作，并注意搜救人员安全。______立即赶到事故现场指挥搜救，并决定启动______预案，接着连夜赶往______看望伤员，随后马不停蹄召开______安排部署施救和善后工作，______在发言中强调要认真贯彻执行______的批示，并要求举一反三吸取______，全______立即开展安全生产大检查。______成立了以______为首的事故应急处置小组，分设现场抢救、医疗救治、善后处理等三个工作小组，并组织公安、消防、武警、应急救援队及当地群众等近______人，全力以赴进行______，目前，现场搜救工作仍在紧张有序进行中，广大______情绪稳定……经过近______的努力______工作取得全面胜利，涌现出一大批______集体和______个人，目前表彰大会正在进行当中，有一次见证了救援史上的奇迹，______充分说明了[redacted]主义制度的优越性……

图 1-6

1.3.5 新人文案管理，建立运营意识形态

时事行为、节日活动、大型版本、新版本内容、老板致信、周年庆、运营新服务上线、游戏新功能上线等一些内容并非突发事件，是可以做好提前准备的，因此这些内容需要更有诚意、更为正式地措辞和撰写，找一个才华横竖都溢的人，相信他能够

给你想要的润色。

写字的人往往有着自己的骄傲和敏感，用词对于他们而言，真的是反复推敲用心雕琢，在大众看来，往往两个词意思差不多，选择哪个词都说得通，但对他们而言，选择哪个却变成了一件很重要的事情。态度认真不认真，可以从字里行间感受出来。

感受一下如图 1-7 所示的文案吧！

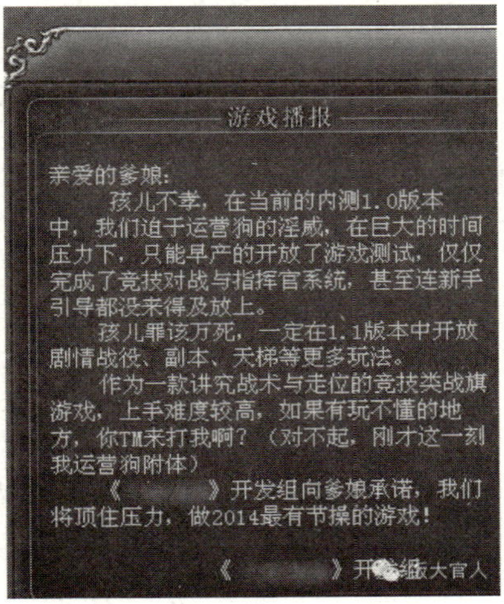
游戏播报

亲爱的爹娘：

孩儿不孝，在当前的内测1.0版本中，我们迫于运营狗的淫威，在巨大的时间压力下，只能早产的开放了游戏测试，仅仅完成了竞技对战与指挥官系统，甚至连新手引导都没来得及放上。

孩儿罪该万死，一定在1.1版本中开放剧情战役、副本、天梯等更多玩法。

作为一款讲究战术与走位的竞技类战旗游戏，上手难度较高，如果有玩不懂的地方，你TM来打我啊？（对不起，刚才这一刻我运营狗附体）

《[redacted]》开发组向爹娘承诺，我们将顶住压力，做2014最有节操的游戏！

《[redacted]》开[redacted]大官人

图 1-7

新人文案往往欠缺的是运营意识形态，有些人收不住则会天马行空，可爱十足，初期往往需要有经验者去帮助。如果你是这个方面的主管负责人，请根据实际情况去控制好公告的风格和节奏，不要去打压有些人的创意和才华，非逼得人家写成新闻联播式的官腔，不要刻意去修改某些词汇以显示自己的高明和权威，人家有这个才华，哄着他在文字领域里面去释放和施展，认真鼓励就好，毕竟对文字用心的人现在已经是少之又少了。

我翻了翻历史的工作日记文件夹，曾经为一次圣诞加元旦的系列活动准备了 3 套运营公告模板，曾扮演 CEO、运营 VP、游戏制作人的口吻写过至少三封致玩家信，职业生涯中尝试过各种各样的写作输出风格，最终的输出方式也不尽相同，往往公告的风格输出取决于上司的喜好审美，运营新人想怎样并不代表能怎样，直到新人某天积累了足够多的经验成为老人，你才能去做主。那个时候你有了整体的把握和感觉，也说得上话了。

关于运营基本功的部分，没有什么取巧的地方，没有那么多华丽的招式进行组合，走心是一部分，清单是另外一部分。

当初我是从一线客服转到基层运营岗位上来的，做客服的时候经常看到不过关的歧义公告把一线客服团队折磨得要死要活（心想那帮写公告的白痴经常犯错不如让我来），后来因为写东西过得去遂转岗运营，因此写公告的时候甚为仔细和小心，尽管如此小心也会犯错，也许只有曾经凌晨三点从被窝爬起来穿着拖鞋、冒着刺骨的寒风冲到公司解决公告歧义引发大量用户投诉这样体验的人才能深刻体会到吧……

转岗初期遇见问题，都是依赖天赋迅速反应，开始的时候疲于奔命，后来建设了模板后便游刃有余了。

- 他看起来游刃有余，能够轻松应付各种工作；
- 因为他有模板，所以工作的时候能够轻松应付。

以上只是表象，而事情的本质则是：

- **由于他系统化思考，自己建设了模板，优化了效率；**
- **所以才显得游刃有余，能够应付各种紧急情况。**

换一种新环境，可能大家开始都没经验，疲于奔命，但过一段时间后，系统化思考的人依旧游刃有余。时间是最公平的裁判，能够检验一切。

运营要面对各种各样的杂碎事，我们看到有些人花费大量的时间和精力去应付琐碎的工作，一脸愁容，然后吐槽没办法，运营就是这样。仔细想想，只有公告才可以做清单模板吗？

我见过好多运营团队没法解决工作效率问题只能通过招更多的人解决。

如果你今天不抽出时间来优化效率，那么你终将花大量的时间去应付自己不想做的琐碎工作。

如果你总把优化效率放到"等有空的时候"，那么你就将付出更大的代价去维持不变的现在。

如果你总习惯吐槽和索取，不勤奋，不愿意系统化思考，那么吃亏的终归是自己。

做运营，一个人要像一支队伍。

1.4 穷尽可能，搭建运营发布渠道

想象一下，假设你现在正在运营一个超大型的活动，这个活动直接影响着团队的年终奖金。所以你的首要目标就是把活动的影响力放大到极致，从而吸引尽可能多的

用户参与进来，才有助于最终运营目标的达成。你该如何去完成最大化传播这一目的？

我们都知道，信息都是通过各种渠道进行传播的，所以先设计吸引人的传播内容，然后通过各种渠道去扩散，达到告知用户的目的。我想但凡有过工作经验的人都能够数得出好多种，比如发公告、发新闻、游戏内刷走马灯等。本着尽量极致思考的前提，本节我们要找出所有能够传递信息的渠道。

既然要找出所有的传播渠道，那么这个活动一定要“大”才能够配得上，最好跟“中国好声音”一样，成为社会热点事件，才能够促使我们找到最多的传播渠道。游戏圈最热闹的事情，就是国外某个超级大作上线了，比如当初的《永恒之塔》《剑灵》。但是那些事情都是营销主导的，花费的营销费用简直咂舌，咱们做运营的只能协同，基本上是属于蹭经验的，那些第三方媒体性质的传播渠道，做游戏运营的基本用不着。

1.4.1　打过大仗才能显著提升运营境界

运营能主导的大型事件，据我所知，就是倾全公司之力做一场游戏竞技比赛了。这件事情是我个人运营生涯中做得最提升运营段位的一件事。受平台所限，虽然比不上《英雄联盟》那么有影响力，但也是很多运营人员较少经历的，在那件事情中，我真正意义上做到了倾尽全力去寻找信息发布渠道。

让我们来还原一下那场游戏竞技比赛的全貌。

整体活动周期：3 个月
整体参与用户量：彼时的 DAU 是 200 万
游戏的行业地位：彼时长期霸占 iOS 畅销榜，是各个安卓渠道的核心收入产品。

整体活动流程简述：

（1）备战三个月，通过 *N* 轮线上淘汰赛，决出 32 名高端（高智商加土豪）玩家；
（2）把 32 名玩家请到公司所在的城市，包来往飞机以及全程四星级食宿；
（3）包下一个容纳 5000 人的体育馆，然后卖票给该游戏的用户；
（4）线下 32 名玩家通过抽签分组决出 8 强以及冠、亚、季军；
（5）线上 200 万用户参与官方设计的比赛竞猜活动。

整体活动奖励预算：

官方发给用户（观众+选手+用户）的实物奖励如下。

- 130 台市面最新款 iPad mini；

- 30 台市面最新款 iPhone；
- 15 台市面最新款的 iMac；
- 3 辆轿车的终生使用权（一辆奔驰、一辆宝马、一辆大众）。

受国家政策限制，只能叫终生使用权，除了上述列举的之外，还有已经比较难统计数量的数码硬件、购物卡、电话卡、Q 币……

官方发给用户（观众+选手+用户）的虚拟奖励：

- *N* 轮线上比赛晋级发放的虚拟奖励；
- 比赛竞猜发放的虚拟奖励；
- 向购票参与现场的玩家发放的虚拟奖励。

大家根据平常做活动，虚拟和实物奖励比例折算，差不多能心中有数。

整体活动经营预算：

线上的那些略过，租一个 5000 人的体育场馆办一场竞技比赛，所花费的经费，有经验的人心中应该有数。

在这个阵势的前提下，自然各大渠道、媒体纷纷给推广资源，帮助官方进行宣传。

此次活动在宣传层面想要达到的目的，从运营角度覆盖：

（1）宣传赛事活动，促使有实力的用户全力备战比赛（活跃+营收）；
（2）宣传竞猜活动，促使全部用户积极参与比赛竞猜玩法（活跃+营收）；
（3）通过赛事本身，在玩家群中获得用户口碑以及游戏品牌印象（拉新）；
（4）通过赛事本身，在行业内树立公司+产品品牌形象，扩大行业影响力。

玩游戏送豪车本身就是一个巨大的噱头，所以在当时活动层面，我们设计了足够多的备战类活动，帮助土豪用户参与比赛，除了实物奖励，还附加了很多名人堂、终身荣誉玩家等精神层面的追求。比赛竞猜类的活动也是扛着各种风险一路走下来的，它完整地覆盖了整个用户群。

假设现在你作为这个大型比赛级活动的运营总指挥，能想到多少种方式完成宣传行为？

想要穷尽所有可能，就不要考虑值不值得的事情，我们的命题是，在值得的前提下，我们究竟怎么把这件事“用最多的信息传播渠道通知给用户（玩家+渠道+媒体）”。

相信每个有追求的人，必然是穷尽自己所有的思路，去尝试铺出所有的信息传播渠道。

我想，只有这样，才能够做到相互独立，完全穷尽。

1.4.2　通过目标反推宣传执行方案

我们回顾一下“此次活动在宣传层面想要达到的目的”，倒过来推。

1. 在营销和品牌层面主要围绕新用户展开

信息传播目的如下：

- 品牌、渠道、用户影响力、新用户注册、下载。

毕竟“玩游戏，打比赛，赢豪车”是很不错的噱头。

信息传播渠道如表 1-4 所示。

表 1-4

（1）媒体广告位（纸媒、网媒、电视、广播媒体等）	市场、商务、地推负责
（2）渠道广告位（各大应用市场的各种推荐位）	
（3）地面广告位（网吧、超市、校园等多种场所）	
（4）各大社交媒体（经营大 V，帮助发出声音）	
（5）……	

2. 在运营层面主要围绕老用户展开

信息传播目的如下：

（1）有实力的用户备战比赛（吸引用户养成装备）；
（2）全体用户参与比赛竞猜（通知参与规则，活动执行，获奖公布）；
（3）尝试把已流失的用户拉回至游戏中（告知新版本和新内容）。

信息传播渠道如下：针对已经流失的用户如表 1-5 所示，针对正在游戏的用户如表 1-6 所示。

表 1-5

（1）应用 PUSH（APP 系统推送通知，有些用户不玩，但未卸载）	研发、平台负责
（2）EDM 邮件群发（邮件营销工具）	
（3）短信群发（短信营销工具）	
（4）……	

表 1-6

（1）官网/论坛页面（常规页面后台、论坛多一个站内信）	运营负责
（2）启动公告/活动弹窗（游戏启动时强制弹窗出现）	
（3）TV 滚动公告（游戏内的走马灯定期滚动）	
（4）邮件系统（游戏内的邮箱系统，可附带道具奖励）	
（5）聊天频道（游戏内的聊天频道，世界、国家、帮会等）	
（6）账号 SDK 收件箱（SDK 内置功能）	
（7）问卷调研（SDK 的问卷功能设计，如果没有，可用问卷星）	
（8）客服工单系统（客服前台滚动和后台人工回复附带）	
（9）百度贴吧/QQ 群/YY/微信群/朋友圈等社交媒体	
（10）微信订阅号、服务号	

综上，我们发现：

- 营销的传播渠道至少有 4 种，大多数要花钱加刷脸，外加支付人力资源落实；
- 运营的传播渠道至少有 13 种，大多数是依赖工具建设，少量部分需要花钱（如短信营销）；
- 出于不同的营销和运营目的，在传播渠道的选择上也会有重叠；
- 在信息传播渠道这个维度上，是如此的丰富，这就是清单的力量；
- 只有打过大型的战役，穷尽各种各样的方式去达成活动目标，去影响用户参与活动，才能够获得运营段位的提升。

就传播而言，请记住如下三句话：

- 传播渠道越多，送到用户群越多，信息曝光度越大；
- 传播节奏有一个临界点，一旦突破会引起用户反感；
- 宣传文案（广告词）设计得越好，参与活动转化率越高。

做运营就和养孩子一样，会遇见很多场景。比如做好新版本预热工作，降低用户流失意愿；比如盗号频发，通知用户提升安全防护；比如要完成季度的营收指标；比如协助市场部门完成拉新任务；比如做一次老用户回归活动。建设信息传播渠道就意味着建设了流量，信息发布渠道越多，流量越多，越容易把事情告诉用户，达到运营目标。

搭建了信息渠道是一劳永逸的事情，如果我们在一个公司做运营，首先要关注的就是自己有多少种通知渠道，如果少，想办法去搭建。

1.4.3 设计好宣传内容，控制好宣传节奏

假设有一天我们拥有了足够多的信息渠道，运营也要控制好内容和频率，否则会引起用户的负面情绪和投诉。有时候，急功近利的运营者反而会伤害用户。为了帮助大家理解，还是举个例子来说明吧。

这个例子是我早年刚刚做运营的时候，一个常见的充值促销活动（每充值 50 元返还 10 元）。迫于季度营收压力，运营总监让我往死里刷通知，在 7 天的活动过程中，我们以间隔 60 秒的频率，全天走马灯加世界聊天频道高密度轰炸宣传，由于这种信息过于骚扰，部分用户直接关闭了世界聊天频道再也不看，而这些用户情绪上的东西，根本无法通过数据反馈。

要知道，我们的运营总监当时根本不玩游戏，如果不是游戏内的好友告诉我，我们根本不知道自己的行为是伤害用户的。其实将心比心，我们自己可以回忆一下，自己屏蔽了多少 APP 高密度的推送消息。如果我们的走马灯能屏蔽，用户肯定选择屏蔽。

当提示变成了骚扰，直接伤害的就是这个传播渠道。所有的一切，都应以不伤害用户体验为前提进行的。用户很鄙视没有意思高频率的垃圾信息轰炸，但是你要是变着花样来，提升效果暂且不说，至少用户会认为你用心。

我们都是用户，每天都生活在信息轰炸中，用户看到你推送的信息，只是知晓，真正意义被打动的，还是宣传文案，这是真正影响用户参与转化率的核心要素。

还是以营收类活动举例，我们期望用户付费，自然得变着花样来打动用户。这种传达最便捷的还是走马灯广播加游戏内的聊天频道。一般控制在 60 个字符以内，随时随地进行提醒。

任何广告词都只能搞定一部分用户，为了更好地做好营收，让用户付费，一条广告词从头用到尾就是偷懒的表现。我们的策略如下：

- 活动开始时，强调奖励多么好（利用话术包装奖励价值）；
- 活动中期时，强调多少人参与了活动（利用从众、权威心理）；
- 活动结束前，强调抓紧时间参与（利用损失规避、落后心理）。

如果三天的推送都是同一个内容，不客气地说，完全是在敷衍用户，自然也做不好营收。文案设计是一项非常具有技术含量的工作，别指望一套宣传文案就可以搞定每个场景、每个用户群。

无论是营销层面，还是运营层面，所有的传播内容素材，跑不出文字、图片、音频、视频。用一个大类概括，就是内容设计，最打动人心的内容设计自然出自 4A 公

司，每个运营都要掌握一些基础销售知识，才能做好内容设计，从而提升活动转化率。

本节我们向大家介绍了十几种信息传播渠道，这些渠道就好比运营人的武器装备，在不同的运营目的下，我们应该知道怎样去使用，如何控制节奏，如何设计内容（后续章节详解）。

不是每一个拥有橙装的人，都能打出漂亮的 DPS（Damage Per Second，秒伤害）。

1.5 邮件才是真正的见字如面

现代职场上，邮件已经成为相当重要的沟通形式。

为什么我们发出去的邮件杳无音信，石沉大海呢？真正的原因是我们犯了很多错误而不自知。如何把邮件写出质感，让同事、老板、客户看得赏心悦目，是一门大学问。

所有人都承认写邮件重要，细节多，但是从来没有一篇文章讲得足够透彻，希望这是游戏行业内最好的邮件攻略。

1.5.1 邮件沟通的重要性

"再一次强调，不要发空标题的邮件！"
"你先自己写，写好了不要发送，让我看看，我确认了你再发。"
"你工作的前 15 天，跨部门邮件的发送按钮，全部由我来点。"

第一句话，是我的第一个老大训我的；
第二句话，是我的第二个老大训我的；
第三句话，是我训我曾经带过的新人的。

无论是跨部门还是跨公司沟通，邮件在职场中是绝对高频行为，它基本代表着自己的业务形象，是真正的见字如面。

很多人都承认写好邮件很重要，但是又极少有人去开设专门的课程去教，所以很多人都做不好，毕竟这种职场基本功一样的东西，教也没有什么好处。另外一个原因是里面实在有太多门道和细节要注意，繁杂到让人想放弃。

但是，往往这些大家都觉得难搞的事情，出类拔萃的人总能够做得更好。你做一件事的态度等于你做所有事的态度。人与人的差别，就在细微之处的淋漓尽致。如果你忽视邮件基本功，那么跟穿睡袍拖鞋去求职、谈判没什么区别。

写好邮件跟年龄阅历无关，跟工作经验无关，跟职务高低无关，只跟人的思维方式、职业素养有关。

1.5.2　为什么会有邮件沟通

16 个字概括：流程公示、同步信息、业务需求、二次确认。

沟通有多种形式，面对面，打电话，IM（即时通信）软件……而邮件的一个重要作用是流程公示。

流程有多种走法，最落后的方法用纸质申请单签字确认，毕竟很多传统行业都是这么做的，比如政府部门，排队填表申请等盖章、等通知，不低碳、不环保，统计查询还困难。最先进的是在 ERP 系统上完成，从业务发起到最后完结，全程网络自动化加人工审批，高层能够很容易查询到各个部门做了多少事，每件事情的进度如何。许多公司并没有完善的 ERP 系统（业务流程、资源分配、进度管控），于是就采用邮件方案了，大家都能看得到。

我的第一家公司的主管给我上的第一课就是邮件的用法。

（1）为了做好彼此上下级之间的工作信息对称，别人需要我们帮忙，要抄送本部门老大。我们需要别人帮忙，要发邮件给对方的部门老大，以便对方老大知晓。走流程，开权限，诸如此类。

（2）不管你跟对方私下（面对面、打电话、微信、QQ）达成了什么约定，都要通过邮件往来确认，以便做到同步信息，然后开始相关配合工作。防止对方耍赖，到期不交付。

（3）业务确认后的工作交付，二次确认也通过邮件来完成。工作是有上下游流程的，往往 A、B、C、D、E 五个部门协同完成一项工作，当 A 部门完成了工作，B 部门如果不验收，C 部门无法开展后续工作，B 部门验收才是承担责任。

（4）邮件同步信息一般发生在会议之后，会议组织者将会议上的决策，以邮件的形式通知给协同部门，从而开展后续业务推进。行政部门发的公告通知也是同理，往往也会抄送给相关高层知会。

不免吐个槽，衡量一家公司业务流转先进程度就是看消灭了多少业务来往邮件。ERP 流程化程度越高，覆盖的业务范围越多，意味着这家公司现代化程度越高。

大家可以翻翻自家公司的收件箱，有多少邮件是跟业务相关的。

1.5.3 如何写好邮件内容

16 个字概括：条理清晰、诉求明确、易于理解、易于执行。具体如表 1-7 和表 1-8 所示。

表 1-7

结构	内容要求	范例话术
标题	目标对象一看就知道干什么，心中要为所有发出去的邮件做好定义和分类。错误的用法：【重要】	【业务需求】 【会议通知】 【权限审批】 为自己可能发出去的业务有效分类
称呼	名字不能错，视目标对象、关系亲疏，得体为合适	/
第一句话	工作汇报、通知类邮件结论先行，最好能够一句话说明，时间、地点、发生了什么事。 业务运转、反馈类邮件诉求先行，赋予明确的行为选择	请确认知晓如下内容 请协助完成 XXX 工作…… 请审批 XXX 相关……
正文结构	金字塔原则，结论在先，所有的细节、补充、论证随后 所有的正文内容都是帮助对方理解意图，使对方易于理解，易于执行 完整，无遗漏，结构化，方便对方做判断、做决策、做执行 加粗，下画线，分段，变色。颜色和字体不要超过两种，形成固定格式	由于情况 1、2、3……所以…… 因为原因 1、2、3……期望…… 甲，负责处理…… 乙，负责处理…… 丙，负责处理……
结尾	重申诉求，同时附加情绪、压力、动机 表扬，感谢，时间，后果 把说事和客套分开	如果能在×月×日内完成，事情将会得到更好的推进。感激不尽 请确认无误，并回复确认邮件为谢。 根据我们此前的沟通……我们应该……详情请见……如果有问题，请与我联系 若××时间前未回复，我们将默认无异议，并按照邮件中的约定执行
签名落款	名片设计体现自己是谁，容易让对方易找到。根据实际情况，为对方设计	/

表 1-8

发送前的检查清单	执行建议
错别字，流畅通顺	找细心、语文基础好的人检查

续表

发送前的检查清单	执行建议
内容遗漏	找最懂该业务流程的人检查
情绪感受	找情商高的人体验，谈感受
姓名称谓	确认不能错。不要对对方姓名进行变色
附件	命名规则，勿打包，确认对方版本打得开，太大就用网盘
收件群体	有无遗漏。确认对方邮箱正确
定时发送	根据对方情况调整

读者一般不想读段落文字，也不想从中间提炼出信息，比如下面这个案例，逻辑框架就极其糟糕，需要阅读者自己进行提炼，如图 1-8 所示。

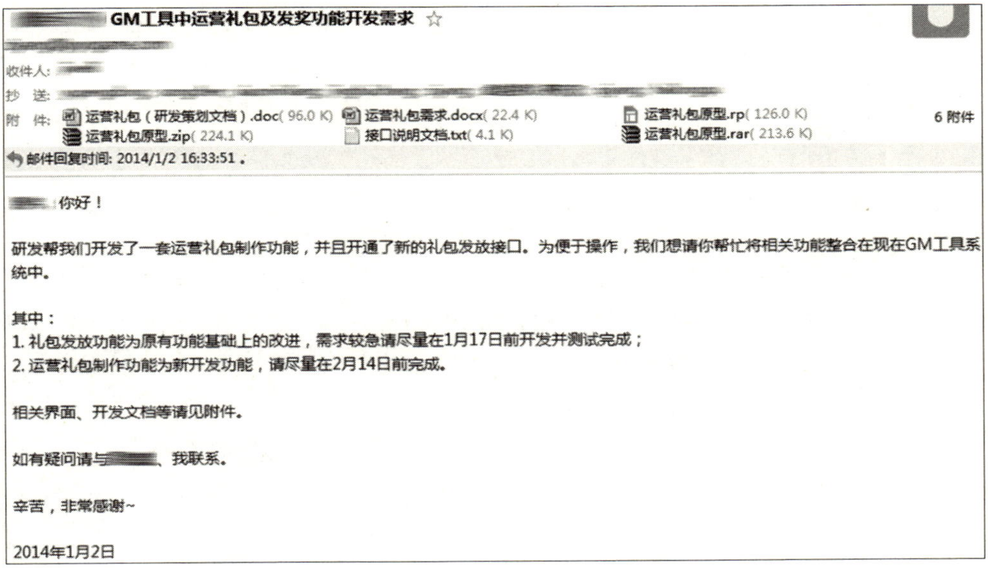

[redacted] GM工具中运营礼包及发奖功能开发需求 ☆

[redacted]

收件人：[redacted]

抄　送：[redacted]

附　件：运营礼包（研发策划文档）.doc(96.0 K)　运营礼包需求.docx(22.4 K)　运营礼包原型.rp(126.0 K)　6 附件
运营礼包原型.zip(224.1 K)　接口说明文档.txt(4.1 K)　运营礼包原型.rar(213.6 K)

邮件回复时间: 2014/1/2 16:33:51 .

[redacted] 你好！

研发帮我们开发了一套运营礼包制作功能，并且开通了新的礼包发放接口。为便于操作，我们想请你帮忙将相关功能整合在现在GM工具系统中。

其中：
1. 礼包发放功能为原有功能基础上的改进，需求较急请尽量在1月17日前开发并测试完成；
2. 运营礼包制作功能为新开发功能，请尽量在2月14日前完成。

相关界面、开发文档等请见附件。

如有疑问请与[redacted]、我联系。

辛苦，非常感谢~

2014年1月2日

图 1-8

下面是我做的结构优化。

××，你好！

功能业务需求： GM 工具添加礼包码功能；
功能交付时间： 1 月 17 日开发并测试通过；
礼包交付时间： 2 月 14 日前提供对应礼包。

开发具体原因： 描述……

开发文档见附件内，若有问题请及时与我联系！

签名落款（自带电话号码、QQ号码）

这是一个运营人员（经理级）提交给平台研发团队的业务功能开发需求，站在旁观者的角度能发现很多问题。

（1）这种需要功能开发型的业务，实际上需要约会议沟通，这一点需要在邮件中明确说明。如果已经完成会议交流，正文应该说明，我们已经约完了会议，希望按期执行；

（2）合理地提需求标准，1个Word文档加1个原型图就足够了，该邮件给了一堆附件，命名也非常不讲究，因此附件内容显得非常杂乱；

（3）附件有两个Word文档，一个是doc格式，一个是docx格式，有些低版本的软件用户无法打开高版本的文档。

魔鬼往往藏在很多细节里。

1.5.4 如何让对方易于理解

用户体验不光发生在执行层面，更多的时候发生在方便对方理解层面。很多时候，我们往往关注用户的操作成本，却忽视了用户的理解成本。这很难，也是大多数人都会掉进的坑。如果一个东西不易于理解，得到的结果只能是被对方忽视，发出去的邮件石沉大海。

1. 表格化、图形化、框架化表达

为了降低受众的理解压力，表格化和图形化才是优秀的表达方式。

比如呈现奖励说明，从易理解程度上而言，文字 < 表格 < 图形。

——易于理解案例1——

如图1-9和图1-10所示。

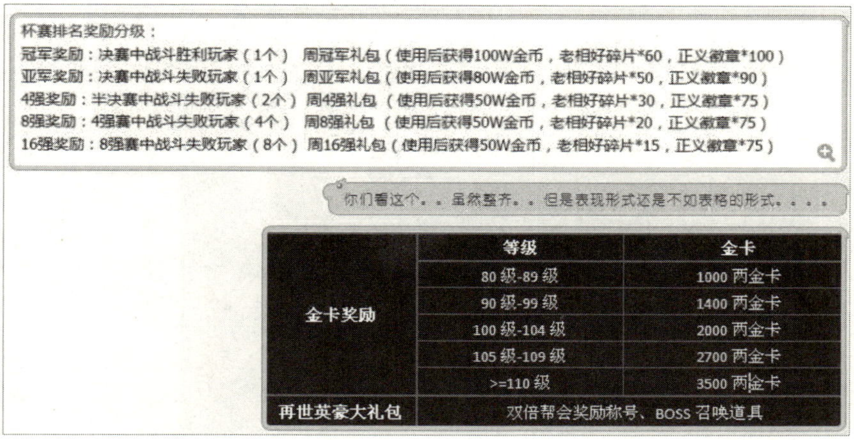
杯赛排名奖励分级：
冠军奖励：决赛中战斗胜利玩家（1个）　周冠军礼包（使用后获得100W金币，老相好碎片*60，正义徽章*100）
亚军奖励：决赛中战斗失败玩家（1个）　周亚军礼包（使用后获得80W金币，老相好碎片*50，正义徽章*90）
4强奖励：半决赛中战斗失败玩家（2个）　周4强礼包（使用后获得50W金币，老相好碎片*30，正义徽章*75）
8强奖励：4强赛中战斗失败玩家（4个）　周8强礼包（使用后获得50W金币，老相好碎片*20，正义徽章*75）
16强奖励：8强赛中战斗失败玩家（8个）　周16强礼包（使用后获得50W金币，老相好碎片*15，正义徽章*75）

	等级	金卡
金卡奖励	80 级-89 级	1000 两金卡
	90 级-99 级	1400 两金卡
	100 级-104 级	2000 两金卡
	105 级-109 级	2700 两金卡
	>=110 级	3500 两金卡
再世英豪大礼包	双倍帮会奖励称号、BOSS 召唤道具	

图 1-9

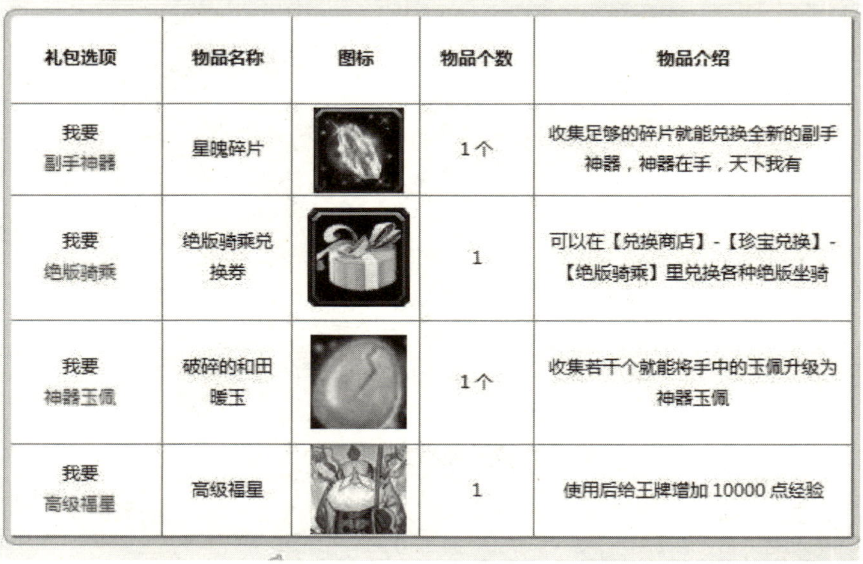

礼包选项	物品名称	图标	物品个数	物品介绍
我要副手神器	星魄碎片		1 个	收集足够的碎片就能兑换全新的副手神器，神器在手，天下我有
我要绝版骑乘	绝版骑乘兑换券		1	可以在【兑换商店】-【珍宝兑换】-【绝版骑乘】里兑换各种绝版坐骑
我要神器玉佩	破碎的和田暖玉		1 个	收集若干个就能将手中的玉佩升级为神器玉佩
我要高级福星	高级福星		1	使用后给王牌增加 10000 点经验

图 1-10

——易于理解案例 2——

如图 1-11 所示。

先到先得！换完为止！

兑换奖品内容	所需金币
礼包A	4
礼包B	4
礼包C	12
礼包D	20
感恩节2000符石	40
感恩节5000符石	100
感恩节10000符石	200

礼包A：100万金币、南瓜王子*1、机械领主*1
礼包B：100万金币、精良书籍*1、万能碎片*2
礼包C：300万金币、万能碎片*5、南瓜王子*1、娘子*1
礼包D：500万金币、万能碎片*10、南瓜王子*2

-----上图为真实案例截图-----

先到先得！换完为止！

兑换奖品内容	所需金币
礼包A：100万金币、南瓜王子*1、机械领主*1	4
礼包B：100万金币、精良书籍*1、万能碎片*2	4
礼包C：300万金币、万能碎片*5、南瓜王子*1、娘子*1	12
礼包D：500万金币、万能碎片*10、南瓜王子*2	20
感恩节2000符石	40
感恩节5000符石	100
感恩节10000符石	200

图 1-11

——易于理解案例 3——

涉及业务层面，运营经常性地通过邮件形式，驱动多个部门执行工作。

第一阶段的邮件，往往以段落文字的形式撰写，这对撰写者要求比较高，受众从段落文字中理解并执行。

如图 1-12 所示是一封驱动多个部门例行维护的邮件截图，第一眼看过去就是花的，没有任何重点。

这种邮件不光阅读体验极差，而且在传递业务的时候，不适用于新人。为了规避这个问题，有想法的负责人则会设计出业务表单，每个部门在这个过程中应该做什么，新人只需要做填空和选择题就行。

Dear all：

4月1日02:00至08:00 [redacted] 全版本例行维护，进行活动上下线操作。提前完成测试大区，可以提前开服。

维护期间将要进行ios简体V4.5.4.0版本更新操作。

由于简体部分服务器迁移原因需在4月1日00:00提前两小时维护，以保证能在原定时间完成维护，请各位知晓。

维护时间：2015年4月1日00:00至08:00（8小时）
维护范围：简体9区、 12区、 17区、 22区 、41区

其余区服按照既定时间进行维护。

其余区服维护时间：2015年4月1日02:00至08:00（6小时）
维护范围：（IOS+安卓+WP+PC+MAC）全区全服除服务器迁移区服

以下工作项需要请各位配合完成：

【运维】

1、完成停/开服操作，修改服务器状态；
2、替换线上配置表，上下线活动；
3、替换线上充值活动表
4、进行相关服务器迁移
5、进行简体版本更新操作

【DB】

1、数据备份；
2、发放测试服充值返利；

图 1-12

任何一个设计过表单的人都会深有体会，如图 1-13 所示，没有对比就没有伤害。

以后维护邮件这么写，大家有没不同建议？

[redacted] 维护信息同步单	
维护日期	2015年4月10日
维护时间	22：00~23：00
维护类型	临时
游戏OS平台	安卓
渠道	触控
维护范围	触控渠道相关服务器： 安卓高清触控1~4区、 安卓高清混服9~40区、 安卓高清混服42~58区、 安卓标准混服1~5区
内容	更新平台程序，记录触控子渠道号
备注	测试大区完成即可提前开服
特例情况	安卓高清混服41区提前一小时维护（需要测试），维护时间为 21：00~23：00 共2小时

维护协同工作单	
运维	完成停/开服操作，修改服务器状态
平台	更新平台程序，记录触控子渠道号
DB	数据备份
客服	对相关玩家惊醒答疑以及客服支持

联系人【电话】	
产品	本次维护负责人电话、姓名
运维	本次维护负责人电话、姓名
平台	本次维护负责人电话、姓名
DB	本次维护负责人电话、姓名
客服	本次维护负责人电话、姓名

图 1-13

真正理想的业务往来需求是消灭邮件，走线上的办公自动化工具，没有积累的公司，往往还是邮件加业务需求表单居多。

2．说人话，内容层面不要过度修辞

——易于理解案例 4——

下面来看两封邮件，背景如下：某公司由于工作压力巨大导致某员工心理出现疾病，后来管理层为全体员工开展心理咨询活动，以活动的形式试运行了一段时间后，就变成了一个福利政策（叹气，这家公司，工作压力得多大啊）。

行政部门的同事前后发了两封不同的邮件，邮件 1 的发送时间是 3 月 16 日，邮件 2 的发送时间为 4 月 28 日。

邮件 1 截图如图 1-14 所示，发送时间为某年 3 月 16 日。

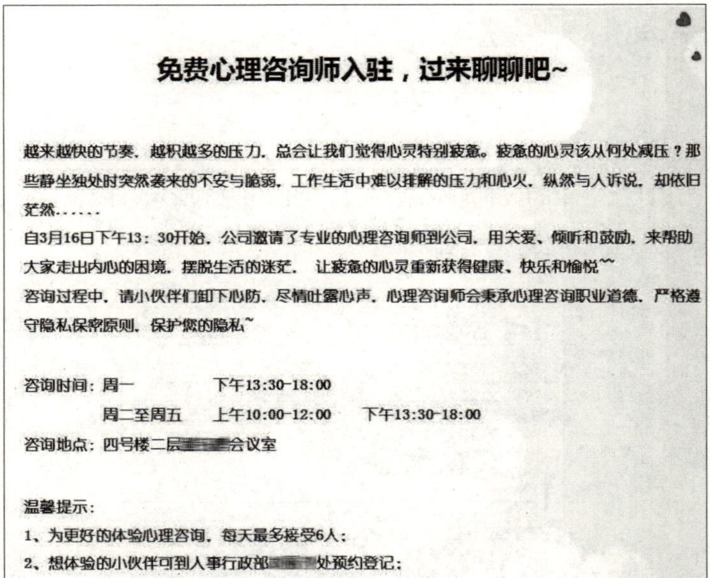
免费心理咨询师入驻，过来聊聊吧~

越来越快的节奏，越积越多的压力，总会让我们觉得心灵特别疲惫。疲惫的心灵该从何处减压？那些静坐独处时突然袭来的不安与脆弱，工作生活中难以排解的压力和心火，纵然与人诉说，却依旧茫然……

自3月16日下午13：30开始，公司邀请了专业的心理咨询师到公司，用关爱、倾听和鼓励，来帮助大家走出内心的困境，摆脱生活的迷茫，让疲惫的心灵重新获得健康、快乐和愉悦~~

咨询过程中，请小伙伴们卸下心防，尽情吐露心声，心理咨询师会秉承心理咨询职业道德，严格遵守隐私保密原则，保护您的隐私~

咨询时间：周一　　下午13:30-18:00

周二至周五　　上午10:00-12:00　　下午13:30-18:00

咨询地点：四号楼二层[redacted]会议室

温馨提示：

1、为更好的体验心理咨询，每天最多接受6人；

2、想体验的小伙伴可到人事行政部[redacted]处预约登记；

图 1-14

邮件 2 截图如图 1-15 所示，发送时间为某年 4 月 28 日。

从内容上看，其实挺用心的，第二封邮件内容修饰得有些过度，彼时一些同事表示非常的茫然。

推测原因如下：写邮件的人自然明白是什么事，所以全部精力都用在修辞上了，

看邮件的人则因为其内容理解起来比较难，需要一些理解和联想的成本。彼时正是入职高峰期，3 月 17 日之后入职的一些同事，仅仅收到了第二封邮件，对于理解而言就更是灾难了。

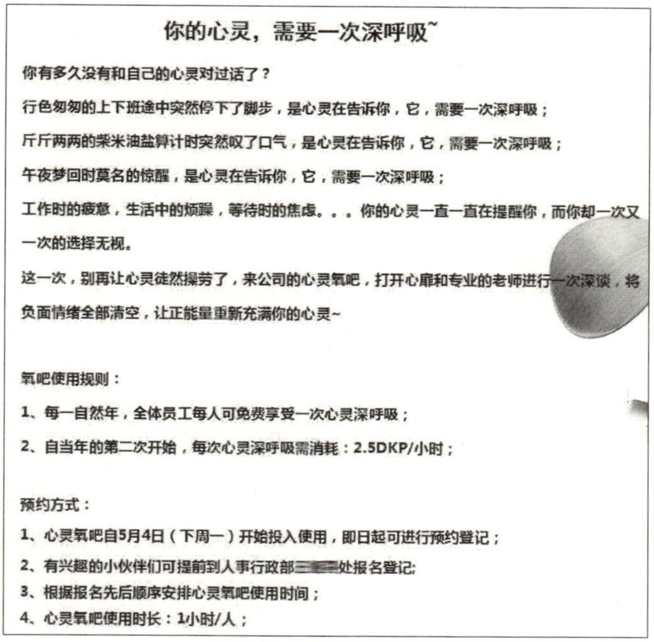
你的心灵，需要一次深呼吸~

你有多久没有和自己的心灵对过话了？

行色匆匆的上下班途中突然停下了脚步，是心灵在告诉你，它，需要一次深呼吸；

斤斤两两的柴米油盐算计时突然叹了口气，是心灵在告诉你，它，需要一次深呼吸；

午夜梦回时莫名的惊醒，是心灵在告诉你，它，需要一次深呼吸；

工作时的疲惫，生活中的烦躁，等待时的焦虑。。。你的心灵一直一直在提醒你，而你却一次又一次的选择无视。

这一次，别再让心灵徒然操劳了，来公司的心灵氧吧，打开心扉和专业的老师进行一次深谈，将负面情绪全部清空，让正能量重新充满你的心灵~

氧吧使用规则：

1、每一自然年，全体员工每人可免费享受一次心灵深呼吸；

2、自当年的第二次开始，每次心灵深呼吸需消耗：2.5DKP/小时；

预约方式：

1、心灵氧吧自5月4日（下周一）开始投入使用，即日起可进行预约登记；

2、有兴趣的小伙伴们可提前到人事行政部[redacted]处报名登记;

3、根据报名先后顺序安排心灵氧吧使用时间；

4、心灵氧吧使用时长：1小时/人；

图 1-15

如果在第二封邮件的前面加上一句话“新福利政策【心理咨询】上线运营规则”就会好很多。

1.5.5　如何让对方易于执行

游戏运营驱动其他部门协同完成工作是常态，比如游戏版本维护更新，研发、运维、数据、平台、测试在这个过程中要按照工单上填写的需求协同执行。

——易于执行案例 1——

以图 1-16 为例，其他部门在收附件内容的时候，第二张图的友好度要远远大于第一张图。上面标注着对应的部门，作为接收者，只需要根据部门查看自己的业务工单即可。

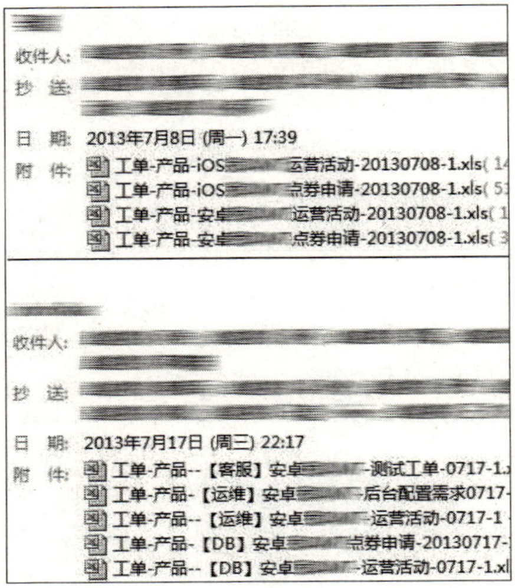
[redacted]
收件人: [redacted]
抄 送: [redacted]
日 期: 2013年7月8日 (周一) 17:39
附 件: 工单-产品-iOS[redacted]运营活动-20130708-1.xls(14
工单-产品-iOS[redacted]点券申请-20130708-1.xls(51
工单-产品-安卓[redacted]运营活动-20130708-1.xls(1
工单-产品-安卓[redacted]点券申请-20130708-1.xls(3

[redacted]
收件人: [redacted]
抄 送: [redacted]
日 期: 2013年7月17日 (周三) 22:17
附 件: 工单-产品--【客服】安卓[redacted]-测试工单-0717-1.x
工单-产品-【运维】安卓[redacted]-后台配置需求0717-
工单-产品--【运维】安卓[redacted]-运营活动-0717-1
工单-产品-【DB】安卓[redacted]点券申请-20130717-
工单-产品--【DB】安卓[redacted]-运营活动-0717-1.xl

图 1-16

——易于执行案例 2——

背景：某公司周年庆去外地玩耍，因为要过夜，行政同事要求各个部门报名分房间，登记完之后，行政人员公布住宿名单，在邮件的正文中贴了一张确认图片（没有任何附件表格），如图 1-17 所示。

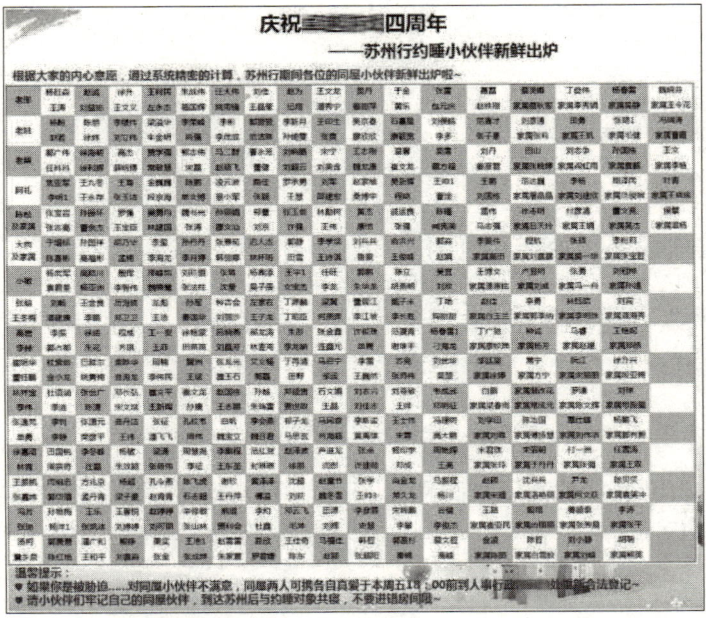

图 1-17

可以确认的是，在这些格子里，不按字母、不按部门、不按任何规则排列，纯随机排布（我的亲身经历，为了保护隐私，损毁了图片质量）。

当时公司几百个人收到这个邮件后，大部分人停下了手中的工作，从这张 16 行×18 列的图片中，找自己和伙伴的名字，大家的时间就是这么被浪费掉的。

大家在这个事情上浪费时间的动机很简单：有些是被动分组的，出于确认需求，需要找到自己的同居伙伴，不满意可以调换。有些是出于八卦，好奇谁跟谁一起睡。

如今来看，扔一个 Excel 表格到附件，让用户 Ctrl+F 查找即可。但是当时不知道如何，就是如此鬼使神差地发出一张图片来。行政做这么一个图花多少时间？如果行政不做，找设计师做要花多少时间？

为了照顾发邮件人的情绪，大家都鬼使神差地没有吐槽，而是默默地扫描，发邮件的人不容易，看邮件的人同样不容易。

——易于执行案例 3——

相信大家都读过一个故事。某企业招录一个重要岗位，经过重重面试选拔，最后剩下了两个人，企业要求这两个人把自己的相关资料用信封的方式邮寄，最终录取其中一人，两个人都按照企业的要求邮寄了，其中一个人最终收到了录取通知书。原因很简单，他在邮寄过去的信封里面，藏了一个空信封，贴好了邮票，写着企业回寄的收件人、电话、地址、邮编……

道理很简单，我写好，你执行即可。当然，这种事情我也做过，如图 1-18 所示。

这封邮件不适合由我直接发布，我发给我的领导，并在 RTX（腾讯通）上跟他说，他只需要把邮件组、抄送人放到对应的位置，然后删除掉正文的一些东西就可以了。

无论是让对方易于理解，还是让对方易于执行，往往都是换位思考的行为表现，这不是意愿问题，而是能力问题，我们能对自己的同事好，就能够对自己运营的用户好。在某种意义上而言，配合我们工作的同事，也是我们的用户。

当你帮助用户（工作中任何一个共事的人）省了时间，你就是一个懂得换位思考、让对方舒服、业务上感觉足够靠谱的人。

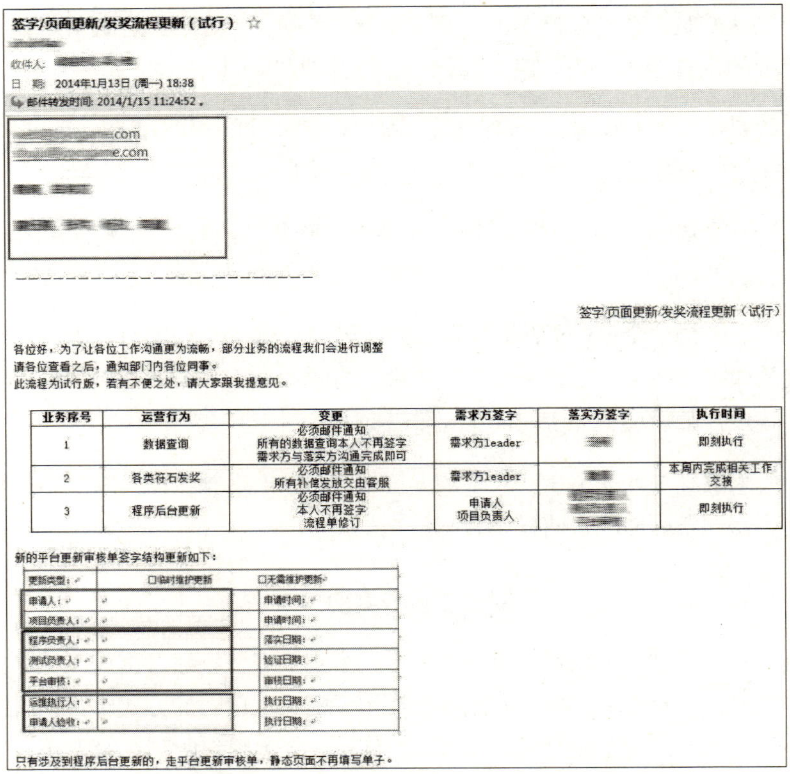

签字/页面更新/发奖流程更新（试行） ☆

[redacted]

收件人：[redacted]

日 期：2014年1月13日 (周一) 18:38

邮件转发时间：2014/1/15 11:24:52，

[redacted].com

[redacted]e.com

[redacted]

签字/页面更新/发奖流程更新（试行）

各位好，为了让各位工作沟通更为流畅，部分业务的流程我们会进行调整

请各位查看之后，通知部门内各位同事。

此流程为试行版，若有不便之处，请大家跟我提意见。

业务序号	运营行为	变更	需求方签字	落实方签字	执行时间
1	数据查询	必须邮件通知 所有的数据查询本人不再签字 需求方与落实方沟通完成即可	需求方leader	[redacted]	即刻执行
2	各类符石发奖	必须邮件通知 所有补偿发放交由客服	需求方leader	[redacted]	本周内完成相关工作交接
3	程序后台更新	必须邮件通知 本人不再签字 流程单修订	申请人 项目负责人	[redacted]	即刻执行

新的平台更新审核单签字结构更新如下：

更新类型：	□临时维护更新		□无需维护更新
申请人：			申请时间：
项目负责人：			申请时间：
程序负责人：			落实日期：
测试负责人：			验证日期：
平台审核：			审核日期：
运维执行人：			执行日期：
申请人验收：			执行日期：

只有涉及到程序后台更新的，走平台更新审核单，静态页面不再填写单子。

图 1-18

1.5.6 邮件来往的注意事项

1．先聊好后发邮件

邮件只是为了确认、记录、免责、同步。既然是业务往来，最好是先面对面或线上进行沟通，邮件是你们彼此私下谈妥了之后的例行流程。

如果先一封邮件砸过去（这种冒失行为会给对方带来压力），然后私下去找对方谈，对方万一无法配合，你这邮件不是白写了？

你的一封正式邮件发过去，照理说人家得回复，不然就是不理你，如果人家通过邮件拒绝你，你也没面子。

2．谈细节不要用邮件

当需要讨论细节的时候，不要用邮件往来，否则将成为灾难。相信大家工作中也收到过类似的邮件，除了暗地鄙视双方外还能说什么呢？通过邮件来往交流业务细节，这也是我们的邮箱那么多垃圾邮件的原因。

在我的教学 PPT 里面依旧躺着这么一张截图，如图 1-19 所示。

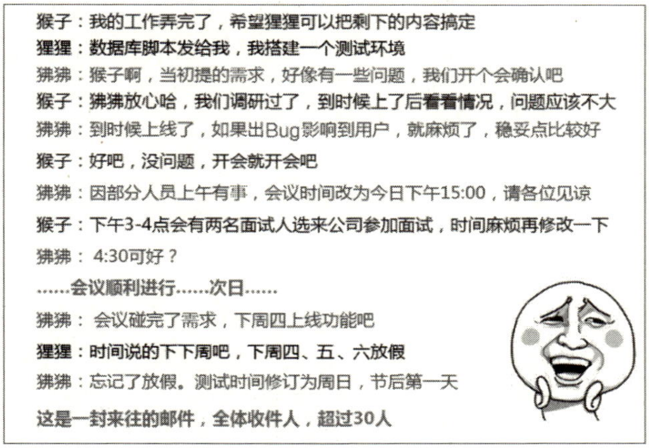

图 1-19

这就是当初的一封邮件往来所交流的内容的大致意思，3 个同事均用了灵长类动物化名（猴子、猩猩、狒狒），由于是三个部门之间（运营、平台、数据）的交流，全部收件人超过 30 人，有些邮件仅仅就几个字……第 1 天 9 封，第 2 天 3 封，最后他们开完了会议，然后就没有然后了。

这件事情自然也抄送了领导，最终也没有任何邮件确认结果，但是我相信事情应该是处理完毕了。

3. 邮件负责同步信息

当领导经常使用邮件指派任务的时候，优秀的职场人往往会做到：

（1）第一时间确认收到；
（2）如何计划开展工作，根据进度节点汇报工作；
（3）完成任务后最终确认。

将心比心，如果大家都拿出对领导的姿态对待跨部门同事，想想自己会赢得什么。

真的，每个跟你共事的人都是未来可能帮助你的人，好好对待他们，办事靠谱的名片会伴随着你的整个职业生涯。

1.5.7 如何降低组织间的信息折损

自己做好了，其实只是你靠谱，真正能够给组织带来价值的才是重点。

想要更为合理地运转，其实需要从公司的高层开始推进。

如果你需要通过邮件来运转公司的大部分业务，建议建立邮件组。

（1）分一个部门组（按照组织结构划分）；
（2）分一个业务组（按照业务需求划分）；
（3）一件事从头回到底，如无必要不要重新开邮件。

好处如下：

（1）当有跨部门业务需求的时候，发件人只需要发给业务组，抄送给本部门即可。发件人不需要记各个组的人名，而只需要记录各个业务组，减少发件人的记忆压力。

（2）发件人在抄送本部门同事时，更容易做到组内的互相提醒，不会遗漏，顺带着也可以帮助新人了解一下业务，将来需要进行跨部门合作的时候，有样学样，减少教学成本。

（3）长期业务，是会存在邮件来往的，发件人一旦请假，或者中途移交业务，同组内的接手人了解进度和来龙去脉比较方便，同时也减少了信息同步的成本。

（4）收件业务组对所有过来的业务负责，不再出现“某件事情现在不归我负责，你没有抄送给谁谁谁，你重新发一遍邮件给谁谁谁吧”。发件人也不需要打听具体给谁，不需要私下抱怨为什么你们总是变变变，只需要给到某个业务组就不会错。

（5）公司大了，同名同姓的人会很多，万一发错了，又会影响业务进度，但是对事情结果负责的业务组不会出现相关问题。

（6）将点对点变成群对群，这样才能够做到高度信息同步与透明。好的流程设计，会规避足够多的问题，避免人员犯错。要不，哪来高效的公司组织运转。

结尾说点别的。

当你看那些案例的时候是否似曾相识？你是否因为写邮件得到过同事的赞扬或者批评？当然了，人们更多的时候认为你做得好是理所当然，做得不好就会暗自鄙视，能够得到表扬的情况极少。在这种（以及其他任何）非常基础的业务上，如果有人表扬你，真的值得骄傲。

把人人都能做的简单事情做漂亮，非常不容易。

以上的大部分案例，都来自我曾经的一个部门内的培训 PPT，整理了许久，才有了这篇内容。基于有些案例交代场景比较困难，所以挑选一些有代表性的放出，实际的 PPT 案例篇幅是这个的 5 倍。

这些案例躺在 PPT 里面至少都四五年了，都是过往的积累，用来做部门内的教学培训，对自己的同事好，降低他们的理解成本、执行成本，是运营的基本功。

我就职的任何一家公司都不是野鸡公司，最烂的也是 500 人以上的规模，大的员工上万，我相信在圈内的很多家公司，一样能够看到很多类似的事情。

由于工作中遇见太多这样的事，为了防止自己部门里面的同事犯错被其他部门的人鄙视，我专门安排了部门的人员收集整理工作中自己的疏漏和其他部门的疏漏，并整理成部门内教学 PPT。

这种行为的初衷是，我自己掌握了，也讲给团队里面的人听，不仅仅是听，我必须让他们自己手过一遍，培养敏感性，主动发现其他人的问题，然后整理成自己的教学文档，如此才能够牢固，一层一层教下去。我偷懒，我只教一次，后面的新人让他们教，我就是甩手掌柜。

当然了这些仅在内部讲，如果你拿这些例子公开讲，就是找不痛快了，大家都懂的。

当然了，我只能保证自己团队掌握这些，比如“如何降低组织内的信息折损”，一厢情愿是没有用的。

比如修改一个网站，你想要求对方“一件事从头回复到底，不要重新开邮件”，往往还会得到对方的抵触，不理解的人还会觉得你“为什么那么多事，真烦！”

写邮件是个小事，但是想做好，至少用到了：

（1）清单思维；
（2）麦肯锡的金字塔结构；
（3）换位思考，易于对方理解执行；
（4）信息图表，美学知识，易于理解和执行；
（5）提升组织信息同步效率，防信息传递折损。

不列了，还是开头的那些话。

自己做一件事的态度等于做所有事的态度，人与人的差别，就在细微之处体现得淋漓尽致。

写好邮件跟年龄阅历无关、跟工作经验无关、跟职务高低无关，只跟职场人的思维方式、职业素养有关。

第 2 章　活动设计就是用户行为设计

所有的运营 KPI 都是通过活动去达成的，活动在运营工作中占据最高权重，当我们掌握了顶级活动策划的意识形态，可以通吃整个互联网行业。

2.1　从目的说起，穷尽运营活动清单

游戏运营的核心数据目标是“用户量”和“收入”，同时这也是任何一家游戏公司的重要数据业务指标，公司里的各个部门都是为了完成业务指标而设立的。

我们都知道，所有的规则设定都是长期有效的，而在“一定时间内有效”的规则就是活动了，在既定规则的锚点比较下，活动显得更“值”，为了达成业绩指标，最重要的方式就是做活动。

几乎所有的活动，运营部门均会参与，有时候处在主导部门的位置，有时候处在协作部门的位置。如果砍掉活动，运营的工作可能就剩不下多少，所以活动几乎就是运营的一切，是安身立命之本，在工作中占据最高的权重。

总结起来，游戏行业内活动类型如表 2-1 所示（本图表为运营的框架级知识，目前为 1.0 版本）。

表 2-1

活动类型	活动目的	主导部门	协作部门
品牌	提升品牌影响力，降低营销成本	品牌	运营
渠道	提升渠道运营效率	商务	
新进	导入用户	市场	
平台	获得用户资料	平台	
回流	召回流失用户	运营	研发、平台
充值	促使用户完成付费		研发
消耗	促使用户完成消耗		研发
活跃	提升用户活跃度		研发

游戏圈内的行业公论：

（1）市场负责“流量”，研发负责“留存”，运营负责“收入”；

（2）“用户量”做好了，“收入”做起来就非常轻松；

（3）负责用最小代价导入用户的部门：市场、商务、品牌；

（4）负责留住用户并让用户付费最大化的部门：运营、研发、平台。

2.1.1　做用户导入，警惕“垃圾流量”

在大公司，各个部门分工比较细，用户导入的主要任务由市场营销体系主导，运

营和研发协作配合，而小公司则可能由某个负责人一把抓了。一定规模的中型公司，处在大公司和小公司中间，则由更强势的一个部门进行主导，双方共同配合执行。

笔者在行业内待得比较久，很多公司在市场和运营工作上联系不够紧密，一旦用了“各自为战”的配合方式，极容易出现市场营销为了 KPI 用各种手段去骗的情况。

比如，把某游戏吹得天花乱坠，无中生有造卖点，纯靠欺诈吸引流量，结果用户注册进来体验之后发现游戏里面根本不是营销说的那么一回事，感觉自己被骗，立马卸载流失。

这种流失掉的用户，自然就是跑到竞争对手那里去了。试想，一个用户如果曾经被某游戏骗过了，那么下一次看到这个品牌只会产生厌恶感，不黑你就是好的，再次进来的可能性几乎为零。

市场营销刷一些垃圾的注册数据很容易，反正用户质量有好有坏，市场营销完成了 KPI 拍拍运营的肩膀说：“兄弟，我人给你导入进来了，加油啊！”（潜台词：留不留得住就看你了，反正我的 KPI 完成了）。

以上是行业内极其常见的陋习，且会一直存在下去，这就是极度 KPI 压榨下的产物，为了数据牺牲质量。

在这一点上，只有研发、运营、市场三大体系深入配合，挖掘每个版本的产品卖点，从核心目标用户覆盖到泛核心用户，再逐渐覆盖到潜在用户，一步步把用户量做大才是正道。

在这种逻辑下，市场营销体系是上游，运营是后勤，做好配合很重要，如果配合不好就会有一些负责任的市场营销人员，由于运营后勤配合不力，导致用户导入工作极难开展。

不管如何，运营要有职业经理人心态，即使作为协作部门，也要在用户导入上极其上心。

2.1.2 做游戏营收，警惕“吃相难看”

每家公司每个产品都有一个用户池，一边是导入和留存，一边是流失，流失掉的用户正在给竞争对手贡献收入，在大多数情况下，都是运营“吃相难看”导致的。

我们都知道，用户量越多，收入越容易做，池子里面的生态越好，越容易形成马太效应，用户的付费安全感越高。

用户量越少，在收入的 KPI 压力下，极容易出现杀鸡取卵的活动态势，第一周打

8 折，第二周就用更低的折扣吸引用户充值。用户要么产生付费观望，要么受伤直接流失。

再牛的游戏版本，都能被垃圾运营给毁了，网络游戏里一旦没有了人，做什么事都非常狼狈。

一边要收钱，一边又要保证不过度开垦，这一点就极其考验运营的营收能力了。

在 PC 客户端年代，一款重度游戏产品，如果能做到 10 万的 DAU，老板走路基本上都是带风的，一旦做到 20 万的 DAU，形成了一定的生态，基本上就死不掉了。所以从 0 到 10 万的这个导入、留存、营收过程非常重要，我见过不少公司，因为急着收钱，提前透支用户信任，把用户的感情一下子伤害了，连核心用户都骂你这个游戏黑，泛核心用户就更不愿意来了。所以对待早期的核心目标用户的营收节奏要格外小心谨慎。当然了，那种着急收钱、捞一票就跑的游戏，咱们不评价。

行业里也有一个奇怪的论调，“用户没有忠诚度，游戏的生命周期也就 1~2 年，所以要赶快收钱”。稍微懂一些经济学理论的同学就会觉得这种论调根本是无稽之谈，在我眼中，这是那些垃圾运营人为自己杀鸡取卵找的理由。

“用户量”很重要，“收入”也很重要，但这终归是一个平衡的事情，一旦过了这个平衡点，游戏将急速走向衰亡。一款游戏从第一天向用户收钱起直到停运的那一刻，运营自始至终都会跟随。游戏都会衰老，但优秀的运营能够延缓衰老的速度。

无论是做“用户量”还是做“收入”，都是通过活动驱动的，接下来，我们来看看不同类型的活动是怎么一回事，以及做好各类活动的核心要点和目标。

2.1.3　各大活动类型介绍

1．品牌类活动

品牌分为公司品牌和产品品牌，两者都很重要，获得影响力的方式就是靠各种各样的活动。

如果一个产品的品牌够硬，无论是面向商家还是面向玩家都非常吃香，品牌就是光环，能够带来各种好处，单纯就获取用户而言，即使不在渠道发力，品牌足够强势的话，也能带来自然的流量增长。

任何游戏产品都有着自己的用户定位，在每个细分领域（比如枪、车、球、卡牌、动作）都会有着一堆竞争者，大家的游戏品质差不多，用户选择了 A 就会放弃 B，在赢家通吃的前提下，自然是品牌越大越好。用户之间也会存在鄙视链，他们选择一款射击、竞速游戏的原因很简单，就是身边的人在玩，而且还会歧视其他竞品。当然了第二也是活得比较滋润的，第三也活得还可以，剩余的就比较惨淡了。

就产品的市场营销包装而言，主要追求占领用户的心理认知，任何一个产品都有自己的核心、泛核心和潜在用户。品牌影响力越大，吸引这三类用户的可能性就越高，进而降低用户的营销导入成本，这就是所有品牌的无形资产。如果你做不了大领域的品牌老大，切入某个细分领域成为老大也是一种选择，如图 2-1 所示。

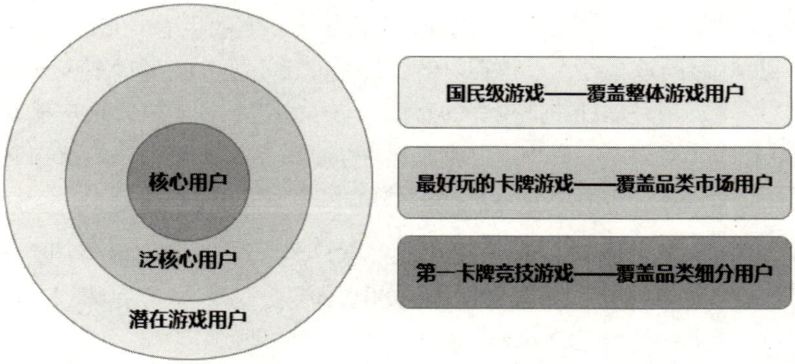

图 2-1

活动核心目标：占领用户心智，提升公司及产品影响力，降低营销成本。

做好核心要点：定位策略，曝光频率，记忆关联。

常见活动案例：刷金翎奖投票，刷各种媒体榜单（期待、喜爱）排名，刷商店星级和评论，刷百度指数，各种和大牌的异业合作，寻求一切可能在线上线下曝光品牌的机会。

榜单的初衷都是期望用户进行投票，既然厂商有需求，也就养活了一堆刷榜公司，当然土豪公司可以找刷榜公司执行，没钱的公司也可以通过游戏内的活动促使自己的用户去完成，具体操作细节此处不过多展开，大家可以咨询市场部门的同事。

线上线下曝光比较常见，早年印象比较深刻的《魔兽世界》和可口可乐、《QQ 幻想》和营养快线、《永恒之塔》和金茂大厦等，以及后来游戏代言人，影视作品和游戏产品联动营销，各种地域的线下游戏比赛渗透等。

任何一种合作方式，运营都是协同的，往往都是市场、商务、品牌部门想一些活动点子，然后驱动整个公司去实现。

品牌类活动发力的同时，各个搜索引擎的“关键词”指数都会上升，这也是很多市场同事的 KPI。

作为厂商而言，光自己说自己好没用，得让行业说你好、媒体说你好、玩家说你好……即使是没玩过你的游戏的人，也感觉你比较有名气，这样目标就达到了。

2．渠道类活动

渠道类活动从页游时代就开始了，游戏产品和渠道的合作模式有两种，一种是签独家运营，另一种是联合运营。当然了，在业内还是后者玩得多一些。

一个明星产品为了利益最大化，往往会上多家渠道。各大渠道在对待明星产品的时候，往往也会投入精力和资源去做一些运营工作，一方面是和其他渠道竞争优质用户，另一方面也是为了和厂商配合做好收入。在这一点上，明星级游戏产品的运营才能够积累到相关经验。

活动核心目标：渠道用户活跃和增长，渠道关系经营。

做好核心要点：合理满足各渠道方需求，争取更好的资源位置。

常见活动案例：渠道冲级赛，充值折扣，特殊专享礼包码。

渠道举办独家活动的目标是为了做给用户看，秀实力，秀福利，秀一切可以秀的东西来吸引用户。

用户只对游戏里的内容感兴趣，无所谓去哪个渠道，渠道之间为了争抢用户群纷纷祭出补贴（充值返利外加实物奖励）战术，同时向运营发行公司争取更好的游戏礼包来吸引用户，在双重的奖励加成前提下，配合一些宣传行为，自然会吸引那些摇摆不定的用户来到自己的渠道下载游戏参加活动。

举个简单的例子，假如《魔兽世界》放给各个渠道联运，其中有一家渠道冲级赛送史诗装备的任务材料，那么玩家们就会疯了一样地进入该渠道，用户都是朝着福利去的。

渠道需要用户，用户需要优质礼包道具，运营需要（更多的）渠道广告位。

为了吸引用户，各个渠道都希望有独家的礼包资源，游戏运营夹在各个渠道中间，通过虚拟奖励去争取更多的渠道推广资源。比如先跟 A 渠道举办一场活动，然后把数据告诉 B 渠道，再去怂恿 B 渠道也给一些更好的广告位，如此循环往复。只有在明星级产品的加成下，游戏运营才可能有比较多的施展空间，如图 2-2 所示。

明星产品的运营跟各大渠道博弈广告位资源，各大渠道通过自己的活动跟其他渠道博弈用户归属。

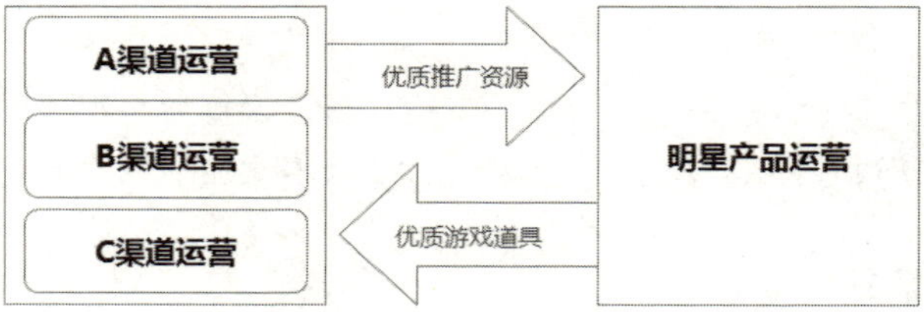

图 2-2

3. 新进类活动

商务部门从渠道那里找流量，市场部门从媒体那里找流量。

在端游年代，各个游戏厂商都是研运一体的，在页游时代，游戏研发商被欺负得惨了， 3：7、2：8、1：9 分成屡见不鲜，渠道巨头超强势。手游时代 iOS 分成为 3：7，而安卓渠道大多是 5：5 和 4：6 分成。发行公司能做的就是想办法从渠道那里弄流量，这是各个公司商务的主要工作。

不管哪个年代，大公司的市场部门都不会闲着，在品牌上发力的同时，也会通过各大媒体获取用户，做许多新进类的活动。

活动核心目标：用户注册，下载，创建角色。

做好核心要点：优化漏斗。

常见活动案例：注册送礼包，冲级赛，实物道具。

用户找游戏有多种方法，一种是从应用商店上下载，另一种是从各类媒体上获得游戏相关信息，完成下载转化。而媒体跟厂商市场部的结算方式有 CPM、CPC、CPA、CPS 等。

市场主要解决用户体验游戏的动机问题，所以此前渠道拿来吸引用户的那一套策略，也就是换了个地方而已。媒体之间一样存在竞争，需要独家奖励道具。

一个新进类的活动呈现给用户，从用户点击、下载到最终创建角色这个过程就像是一个漏斗，如图 2-3 所示，每个层级都存在流失。活动设计者就是想办法去优化这个漏斗，使其变得更平滑一些以提升转化率，这是所有活动的基本功。

营销部门的优势是知道什么火，什么更容易吸引关注度，擅长将自己的产品卖点与市面上火热的东西建立关联，增加广告的曝光率和点击率，让漏斗的第一层开得尽可能大。

营销部门的劣势是对游戏卖点、用户喜好不如运营熟悉，往往需要跟运营研发配合，提炼出产品卖点包装，进而设计出可验收、可执行的活动方案。

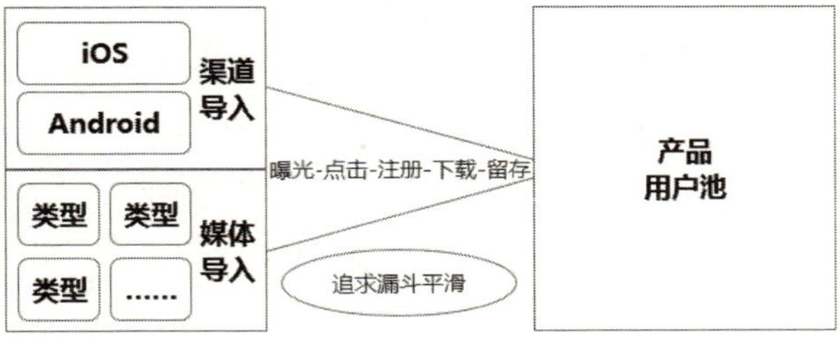

图 2-3

4. 平台类活动

如果你是做渠道运营的，经常会举办一些平台类的活动，跟新进类活动的区别是，围绕自我用户，获得更多的用户价值。

比如获得用户的联系方式、邮箱和手机号，一方面帮助用户提升账号安全，另一方面当用户不登录游戏了，只要能联系到用户就能做很多事。

比如获得用户的资料信息，为用户贴上标签，获得喜好。当用户厌倦了游戏 A，此时提供游戏 B，促使用户永远在自己的平台上游戏。

各个平台都有 VIP 等级，并且赋予各种平台特权，促使用户升级，以增加流失成本，使其尽可能多地留在本平台上游戏。

活动核心目标：获得用户信息，增加流失成本，精细化运营。

做好核心要点：促使用户完善资料。

常见活动案例：绑定手机/邮箱送奖励，问卷调查。

这类活动大多数通过页面完成，也就是说先有平台的产品框架，才能够在这个上面做一些事情，如图 2-4 所示，网页游戏年代做得比较好的是 37 玩，手机游戏年代做得比较好的就是各大一线渠道了，个人比较推荐阿里游戏（UC 九游）。

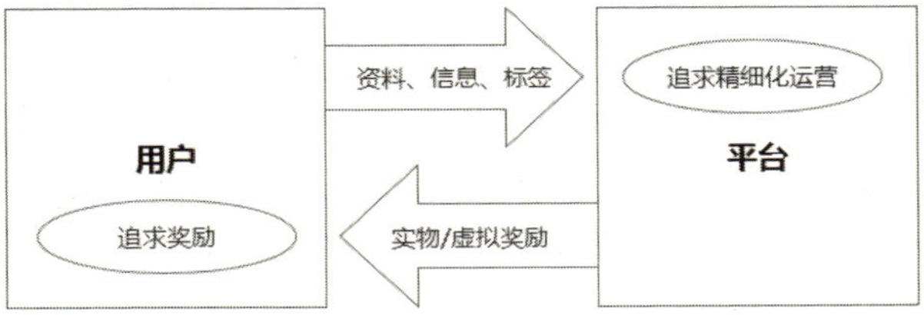

图 2-4

其实单纯的“研发-发行”公司也可以做这些工作，只不过其精力有限，在具体执行层面不如渠道方重视。从另外一个角度而言，发行公司的产品数量远不如渠道产品数量多，所以做这类事情的价值相对较低。

如果你并没有做渠道运营相关的工作，也要努力让用户交出手机号码和邮箱，然后努力采集用户的资料，可以是页面填写，可以是问卷调研，尝试建立成长体系，至少找出那些付费能力强的用户，将来做营销、做回流、做安全，提升运营效率，减轻客服的业务负担。

5. 回流类活动

游戏运营时间久了，总会产生大批量的用户流失，其中一些是曾经游戏过一段时间的，后来因为各种原因流失，其中很重要的一个原因就是不满意游戏版本，因此当游戏的重要版本更新后，尝试着把用户召回，只有在满足一定的条件情况下才可以做到，比如运营手里掌握了那些流失用户的手机号和邮箱。

活动核心目标：老用户回归数量。

做好核心要点：解决用户回归动机。

常见活动案例：老用户回归游戏送礼包，返还货币。

根据我的经验，这种活动只要做往往就不会亏。如果做了没什么效果，其实是在细节上没把握好，就好比两个男孩子同时去追一个女孩子，一定是更用心的那个容易成功。

粗糙一些的做法，就是群发邮件、群发短信，介绍新版本的产品卖点，然后发送一个礼包，促使其完成回归行为，这种行为非常考验文案设计功底。

精细一些的做法，通过问卷、调研、访谈，找出用户当初的流失动机，根据不同情况对症下药，诉诸利益、诉诸情感、诉诸社交……设计各种召回方案和内容，提供回归的动机。

精力不够的话，就照顾一下大面，精力足够的话，就做得细致一些，如图 2-5 所示。成功召回流失用户是一件非常有成就感的事情。

回流类活动，市场营销几乎不会发力，毕竟结算不到其 KPI 上，而运营则会，但是运营往往精力有限。几乎可以判定，能做好回流类活动的运营，平时支付了足够多的精力去维系与用户的联系。

在实际的执行层面还是会交由客服来做，比如打电话联系高付费能力的用户。为此必须为客服设计一套方便执行落地的召回套路，以及给客服部门设计奖励规则，只有跟利益挂钩才可以产生工作驱动力。

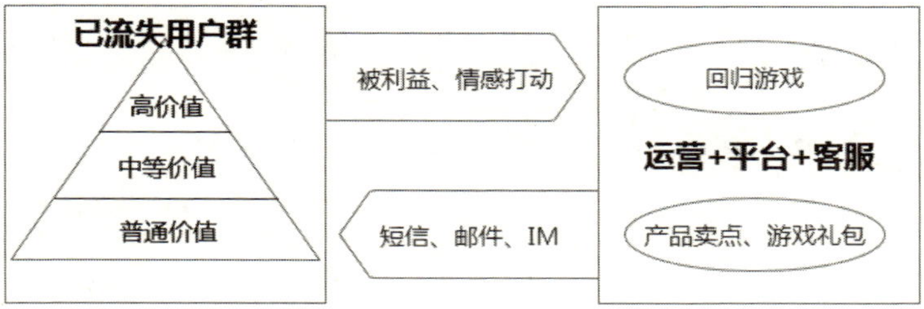

图 2-5

6. 充值类活动

营收是运营的核心目标之一，用户把人民币换成游戏内的一级货币（钻石、元宝、金币），公司就算挣钱，所有的游戏公司由运营背负收入指标，在这个业务层面，绝对是运营主导。

活动核心目标：促使用户完成充值行为。

做好核心要点：破冰、性价比递减、付费率。

常见活动案例：充钱送钱/抽奖机会，保险、充值爬坡、限时限量打折促销、团购。

想做好营收，应该把用户划分为三种类型：免费用户（怎么都不充钱）、付费用户（根据情况付钱）、土豪用户（喜欢就买的土豪）。

针对免费用户，尽量使其完成破冰行为，因为付 1 元钱跟从来不付钱是两种截然不同的情况，一旦能够让用户付出 1 元钱，后面的事就好说了。因此破冰付费的性价比往往奇高，很多游戏的首充基本上都是 1 元钱买 100 元钱的东西，核心目标就在于提升付费率。

付费用户则是价格敏感型的，他们会思考每个充值活动值不值。在设计充值活动的时候，其实是为付费用户设计的，他们对于价格敏感，性价比永远不会错。

土豪用户则是完全凭借喜好付费，最黑的售卖方案不是定额，而是随机抽奖加竞争获取，后面有专门的文章详细说明。

现实生活中一切能够让人花钱的商业行为都可以往游戏里搬，学好经济学、心理学、行为学，用知识武装自己，是做好充值类活动的前提，如图 2-6 所示。

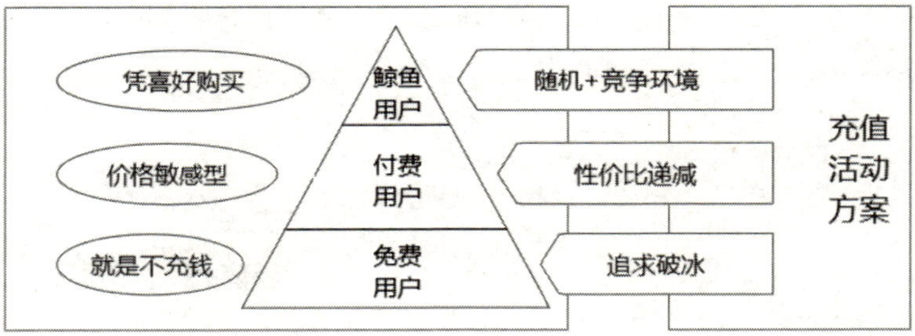

图 2-6

7. 消耗类活动

消耗类活动跟充值类活动是互相配合的，只有当用户缺的时候才会充钱。游戏本身就是一个冲动型非理性付费的娱乐方式。

平常通过各种活动把用户的存量榨干，充值时送的那些道具才更显得有吸引力。当大量的资源空缺的时候,付费用户群体则会寻找捷径——充值购买,如图 2-7 所示。

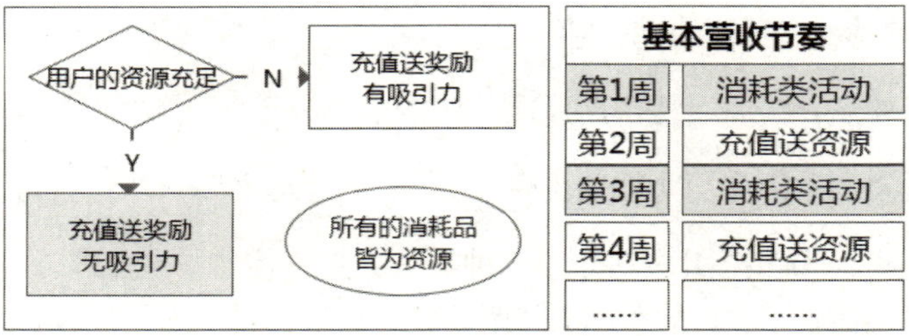

图 2-7

如果收入压力小，充值和消耗的行为根据周期轮番上阵。如果收入压力大，消耗和充值就一起上（很多公司从来都是收入压力大的）。

活动核心目标：促使用户消耗存量（货币、道具）。

做好核心要点：奖励设计和规则设计，性价比递增。

常见活动案例：消耗送奖励，消耗爬坡，BUFF。

如果我们不想让用户吐槽你游戏黑，就把重要的奖励设计在消耗端。举个例子，你想获得某个稀缺道具，直接挂在商城里面卖 500 个元宝，和你随便花费 1000 个元宝后送给你根本是两个感觉。充值是让用户交出人民币，消耗则是消耗掉存量道具，从感受上完全不一致。

为什么单独把消耗类活动摘出来，因为从行为上是两件事情，营收是存在节奏感的。做营收最重要的一点是知道用户愿意为什么东西付费，而当一项东西充盈的时候，你把奖励扔上货架让用户掏钱，他的付费意愿自然小。

在消耗层面，自然性价比递增，消耗得越多，得到的越多。用户的资源（各种货币、道具、数值）存量是有限的，用光了他们自然还会直接花钱买，等于间接增加收入。

8. 活跃类活动

用户活跃有多个场景，一种是游戏内，一种是游戏外。游戏内则非常简单，与研发配合通过各种形式去刺激用户活跃。游戏行为非常多，全服发奖、全服周期 BUFF 刺激同时在线、BOSS 战、帮派战、冲级赛、节日收集和兑换、寻宝、比赛式活动等。

游戏外，大多数集中在论坛、贴吧、QQ 群，比如美女玩家评选、心情攻略征文、音频视频征集、策划与你聊游戏等。

活动核心目标：用户参与热度，话题感。

做好核心要点：奖励设计与活动规则。

常见活动案例：游戏行为活跃，话题、征集、评选等。

游戏内的场景，所有活跃类活动设计的背后都有一个目标，比如一言不合就发奖励，就是刺激用户连续打卡；在某个时间段内增加某项核心资源的产出，就是刺激用户同时在线。特别是在一些需要开房间的游戏里，同时在线人数越多，游戏体验越好。

游戏外的场景大多数发生在游戏相关的社区，所有的内容运营和用户运营是通过活动来驱动的，比如“策划玩家面对面”，共同探讨游戏的版本内容，维系核心用户；比如找到各个游戏中的美女玩家和意见领袖等，刺激其生产优质内容，用于运营和营销。

游戏本身是娱乐内容产业，通过用户二次生产的内容越多，越能够提升游戏的生态和亚文化，就越能够形成品牌影响力，全面提升生态。自己说好没有用，只有用户说好才真正能够打动人心。

以上，是各个活动类型的基本介绍。

所有的活动目标甚至整个运营存在的价值，都围绕着“用户量”和“收入”而展开。

限于篇幅原因，限于笔者对游戏运营的理解层次，有些内容讲得比较浅，属于普及性的一些知识。

2.2 从成长说起，如何系统搭建活动框架

活动是手段，是技巧，是方法论，是最能够短期起效果达成运营 KPI 的方式，同时也是最能体现个人业务水平的事情，越是基础的工作越难，越体现功底。做好活动不是表面看起来那么简单，而是从无数种选择题中选择最适合当下情况的方案。

本节从成长说起，讲解如何搭建活动框架进阶高级运营。

2.2.1 初级运营只会抄，高级运营有套路

“如果你什么都不会，那么你就去做活动策划吧。”

这句话很伤人，先别忙着生气，毕竟运营活动策划真的不是那么一件非常好混的事情，为了照顾一些同学的情绪，更合适的写法应该是：

“如果你什么都不会，就从活动策划开始做起吧。”

每个运营都躲不开活动设计，这是运营人的基本功，在一般人的眼里看来，他们每天的工作就是：

（1）找同类竞品，搜索人家的历史运营活动；

（2）复制粘贴，批量替换关键词；

（3）将活动需求甩给开发，要求配合执行落地；

（4）发活动公告通知用户参与。

诚然，通常的五星级运营混子就是这么工作的，瞧，我没说错吧，瞧，是人就会做吧。

且以上的说法并非我杜撰的，而是真实来自开发团队眼里的真实想法。

随便在网上找了一张关于运营活动的经验分享，如图 2-8 所示，新人可能觉得不明则厉，但是对于高阶的活动策划而言，这仅仅就是一份表格模板而已。我们把这个模板认真填完了就能算是活动策划？

XX活动策划方案

活动主题	这里需要提供「活动主题」和活动策划「方案概述」 **活动主题：** 一句话介绍活动，最好直接使用「活动标题」也可作为活动文案考量是否具有吸引力 **方案概述：** 附上简单描述活动策划的思路
活动类型	活动类型有且不仅限于以下各种： 1、常规事件活动 2、热点新闻或事件的借势活动 3、日常普通活动
活动目的	1、从活动策划和运营方的角度，列出可直接衡量的定性或者定量的清晰目标？ 例如： 活动访问用户数(UV PV总数及日均值)； 活动参与用户数及产生的用户内容条目数； 用户行为数(评论数、赞数、分享数等)； 分享后带来的转化数量等一系列流程下的具体数量。 2、站在活动参与者的角度描述能够为用户带来的价值？ 参与活动本身给用户带来的如虚荣、窥探快感(晒物、签到等)； 活动之外的奖励收益刺激到用户的贪婪。
活动形式	承载活动的形式是否可用？ 需要哪些活动模块支持？ 是否需要为了活动开发额外的功能？
活动周期	起止日期
活动规则	详细的活动文案 参与活动的玩法设计 奖品设置信息 补充说明等
活动预期	根据「活动目的」中的目标设定活动预期结果，用作衡量一次活动的ROI
活动投入	1、财物投入(活动奖品) 2、资源投入(如需跨部门或者公司外部的资源投入) 3、人力投入(活动需要开发支持) 其他投入
执行计划	人、资源、时间配置，附上甘特图最好

图 2-8

就算是扔给一个高中生，只要玩过游戏，他也会填出个 1、2、3 吧。但如果这个框架是你设计的，勉强达到入门水准，至少拥有了入门级的套路——通过清单思维设计活动框架。

不管是高手还是混子，最终落地呈现给大家的内容就是那一页纸。每个人都可以完成，并且看起来也跟行业里面的同类产品的竞品内容差不太多。很多工作多年的运营混子更是一套模板用好几年，也不迭代，这也是很多混子存在的原因。

两份差不多的活动方案，混子跟高手的套路完全不一样。真正的高手，能够讲得出自己出这份方案的决策依据，并在心中对整体活动方案的设计有节奏、有把握。

总体来说，一个完整的活动框架应该包含如图 2-9 所示的内容。

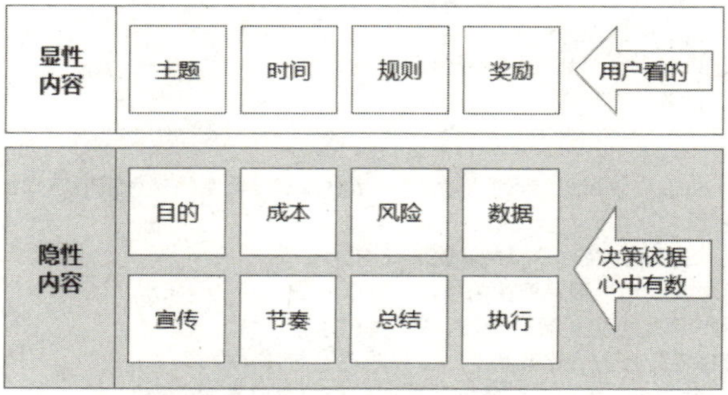

图 2-9

从显性输出上来看，活动文档仅仅包含活动主题、活动时间、活动奖励、活动规则，毕竟所有的用户群均可看到。

而背后所支付的成本还包含许多隐性的内容，这是我们做活动的决策依据，要做到心中有数。

所有的设计都是从无数方案中做出最合适的选择，对外呈现是显性内容，而活动策划支付的隐性成本只有参与过的人员才知道。

这些隐性成本是调研，是分析，是会议室里面的争论，是过往做活动的经验总结……

我们自己在设计并运营一系列活动的时候，框架思维是必需的，每个模块都要做到心中有数。对于各模块思考得越细，活动质量越可以保障。

掌握了套路，下一步就得用套路做点什么，才能够快速成长。

2.2.2 快速成长技巧：反编译竞品活动

世界上任何一个职业岗位技能，最快速的学习方式是：掌握知识、实战验证、反思总结的循环。

我对新人的定义有三个阶段：

（1）未入游戏圈的阶段；
（2）入了游戏圈但未正式做运营工作的阶段；
（3）做运营后，但是自己说了不算，处于学习的阶段。

我也是一步步从新人成长起来的。

学生时代的我打游戏都打出理论基础了，如果能把爱好跟工作结合起来多好啊，觉得自己非游戏圈不进，于是每天在网上扒无数资料学习（那个时候多而杂），自己也没有判断力，不管好的坏的，都拿来填充自己的理论基础。

入行后第一份工作是游戏客服，当然得玩自家的游戏了，对活动运营处于观察阶段，通过自己的感受和玩家的反馈，经常觉得我们运营设计的活动大体方向没错，但细节有很多毛病，如果让我来，应该如何调整，每次都会琢磨思考，偶尔还会跟玩家聊这些。

后来转岗到运营，开始的时候，处于执行和旁听，逐渐跟老人们在会议室里面讨论和推演细节，随着工龄的增加，陆续自己操刀做主，实战验证，逐渐提升自己的这项业务技能。

做运营岗的前两年，自己在活动策划这项重要技能上的学习方式之一就是：反编译竞品游戏的活动策划。也许这种方式是最快的修炼方式了。

之所以不叫“竞品活动分析报告”，是因为分析报告更像是一份结果（文档），而我要说的是一种过程，一种行为。整体流程如表 2-2 所示。

表 2-2

序	过程	执行
1	看活动介绍	直观了解：主题、时间、规则、奖励
2	亲身参与	体验过程：活动参与热度，用户反馈，运营是否从容
3	尝试反编译	推测对方的目的、策略，如果是我来设计，如何改进
4	寻求确认	如果有条件就主动确认，如果没条件就作罢

第 1 步，看活动介绍

玩竞品的游戏，扒它们的历史官网公告，当然看到的内容和用户看到的是一致的，竞品呈现的显性部分——最终活动方案的呈现，不知道隐性内容没关系，至少能够掌握显性内容。

在这个过程中，我能发现对方的活动规则是否有歧义，能通过历史的版本更新以及活动上线情况，估算对方的节奏。当我把对方的活动上线情况完整地贴在一个表格里面，就能发现很多东西。

第 2 步，亲身参与

玩竞品游戏，是做运营学习成长的必要手段。我花了非常多的金钱和精力投入到竞品的研究之中，才能够清晰地感受到当初的具体场景。

当时的背景环境，版本情况，自己看到活动的第一眼感受，玩家们的参与情况，玩家们的讨论情况，竞品运营人员在活动运营过程中的表现，是从容还是慌乱，这个过程只有参与才能够获得直观感受。

“垃圾活动，有人玩才怪了。”

“就知道黑钱，我们非 R 怎么活？”

“看不懂，这（活动规则）公告哪个傻子写的，蓝翔毕业的吧。”

“晓得当初就多买一点的，有点小后悔。能不能再出一次充值送 × × 的活动啊？”

“那个新出的 PK 药，我买了下，很厉害（垃圾），限时打折，建议大家囤一点（千万不要买）。”

这一切，我们能从自己的玩家那里听到，也能从竞品的玩家那里听到。任何一个运营负责人，在大方向上都不会错，拼的就是细节，就是这些诸多细节的叠加，决定了运营活动的效果。

第 3 步，尝试反编译

我们体验了过程，看到了结果，感受了舆论，作为同行自然就会反思，站在更高的角度，揣测对方的目的策略，不断问自己为什么。当遇见和自己游戏相似的场景，如果由自己操刀再来一次，我会如何处理这些细节。

这是一种求道的过程，这个过程是孤独的，也是极有价值的，几乎所有的经验都在这里，为的是自己将来完全说了算的时候，对自己和公司的负责。

第 4 步，寻求确认

我们都知道，任何一种设计方案，只有在会议室里面讨论、决策的过程，才是有价值的部分。

人们都说同行是冤家，同一个赛道上的是对手，这个过程看似不合理，其实也是有办法可行的。

这个方法可以是以玩家身份跟对方运营交流，可以是以同行身份在行业聚会上跟对方交流，可以是以求职者的身份去和对方的面试官交流，同样可以是以面试官的身份面试竞品的求职者……

不管你腕儿大、腕儿小，江湖地位几何，相信我，只要你愿意，就能通过旁敲侧击的方式，打听到所有你想打听到的问题。

以上 4 个步骤，是进阶状态，随着步骤的深入，获得的收入越多，每个人都有可能在中间的某个步骤上放弃。

2.2.3 反编译竞品活动的价值

投入了时间，自然就有回报，如果你的部门老大也盯着竞品，那么在一些决策上就会考虑你的意见更多一些，获得更多的信任感（哪个老大都喜欢对业务有追求的人）。

如果你的部门老大不看竞品，极有可能组内的其他同事也不看，而你看，则是一种新的成长手段，一旦对方有了新花样，自己也能够提出新鲜的运营玩法，无论是进攻还是防守，往往都很重要。

举个简单的例子，大假期之前，我们往往都会推出特别实惠的营收类活动，为的就是跟竞品争夺畅销榜靠前的位置，越靠前越容易获得优势。运营上的“感觉亏本”，往往会从自然新进里找回来。

实际的工作中，极有可能是大老板让某部门负责人学习一下某公司竞品的玩法，上有所好，下必趋之，这个时候看竞品的你，是不是又更吃香了。

对外而言，这种习惯的养成，也是一种和高手交流并建立连接的手段。

试想，当你在竞品上花费无数心思，出具了一份漂亮的分析报告（优点、缺点、改进方案），而当竞品的运营老大看到这个的时候，人家凭啥不欣赏你、喜欢你。

你开始写得烂，发出来被人喷垃圾，没关系，不会有传播，也没人关注你，保持认真的态度继续写，反复雕琢，质量只会越来越好，直到搞定越来越多的人，你的业务框架会更加清晰，细节把握会更好，在这过程中业务能力会不断提升。

在同行（你们的腕儿比较接近）交流的过程中，往往也有很多有趣的事发生。

“这个设计真好，你们当初是怎么想的？”对方的回答往往会让你大跌眼镜。

“我研究你们好久了”，“其实我们也是”。任何一个领域的前三，基本上都是相互关注的。

不管公司采用怎样的态势去竞争，你跟对方探讨的是学术，做的是知识交换，把对方看成自己领域里的师兄弟，拿开放的心态去对待，职业的道路只会越走越宽。

这种行为能够快速提升自己，这样才能够更好地为公司负责，说得自私一点，这种行为都能够成为我们自己的经验，每个上进的人，都会对自己的专业能力以及职业生涯负责。

2.3 顶级活动策划应当具备的意识形态

在前面的章节，我们提到过：

“所有的设计都是从无数方案中做出最合适的选择。我们自己在设计并运营一系列活动的时候，框架思维是必需的，每个模块都要做到心中有数。对于各模块思考得越细，活动质量越可以保障。”

很抽象，正确的废话，美好的愿望，说得挺好，但是到底怎么做？

所以后面的内容就是讲：

- 无数的方案是怎么产生的？
- 依据哪些条件做选择？
- 如何做到各模块心中有数？
- 凭借什么保障活动质量？

在处理各个模块的时候，条件反射般地做出思考和反思，就是活动策划“意识形态”的具体体现，如表 2-3 所示。

表 2-3

序	模块	思考	反思
1	目的	最终达到怎样的结果	有无价值，策略是否得当
2	时间	活动何时开启，何时结束	周期是否合理
3	主题	背景、环境、切入点	主题是否有点击、参与欲望
4	规则	规则设计、用户定位	理解难度、参与意愿、覆盖范围
5	奖励	奖励设计、结算方式	奖励是否吸引人，参与深度
6	宣传	内容设计、渠道安排、宣传节奏	是否精细化设计内容和宣传节奏
7	成本	奖品成本、人力成本、其他资源	性价比如何，过往能否复用

续表

序	模块	思考	反思
8	风险	正常和异常，如何规避风险	最坏的结果和 plan-B（备用方案）
9	数据	事先决策、事中调整、事后验收	是否准确、及时、全面
10	总结	总结复盘报告如何输出	效果如何，成长和收获
11	节奏	投放时机、投放顺序	策略是否得当
12	执行	让正确的事情相继发生	能力是否胜任，沟通是否流畅

此前的分类方式比较粗糙（显性内容和隐性内容），为帮助理解，我重新划分了活动策划各个架构的层级，如图 2-10 所示。

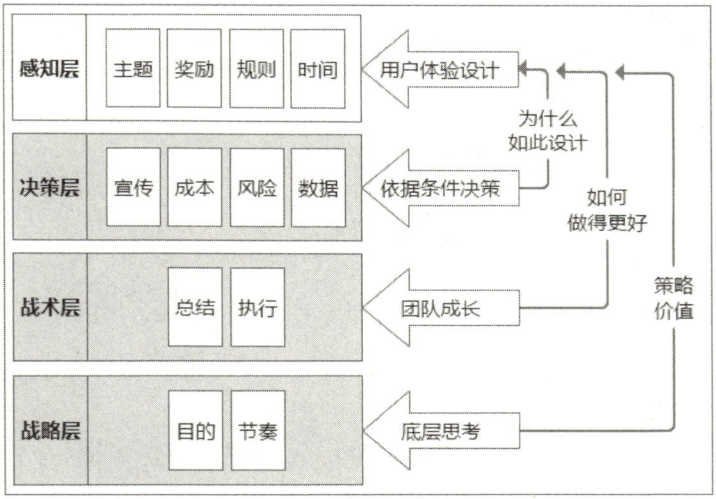

图 2-10

1．感知层：主题、奖励、规则、时间

感知层属于显性的部分，即活动设计者呈现给用户的内容，无数选择后的结果。

站在用户的角度，他们参与一个活动的内心路径如下。

第一步：“有点意思，点开看看”——被“主题”吸引，了解活动；
第二步：“这个好，研究下规则”——被“奖励”吸引，研究下规则；
第三步：“有点意思，参与看看”——看懂了“规则”，衡量后，决定是否参与。

这是一个漏斗，讲究顺序，至于“时间”，活动设计者说了算，用户一般不关心。

站在活动设计者的角度，我们都希望：

- “主题”能够得到最多的曝光，吸引更多的用户点击了解；
- “奖励”具备吸引力，能够准确命中目标用户的核心需求；
- “规则”设计尽全力追求理解简单，参与门槛低，过程有趣；
- “时间”的开始和结束，大多数情况下，依据活动节奏，拍脑袋决定。

感知层面，整个过程就是设计用户体验的过程。

2．决策层：宣传、成本、风险、数据

决策层的内容是真正见功底，吃经验的内容，是决定显性内容，设计用户活动体验的重要部分。

在做活动的过程中，我们注定会遇见诸多难点和陷阱，比如：

- “宣传”力度不足，没精力、没能力设计打动人的宣传内容；
- “成本”受限，各种客观条件不足，没多少（时间、人力、物力）资源支持；
- “风险”是什么？即使是知道了风险，如何去控制？
- “数据”在哪里？准不准？分析思路？没数据的话怎么拍脑袋？

决策层面，尽全力寻找条件，不断衡量、妥协、最后确认执行方案。

3．战术层：总结、执行

前面两个层面，顶尖高手可以独立完成，战术层则是要负责人带着大家一同完成了。

“总结”属于运营团队的内部行为，无论做任何活动，无论结果如何，总结复盘需要成为一种习惯。根据结果还原活动流程，分析细节，是帮助大家长经验、长知识的绝佳成长方式。不做复盘的团队是不思进取的团队，运营负责人白白损失了帮助大家成长的机会。

“执行”是一个驱动其他部门同事协助配合的行为，运营是负责决策的大脑，其他部门是负责实现的四肢，我们做活动的过程中，不断跟游戏研发体系、市场营销体系、平台支持体系的同学们打交道，中间有无数沟通、落实、验收的过程，如何做到又快又好呢？

战术层面，确保活动顺利进行，包含诸多跟人打交道的细节，同时也是团队积累和成长的过程体现。

4．战略层：目的、节奏

战略层的内容，往往都比较抽象，越深层次思考，就越加重要，同时也可以衡量一个运营人段位深浅，境界几何。

“目的”和目标之间的关系怎样，除了完成 KPI 以外，我们应该如何去思考问题？

“节奏”则根据目标达成的方式去规划，无论是拉新、留存还是收入，通通都是讲究节奏的。

以上，是活动策划的理论框架。

一个优秀的活动策划，掌握的知识和技能应该是全方面的，这些东西汇聚起来，就是意识形态的体现。

接下来，将针对活动框架中的各个模块内容进行抽丝剥茧的分析，站在意识形态的角度，总计输出 9 篇文章，内容包含各种案例、方法论、知识点，如表 2-4 所示。

表 2-4

层级	序	模块	内容输出
感知	1	主题篇	策划主题的 6 大套路
	2	奖励篇	设计奖励的要点
	3	规则篇	设计规则就是设计平衡
	/	时间	过于简单，拆分到其他文章内容中
决策	4	宣传篇	活动传播的注意事项
	5	成本篇	活动的各个环节有哪些成本
	6	数据篇	数据基本功，几种常见思路
	7	风险篇	一次活动事故讨论如何规避风险
战术	8	执行篇	运营公共开发资源的技巧
	9	总结篇	复盘总结应该成为一种习惯
战略	/	目的	如何看待目的和目标之间的关系
	/	节奏	如何设计游戏营收节奏

其中“时间”模块由于过于简单，尚未进入到意识形态的领域，遂合并至其他文章内容中。

战略层由于其性质原因相对比较慎重，我会在 9 篇文章结束后与大家探讨。

本节内容就作为“意识形态”系列文章的导读部分，让我们正式开始，自此进阶顶级活动策划之路。

2.4 主题篇，既要被发现，也要被传播

感知层——活动主题——好的主题更容易被发现。

一个用户参与活动分三个步骤。

第一步："有点意思，点开看看"——被"主题"吸引，了解活动；
第二步："这个好，研究下规则"——被"奖励"吸引，研究下规则；
第三步："有点意思，参与看看"——看懂了"规则"，衡量后，决定是否参与。

曝光、了解、参与是个成正比的漏斗关系，如果没有第一步的被主题吸引，了解活动，后面再好也没用。

虽然取标题很重要，但是这里不仅是标题，而是带有某个背景的主题。标题是文案层面的工作，而主题则是营销层面的工作，无论是做任何类型的活动，都期望获得最大的影响力，希望更多的用户能够知晓甚至参与。

2.4.1 围绕如何吸引用户而展开

主题是一个抽象的概念，往大了说，是定位、流量、自传播，往小了说，是标题、文案、宣传广告语。

敲黑板，划重点，主题的价值在于被用户发现和被用户传播。

世界杯、三聚氰胺、热播影视、苹果发布会、叶良辰、青岛大虾等社会热点事件都可以尝试结合产品进行主题宣传营销。关注百度热词，想办法贴合它们，每一次找到结合点，你的产品活动就能更加容易被发现，设计得巧妙就容易被传播，杜蕾斯微博营销号则是其中的翘楚。

那些刷爆朋友圈的 H5 页面，微博上被广泛传播的活动，思考火爆背后的真实原因，业内有很多文章评论，拥有营销的意识形态是每个运营必须修炼的内容。

有这么一个段子。

A：Yahoo!
B：管上，Sohu。
A：Apple!
B：炸了，奇酷。
A：Amazon!
B：压死，阿里巴巴。

A：Uber!

B：别动，滴滴！

A：一个 Facebook，Instagram 带 Twitter

B：QQ 微信炸！

A：该你出了……

B：××××××！

A：要不起……

其中这个××××××可以替换为各种互联网产品的品牌。

一般的活动主题都是从热点事件中获取灵感的，大多数都偏向品牌营销类，要让自己的产品持续不断地得到更好的曝光，吸引用户参与，亦或者被传播。

2.4.2 用户关注区和传播社交币

当今社会，我们每个人都会面对无数的信息冲击，而大脑处理信息的能力有限，为了保护大脑不过于负荷，就一定有一个过滤器一样的东西，这个过滤器科学名叫“海马状突起”，主要负责认知、记忆以及过滤无效信息。那么我们想要让更多的人知道，就必须跟这个过滤器做斗争，争取让自己的活动主题，能够穿透大脑过滤器达到“用户关注区”，这样就完成了第一步，即“被用户发现”。

那么第二步“被用户传播”如何完成呢？用户没有无缘无故帮你做事的理由吧，你必须给用户提供利益，当然了一般财大气粗的土豪企业会设计出转发抽奖这样的玩意儿，咱们先不说成本问题，在如今大面积抽奖造假用户根本不屑的前提下，解决不了信任问题，传播效果必然受影响。即使你让用户分享到社交媒体，信不信用户在拿到奖励的下一秒就会删除？

所以互联网的玩法，与其给人提供人民币不如给人提供“传播社交币”。

那么什么是“用户关注区”，什么又是“传播社交币”呢？

先问问自己，你在怎样的情况下会被吸引，在怎样的情况下拥有分享动机？

找寻这两个问题的答案，就要看微博和朋友圈，毕竟这两个社交媒体是如今营销的主战场，同时也是用户背书的最大信息分享地，大大小小的商家在这个地方战斗，你看自己关注什么，经常点开转发评论留言什么，就能够知道自己的关注区在哪。

分享同理，当其他人纷纷分享一个内容的时候，先猜测一下别人分享的动机，然后跟对方聊聊。也可以翻一翻自己过往发过的微博和朋友圈，揣摩自己当初为何分享。

注意是主动分享行为，心甘情愿的，而并非为了网络社交或者工作需求。

大家的关注区和分享动机都不一样，你说这不是废话吗？这不是废话，这是一种科学的学习方式，平时刻意留意，看得多了一定可以总结出共性来。

分析、归纳、总结用户关注区，赋予传播社交币，用户才有传播意愿。

2.4.3 设计主题的六大套路

设计主题要满足两个步骤，一是被用户发现，二是被用户传播。能满足被用户发现，已经是无比优秀了，如果能够同时满足这两个条件，一定是个绝妙的主题。

经过无数营销界的前辈达人们总结，收集整理后，一共被我归纳为六大套路。

1. 热门信息

俗称谈资，不同的时间段会有不同的流行信息，比如体育赛事（世界杯、欧冠、NBA 总决赛）、热播影视（《甄嬛传》《琅琊榜》《人民的名义》）、社会热点（非典、穹顶之下、苹果发布会）、各类节日（传统类如春节、国庆，以及人造类，如天猫双11、京东 6·18、某某周年庆），每个当下正在进行的事情，都会击穿过滤器，触达用户关注区。

热门信息天然具备传播力，人们关注的本质还是追求安全感，如果大家都知道，而你不知道，意味着自己社交会脱节，想想大家聚会的时候热烈讨论一样东西的时候你一点都插不上嘴，一定会感到很尴尬吧。人们分享的动机也是因为谈资，热门信息附带的谈资，就是传播社交币。

如何获取热门信息？朋友圈只是一部分，真正用数据说话的还是百度、微信指数、热词、微博热门榜等，这些是帮助你了解当下热门信息的重要工具，很多自媒体大 V 也是拼命蹭热点，诸位按照自己的运营节奏蹭就好了。

2. 长期兴趣

美色、金钱、美食是三个最为符合人性的点，它们长期在大众心理中占据着重要位置，很多商家都是拿这三个点去设计海报和文案的。在这个基础上，用户又可按照不同的维度被细分为许多种，我们年轻力壮，就不关注养生保健，而我们的父母则趋之若鹜。男生关注体育赛事多一些，女孩子则关注娱乐八卦多一些。了解你的用户群构成与喜好，就能够触达用户关注区。

三大基础兴趣在传播层面未必有力，不是每个人都会在社交媒体展示这些，让人误会自己为好色、爱财、贪吃之人。有些点吸引人没问题，但是传播可能有问题，相反在一些场景比较容易流动。

一些能够帮助用户塑造自己正面形象的兴趣爱好则更适合在社交媒体上出现，比如健身、读书、学习。吸引是第一步，传播是第二步，想要把第二步落实，必须要帮助用户塑造正面形象。

如何获取自己用户群的长期兴趣？

一是看数据，数据有用但未必是全部真相；
二是把自己变成典型用户；
三是到典型用户群中去了解和访谈，获得更有价值的信息。

无论是做运营还是做营销，比的就是谁更了解自己目标用户群的喜好，从而在内容上进行有针对性的设计。

3．利益需求

兴趣和利益可以相同（健身、看书、写文章），也可以相异（陪酒、吃药、做调研），我们经常为了做好事情，花费大量的精力去干并不感兴趣的事情。切身利益往往具备时效性，有些是长期的，有些是短期的。求职者做简历，雾霾天买口罩，春运抢票，学生报考志愿，上班族出门看交通，农民们关注天气预报……场景非常多。

如果你能抓住用户不断变化的利益诉求，就能够进入用户的关注区。

在传播层面，取决于用户身份和价值诉求，比如我发现了一个赚钱的秘密，如果我能做，就不会公开分享；我发现一个人文章写得很好，如果我想挖他，就不会公开分享。

员工们会公开分享“加班有害效率”、“人才是核心竞争力”，老板会公开分享“爱岗敬业”、“请给我结果”。如果你想要用户帮助你传播，就需要考虑你的内容是否能绑定用户利益。

有些分享行为有障碍，如果我们能够找到障碍所在，并扫清分享障碍，就是巧妙地赋予其分享的传播社交币。

找到障碍靠的是洞察，扫清障碍靠的是技巧，这些都是可以通过日常行为训练的。

用户的切身利益就摆在那里，了解自己的目标用户群构成及利益构成，什么样的效果最好，我们就选择用哪种方式。

4．情感归属

每天有很多的内容被生产出来，这些内容被关注的背后，必然是某个点能够击中某个用户群的心。一类是情绪输出，比如莫欺少年穷、CTO 被扫地出门、人贩子判死刑；另一类是归属感，学校、（前）公司、地域、粉丝群等。强烈的情绪（喜怒哀乐悲恐惊）表达自带关注度（这人怎么这样，发生了什么事）；归属感自带对应群体的关注度。你只要击中了某群用户的点，就能够进入他们的关注区。

撩拨了用户的情绪，传播简直是自然而然的事情，所有火爆的内容背后往往是有一个大面被击中了，比如咪蒙的一些文章。

还有一些面比较窄的，比如《网瘾战争》，我看得热泪盈眶，发的同时还写了一大段情绪激动的话，而那些无动于衷的群体一定不是魔兽玩家！

能撩拨人情绪的自然是高手，情绪自带关注，有归属感的用户重视并传播，无归属感的用户直接无视。

5．社会比较

有人的地方就有比较，比颜值、比身材、比才艺、比智商……所有出类拔萃的，必然能引起关注度，比如美女、六块腹肌男、艺术家、隔壁邻居家考了 100 分的那个孩子。人群中的非常事物，从来都是自带流量的。

比较还会形成两个阵营，形成鄙视链，最常见的是咸党和甜党之争，只要有比较，就能升级成对抗，无论是主动站队还是看热闹，这些东西都能轻易地进入用户关注区。

从传播分享而言，人人都有表达自我、塑造社交形象的意愿，特别是出类拔萃者，每天晒个不停、秀个不停。

为了使用户显得“出类拔萃”，我们自然要提供给他们比较的机会，比如很多小游戏都是看谁坚持得久，比如测测你是《甄嬛传》里的谁，或者能够活几集……很多东西单独玩特别无聊，一旦加入了比较，就能够引起大量的传播。比较就是天生的传播社交币。

追求一个比较的主题活动，最考验的是策划人的功底和资源，功底在于洞察，资源是你启动这个事情要花费的成本。

6．反差内容

UC 震惊部门闪亮登场，标题党们欢庆登场，当然了，那是非常低级的策略。几乎每个人都知道“人咬狗才是新闻”，这类反差内容是自带关注度的。问题是如何制造？

内容有四个象限，X 轴的两端为熟悉和陌生，Y 轴的两端为正常和反差。尽可能用熟悉的东西（陌生意味着抵触）去制造反差的结果。

简而言之，只要你能造成猝不及防，难以预料，与预期不符，那么就达到目的了。随便取个标题，《高中文化的他毕业后打拼 5 年如何在北京成功买房》，这种标题就附带强烈的悬念诱导。

悬念诱导能够赢得点击，进入用户关注区。但是想要完成转发和传播，必然是要赋予用户传播的社交货币，段子和梗是一种方式，但这更容易流于浅薄，比如一本正经地描述他这 5 年的辛苦不易、曲曲折折，最后终于凑齐了 10 万元，靠父母给的 490 万元买了房。这种段子不高级，一笑而过就没有以后了。

高级的做法是提供"认知刷新"，即用户看完了，思考一下觉得"嘶~这么有道理！"

一个独到的见解和思路往往就有这类奖赏效果，比如李笑来老师的"重新定义"系列就经常刷新用户认知，这种内容读完之后用户处在大量兴奋之中，获得了阅读奖赏，传播社交币自然就形成了。

低级的反差内容容易流于庸俗，可能有效果，但可能会伤害品牌形象。而高级的则比较困难，但是做了往往能提升品牌形象。

2.4.4　站在巨人的肩膀上

想要被用户关注和被用户传播，就得找到"用户关注区"，并赋予"传播社交币"。这些年，我们遇见了非常多的活动，看一眼你就会觉得非常意思。

比如某啤酒厂商请中国男足去里约热内卢看球，活动发生在世界杯期间。
比如新世相的逃离北上广活动，活动发生在房价刚刚暴涨之后。
比如柴静的《穹顶之下》，活动发生在雾霾天最为严重的一年。

仔细分析这些狂热活动主题，基本上击中了前面介绍的六大套路中的五条。

同时，文中列举的这六条也可以作为检查一个活动主题是否优秀的自查清单。当我们以一个做内容的姿态去设计活动主题的时候，优先搞定关注度，再想办法搞定传播力。

当然了，传统土豪公司可以凡事诉诸利益，花钱买流量搞定信息送达，转发抽奖搞定信息传播。但是这种竞争策略是属于资源碾压型的，跟当初拼命拍卖央视黄金时段的广告商一样，并不存在任何智力含量。另外的一个可能的结果是，你出现在他身边拼命强调自己多重要，但是他基本不关注你。比如我们遇见烂广告就换台，甚至产生品牌厌恶感，比如当年的恒源祥 12 生肖广告，我就发誓这辈子都不会消费这些曾经骚扰过我的产品。

很多东西讲浅了容易，讲深了就非常难，以上六条只是目前总结归纳出来的，以后还有很多升级迭代的空间。部分知识点和案例来源于李叫兽的文章，以及《疯传》《社交货币》《让创意更有黏性》等营销书籍。

作为活动系列的开篇，在主题这个维度疯狂灌输营销知识，案例也不仅限于游戏行业，也是刻意为之。

我们一直以来追求的就是，构建最高级的知识体系，在面对各种问题的时候，通过知识设计出方法论解决问题，这就是智力的侵略和碾压，如图 2-11 所示。

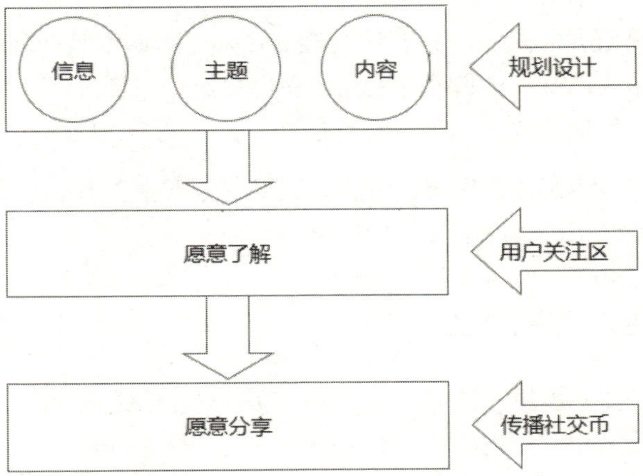

图 2-11

2.5 奖励篇，调动用户参与意愿的关键

感知层——活动奖励——奖励设计是最重要的，没有之一。

设计奖励的过程就是一个猜测用户需求的过程。

活动的本质是商家和用户在一段时间内的行为交易。通常是商家扔出一个奖励在先，用户看完后决定是否进行交易，如果能够满足需求，活动基本上也就八九不离十了。

奖励的重要性凌驾于其他所有活动模块之上。判断重要性的原则就是，你把各个影响活动效果的模块极致化，看哪个更重要。这种思维方式能够帮助你拎清什么是重点，做重要度排序可以决定主要精力放在哪里。

春节期间大家的抢票行为就是一场参与人数巨大的活动，尽管各种购票体验特别烂（排队、等、反复刷），规则设计也巨烂（各种各样的限制行为、验证码、身份证），宣传效果也超级烂（几乎没有宣传），但是这个活动赋予的奖励绝对是最好的，因此用户的参与热度就非常高。而且你往往还会参与两回，抢成功了高兴半天，抢失败了懊恼半天。

在春节前后，一票难求，很多游戏公司的市场部门就设计出“春节玩游戏包来往飞机票/火车票”的活动来吸引用户下载体验，先不说规则如何，在那个时候，票就是热点，就是能够吸引用户了解规则，决定是否参与。

奖励热度是与活动参与热度强关联的东西。如果奖励设计不好（弱需求），用户对于你的活动奖励不感兴趣，就别指望用户会参与，后面任何事情都不会发生。你的规则再好用户也不会体验，你的宣传做得再好，也就只是一个曝光而已。相反，如果你的奖励足够吸引人，其他模块即使再傻，用户也会跃跃欲试。

试想，如果某个活动的大奖是 500 万元人民币，只要你能通过选拔就能够获得保底 1 万元的奖励，我想再傻的规则你也会去研究一下自己是否可以参与吧。所以我们经常花费 80%的精力在思考奖励设计上。一旦奖励设计能够满足用户的需求，基本上就成功了一大半。

如图 2-12 所示，奖励直接被用来当卖点，我知道字很小，设计排版也很傻，但是告诉我，你被吸引了吗？好了，别看了，买的没有卖的精。

图 2-12

2.5.1 依据用户、场景、时机设计奖励

设计活动奖励的过程就是猜测用户需求的过程，可是想想满足用户的需求是多么难的一件事情，你知道你的用户要什么吗？

行业里面有*N*多科学方法都试图努力得出用户要什么，比如数据分析、用户调研、焦点小组、竞品分析等。这些都是工作的方法，相信随着工作阅历的积累你都会掌握，限于篇幅，我们不在这里介绍。

工作久了，慢慢你就会总结出自己的经验心得，这些经验心得会交织成一个网络，帮助我们做出决策。随便列举几个分析维度：

- 分析用户群体（消费能力、年龄、区域、喜好等）；
- 分析活动场景（营收、活跃、拉新等）；
- 分析当下时机（节日、热点、情绪等）。

比如，游戏行业中最常见的，用于市场营销的拉新礼包设计。

考虑下投放渠道媒体的用户群情况，了解年龄和喜好，173 多玩给什么，AB 站给什么，新浪腾讯门户给什么，360 九游渠道给什么……既然是拉新，多数用户是不了解游戏的，因此实用性道具（比如货币、升级材料）权重就低，因为用户根本不知道这些道具的意义和价值。

基于拉新场景，道具名讨巧，外观华丽、酷炫拉风的道具（比如时装、武器、坐骑等）权重就高，然后看看有没有节日、热点、大众情绪可以蹭，设计一个更吸引眼球、容易被编辑们推荐的礼包名称。

我们要为道具分类，为媒体渠道分类，为以后你遇见的各种场景分类……这样才能做到心中有数，奖励是在多个维度的影响下权衡出来的。维度越多、颗粒越细，奖励的设计就越精确，越能命中目标用户群体。

2.5.2 营收类活动奖励设计心得体验

笔者曾经长期做游戏运营，运营中很重要的一个 KPI 是指向收入，几乎可以说70%的活动是销售类型的，我们也会玩其他公司的游戏，并留意其他游戏的活动销售行为，这几乎也形成了一个条件反射般的职业习惯。

相信各位在玩其他公司的游戏过程中，经常会收获如下体会：

“材料 A 我仓库里面都有一大堆，他们居然还搞充值送材料 A？”

“我还是等等再充吧，下个星期他们就会做充钱返钱的活动了。”

“我的装备都养好了，他们还做这种促销，简直是冬天对电风扇做促销。”

奖励即需求，可以按照马斯诺需求的结构去划分，因此我们也就划分出了细分用户群类别。在用户层面我们要努力把自己变成那种类型的典型用户，在设计活动奖励的时候，反复问自己：

- 如果是我，我是否参与？
- 我参与的动机是什么？
- 我愿意花多少成本参与？

过了自己这一关还不够，毕竟自己只能代表一部分用户，还得真正地找到对应的典型用户，即你这次活动中最想覆盖的那些人群，问：

- 当下的奖励他们是否愿意参与？
- 如果不愿意，原因是什么？
- 如何调整才可以促进参与热度？

无论是拉新、活跃还是营收，用户都会被分为各种层级，以销售类举例，怎样让不同付费能力的用户同时参与，又如何让付费能力强的用户购买得更多。我们要代入，站在他们的角度去思考问题，这个过程很精神分裂，但这很好，我们挖掘的是大部分付费用户的喜好。

需求是把控人性，是去经历，体验那种感觉。不体验产品，不把自己变成典型用户，在运营决策上就没有发言权。

- 要有大量的阅历，作为用户去体验不同活动的奖励投放节奏和方式；
- 要有好的付费习惯，去把握你每次付费前是哪些原因打动了你；
- 要了解用户需求，跟用户一起体验游戏，从他们的行为中挖掘需求点。

在设计一些销售类活动之前，有没有通过数据分析协助决策：

- 是否通过数据查询了用户背包仓库中的各道具存量？
- 是否通过数据查询了服务器中用户某个属性养成情况的正态分布？
- 是否用尽各种方式去试图了解不同的用户现状并做出有针对性的设计？

做运营销售类活动一段时间后，相信大家会收获如下体会：

- 什么道具可以打折促销卖，什么东西根本不许卖；
- 什么道具在这个时期投给用户是亏本的；
- 是一次性给用户结算奖励，还是分批次结算奖励。

好的职业习惯就是形成条件反射，我们看到一个跟你领域相关的东西，就得琢磨这个东西有哪些问题和可以借鉴的地方，如果交给自己来操刀设计，如何才可以做得更好。

2.5.3 用科学的方法调研奖励需求

获悉用户需求，互联网行业里已经有一套非常成熟的方法和技巧，依次是用户访谈、数据分析、问卷调查、焦点小组……具体到游戏行业，具体到活动奖励设计，行为落实如下。

必须玩自己的游戏，在这个过程中不光自己有体会，还能顺带观察用户行为，世界频道、公会频道、论坛热帖以及各种群聊里能够传递很多有效细节，以玩家身份跟他们私下交流，做用户访谈，切记是以玩家身份，只有对方不知道你的身份，你才能听到更真实的意见，你想要的答案往往都藏在用户日常言论的字里行间。

数据分析从来都是辅助决策用的，所有的灵感、思路、分析方向，都要基于大方向去判断，如果不玩游戏，单纯地闷头分析，无异于缘木求鱼。

玩游戏浅和玩游戏深的两种人，能就一份数据得出两种不同的结论，如果观点相异，自然是大家的分析角度不一样。毕竟数据会说谎，调研的用户取样会有差异性，问题设计也会影响结论。

我个人在调查“活动奖励需求”的时候比较少用到**问卷调查**（曾经也用过，性价比不高）。填空型的问卷等于是问用户你想要什么，但更多时候什么都得不到；如果是选择型的问卷，参与热度先不说，还过于考验设计者的功底，做不好不如不做，私以为，相对其他方式而言，效率比较低下。

行业里还有一种方式就是**焦点小组**，这是一种会议形式的群体性访谈，是由一个主持人领导一个小组就某一主题进行讨论，从而获得小组成员的感受、看法、态度和意见。各位搜索一下，能够看到一系列的内容介绍，有比较多的准备条件要求。

我们使用的方式越多，维度越多，就越接近真相。当更多的真实情况摆在我们面前时，大家都知道该怎么办了。

所有的方法都是手段，就跟打游戏的那些技能一样，我们掌握的技能越多、越熟练，面对不同的场景解决办法也就越多。当我们把所有的方式都用一次，就能够发明自己的方法。

当然我最喜欢的、性价比最高的方式还是自己发明的方法，跟焦点小组有些相似，但实际的操作方法更加灵活。我为自己的行为取了一个名字：**运营“玩家后援团”**，如图 2-13 所示。

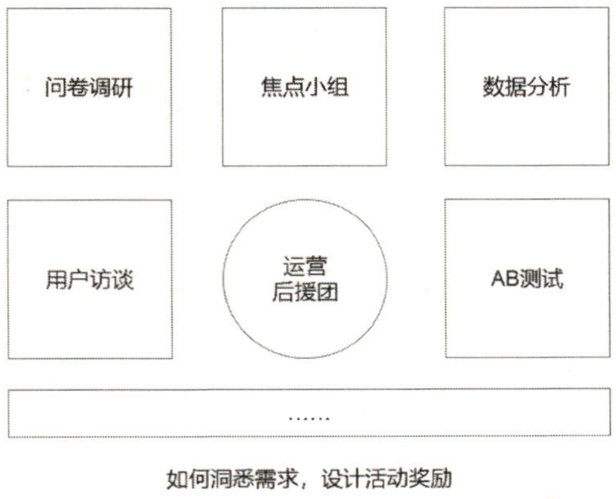

图 2-13

2.5.4　如何运营“玩家后援团”

之所以叫“玩家后援团”，其实等于是我背后的私人参谋团。它的定位不是粉丝（如果是更好，这比较需要人格魅力），更像是朋友（可以随便开玩笑），他们是站在你的角度和立场上，帮助你决策的那些人。

建立玩家后援团的具体操作手法如下。

- 步骤 1：以官方的身份组织精英玩家聚会；
- 步骤 2：以个人的身份建立联系并维系感情；
- 步骤 3：把精英用户分类，依据情况随时发起话题讨论。

第一点不用说，每家公司都会做，花钱可以搞定的事情从来都不是问题。如何做好第二点，大家应该都有各自的技巧，做好第二点也是第三点顺利开展的前提。

这里直接说第三点，基于营收类活动奖励设计，发起相关话题讨论的具体操作方式。

我们都知道，如果一个活动奖励被设计出来，玩家们毫不犹豫地买，八成是超值的（显然你亏了），如果玩家们反应不屑，往往是不值的。什么叫尺度拿捏得恰当：所有人都至少买一个档位（追求参与广度），买的过程中让对方纠结最后还是决定购买（追求参与幅度）。

这种情况我们肯定不期望后知后觉，要努力做到前置，具体的方法就是问。没错，以官方运营的身份，直接问你后援团里的那几个精英玩家。

注意：由于你们彼此之间很信任，已经是朋友了，他们不光不会提前泄露，还会设法地为你斟酌思考。

问的方式优先面对面，最不济也打电话，你能通过对方的停顿、表情、声调感受到对方的不屑、纠结、兴奋等各种各样的情绪，很多时候，摸好了方向，就是拿捏尺度问题了（比如充什么送什么、几个档次、怎么结算）。

我经常跟自己的顾问团们定期撸串（一般为 4 人，不超过 6 人），大家坐在一起自然就是聊游戏嘛，在这个过程中，话题肯定由你来掌握，于是讨论到充值类活动的时候，他们会给你很多反馈。当然最后撸串结束的时候，他们会问具体方案和活动开展的时间，我只会说："这个得回去讨论了才知道。"

在这种面对面交流的过程中最让我有成就感的是，当最终活动公布的时候，此前交流的对象往往会通过短信、QQ、微信（依次对应端游、页游、手游三个年代）发给我一个词——奸商！

当下次我跟这些人约撸串的时候，整个过程欢乐无比。

"奸商你又要套路我们了，上次我都充值了全部档位，花了我两千多。"
"你不要表现得这么兴奋，要表现出不屑，你一觉得好，他又会做减法的。"
"作为你的顾问团，下次聚会不能便宜了奸商，要去×××（某高档场所）。"

这就是此前讲的，优先面对面交流的价值，通过停顿、表情、声调……感受情绪。

另外一个相对比较好玩的是，原来我们连续一段时间内做收入类活动，把各种道具组合成礼包，捆绑打折销售，活动的第三期，论坛上就有很多用户参与讨论，比如"票选出过往你心中最喜欢的礼包"、"竞猜官方后一期会销售哪些礼包"、"期望官方怎样搭配组合礼包出售"……于是我们果断投入运营的人力资源，奖励用户主动发起的相关行为，这也是一种帮助我们调查用户需求的方法。之后出活动介绍的时候，开头语往往是"应广大玩家强烈需要……"

当然了，也是运营后援团的论坛负责人具体执行，跟我一起撸串的是两个群体。

建立玩家后援团是一个系统工程，绝对值得花精力经营，一旦成型，帮助我们的不仅仅是营收层面，等于平白无故增加了自己的运营团队人员，他们身怀技能，而且不领工资（领点福利），不占岗位编制。

回到运营活动奖励设计，在我们内部，谁更了解用户，谁游戏玩得越资深，谁的调研方式更加科学，谁更具有发言权，而不是什么员工级别、资历深浅。如果不了解用户想什么、要什么，工作无异于盲人摸象。

面对问题时拿不准的人会犹豫，而掌握了科学的方法得出结论的人绝对是气场十足，典型的高手风范。高手都是经过训练、掌握了大量技能的人，最后会进化出一种“洞悉”的能力，这个就是属于自己的核心竞争力了，也是以后的很多场景里，跟任何人竞争时的倚仗。

2.6　规则篇，让双方交换更容易达成

感知层——活动规则——好的活动规则让交易更容易达成。

当我们搞定了奖励，成功打动用户之后，下一步就是搞定规则，让交易更容易达成。好的规则设计，能够让双方交易效率变高，并最大化输出用户价值。

2.6.1　理解易、门槛低、路径短，追求参与深度

1. 降低用户的理解成本

如果用户看不懂则会影响活动质量，把事情跟用户说得清晰明白是基本功。

2. 降低用户的参与门槛

门槛越低，参与人数越多。以比赛类的活动举例，我们不光要为最顶尖的用户设计好比赛规则，还要为那些打酱油想参与的用户找到定位，比如用户被淘汰了是否可以参与一下竞猜什么的。

3. 降低用户的执行路径

用户想要完成规定的行为需要用多少步。以注册举例，填写的表单越长，用户越不耐烦，现在的很多 APP，注册都用了“第三方登录”或者“随便逛逛”，游戏类 APP 则是“游客试玩”的设计，免去注册环节，一键让用户体验到游戏内容，这些设计都是为了降低进入门槛，缩短进入路径。

一个功能被设计出来，自己亲自跑几次，从普通用户视角切换到产品设计视角，数数用户完成任务需要支付多少理解成本、点击成本、输入成本、跳转以及等待的时间……规则是我们设计的，因此都是可控的，这个知识往深了讲是交互体验设计层面

的，每个运营人都要建立这方面的意识。

说一件 PC 客户端年代的事情。

市场人员经常从论坛上扒用户创造的内容做营销，毕竟只有用户说好玩才更有说服力。从营销角度而言，用户对于内容的喜好是：视频>图片>文字。于是市场部负责人就找我们帮助，希望拿些奖励，在论坛上做些活动，尽量让用户多输出一些视频内容。

我们当初忙碌于新资料篇的业务，没精力组织，就拨了大概 20000 元钱的虚拟奖励给市场人员，让他们自己来。可能是市场人员对论坛管理比较没经验，发了个帖子征集视频，一旦被官方采用，平均每个奖励 2000 元左右，3 周过去，参与者寥寥（大概 8 个），视频质量惨淡。

过了一段时间，新资料篇的事完成，我们有了精力，为了生产更多优质内容用于市场行为，自主操刀了一个“我爱《游戏名称》，寻找最有才玩家”的活动，征集有才华的玩家做内容输出，征集范围包含：文章、图片、音频、视频四大模块。

同样是 3 周时间，20000 元的资源，最后用户交上来的除去各类文字外，还有手绘、图片故事、美女自拍、歌曲改编，当然了，视频毕竟创作门槛高，收集了大概 10 个。但后来我们又做了一个连接，把优秀的文字创作者和视频制作者聚集到一起，合力输出了一些视频内容。

当我让实习生把这些内容提交给市场部门的同事时，实习生跑回来得意地告诉我，他非常享受市场负责人看他的眼神。我明白大家在上帝视角里，对这个事情可能有很多的解读，但这就是低门槛的威力，我们必须让更多的人参与进来，为他们找到定位。

所以，在很多类型的活动设计中，应该遵循如下的意识形态：

- 抽奖开箱子，10 元钱抽 1 次和 1 元钱抽 1 次的参与门槛不是一个量级；
- 竞技比赛，虽然最终这是精英玩家的游戏，但我们也要兼顾更多玩家的参与体验；
- 答题类活动，答完 20 次获得 1 份大奖励绝对不如答题 20 次获得 20 份小奖励效果好；
- 冲级赛活动，不能光设置前 10 名，要设计前 1000 名或更多，低门槛才能赢得更多的用户参与。

理解越易、门槛越低、路径越短，才会有越多的人上手，比如我们设计一个周年庆的活动，自然是同时兼顾游戏内各种类型的用户，付费的和不付费的，尽量为所有人找到定位。

4. 追求用户的参与深度

期望用户参与得深，不是设计深，而是通过用户不断地投入赋予其参与意愿。为此，活动的规则设计应当是平滑过渡的。

这次以抽奖活动举例。我们可以设计 6 个奖励的大轮盘，规则是用户参与 6 次，则可以获得全部奖励（抽中直接收入囊中，不会被再次抽中）。

用户先免费试抽 2 次，拿走 2 个奖励，轮盘余下 4 个奖励待抽。

完成一个简单任务（比如转发分享）奖励 1 次抽奖机会，还剩 3 个奖励。

完成一个中度任务（比如填写资料）再奖励 1 次抽奖机会，还剩 2 个奖励。

完成一个重度任务（比如付费 1 元钱）再奖励 1 次抽奖机会，还剩 1 个奖励。

剩下的奖励当然是宝贝，用户想要获得宝贝就一条路径，充值 *X* 元钱，然后 100% 获得。

此时激活隐藏对话框，完成全部任务，还可以随机开一个箱子，有机会可以开出道具 A、B、C、D、E、F、G……

你看，前面 5 步都走完了，第 6 步是否参与就是你的奖励设计得好不好、用户参与值不值的问题了，这个路径就是从浅到深促使用户完成一系列的行为（转发分享、交出手机号、完成付费），既兼顾了广度也兼顾了深度。

为什么是大轮盘随机抽奖获取，而不是分 6 个支付步骤获取奖励呢？

原因很简单，这是为了追求有趣，随机就是有趣，存在各种不可控。哪个用户不想在前 5 次就拿到最好的那一个呢？而按照步骤来则是清清楚楚的交易，一点意思都没有。

2.6.2 简单和有趣之间的博弈

简单包含理解规则简单和参与过程简单，前面已经讲过。但规则太简单了又没意思，所以我们要追求有趣。

有两种方法可以做到有趣：一是随机，二是互动。

最常见的就是随机，因为过程和结果未知而有趣，比如玩牌、刮彩票等，这是全体人类的天性，是大脑的机制决定的。

互动有趣的原因是有其他人一同参与和反馈，比如微信上线的第一个游戏是打飞机，单独玩无聊得要死，但是有排行榜大家都“疯”了，这就属于互动的有趣。朋友圈里的很多无聊测试，也是因为很多人参与互动才有趣。

基本概念讲完了，还是说案例吧，具备场景才能够看得到一个活动的整体。

以营收类活动举例，我们以前设计过一个收集置换类活动，背景如下。

彼时时值春节，我们以麻将作为规则基础，用户参与活动可以随机获取麻将牌（有筒、条、万，没有东、西、南、北、中、发、白）。如果收集 14 张对应的麻将牌型就可以获取胡牌奖励（屁胡、清一色、七对奖励不等），如果收集不全，只能获得普通奖励。这是随机设计。

中间还加入了开心农场的互动玩法，加入了一些道具，用户之间可以互相偷对方的麻将牌，也能够互相置换（有条件限制）。这是互动设计。

你看，随机和互动的元素都齐全了，但是投入运营之后，还是出现了一些问题。

照理说这种规则不需要解释吧。但是在庞大的参与用户基数下（奖励设计太好了），不断有用户提出问题，有些人从来不接触麻将，有些是海外用户，有些地方特色的胡牌规则要求不一样……

客服接到大量的反馈，问这个玩法怎么玩？我们总不能让用户自己上网搜吧？你让不懂的用户去查询麻将的胡法，必然又是一大篇文字。于是临时出规则，FAQ。

当然我们可以做一个 FAQ，给予公式，比如：

$$n*AAA + m*ABC + x*EEEE + y*DD = 14 + x = \text{胡了}$$

- x、m、n 等于 0 时，y 必然等于 7；
- m 不为 0 时，n、x 必然大于等于 1；
- x、m、n 不为 0 时，y 必然等于 1；
- ABCDE 必须分布在三象限，并且必须有起始数或者尾数。

写得非常有极客范，但用户又不是程序员，为什么要理解。

站在不玩麻将用户的角度而言，这个活动对他们就很不友好，我玩个游戏，为什么这么麻烦，为什么之前没写明白，凭啥让我理解你的规则，我没弄明白规则，损失了奖励怎么说……

虽然讲的是过去的一个案例，但我想传达的是，我们理解的，大众未必都理解，比如保皇、牌九、博饼等，总有些人不懂，我们在选择每种规则的时候，要尽量考虑到用户的理解难易程度，做好简单和有趣的平衡。

支付宝集五福的规则就简单得多，但是我觉得跟我们的比相对没意思。

我们此前做了 2 个月的筹划和调试，自己玩的时候信心满满，如果你有开发经验大致就能够估算出这个活动的开发工作量，以及用户看到这个活动时感受到的诚意。

当时是春节，为了贴节日，并追求在规则设计上让活动变得有趣（随机和互动）。如果你有麻将基础，跟集五福的简单规则相比，你说你更愿意选择玩哪种？就我个人而言，“有趣”很重要！再来 10 遍，我们也要选择开发“集麻将”的复杂规则，而不选择开发“集五福”的简单规则，这不单单是喜好，而是一种业务上的追求，原因后面解释。

说完了“用户不易理解”的问题，再来说说优点。

尽管有一部分用户理解规则受影响，但是活动效果依旧很好，毕竟会玩的用户占大多数，自己玩得不亦乐乎的同时，还跟其他用户普及麻将胡牌规则（这很好，误打误撞产生了话题讨论）。随着后面多次进行，我们的用户也都逐渐掌握了这个玩法，当他们产生了厌倦感后，我们又根据用户的反馈，加入了更多的玩法规则。

活动期间就有资深用户提意见，在规则层面，麻将的胡法方式有很多种，可以增加东、西、南、北、中、发、白，引入大四喜玩法，引入“万能牌”等。在用户互动层面，偷牌的时候还会有概率偷到一张“屎”牌，如果别人不从你这里偷走，会影响自己的胡牌收益。我们的开发人员一看有些建议挺有意思，就在后面的版本里加上了。

本次活动的阶段性复盘：即使我们都默认活动规则无比清晰（当游戏用户基数大的时候），一定要认为有一部分用户是小白，要做好引导和翻译工作。如果一开始就觉得复杂，那就适当调整，当用户完全理解后，在后面的活动版本中，逐渐迭代新规则，以增加乐趣体验。

支付宝的集五福活动也是遵循了先简单后复杂的体验。第一个版本就是找 5 张卡和置换（大家都要敬业福），第二个版本叠加了规则，加入了万能福和顺手牵羊，后来因为投票原因取消了，看看如果以后再做规则上会迭代什么有趣的内容吧！

2.6.3　规则设计由繁化简，迭代由简到繁

好玩的规则大多复杂，简单的规则通常无趣，简单和有趣在某种意义上是矛盾体，我们设计规则就要在中间做好博弈。

在我看来，支付宝的“集五福”跟我们的“集麻将”在“有趣”这个维度上差了

一些，想要同时兼顾这两点，暴雪的游戏设计理念已经帮助我们指明了方向，即：上手容易精通难。

暴雪是一家伟大的游戏公司，《星际争霸》《魔兽争霸》《炉石传说》之所以迅速普及，通通满足其设计理念。从设计过程而言，**开始就是尽量往复杂了设计，然后不断地做减法，使得用户上手简单**（很好的策略选择）。

我们设计活动也要有这个心态和能力，**规则设计之初，尽量复杂**，然后不断权衡做减法，**保证投放给用户的第一个版本规则易于理解就行。**

一旦用户觉得规则无趣了，就引入事先准备好的（此前担心用户理解困难故意隐藏的）规则玩法，以增加用户参与活动的乐趣，用户也会觉得我们比较有诚意。

从开发角度来看，"一开始做好框架设计，通过开关某些参数，使得其看起来简单"相比"一开始搭建简单框架，然后运营不断提需求，不断叠加规则，开发人员不断改框架"，成本要低得多。规则开始简单，为了增加乐趣反复改，开发人员是抵触的，这也就是开发人员说的，等于重新写一套。如果你没开发经验看不懂这段话，就拿这段话去咨询开发人员吧，培养下感情，顺带学习下业务知识，有益无害。

一个复杂的规则框架，通过调节不同的参数，可以变成规则 A（集 14 张麻将）、规则 B（集七龙珠）、规则 C（集五福）。

没有一丝辛苦是白费的，"集麻将"活动不断被换皮，成为了我们大节日的重要输出，承担着重要的活跃和营收任务。

这就是我前面说到的："再来 10 遍，我们也要选择开发复杂规则，而不选择开发简单规则。"

2 个月的筹划和准备没有白费，无论是运营的定规则、抠细节，还是开发团队的开发和调试，通通得到了能力上的提升。掌握了完成高难度业务的能力，再去收拾简单的业务，就是"降维打击"了。

2.6.4　设计活动规则，就是设计交易框架

用户和运营之间的交易就像天平的两端，左边是用户能输出的价值，右边是运营能提供的奖励，中间就是交易规则，如图 2-14 所示。

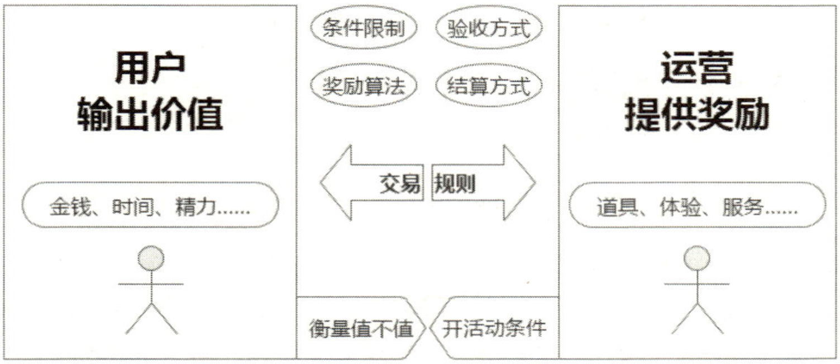

图 2-14

每个运营需要不断思考，用户能输出哪些价值，运营能提供哪些奖励。

“用户输出的价值”包含但不限于：搜索、注册、下载、付费、转发、收藏、关注、评论、集赞、活跃、PK、比赛、签到、投票、问卷、竞猜、完善资料、修改密码、帮运营打工（如管理社区、兼职客服）、输出文字、图片、视频……

“运营提供的奖励”包含但不限于：各种游戏货币、属性道具、外显道具、效率道具、精神奖励（排行榜、荣誉称号）、节日关怀、社交需求（线下玩家 Party，策划面对面）、服务体验（专属客服、绿色通道、业务加速）……

中间的就是交易规则，即“条件限制”、“验收方式”、“奖励算法”、“结算方式”。

“条件限制”很好理解，包括时间段限制、奖励范围和数量限制、参与频次限制、用户类型限制。

活动的本质是，**用户和商家在一段时间内的行为交易。**如果没有“一段时间内”，那就不叫活动而叫设定了，就跟花钱打车一样，随时随地可以进行，而某时间段内半价打车返还车费领红包，这才叫活动。套上了时间限制就是活动，不套上时间限制（永远生效）就是设定。

这一段时间内必然性价比足够高，所以一定要做限制，所有的不做限制都容易引起不可控，影响后面的活动节奏。

单独讲一下用户类型限制，比如满足怎样的条件，才能够获得参与机会，最典型的就是 VIP，为了营收最大化，往往会享受一些“特殊待遇”，我们会在后面的章节整体介绍“价格歧视”的概念，这是一个重要的经济学原理，是职场人的必修课。

反向来思考，做活动的过程也是一个把用户分类的过程，只有分好类，才可以做出有针对性的设计。

“验收方式”是通过某种方式，确认用户输出了价值。

- 比如充值、交出手机号等行为，就是系统验收；
- 比如管理社区、写攻略心得等行为，就是人工验收。

“奖励算法”有多种，固定、随机、等比公式、性价比递增/递减等。

- 充值 50 元钱送 1 件武器，是最原始的标价，即固定结算；
- 充值 50 元钱送 1 个宝箱，也是固定结算，但开宝箱是随机结算；
- 每充值 50 元钱，额外多赠送 10 元钱的钻石奖励，就是等比公式；
- 从低到高充值 3 个档位，分别获得 3 次同样数量的道具 A，就是性价比递减；
- 充值 3 个同样的档位，分别获得 1 倍、2 倍、3 倍的道具 A，就是性价比递增。

“结算方式”分为实时结算和延时结算。

实时结算（直接给）和延时结算（结束后分批次给）要针对不同的场景做选择。例如，用户花钱买一个聚宝盆，每周可以开 1 次，每次可以获得 100 元，3 次开完后聚宝盆消失，这就是分批次延时结算。类似的还有游戏内的保险设计，延时结算的目的是为了增加流失成本。

当我们把“条件限制”、“验收方式”、“奖励算法”、“结算方式”都考虑到位了，活动规则自然就出来了。这是一个框架化的思考结构，掌握了框架思维，将来可以以不变应万变。

当我们把活动规则以公告的形式呈现给用户之后，这个过程就变成了：**运营开出活动条件（告知用户，完成怎样的行为，可获取怎样的奖励），用户衡量值不值，从而选择是否进行交易以及交易总量（参与深度）的过程**。

综上，本节内容的中心思想是，**好的规则设计能够让双方交易效率变高，并最大化输出用户价值。**

2.7 宣传篇，不是通知用户，而是打动用户

活动规划得再好，也得让用户知道。做得浅一点叫作通知，做得深一点叫作营销。在两种之间我们选择了一个相对中性的词语——宣传。

2.7.1　经营信息输出渠道

宣传从来都是随时代的更迭而发展的，几百年前是走街串巷吆喝、挂招牌，几十年前是广播、电视、纸媒、墙上电线杆的小广告。随着互联网的发展，载体越来越多，越来越细分。就算是行政人事在公司举办一个大型活动，也会发全员邮件，刷 QQ、微信群，OA 通告、公司论坛公告，在显眼的地方放置易拉宝、海报，甚至找各个部门的负责人在部门各个场合帮忙强调和动员。

职能部门的人都如此努力，做运营的自然也要心中有框架，并且尽全力把自己的活动尽可能多地告诉用户，追求最大面积曝光。

我们在第 1 章里尽量列举了所有的宣传渠道，这里再次复习一下，如表 2-5 所示。

表 2-5

1. 媒体广告位（纸媒、网媒、电视、广播媒体等）	市场商务地推 负责
2. 渠道广告位（各大应用市场的各种推荐位）	
3. 地面广告位（网吧、超市、校园等多种场所）	
4. 各大社交媒体（经营大 V，帮助发出声音）	
5. ……	
1. 手机应用 PUSH（APP 功能，请求系统推送通知）	平台-研发 负责
2. EDM 邮件群发（邮件营销工具）	
3. 短信群发（短信营销工具）	
4. ……	
1. 官网/论坛页面（常规页面后台、论坛多一个站内信）	运营 负责
2. 微信订阅号、服务号	
3. 启动公告/活动弹窗（游戏启动时强制弹窗出现）	
4. TV 滚动公告（游戏内的走马灯定期滚动）	
5. 邮件系统（游戏内的邮箱系统，可附带道具奖励）	
6. 聊天频道（游戏内的聊天频道，世界、国家、帮会等）	
7. 账号 SDK 收件箱（SDK 内置功能）	
8. 问卷调研（SDK 的问卷功能设计，如果没有，可用问卷星）	
9. 客服工单系统（客服前台滚动和后台人工回复附带）	
10. 百度贴吧/QQ 群/YY/微信群/朋友圈等社交媒体	

在 95%的场景里，游戏行业的运营人只需要收拾好自己的内部管理工具即可，但是如果我们想要成为那 5%的高手，就得拥有一种把控全局的能力，这也是普通运营和顶尖运营的区别，如图 2-15 所示。

负责部门	宣传渠道定义	经营策略	场景
市场商务地推负责	外部广告位	付费 想办法蹭	5%
研发-平台负责	平台工具	行情价 视情况买	
运营负责	内部管理工具	免费 精细雕琢	95%

图 2-15

我在前面已经还原了那场活动的全貌，当有一天，一家公司扔出 500 万元去经营一场涵盖品牌、新进、活跃、营收的游戏竞技比赛超巨型活动时，作为负责人的你，自然就得考虑如何让宣传产生最大的影响力。由此，如果有条件，在那 5%的场景下积累经验。

“能不能做到”和“能做到但是不去做”是两种境界。

1．外部广告位——想办法蹭

虽然都是在同一家公司共事，但是寻求跨部门配合之前，一定要抱着对方极大可能拒绝我们的心态去考虑问题，否则人家笑眯眯地拒绝我们，心中其实想的是“这跟我有关吗？”

外部广告位是市场营销体系花金钱、精力拿到的资源，几乎都是用来拉新的，我们想为自己的活动做宣传，自然就得站在对方的 KPI 上去思考问题。

这类广告位一般面对的是新用户，常规的活跃和营收类使用它不必要也不值得，一般只有跟品牌、新进相关的活动才会用到。

外部广告位的价值也分各种档次，一般的人会思考，如果放了内容 A，就不能放内容 B 了，其中一方的 KPI 受影响，所以蹭的前提是在不影响对方 KPI 的前提下，附带着提一下自己的活动内容。如果有些活动能覆盖多个目标，且恰好由运营主导，这个时候就得去建立联系了。

这种思维方式能够帮助大家建立一种意识形态，**自己经营的事情，如何依据情况借势，站在对方的角度去思考问题，最大化完成宣传目标。**

2．平台工具——视情况买

短信营销和邮件营销是比较常见的两种方式，使用这个会花费一定的费用，最常见的活动场景就是老用户回归，用户已经不玩游戏了，但是恰恰我们又掌握了用户的 Email 和手机号，这个时候花点钱就是常见的做法。

还有一个被很多运营人员忽略的是 APP 的 PUSH 推送。

放在用户回归的场景，自家的游戏 APP，用户不玩了（或有几天不上线了），但是未卸载，我们就能做推送，尝试召回（提升活跃度）。

放在宣传活动的场景，如果我们的产品足够大，有很多跟产品相关的盒子类、助手类、工具类、赛事类、社交类……如图 2-16 所示，这一部分用户都已经是自己的游戏用户（才会使用相关的 APP），市场营销体系的同事只会盯着非游戏用户，这一块运营可以捡起来，花点资源去换推送。

图 2-16

市场营销可以盯什么呢？比如《王者荣耀》是我们家游戏的竞品，就可以买它们的广告位来推广自家的 MOBA 产品了。

3. 内部管理工具——精细雕琢

很多公司没有积累，要么有些工具没有，要么就极其难用，造成了运营效率的低下。运营工具的开发与迭代，实际上由平台（工具型）产品经理负责，但很多公司没有相关岗位，只能由运营人员兼任，但这件事情又超出了运营的能力范围，如果掌握了则极具竞争力，关于 GM 工具的开发，又是另外一个领域的事情了。

这里解释一下，问卷调研、客服工单和社交媒体。

很多的活动中，问卷是作为玩法存在的，只要我们愿意，就能够找到对应的方式把自己的活动主题与问卷进行结合，达到宣传的效果。

客服工单是用户寻求服务的场景，这跟现实中的场景很相似，我们的数码产品坏了，去接受维修服务，客服在维修的过程中是可以传递信息的，这个信息可以是销售导向的，也可以是宣传导向的。

社交媒体的运用，取决于我们如何经营玩家后援团。逻辑很简单，我们给福利，让玩家后援团帮我们宣传活动，交易的重点在于验收行为。

信息输出渠道基本介绍完毕，更重要的是我们如何去使用。

2.7.2 依据场景，有针对性地进行内容设计

场景是一切条件的集合体，包含背景环境、受众群、活动类型、主题、规则、奖励等一切细节。

内容是文案、图片、音频、视频等一切能够打动人心、提升活动参与转化率的信息。

科学的宣传方法论：依据场景，并做出有针对性的内容设计。

每个宣传渠道调性不同，信息传递给用户展示的样式也不同，有些是网页形式，能写几百字，并且配图、配视频，有些则只容得下十几个字，非常考验运营人员的文案功底，如表 2-6 所示。

表 2-6

宣传渠道	内容样式	限制	出现形式	内容设计要点
应用 PUSH	纯文字	字数限制	系统栏弹出	结合具体场景 想要达到的目的 针对性设计内容
短信群发	纯文字	字数限制	短信提示	
邮件群发	网页	无限制	邮件提示	
启动公告/活动弹窗	图片文字	尺寸限制	强制弹出	
TV 滚动公告	纯文字	字数限制	间隔滚动展示	
（游戏内）邮件系统	纯文字	字数限制	红点提示	
（游戏内）聊天频道	纯文字	字数限制	间隔弹出展示	
官网/论坛页面	网页	无限制	页面更新	
问卷调研	网页	无限制	友链跳转	
客服工单系统	网页	无限制	客服回复	
社交媒体	网页	无限制	用户发布	
微信公众号	网页	无限制	消息推送	

在这里，使用频率最高的内容就是文案，“如何写好文案”则是一个系统工程，涵盖诸多学科知识，包含经济学、心理学、行为学，行业里有非常多的书籍供大家学习，就个人喜好而言，优先推荐李叫兽，他有很多关于文案创作的经典归纳总结。

“文案不是华丽文字的堆砌，而是对用户感受的设计。”

我们生活在一个被所有商家信息轰炸的年代，无论是 APP 应用的 PUSH，还是商家的短信营销、邮件营销……我们面对这些宣传渠道推送过来的信息，有不同的行为和感受，点击或屏蔽，打动或忽略。

所有的优秀文案，背后必然下了一番工夫，**做运营，日常就得养成好习惯，刻意地去留意、去积累、去思考，那些打动我们的文案设计，背后的逻辑是什么，将来能不能用到自己的工作之中。**

拿我自己本身的成长来说吧。刚做运营不久的我，活动规则都是老大们定好的，自己写好活动宣传文案，交给老大们审核，通过后发布。

比如一个营收类活动：充值 99 元送极品武器，为期 3 天。宣传渠道：官网、论坛首页、活动面板、各个广告位、TV 滚动刷屏等。以 TV 刷屏这个操作细节举例。

最开始的我写一套介绍规则的文案，从活动开始刷到活动结束。有些时候觉得充值压力大了，则把600秒间隔修改为60秒间隔。

我当时执行的行为完完全全是：**通过TV公告，通知用户有这么个事，希望用户们参与。操作策略是低频和高频，没有任何技术含量。**

这种行为是完全忽略用户感受的，所有的规则在弹出公告和活动面板上写得非常清晰明白，用户不需要再通过TV公告了解具体规则，而且当时连续三天滚动一样的销售内容，无非都是“极品武器，抓紧时间，不容错过”，用户看久了也就吐了。玩游戏的过程中，自己也感受到用户的吐槽和反感，如今反思，问题有如下三个。

- 问题1：其他位置的宣传。使用户早已知道活动规则，TV公告反复陈述没任何用；
- 问题2：TV公告极其显眼，高频滚动等于刷屏，严重影响用户体验，易引发反感；
- 问题3：任何骚扰到了极致，用户就再也不看了。

当初是PC客户端年代，论坛上有人对60秒的滚动间隔表达抗议，并贴个胶布在显示器上专门挡住TV公告出现的位置，很多提供糟糕用户体验的运营行为都很难用数据体现。

在论坛上看到用户吐槽实在太丢人，于是改进了TV公告的操作手法。

场景依旧是为期3天的充值99元送武器活动：

- 第一天，文案主打“物美价廉”，使用的销售技巧是“稀缺”、“价格锚点”、“比例偏见”；
- 第二天，文案主打“全民参与”，使用的销售技巧是“喜好”、“社会认同”；
- 第三天，文案主打“不容错过”，使用的销售技巧是“损失规避”。

每天竞技最惨烈的那两个小时，文案主打“高手必备”、“捍卫荣誉”、“报仇雪恨”，使用的销售技巧是“权威”、“互惠”、“承诺一致”。

运营是唯一承担销售指标的部门，不下苦功怎么行。每种销售行为都能够主打很多个卖点，销售技巧的背后是心理学、经济学、行为学的结合，我会在后面的章节对销售策略和技巧详细进行介绍。当然大家也可以去看一本销售的入门级书籍《影响力》。

在所有用户已经明白了活动规则的前提下，TV公告的作用就是刺激，文案的设计过程就是设计用户感受的过程，所有的精力都应该花在提升销售转化率上。

同样的场景，两种不同的做法。

- **行为选择上的差异，背后是思维认知上的差异。**

- **文案设计上的差异，背后是知识储备上的差异。**

这些差异最终反映到活动效果上。

2.7.3　养成好的行为习惯

1．所有执行操作都要验收

宣传层面，一定要设计一个验收制度，有些宣传是运营亲自执行，有些是其他部门代替执行，都极易发生错误。

至今我待过的每一家公司，都听过市场和商务人员出现广告位未监督到位的工作失误，老板发脾气，要求商务必须用安卓手机（以监控渠道广告位上线情况），否则就罚款甚至辞职。市场那边也是同理，并且还为他们的工作安排了一个制度，广告位上线后的情况以截图的形式进行工作汇报，这就是一种验收制度（私以为有更效率的做法，此处不讨论）。

自己的工作都易出现疏忽，何况有些事是需要其他人执行的，当我们发完了邮件，底下也沟通完毕了，人家也口头答应了，实际执行的时候，他们就按照我们的时间安排保质保量地完成？

再说运营，很多人一样习惯不好，把“操作完运营工具作为结束”，如果出了问题，就责怪工具不利（别人不靠谱），总之与自己无关。

在我负责的范围内，无论是驱动他人上广告位，还是自己执行，都要去看上线后的实际效果。比如排版是否优雅，是否有糟糕的换行、断句，有没有给错跳转链接，图片像素清晰度如何，有无拉伸，有没有红叉等。所有的宣传行为都收尾于实际的线上展示效果验收。

2．未掌握的至少要过一遍

本文建立了一个宣传层面的认知框架，在今后的工作中，有条件的话，至少把框架里面的宣传渠道过一遍，以做到熟悉和掌握。

每次活动宣传，不一定要用尽所有的宣传渠道（实际上这也是一种浪费），但是十几种宣传渠道，内容设计和使用方式上各有其对应的特性，只有在练习中才能建立认知。

内容（文案）设计同理，文章里面也出现了大量的心理学知识，我也是经过了大量刻意练习，掌握了套路，才能对一个销售类活动，依据场景提炼多个卖点，又针对单一卖点，设计出多种文案。

过一遍的好处是在于熟悉框架，下次再次遇见的时候，我们就能对其归类，留意文案背后的策略，形成经验的积累，而当以后我们需要用到的时候，就能够调动大脑中的知识框架，轻轻松松地处理相关的问题。

3．学习归纳总结，刻意练习，迭代认知

认知是不断迭代的，大家现在看到的内容，已经在过往的行为中迭代了无数次认知。

我们如果选择封闭，习惯性地按照自己的那套来，成长终归有限。我见过太多的运营，思维停留在过去，看似有多年工作经验，但实际情况是，他把 1 年的工作经验，用了很多年。这就是拒绝学习的表现。

宣传层面，我目前的认知输出一共就两句话。

第一句，同等资源下比智力，同等智力下比资源。

广告费就是资源的体现，转化率就是智力的体现。效果一样，但是付出的代价不同，如表 2-7 所示。

表 2-7

公司	宣传渠道（资源）	转化率（智力）	效果（DPS）
财大气粗 A 公司	10 种渠道合计 10 万次曝光	5%	5000 转化
资源有限 B 公司	5 种渠道合计 5 万次曝光	10%	5000 转化

用游戏里面的话术来说，**不是每一个拥有橙装的人，都能打出漂亮的 DPS。**

第二句，有时候，急功近利反而会伤害自己。

前面描述的疯狂刷屏行为就是一种急功近利，伤害用户的体验，但其实最终伤害的是自己，往小了说，损失的是自己的时间、金钱、活动效果，往大了说，就是团队、公司、职业生涯。

急功近利其实是一种他人失败后的后置评价，衡量一个人是否急功近利，取决于一个人平时没把握的时候，对待“功利”诱惑的表现。

活动宣传这件事，我们不能定位在通知用户的角度，而是要把每次通知用户的行为当作市场营销来做，尽最大的努力寻找渠道发出声音，尽最大的努力设计文案打动用户。

2.8 成本篇，控制活动成本的四个环节

在外行人的眼中，做活动的成本是活动发放的那些奖励。

在旁观者的眼中，做活动的成本是奖励加开发活动的时间和精力。

在运营人的眼中，**做活动的成本是从开始到结束所支付的所有脑力和体力。**

一个活动从开始到结束，总体分为四个环节，如表 2-8 所示。

表 2-8

序	进度	定义
1	策划	为达成活动目标而支付的所有智力资源
2	开发	运营、产品、程序、设计、测试的集体协作工作输出
3	宣传	让更多用户了解并参与活动而支付的营销成本
4	运营	用户参与活动中，运营支付的所有人力资源

任何活动都始于策划环节，落实于后面的执行环节（开发、宣传、运营），为了自己最初的运营目标不打折扣，要付出的太多，运营是发起方，其他是协作方，当遇见了问题，所有人会问你怎么办；当遇见一些都不想做或者执行不到位的事，也得运营掏出人力资源来填补。总之，出现任何问题，都是运营收拾残局。

活动从开始到结束，每个环节都在支付成本。

2.8.1 策划环节——考验运营的业务经验

不管是做营收还是拉新，往往都是跟公司的年度计划、季度计划相关联的，再拆解到月计划、周计划里。所有的策划环节都是围绕着一个周期内的目标而展开的。

除了配合其他部门做用户新进，运营部门每天思考的是，以现有的用户量，如何最大化地去完成营收工作，在这一块，运营是完完全全的主导，其他部门为协同。

对于配合的部门而言，大部分时候看到的就是一个个具体的执行方案。而这一个个的执行方案背后，是负责人和团队一起关在会议里不断折磨、推翻、舍弃，最终形成的落地执行方案。在执行的过程中，又可能因为各种原因而不断调整迭代。

好的活动策划，从来都是从无数选择中挑选出最合适的一种。有追求的团队，大约每写 5 张纸才能留下 1 张有用的，每跟 4 个不同部门的人员交换信息才能确认一套方案的可行性，每进行 3 个小时的会议讨论才能确认活动的基础框架。而没追求的团队，支付的智力资源可以极其稀少，照搬竞品的节奏就好。

这个过程，就是运营负责人，带着团队用尽所有的智力和体力资源，绞尽脑汁去努力达成。

前面的章节写到主题篇、奖励篇、规则篇，通通算作策划阶段要支付的智力资源，其中要确认的问题实在太多。

我们假设自己设计出了很多好的方案，但也可能由于执行人员的能力不到位而夭折，被迫降级，责怪他人能力不到位没有任何意义，考虑好执行层面各个阶段的成本，在策划阶段是重中之重的事情。

当然，随着工作经验的积累，团队的成长，对协同人员判断能力的加强，策划环节所支付的智力资源是可以不断减少的。

2.8.2 开发环节——考验运营的开发协作

不同的活动支付的开发成本不一样，有些简单的，发布一篇活动文案就完事了，比如冲级赛、登录游戏领礼包、论坛征文等。但是稍微麻烦一些的就需要开发了，比如预约和兑换礼包、转盘抽奖、报名、注册、竞猜等。这些活动都涉及页面功能开发和数据库存储。当然，还有很多的活动直接内置到游戏中。

有些运营会模仿产品经理写需求文档，跟跨部门的美术、程序、测试进行沟通，有些则是直接拜托更为专业的人员进行。写出让开发团队看得懂的需求文档绝对是门专业活，写完了不算完事，还有后面的需求评审、交互设计、前后端开发、负载均衡等。

运营必须掌握开发知识，如果兴冲冲地设计一套玩法，开发说实现有难度、有风险，然后我们就得被迫重新设计方案，无形中浪费时间成本。

会写文档，跟开发的沟通会高效，如果不会，则是边开发边补充完善规则，跨部门之间的协作成本往往大到超过想象。

有积累的团队，会把每次开发的功能模块尽量模板化，以形成复用性，对于开发团队而言，如果反复做某个东西（专业术语叫造轮子），等于是原地踏步，做苦力，开发意愿低下。

活动模板如同武器库，是各个团队的积累。以抽奖为例，世界上的随机活动跑不出那几种类型，一旦模板化，每次只需要更新设计图资源即可。武器库里的东西越多，运营能做的套路就越多。

这一块的成本，随着技能的提升，活动模板的建设会不断减少。

2.8.3　宣传环节——考验运营的规划安排

有些活动宣传层面的工作，比如营收类和活跃类活动，是由运营人独立完成的，包含搭建宣传渠道、设计宣传文案、控制宣传节奏，这一块的工作也是有框架的，我会专门在风险相关章节里详细介绍。

有些活动的宣传，运营无法独立完成，需要其他部门协助完成。

物料、文案、广告图，是宣传内容生产层面的，主要由设计师输出。

内容投放渠道、曝光频率、营销资源预约是执行层面的，这类工作则由市场商务部门协同完成。

超大型活动的宣传，往往公司里会指派市场、商务、品牌、公关负责人配合运营团队进行，小活动则由运营人员直接自己搞定。

在超大型活动和小活动之间，往往存在一些中间地带，很多时候需要他人帮忙，此时则是考验安排能力和情商的阶段了。做不好安排，一旦出现混乱，反复折磨他人，情商再高也没用。有很多需要他人帮忙的环节，人家本来可以准点下班，自己有本事让人家额外加班吗？

这一块的成本，随着工作流程的不断完善而减少。

2.8.4　运营环节——考验运营的经营维护

1．因为规则设计支付的经营成本

比如征文、选美活动，评选名次的过程就会占据我们的精力。还有一些竞技类、比赛类活动，分轮次进行的，每轮结束后，运营人员要做结果核对，写战报结果，公告晋级选手等。

一个貌似不起眼的问题：0 点开始 24 点结束，12 点开始次日 12 点结束，我们到底用哪种？

我的建议：奖励自动结算的随意，如果在活动运营的过程中需要投入人力资源，那么建议设计成中午 12 点结束。同理，也不要设计成周五下班前 18 点结束。

有些活动需要比较长的结算时间，需要数据部门的同事去提数据，然后陪着你验算结果，然后你再公布获奖名单结算奖励，如果你设计 24 点结束，那么他们要陪你加班到 24 点，然后一起忙碌到 1 点，其实人家心里在骂人，人家凭啥陪你加班？另一方面，我们又要照顾用户，第一时间公布名单，如果 24 点结束，你公布名单应该是在凌晨，如果这个时候结算出了问题，那么再做调整也是非常麻烦的事，没有谁愿意晚上出来陪你“擦屁股”。

同理，一些未曾做过、流程跑得不通畅的新活动，不要尝试在长假之前上线，如果不稳定，长假期间线上活动出了问题，整个协同配合的团队都过不好假期。

2. 因为结算方式支付的发奖成本

游戏内由系统自动结算的奖励不在此列，游戏外的页面活动，有些活动奖励本身就是以礼包 CD 密码的形式兑现，论坛活动你得发站内信，页面活动你得要手机号，然后请平台的同事完成发送。

有些活动会搭载一些实物和现金奖励。实物奖励结算，在收集用户地址的过程中，你往往会收集到千奇百怪的地址，然后运营得一个个地去找用户核对（或请客服协助），不然无法完成邮寄。

现金奖励结算，绝对不是微信、支付宝转账那么简单，公司一般走财务汇款劳务费流程，走内部流程逐级审批，需要收集到用户的银行卡，要求对方传真身份证复印件等。

我原来做过的大型竞技比赛活动就发过 100 台 iPad mini2，能拿到奖励的都是土豪用户，统计核对地址的过程就不说了，时值新品上市，采购 100 台的流程已经走完，有 3 个土豪用户在 CEO 的微博下留言，说要指定颜色，希望自己加钱升级内存（16GB 升 32GB），CEO 为了满足土豪们逐一允诺，直接打断了原来已经走好的采购流程，从财务到供应商全部重新来，最终为了那 3 个用户，其他 97 个用户拿到实物的时间距离预期整整晚了 1 个半月。

现在回头来看，这件事非常蠢（比如多为那些用户采购指定的 3 台就好，但当时就是规则和政策条件不允许），我们有很多种方式规避或解决这个问题，但是在当时的实际情况中，由于各部门信息不同步，承诺就要做到，流程不可逆等原因，就导致了这种事情的发生，这一段是发生在我身上的真事，印象深刻又无可奈何。

所有的维护成本都取决于此前的策划，在设计活动的过程中，留足时间，这些也不算什么了，但最糟糕的是，由于意外引发的成本。

3. 因为意外情况引发的维护成本

尽管我们仔细检查，认真测试，但是活动难免会出意外，不管是自己主观造成的意外，还是因为其他原因引发的，都由此前的活动负责人来收尾。

不管你的活动规则写得多么好，总有一些用户提出疑问，这种情况是常态，超过一定面积的反馈，就得不断地补充迭代、解释说明。还有一些用户，规则放在那里根本不看，参与过程中遇见了问题就过来问我们，针对这类情况，要么运营充当客服回答问题，要么事先做一个 FAQ 培训客服同学，让他们协助答疑。这些事情，均消耗我们的时间和精力。

遇见了业务能力弱的开发人员，活动就容易出问题，只能临时维护修订。有些并非真的活动问题，比如访问迟缓、浏览器不兼容、分辨率问题、未做负载均衡、扛不住并发压力等一系列的体验问题……

任何一个环节上没控制好，就会造成不可控的风险，最大的成本从来不是金钱成本，而是犯错赔进去的人力成本，以及为了弥补错误而浪费的时间机会成本。

意外之所以叫意外，就是自己不可预料的。这些可能出现的意外，想要规避，要靠经验，我会专门在“风险”章节里详细介绍。

上述内容都与活动中的各项成本有关，旨在帮助大家建立一种成本意识。最后，谈谈组织运转中提升效率、降低成本的方法。

2.8.5 人人都想提升效率，降低成本

我们每天的时间被各种事情拆分，落实到日常工作中，是会议室里的头脑风暴、工位上的文档撰写、各种场合下的沟通协作执行……

我们都知道，脱离成本谈论质量是不切实际的。

几乎每个管理者都在强调高效，如果嘴巴上勤奋，实际工作偷懒，那就只是管理者的一厢情愿。每个人都有追求高效的主观意愿，问题是如何做呢？一味地强调指导思想，对于实际业务操作没有任何帮助。

放在活动场景中，质量（活动 KPI）摆在那里，降低成本的唯一方式，就是提升效率，即用更少的人力资源、更短的时间交付更好的结果，每个管理者强调高效应当从三个角度出发，如图 2-17 所示。

无论何时，管理者真正应该做的都是：**搭建业务框架，**用通俗的话来解释，就是部门业务操作手册。

每个部门又有其负责的各业务模块，每个业务模块又能（像本文一样）被拆解成各个环节，每个环节又可以再次被拆解成各种执行细节。这种拆分的过程，就是搭建业务框架的过程。

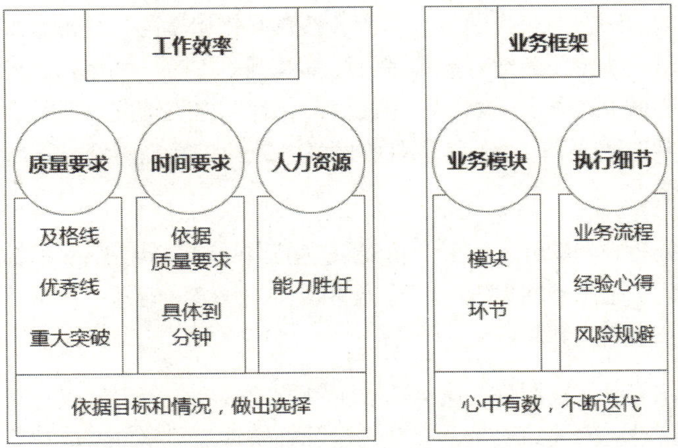

图 2-17

- 业务框架越精细，越能够让业务高效运转；
- 业务框架越精细，越能够衡量出实现目标需要多少资源；
- 业务框架越精细，我们越能够看出自己部门运转是否高效。

极尽可能地精细化业务框架，是追求高效、降低成本的唯一解法。

2.9 风险篇，正确认识风险，积极拥抱风险

风险和成本一样，在活动策划环节被考量，在活动复盘环节被提及。

在谈论风险之前，先看一则我职业生涯早期的活动事故。

2.9.1 一次活动事故，诸多影响

“如果你下载××游戏，在1个月内玩到60级，就送给你100个Q币……”这在PC游戏客户端年代，是极其常见的市场拉新活动设计。

某公司某游戏的公测推广期就采用了这个看似平常得不行的活动设计。

该游戏练到60级，高手只要7天，再菜的人14天怎么都搞定了，根本用不到一个月，于是大量的玩家多开小号希望得到Q币，并且把这个活动各处转发还发布了攻略《白捡Q币要不要？如何在××游戏里面快速练到60级》，下载、注册、登录、活跃各项数据疯涨，营销的效果好得让人兴奋，市场部门满面红光。

还不到 1 个月，大概是第三周过去，公司迫于压力，提前关闭了 Q 币兑换并修改了规则，同时也提供 1:3 的比例，吸引用户兑换虚拟货币，点击兑换 Q 币按钮，页面提示没库存了，补货采购中，建议您兑换游戏币……总之你懂的。公司算了一笔账，由于参与的用户数量实在过多，根本无法支付海量的用户冲级到 60 级就送给用户 100 个 Q 币的成本。如果不耍赖，按照规则全额兑现活动奖励，公司第二天就破产了。

愤怒的用户们在得知这个公司开始更改规则后，把这件事写进这个公司发展的百度词条里，然后还在各大媒体、贴吧、论坛转发（猫扑、天涯上都有），投诉到工商局，3·15 的整个投诉版面被这个事件屠了版，客服在一线顶着巨大的压力和口水……总而言之，玩家们愤怒至极，疯狂报复，“从此该厂游戏一生黑”。

公司迫于压力，动用了一切关系去修改百度词条，花钱删帖，去搞定相关部门和有关部门。

这个公司的这款产品，获得当年行业的最高荣誉：金翎奖——最受玩家喜爱奖。

你信不信？当初在营销会议上，有人还提到了这个版本练到 60 级非常快，根本用不到 1 个月，然后市场部门的人回复说：“没事，我们评估过了，到时候应该没有那么多玩家来。”

其实这家公司活动设计大体也没毛病，设计非常平稳，并非什么创新打法，当时市面上很多公司都用 Q 币的策略吸引用户下载游戏，春节前后的游戏版本，为了拉新，冲级赛前 10 还送飞机票、火车票、境外双飞旅游……各个厂商争相如此，跟前几年的补贴大战一个味道。

用户冲着奖励来的，觉得有意思就留下，但更多是有漏洞就钻的玩家。一些风险控制得好的厂商市场营销部门反正完成了 KPI，领取了奖金，留不住用户是运营和研发的事，品质不够好，活动烂，服务不到位……大量的用户流失率也就是这么来的。

我经历的那家公司风险没控制好，造成了这种事故，奖金发没发不知道（我想应该是没发）。这种事故导致了大量的用户口碑丢失。犯了错误，整个公司为其买单，那段时间市场部的同事都灰头土脸的。

我当初刚刚从客服转到运营，每天听客服同事抱怨（比如给我 3·15 的玩家屠版截图），他们在一线顶着无数用户的口水，出了这种大事情我们自然得协助客服一起收拾残局。更让我们郁闷的是，当我在论坛发布运营活动的时候，很多玩家留言质问：“凭什么让我相信你们！”

说得好有道理，我竟无言以对。

我不是发泄情绪，也不是翻旧账，只是尽量还原一个事实以及其所带来的影响，每家企业每个部门都会犯错，在任何一个行业，都会有这些事发生，公司为了生存无可厚非，只有活下来才有资格发言。公司是一个整体，一荣俱荣，一损俱损，他人立功，整体受益，他人犯错，整体受损。企业有大败局，活动亦有大败局。经历这些败局的人都汲取了宝贵的经验，帮助自己未来走向成功。后来这帮市场部的同事创业都做出了不菲的商业成就，如果说名字，在各自的领域绝对鼎鼎大名。

活动事故及影响的各种细节还原完毕，回到当初的那个场景，我们能从中得到什么?

如果当初多沟通一下，是不是问题不会发生?如果当初做好数值评估，是不是就可以把风险扼杀于摇篮中?当成功者登台领奖在镁光灯下发表着获奖感言时，失败者只能在一些场合事后诸葛亮念叨着无数的如果当初……

多沟通，做好数值评估，这些都是无可辩驳的真理，放在任何场合永远成立，但有时也是没有任何指导意义的废话。

2.9.2 降低活动风险及影响的方法论

控制风险是活动设计者在策划阶段的主观意愿，活动事故是活动出现意外导致恶劣影响的客观描述。

意外之所以叫意外，就在于自己的能力和意识不到位，根本无法避免，只能吃亏长经验。我也没法穷举所有风险，不如换另外一种思路去解决。自然，我也有一套在活动设计中降低风险的操作方法论。

1．拿捏不准，多问专家意见

如果我们拿捏不准，首先请教专业人士的意见，所谓专业人士，一定是对应的业务领域能说了算的人，比如数值策划可以解答数学概率相关的问题，每天跟用户接触的客服能提出体验上的建议。

但是更多的人，选择把细节方案抛给拍板的老大，他们从心里认为，一旦出错老大可以协同承担责任，甚至罩着你，这是完全错误的想法。什么时候给老板确认，自然是问完一圈人之后的确认环节。

就是这一圈人能快速帮助自己成长，随着经验的增长，拿捏不准的业务越来越少，知识积累越来越多，越往后走，考虑的已经不是风险问题而是体验问题了。

有些活动规则，个人偶尔会给少量精英用户看一看（彼此信任，他们不会曝光你的活动设计），问问他们看到活动的第一感受、有没有漏洞可以钻等。如果对方发现了一些风险，一般是按照他能够从活动中获利的 10 倍进行奖励发放。

2. 涉及领奖，严把测试环节

功能性的活动，一旦涉及领奖，一定要进行专业测试，这是无数血泪教训。

一旦活动出了漏洞，造成奖励被刷，事故第一责任人是开发人员，仔细想想，埋单的是谁？擦屁股的是谁？受伤的是谁？谁对结果负责？协作的工作出错了，老板的制裁大都就是各打 50 大板，然后你们一起挨批。人家犯错了，在上司那里争吵，有利于未来工作的开展吗？下次再共事的时候，对方如同惊弓之鸟，这个做不了，那个有风险。

在活动中，运营永远是第一负责人，我们不专业，在完全没办法判断对方是否走心的前提下，有些小技巧可以用：向开发负责人陈述如果出了问题可能带来的严重后果。有些公司依靠签字制度，新功能上线之前，负责人必须签字，出错要负全责。

3. 数值监控预警

即使有测试排查，也避免不了奖励被刷，出了活动事故往往都是玩家反馈的，这对运营处理问题很麻烦，后知后觉意味着被动。

永远不要依赖人，机制才是最保险的，如果有条件，对一些可兑换的数值进行一个监控，当某数值明显超过某个阈值时，应通过短信报警，活动的过程中就可以把握全局，不至于让那些作弊者毁掉你的整个设计。如果不设计监控，等到客服通知你某某活动被刷，那个时候收拾残局的成本就大了。

这是个具备技术含量的事，属于系统工程，在开发上属于吃力不讨好的范畴。

4. 设计奖励上限

控制奖励上限，是规则上进行控制的手法。一种是个体参与上限，另一种是奖池上限。

充值 100 元送材料，每个用户限 5 次，就是个体参与上限。这样可以保证有些道具的投放是可控的。如果用户此次无上限地参与活动，则透支了未来的风险。我们假设某一批用户此次获得了非常多的道具奖励，那么下次这些存量对于用户就是弱需求，何况充值送道具这种活动的开发成本极低，效果好下次再开就是了。

奖池上限也好理解，同样是下载游戏升级领 Q 币的拉新活动，有多少预算，就全部扔到奖池里，这样能做到可控。告诉用户每天能兑现的 Q 币上限是多少，限制多少次，把兑换压力转移到“其他抢 Q 币的用户”上，如果今天兑换不了，要么您换虚拟货币，要么您明天赶早来试试。

如果活动效果好，补 Q 币，随时调节此前的限制。

5. 监督用户舆论，及时亡羊补牢

知道和做到永远是两个状态。

- 请不到专业人士帮忙，或对方敷衍塞责，怎么办？
- 请得到专业人士帮忙，安排的菜鸟水平渣，不上心，怎么办？
- 数据监控预警是什么？谁写案子，谁做开发？
- 奖励上限？影响效果怎么办？KPI 压力怎么说？

这四个问题你都赶上了，风险就高了，但活动还是得上线，然后我们所有的规则描述歧义，活动过程中的不流畅，以及功能性的漏洞和体验问题，都会在上线后表现出来。

活动上线后，多观察一会，观察用户的反应，当然你有自己的玩家后援团更好，他们都是你的眼线，能够监察这些事并第一时间告诉你，客服发现问题，永远比你的玩家后援团发现问题要晚得多。

所有的问题都在忙中出错，要么人力资源不足，要么经验欠缺。不严重的体验问题做个 FAQ，发公告进行引导，严重的功能性漏洞，则必须通知开发人员进行调试。

亡羊补牢不单单是业务上的，还有同事经营层面的。运营事故产生了，极有可能遭到公司的处罚，同样是被处罚，协同的部门可能关系越来越铁，也有可能互相积怨老死不相往来。这类事情在职场上永远不会停止。

在运营的过程中，亡羊补牢的代价有时候大得难以想象，别总追着成功经验看，倾听别人的教训有时候更重要，要有一颗未雨绸缪的心。

2.9.3 如何看待和理解风险

风险，一个很多人都不喜欢的词儿，风险代表着不确定性，代表着意外，代表着亏损和失败。诚然，它在有些场景是这样，但也未必尽然，比如大胆创新，风险和机遇并存，艺高人胆大，富贵险中求……

出于运营科学化的思路，我们要把风险分为以下三个层级。

- 系统型风险：天然存在，无法规避；
- 人为型风险：认识并管理自身行为；
- 策略型风险：动态博弈，值得拥抱。

1．什么是系统风险，为什么无法规避

我们做任何事情，都存在着自己控制不了的意外，要想不出意外，就是不干事，最典型的一个词就是因噎废食。

不同的系统，风险不一样，比如我们出行选择交通工具，就安全系数而言，飞机>火车>汽车，就准时而言，则又是另外一种排序。有些事一定要做，但是做了就会有风险，环境所致，无法规避，这种就可以称为系统型风险。

2．什么是人为型风险，如何认识并加以控制

顾名思义，人为型风险就是因为人的属性、性格、状态等一系列因素引起的风险，幸运的是，我们可以加以控制。

同样以出行举例，开车不喝酒就是人为控制，开车过路口慢行就是人为控制，为了保障飞行的安全，航空公司设计了一系列的安全保障，用各种方式去控制人为风险。

拿活动公告举例，我们内部不管谁写的公告，都会由 1 个人检查错别字，找另外 2 个对活动丝毫不知情的人去理解规则有无歧义，这就是通过设计规则去规避人为型风险。

我们谁都会犯错，但是可以通过设计规则去控制我们的粗心大意、不靠谱。

3．什么是策略型风险，为什么值得拥抱

前面两种我们都理解了，一个躲不掉，一个可以控制，但是最有意思的就是策略型风险，它是人与人动态博弈的，最值得拥抱。举一个水上的例子。

假设你是一个船长，拥有一支自己的船队，靠运输货物进行跨国贸易挣钱，在这个过程中，系统性风险是天气，人为型风险是船长和船员，前者是环境，规避不掉，后者可以通过管理去控制。

突然你的运输线路上出现了海盗开始抢劫你的货物，于是你的运营成本直线上升，虽然痛恨但也无可奈何，这个时候你会算一笔账，把海盗归纳到自己做跨国贸易的系统性风险里，你选择默默承担。

海盗觉得打劫你特别有油水，于是有更多的海盗来抢你，利润一再被压榨，直到你承担不起了，此时你会怎么做呢？

给海盗交保护费，武装自己的船队，拿一大笔钱请人去清缴，改变航行路线跟海盗玩躲猫猫……这个时候你会发现，不同的策略，每种方式的损失程度不一样，双方都在博弈，但有一点是可以肯定的，你在追求利润最大化，你在努力掌握自己的命运。

策略型风险，在我们水平足够且想追求利润最大化的条件下，把风险转化为利润，自己的能力越强，利润越高，这个就是我们值得拥抱的地方。

放在运营乃至整个互联网的场景里，如果我们选择不变，对利润没有过高的要求，那么就默认为成本（归为系统型风险），但要是爱折腾追求更大的利润，情愿损失一些东西去努力创新和尝试，那么就归为策略型风险，这就属于大胆创新，所以尽情拥抱吧。

每个人的人生每天面对无数选择，如果把现实世界比作一个游戏的话，那些芸芸众生的顶尖者，都是各个领域策略型风险的顶尖玩家！

2.10 数据篇，必须了解的数据分析方法论

数据是一门极深的学科，在很多游戏公司，数据部门和运营部门是平行关系，大家平时用的数据后台都是这个部门负责支撑维护的。各部门工作的所有输出都会以数据的方式呈现，如各大产品的各类基础数据：新进用户、留存、收入、新增付费用户、各道具销售情况等。

市场、运营、产品都会至少掌握一些最基础的数据知识，鉴于篇幅原因，此处就不呈现相关概念，不讨论那些人人都知道的道理，只从业务层面出发，讨论跟活动相关的数据方法论。

2.10.1 数据分析的价值所在

所谓数据分析，是依据“业务理解”和“数学算法”对海量的信息数据进行计算，并提炼出有价值的信息。好的分析结果一定能带来价值，往往能够帮助我们**事先用来验证假设，辅助决策。事后用来验收结果，发现规律。**

什么是验证假设，辅助决策？

以销售举例，本次活动将用什么道具作为奖励，以吸引用户购买，大家会依据自己的理解争论不休，这个时候也不用拍脑袋了，通过数据查询一下用户的道具存量，看看哪些是稀缺的，那么就能够验证此前的想法，最终做出决策。

争论的场景很多，基本上我们都会凭借自己接触的信息去拍脑袋，这个拍脑袋的行为就是“假设”，然后想办法通过数据去验证假设，当数据摆在我们的面前，也就不需要争论了。

什么是验收结果，发现规律？

当我们完成了活动，无论是新进，还是收入，往往都会呈现出一个数字，这个数字就是我们集体努力的结果。数字能帮助我们判断自己的活动做得是好还是坏，我们想要下一次把事情做好，就得发现和寻找规律。

所有的部门都为活跃用户量而努力，提升活跃用户量有三种活动方式：新进、活跃和回流。每种活动在策划之初，都会有各种（主题、规则、奖励）争论的场景，我们用数据去做决策，当活动完成后，最终会有一个结果，我们用数据去做验收。

无论是市场还是运营，1 年内，至少大大小小会做几十次活动，每次活动决策前、活动结束后，通过数据分析就自然能做到心中有数。

2.10.2　基于业务理解开展数据分析

任何数据分析都是基于对业务的理解而开展的，什么叫“业务理解”，我们先来看一组营收类活动的公式：

活动收入=活跃用户数×付费率×每付费用户平均收入

在营收这个目标上，有三个影响最终结果的因素，我们拉升其中任何一个因素的数值，活动的效果都会变好。我们已经找到了三处发力点，只要在上面优化，就能够提升最终的效果。这个就是对业务的理解。

所以如果对于活动不满意，优化的方式有：

- 增加流量曝光，提升参与用户总数量；
- 优化销售文案、图片素材，提升活动参与转化率；
- 优化用户参与活动的路径，使其参与活动的过程变得更加便捷；
- 增加更多支付渠道，降低掉单、漏单率，以方便用户完成支付行为；
- 经营其他影响活动参与度的相关事件，比如运营 KOL（关键意见领袖）帮助完成销售。

……

当然以上这些优化都是建立在用户对本次活动的奖励设计需求度强弱一致的前提下的。

游戏营收类活动变化非常多，主题、规则、奖励、周期每次都会变，但运营是真正知道自己完成了哪些行为的，结合数据看此前的运营行为，日积月累到同类型的活动样本量达到一定规模，自然而然能够发现哪些设计和运营行为对完成销售 KPI 有帮助。

2.10.3　数据思维：人人心中应该有个漏斗

每个做活动的人心中都要有一个数据漏斗。漏斗从用户接触到活动信息的那一刻就展开了，这个数据叫作曝光，下一层叫作点击链接，再下一层叫作到达活动页……依此类推，最终走完活动全程。这个数据就像是一个漏斗，每个环节都会流失掉一部分用户。

用户新进场景形成的漏斗，一般分为 5 个步骤，如图 2-18 所示，每个步骤之间都会存在着一个转化率，我们想要漏斗更陡峭，就得根据每个点去优化。

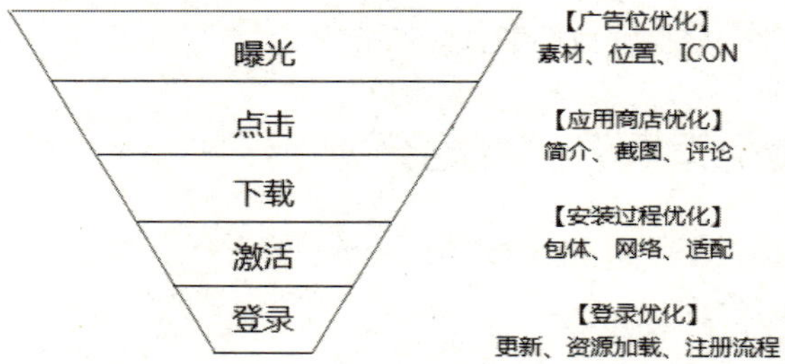

图 2-18

我们再来看看最后一个步骤，从登录到新手引导之间，要经历多少个步骤。

（1）游戏启动；

（2）客户端更新（需判断）；

（3）更新中断（增量或整包）；

（4）更新完成；

（5）APP 允许询问（访问位置/推送消息）；

（6）注册账号流程；

（7）选择服务器；

（8）连接服务器；

（9）进入游戏加载资源；

（10）过场动画播放；
（11）过场动画跳过；
（12）过场动画完成；
（13）游戏引导介绍；
（14）大数值战斗表现；
（15）创建角色；
（16）创建角色完成；
（17）新手引导。

比如说第（15）步，各位是否见过取名字不断被占用的情况。

比如说第（13）步，不知道各位见没见过说大量废话的引导？如何精简不折磨用户，非常依赖优质内容的呈现。

比如说第（9）步，加载资源的速度和效率依旧是每个团队要考虑的问题。

比如说第（6）步，有无游客快速注册、手机注册（用户能否成功收取短信验证码），有些用户注册后，希望把账号密码以图片形式存到用户相册的请求，流程也会变多。

比如说第（5）步，这些需求是否可以后置做成触发式？很多 APP 一开始就请求访问位置、摄像头、推送消息、读取通讯录……

比如说第（2）步，有些在 WiFi 环境下还询问是否更新，后台默认完成下载，直接询问是否直接更新不就完事了。

从 A 点到 B 点，每个步骤都可能存在用户的流失，当我们把这个数据给拉出来，就能够知道问题出现在哪了。

如果没有数据指导，很容易拍脑袋，在那些表现明显较好的维度上发力，但是优化空间较小，效果提升有限，指导我们在表现过差的维度上发力和优化才是数据分析的价值所在。

我们要知道每一层数据具体是多少，进而获取这个漏斗的形状，接下来的行为自然就是优化这个漏斗，漏斗越陡峭转化率越高，最终的活动效果越好。

做新进类活动，如何用漏斗思维优化活动效果？

以用户新进类注册活动为例。没经验的运营一开始肯定是参照市面上的，然后发现吸引用户完成注册行为的活动有好多种类型，你如何判断哪个效果更好？如何造出更陡峭的漏斗？

我的操作思路如下：

（1）把市面上的注册类活动进行整理归类，归纳出每个注册类活动的套路组合；

（2）有条件就问同行，咨询他们该注册活动的细分数据，各个漏斗层级的转化效率；

（3）如果问不到，我们自己去实践，12 个月，每 3 个月开发一种套路，1 年就是 4 个套路，边投放边验证，日积月累，每次埋点到位，自然可以做出更陡峭的漏斗了。

在实际的操作过程中，和做营收类活动一样，没有一种新进类活动的打法可以用在所有的场景，我见过太多的人，一套打法用 5 年甚至更久。

2.10.4 数据思维：建立多维坐标，精细化运营

如图 2-19 所示，我们来看这个十字象限，通过多维坐标将用户分组，对不同组用户采取对应的运营措施。

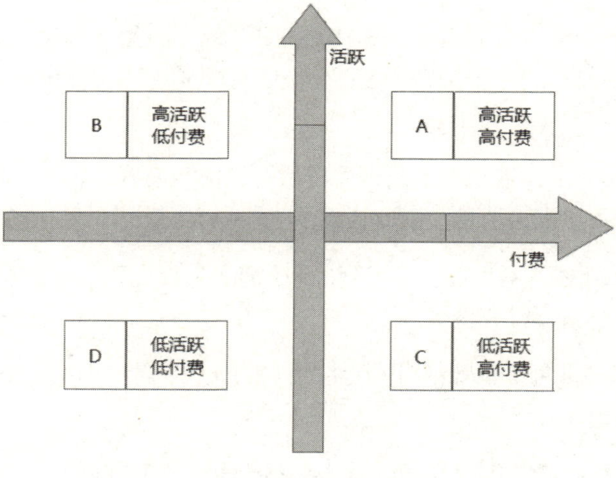

图 2-19

在这 4 象限中，一定有一个最好的，一定有一个最糟糕的。

A 象限的用户是最应该被关照的，然后尝试把 B 和 C 两个象限的用户往 A 象限里面拉，比如给 B 象限的用户投放折扣道具，吸引完成付费行为，给 C 象限的用户投放交互类道具，促使其活跃起来。

人力、资源、精力有限时，按照 A 大于 C 大于 B 的方式进行排序。

再比如，我们可以把自己每个月的销售道具量做一个十字象限，一个是道具价格，一个是购买频率，由此得出：

- 高价格高频率的是用户刚需，性价比也高，一般不适合打折促销；
- 高价格低频率的道具适合用来打折甚至送，促使更多的用户体验购买；
- 低价格高频率的道具适合开发出一种升级版同类道具，用来获得利润；
- 双低的话，想想问题出在了哪里，跟研发去聊聊，尝试加强。

还有很多种建立多维坐标的方式，比如：可以把道具分为实用道具和华丽道具，把事情分为重要事情和紧急事情，把业务分为追求质量和追求速度……种种方式都能帮助我们认清楚现实进行判断和行为选择。

2.10.5　数据思维：不要预设结论，错误归因

“通过分析数据得出结论”和“先定好结论然后从数据中找论据”是两种思考方式。

在工作中我们经常为了某个设计、奖励而争论，双方的经验和看问题的角度不同，是争论的原因，一旦有预设结论，就很容易找到“证明”自己结论正确的信息，而忽略掉其他信息（典型如星座和属相）。即使是同一份数据，如果预设结论，经常会出现 2 个不同的推论，这些情况在说服与被说服的过程中高频出现。

在具体的执行中不要轻易定性，错误归因，比如：二战期间，通过数据发现在维修厂提供的 10000 架战斗机维修报告中，中弹大都集中在机翼上，由此得出，战斗机应该在机翼上进行加强。而实际上应该加强的是飞行员座舱和尾翼发动机，因为击中了这 2 个位置的飞机是直接坠毁，没有进维修厂的机会。

同样，如果你发现某类道具特别受用户欢迎，能够极大提升营收类活动的收入，进而推理说该类奖励受用户欢迎，那么下次拿这个道具作为活动奖励，就得好好论证了。显然受用户欢迎跟时机、用户某段时间内的需求有关，并非道具本身。

2.10.6　数据思维：培养数据敏感度

无论是数据提升还是降低，都要找到原因，这是一种习惯，没有经验就自己总结归纳，比如最近收入数据降低，我认为原因是 1、2、3、4、5、6、7……然后找人交流，想办法论证。长此以往，论证越多，意味着影响效果的指标越细，养成了习惯，敏感度自然就提升了。

比如活动上线后会存在高开低走和低开高走两种情况，然后马上去找原因，尝试做出一些调整，即使现在无法调整，下次上线类似活动的时候也能够做出有针对性的布置。比如销售某类道具，在奖励一致的前提下，我们能为其设计三种不同的销售规

则，三套不同的销售文案，如果你能够在同一个周期内，拿 3 款环境相同的游戏做测试，你心中自然有谱，知道哪种更能打动用户，这些就是宝贵的经验积累。

但是现实中更多的时候我们并没有这个机会，但是这不妨碍你去跟竞品的运营人员交流（世界上没有打听不到的东西），你可以通过分享运营行为，交换数据获得一种专业上的确认感，这种确认感能够帮助你在以后的日子里，没有数据也能拍脑袋去做一些决定。

所有的行为（无论做得好与不好）都会以数据的形式体现，理解了数据就能够帮助你找到正确的发力点，拿到取胜之匙。

数据分析的实战，过于依赖具体问题具体分析了。由于篇幅原因，只为大家介绍几个基础的知识以及习惯，也就是我们经常说的，建立专业敏感性，对业务形成条件反射。

关于数据，有很多专业的文章和书籍去说明，比如《小白学运营》（刘异 伍斌 赵强著）的第 3 章，以及《游戏数据分析的艺术》（于洋著）一整本书全部都是讲这块业务领域的知识。

2.11 执行篇，执行的关键在于公共人力资源

做活动从来都不是单打独斗，活动的阵势越大，调用的其他部门的人力资源越多。

活动从设计到开发到最后执行，运营都需要其他部门同事的帮助，这个其他部门，我们可以统称为公共资源，包括技术、美术、运维、客服、财务、行政等一切二线后勤支援部门。

尽管我们拥有了完整、系统的活动方法论，准备大干一场，但在实际的工作中，会发现这个不可以（别人家可以，我们为什么不可以），那个又很难（功能、接口、人力资源支持有限），感觉处处受到限制。

于是我们尝试努力，但事情并不如人所愿，然后开始默默抱怨队友烂，条件不给力，自己的才能没法得到发挥等，这些境遇我们都会遇见，小到一个活动的开发，大到一个公司的运转。

没有人一开始就拿着一副好牌，没有资源就创造资源。

2.11.1　换位思考，估算自己能拿到多少支持

活动是运营设计并执行的，用户是参与活动的。前者的方案越诱人，执行越出色，后者越愿意参与。即：运营付出精力，设计“**活动规则和奖励**”，通过运营，来**交换**用户能付出的“**参与支持**”。

同样的思路，你可以把组织当成你的用户，付出精力，通过运营，来交换组织能付出的“**公共资源支持**”，如图 2-20 所示。

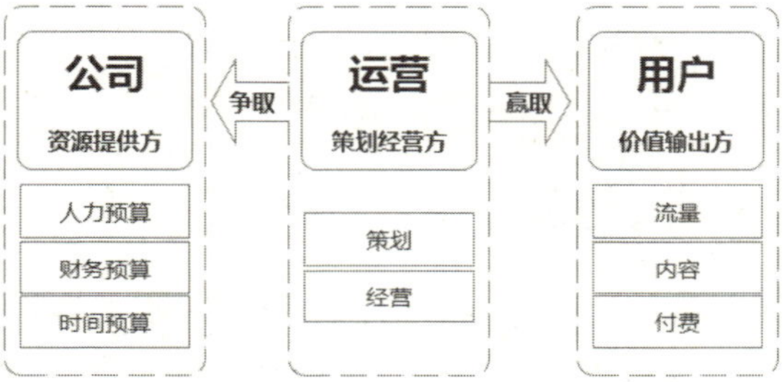

图 2-20

此前提到过，如果站在用户的角度，你会参与自己设计的活动吗？同样，**如果你是公司负责人，面对诸多部门的需求，你会对哪些部门给予最大的支持**？

这就是付出与得到之间的关系，也是商业的最基本逻辑，我们每个人都得玩好与世界交换的游戏。

举个游戏公司极其常见的场景，要在微信上设计一个 9 宫格的抽奖转发，注册下载游戏的活动，完成这么一个功能至少需要找到 3 个部门：

（1）找网站部门提供静态页面开发；
（2）找技术部门提供功能逻辑开发；
（3）找运维部门提供服务器支持。

然后需要考虑：

- 公共资源部门每天各种事，抽调多少人力资源帮你？
- 你运营的游戏并非公司王牌产品，凭什么给你资源？
- 这个活动做好了，能给公司和对方部门带来什么好处？
- 你找高层的领导出马，他凭什么排优先级？
- 高层的领导出马了，如何选到最好用的人，并压榨具体执行人的工期？
- 活动开发方案写得不到位，人家做出来后不是你想要的，如何让人家改？

- 假设活动假期间出了问题，希望提前结束，凭啥让对方在假期为你收拾？

很多新公司的基础活动模板建设并不完善，甚至没有积累，越是复杂的东西越是需要人去收拾，几乎可以 100%地告诉大家，这些问题和境遇我们都会面对，而且对于公共资源部门而言：

- 公司的公共支持部门总是没油水的，因此人力资源极为稀缺；
- 每天都有忙不完的事情，做谁的工作都是一样的，根本不关心哪个重要与否；
- 长期做的都是一些基础业务，有些人成长到一定地步就不愿意继续待了；
- 开发高手能实现任何东西，开发菜鸟才会说这个有点难；
- 高手从来都是稀缺的，会被优先分配给重点项目。

2.11.2 从上往下推，还是从下往上推

很多人单纯地以为推进工作是从上而下的，实则不然，我们想做一件事情，一定要做到为“用户”考虑问题。在解决上节中的问题时，我们的用户就是公共支持部门，我们先定义一下身份。

- 执行人——被安排的，负责处理具体业务的；
- 负责人——执行人老大，管事的，负责分配具体工作的；
- 老板——管人的，真正影响“负责人”的那个人。

我的工作推进策略如下：

（1）通过各种方式，找到能把事做成的、靠谱的“执行人”；
（2）获取“执行人”最近部门内的工作强度，部门负责人的压力；
（3）向“执行人”确认方案可行性以及开发周期、困难度；
（4）找“负责人”咨询方案可行性，试探性预约对方档期；
（5）找“老板”强调收益比，以及争取公共人力资源；
（6）预约一场会议，把相关人员都请到场，获得档期安排；
（7）事情进行中，确认“负责人”和“执行人”的精力主次分配；
（8）事情结束后，公开和私下分别感谢“负责人”和“执行人”。

整个过程中，跟老板诉求收益比，跟负责人、执行人诉求情感和利益分配，诉求策略、节奏有明显区别，比如第（8）条，除了公开外，一定要私下，“如果当初不是问你，这件事根本做不好啊，多亏了你的帮助！”

何时旁敲侧击，何时开门见山，此间有无数的技巧、细节、话术值得细细斟酌和把控。

在推进业务执行的过程中，**从下至上（先试探请教后积极争取）绝对比从上往下（先圣旨命令后给予弹压）要好，对于负责人和执行人而言，这是两种完全不同的用户体验。**把事情做砸的和做成的，都是执行人。

如果我们直接找老板，强调强调再强调，出于面子，以及你的把握，你一定可以搞定，然后老板安排负责人，然后依次推进，但是我们无法预知风险，比如负责人当下的压力，优秀执行人的档期，遇见一个糟糕的，伤害的是整个业务线。

就跟我们设计活动框架一样，完成一件事情，你看到的只是别人表面（只是看到主题、时间、规则、奖励），但是真正决定质量的是底层，他人背后付出了多少心血，一般人是看不见的。

2.11.3　搞关系会来事，有多大的作用

做运营，推进其他人协同执行是非常常见的，但工作中我们也会发现很多会来事、但是业务能力差得一塌糊涂的人。

这种人把所有的精力都用来修炼“会来事”了，而对业务能力的修炼则停滞不前，对此大家要刻意避免。

举个简单的例子，怎样搞定老板，让他批给我们额外的资源，靠“会来事”吗？这跟创业公司见投资人的心态差不多，说服策略是绝对的硬实力。

同理，如何搞定开发人员，他们每天都面对着“会来事”的人，听好话，收礼物，搞团建，然后强调自己的事情最重要，希望能给予最多的支持。这些方式人人都用，效果就不那么好了。

真正在活动过程中推进得高效顺利，靠的还是硬实力。

先说讨论环节，任何活动开发的商讨会议，10 个人以内、30 分钟以内才是合格，业务能力越强，需要确认的东西就越少，我见过一个拥有开发经验的运营高手，开会基本就等于是在跟开发布置实现的细节，以及注意要点，这就是硬实力极强的体现。

会议上抛出能执行没有遗漏的活动方案，本身就是一件难事。要知道，在会议上被技术负责人不断挑出漏洞，然后提需求的人不断妥协，一改再改，是一件很难看的事情，这样的事情多了，大家会对运营产生不信任感。

讨论会议上说好的，跟实际的开发是两回事。前者讨论可行性，实际的开发就是无数细节的补充。

如果开发执行人因为工作忙，未跟开发负责人一起参与会议就非常糟糕，且还有

可能出现开发了一半，由于各种原因转交给其他人员收拾的情况，更是糟上加糟。

大家都知道传话的痛苦吧，运营总得有个基础的开发文档吧，然后对方问出一堆你也听不懂的话术，所以“照着某某来，就某几个地方改一下”是运营的终极招数了。好的活动开发文档对一般运营人员而言，真挺难的，已经超出能力边界了，如果做好了，可转岗做产品了。如果两个竞争部门的运营同时跟开发沟通，一定是文档能力更强的那一个具备更多优势。

比如此前在“成本篇”里提到的，因为结算方式的不同，0 点开始 24 点结束，12 点开始次日 12 点结束，我们到底用哪种，就是一种提前规划好的表现。

那些曾经因为自己的设计傻而折磨其他人被动加班的运营人员，相比换位思考照顾好其他人的运营人员，两者拿到的口碑能一样吗？

复杂活动类型的实现，运营往往需要调动多个部门，我也曾作为公共开发资源，在二线后勤配合一线运营完成活动的开发和运营，长期以来，发现有些部门的同事安排业务是如此从容，有些则是混乱不堪，设身处地想一想，如果你是配合别人的程序、美术、测试、客服，你喜欢跟怎样的同事合作？

安排好时间，照顾好别人也是照顾好自己。安排好是能力强的体现，而不是“会来事”的体现。

活动运营执行层面的东西多数是经验复盘总结得来的，当感觉自己控制不住的时候，我们就得安排得足够合理，如果安排不合理，折磨跟你配合的“用户”，多么“会来事”也不管用。要知道，但凡是公共人力资源都是被争抢的，他们每天接触“会来事”的人，这个能力真的值钱吗？

不是说“会来事”这种软实力不管用，起初我们可以不会，只能靠“会来事”，但是时间长了，你会发现，拼同理心，真正站在对方角度考虑问题，拼能力，真正能够节约彼此的时间，把事情安排得井井有条的人才是最受欢迎的合作对象。

我见过太多的人，每天哄着这个哄着那个，除了打杂传话，监控进度外，疏于打造自己的核心竞争力，然后蹉跎了多年，依旧停滞不前。

做运营自然是要打造多维竞争力，软实力要修炼，硬实力更要刻苦攻坚，当软实力和硬实力都过关了，我们将无往不利。

2.11.4 如何搞好关系，打造口碑

很多的时候，靠的是无数的细节。很多的时候，都是比出来的。

从推进阶段，我们自下而上推进，扫除掉无数的问题，把这个事情变得只需要对方老大点个头就能执行。

在整个过程中，不仅仅要关注他人感受，在跟执行者的交流过程中，自己的业务能力也会得到大幅提升，这将更加有利于让事情变得高效，自然而然就成为了受欢迎的对象。

当然这是属于顺风的时候，还有逆风的时候，我们的处理方式才是真正影响关系深浅的核心要素。

说一个我的个人经历。

某次维护后，一部分用户活动奖励补偿未发放，造成用户投诉，后来调查事故，运营和技术均有责任，很不幸，我本人就是那个运营，因为邮件中的描述不精准、有歧义导致操作失误。

在实际的执行过程中，在技术操作发奖之前，我就发现了问题，并找到对方的老大，说这个邮件写得可能有歧义，实际情况应该是怎样，我询问是否需要重新补发邮件的时候，对方的老大一摆手，说不用，我跟某某某（发奖执行人）交代一下就行。后来因为忙，他忘记了交代，执行人也发现了歧义，但是没问，按照自己的理解操作了。

如果这个事情，技术部门内互相沟通一下，就不会出问题，整个事件的过程大家都清楚明白。

按照公司的规定，此次事故罚款 5000 元。在内部复盘会议上，我站起来的开场白是："我个人承担所有的罚款，事情的经过是……"我向团队复述了所有的细节。

照理说，此事以我交罚款结束了。我的部门老大于心不忍，私下找到对方的老大确认此事，后来对方也觉得我挺冤枉，自己也有责任，主动也承担了一部分罚款。

这件事情直到后来分奖金的时候我才发现，我问怎么我的罚款额度少了，部门老大告诉了我原委，实际的执行是，我扣掉 3000，我老大扣掉 1000，对方老大扣掉 1000。

运营事故产生了，同样是被处罚，协同的部门可能关系越来越铁，也有可能互相积怨老死不相往来。这类事情在职场上永远不会停止。

这件事情，当然也不会传多远，但相信一定传遍了整个技术部门，从此往后，我在那边提什么需求，都是无往不利。就算因为自己的愚蠢造成对方加班，对方也心甘情愿，并安慰我说小事情不要在意，要知道，由于运营犯蠢，导致技术部门加班，不给脸色看就是好的，内心一定会被鄙视到土里去。

我不抽烟也不喝酒，团建的时候也不懂得敬酒，平常也不主动请技术人员吃饭，相反技术人员还经常请我吃饭，说是“回请”。

“回请”的由来，每次做成了事，拿到的公开表彰，我都想办法给花光，其中的参与者，哪怕在这个过程中出了微薄之力，我也会给予馈赠，以感谢对方的支援。

技术人员请我吃饭的理由很简单，跟其他的人共事，由于对方的安排不好，经常是陪着加班解决问题。跟我共事，不容易犯错，更容易拿到表彰，更重要的是：“因为安排得好，节约了彼此的时间。”当初主动跟我承担罚款的那个老大，在饭桌上跟我说，“而且还有今天这顿饭！”当初一起参与活动的执行人补充到。

在跟对方交流的过程中，自己的开发知识、业务能力飞速增长，开发需要确认的内容就越来越少，当其他的运营找技术人员寻求确认，技术人员忙的时候，面对低级问题表现出一脸的不耐烦，而我早已经不问了。

一个不抽烟不喝酒不主动请客吃饭的运营，凭借自己的专业硬实力，为自己、为部门赢得了足够好的口碑。拿着这种姿态去对待所有的公共支持资源的同事，绝对无往不利。

2.12 复盘篇，团队加速成长的秘密

复盘源自于围棋术语，就是再演一遍。

很多人说，“赚钱就是硬道理，管它怎么赚的”。关注结果，而忽视过程，是属于大众心中最容易犯的错误，同时也是极其危险的想法和习惯，这跟有些人上了德州牌桌一样，这一次莫名其妙赚的钱，下一次就会稀里糊涂地输掉。很多牌桌上骗局的开始，也是让一个赌徒自我心里感觉良好。

我们是真正掌握了赢的秘密，还是自己稀里糊涂地满足了诸多条件做了成事？自己一定要想办法弄清楚。

2.12.1 如何看待总结复盘

跟很多同行交流过：“如何看待总结报告？”大多数答案是，自己犯错或者工作没做好，被自己的上司逼着出的一份文档，很多人感觉就跟小时候老师收作业写检讨书一样不好，这种情况源于上司在布置总结报告时的场景和态度。

更多的时候，即使交出了报告，当初逼着交的人也不会看，不给予任何反馈。如果有一天大家走上了领导岗位，切记任何事情都要给反馈，并且做到及时、有效。

前面提到的场景中写了总结报告的人也很失落，彼此敷衍，进入恶性循环。于是很多人会认为“犯错了才写总结”，虽然生活中，甚至电视里面也经常这么演，但这是一个极其错误的观念。

总结是一次回忆、一次推演和复盘事件全部过程的过程，跟事情的好坏没有任何关系，即，无论是做得好还是做得烂，总结是必不可少的，应当成为工作中必要的一环。

输出的形式不限于文档，可以是任何形式，文档的好处在于你可以分享，可以留存，形成自己的经验，并且有朝一日，你能够随时随地地输出，把自己的经验传输给他人。

总结发生的场景最好是某次活动结束后立即进行，这样印象最深刻。在大学的时候，我是学生干部，几乎每次线下活动结束后，作为负责人的我都召集共事的同学们围一个圈，叙述不久之前共同经历的事情，哪些做得好，哪些要改进，发现了问题及时纠正，发现了亮点及时确认，这些都是反馈，这种反馈能帮助整个团队的参与者最大化地获得经验。

这种习惯一直被我沿用到工作中，如果你的团队没人组织，也没这个习惯，也不影响你自己一个人琢磨，经常自己在脑海里面推演只有好处，养成了这种习惯，下次在遇见相同事情的时候会更有把握。

悟性高讲的不是什么别的，不纯靠聪明劲，而是这个人每天都在反复思考如何做得更好，这个行为就是总结。

2.12.2　分析结果、分析执行过程、分析偏差

复盘可应用于任何场景，以活动总结为例，如表 2-9 所示。

- 第一步，数字化呈现结果，看看自己的实际效果是否完成了当初设定的目标，完成设定目标的主要指标和次要指标依次是哪些；
- 第二步，以第一步的结果，比对当初设定的目标，寻找差异。按照流程从时间顺序上进行拆解，尽全力还原真实场景；
- 第三步，无论“当初目标”和“实际情况”是否相符，我们都要分析原因，当初自己是如何思考的，出于什么目的，唯有如此才能够留下沉淀，输出有价值的内容。

表 2-9

目标	实际情况	当初目标	经验输出
曝光数量			
点击数量	数字化呈现结果		依据数据进行验证
新增数量			
参与用户数	按照顺序梳理过程	比对当初期望	表彰活动亮点
参与转化率			
人均付费值	还原真实场景	是否高估或低估	为易错点设计解决方案
付费转化率			
活动收入	遇见问题如何调整		自我提升方向
……			

复盘过程中，实际操作的注意事项如下。

1. 负责人领头，形成固定的套路

负责人要在团队里面形成第一时间组织复盘的风气，把复盘变成一个期待感很强的事情，我个人喜欢让参与者每个人准备两页 PPT（手写亦可），一页列举活动中出现的亮点和缺点，另外一页随便发挥，汇总到一起，每个人均发言，拒绝一言堂，这样可以得到更多的视角。

会议有专人记录，控制时间，在黑板上列出需要解决的问题，逐一推进，形成固定的套路。

2. 追求坦诚，精确，形成文档输出

结果已注定，复盘的价值就是还原过程，因此要做到绝对的坦诚，复盘会不是批斗问题，不是要求承诺，不是拍胸脯表态，而是追求真实、精确、无遗漏地记录。如果有条件，要求其他部门的同事一同参与。

最终需要形成一个文档，当以后其他人翻阅文档的时候，能够如实、精确地了解到本次会议，长期积累，就是部门的财富。

3. 寻找亮点，关注易错点，设计解决方案

亮点一定要找，这些都是宝贵的经验积累，积累多了自然形成方法论。

关注过程中的易错点，无论是自己的还是其他配合的同事的，光总结问题没用，

还要为其设计解决方案。

解决方案绝对不能粗糙地归结为粗心大意下次注意，或者沟通不畅下次加强沟通，如图 2-21 所示。

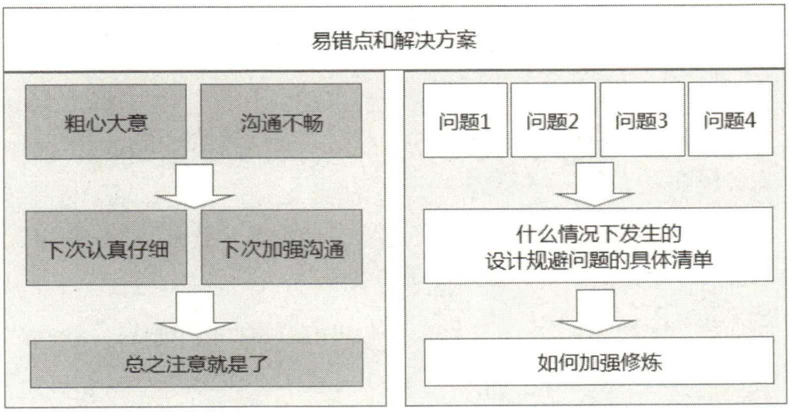

图 2-21

所有的粗心大意均是个体行为，无论这个个体是团队内部的，还是团队外部的。我们要设计一种解决方案去规避。

我们能设计活动方案，就能够设计出规避问题的方案，把易错点做成检查表，多人互相验收解决，虽然增加执行成本，很费精力，但是能保证质量，直至错误逐渐降低，可依据情况陆续降低检查的执行成本。

所有的沟通不畅均是双方行为，增加交流时间不是解决问题的核心办法，归根到底是听说读写的能力，沟通的双方有一个人能力不行，就得另外一方额外付出精力。业务能力强的人两三句话能把事情讲明白，使得对方易于理解，减少重复劳动，有效规避错误，顺利完成业务。

工作中有很多沟通不畅的情况，要么自己修炼好能力，要么下次沟通带上翻译官。自己在哪个地方吃了亏，就在哪个地方寻找修炼提升自己的方案，并落实践行。

说一个我经历过的事情：某次聚会，由于地点比较难找，先后有一男一女给组织者打电话问怎么走，她对男生使用的话术就是东南西北，距离路口，用空间感作为话术指引，对女生使用的话术就是商店地标，前后左右，用颜色形状作为话术指引。两个电话咨询相距 1 分钟，每个电话都在 30 秒内结束……我在一旁汗颜，见贤思齐，心向往之。

这种沟通就是顶尖高手，这种能力不能单单归纳成换位思考为他人着想。意愿和能力是两个事情，那些能力超群的，一定是在生活中、工作中加以刻意训练的，这样才能在特定的场景形成条件反射。

还有一种情况，就是尽管我们讲得很明白，但是有些同事就是拖后腿，要么归结为粗心大意，要么归结为业务不行，前者是态度，后者是能力，这样的情况在工作中比比皆是。

我们的靠谱和不靠谱都在日常行为里，尽管我们反对贴标签，但是内心早已经为这些人贴上了标签。

事情出了错，都跟人有关。在复盘总结中只谈论事，是为了保护真相，复盘总结之后必须涉及人，由团队负责人做出行动和决策。

团队内部的“坑货”，涉及部门人事管理，团队外部的“坑货”，涉及对外业务交涉。这已经超过了谈论事情的界限，我们会在后面的章节里提及。

复盘的具体套路，行业里面实在太多了，各自有各自的方式，我不太想输出一个格式，然后大家拿去直接用，而是希望大家领会思路，自己做出适合自己的复盘模板，然后养成复盘总结的习惯。

2.12.3 总结复盘的长期价值

做运营积累的经验 90%都集中在复盘总结上，这是一次完整地看待整体流程的过程，同时也是自己思维习惯养成的过程。

在执行活动的过程中，我们的精力全部集中在如何解决问题上，遇见了顺利的会直接跳过。只有当结果不好的时候，我们才会留意并多加关照，而当结果好的时候，我们极其容易忽略掉。

问题在哪？因为自己（不小心）做对了，（看起来）结果确实是挺好的，放弃了追求确认感，也同时放弃了追求更好的方案。

如果没有复盘总结，每个人不会去回顾过程，当自己做对的时候，又有多少人能够判断自己是蒙对的，还是真正掌握了做对的秘密。特别是多人复盘的时候，我们能够获得交流，获得其他人看待问题的视角。我在跟其他人交流游戏设计的过程中，经常出现这样的情况：“这个设计真棒，你当初是怎么想的？”而回答者则很不好意思地摸摸头说：“我当初就是随便弄了一下，没想到效果挺好的。”

从执行层面而言，很多人前两次都能做得顺利，后面就一直失败，其原因就是环境变化了，曾经因为顺利，但是看起来平庸，容错率极低的执行方案会被我们忽略，甚至放弃寻求更好的解决方案。这种心态和习惯极其不可取，所有的经验告诉我们，永远有更好的处理方案。

复盘总结是一个长期积累的过程，时间久了，会自然沉淀为干货、技巧、方法论，在以后的工作中，很多的时候决策条件不足，根本无法追求做对，但经验能够帮助我们不做错。这也是为什么有些经验丰富的高手凭借经验就可以拍脑袋做决定，即使错也不会很离谱，因为高手以前面对过相似的环境，并且已经在脑海中推演了无数次，而我们所看到的只是高手最终的决策而已。

对比和参照，还能帮助我们去养成一个事先预估的习惯，当我们了解到一定的细节后，就大胆地尝试对活动进行预估判断。以拉新举例，看完了活动方案、宣传投放渠道以及预算，自己心中估算一个区间数字，看看这次的收益是多少。

开始可能会差距比较大，但是随着经验的增加，预估会越来越准确，成为一个准确率极高的预言家，那种自己的估算不断被证明的感觉，即使不说，也能让自己暗爽出内伤。老实说，我们有的时候还拿某个活动的收益进行赌博，赢得多的预言家在有些拿不准的场合拥有更多的发言权重。

想要得到更加快速的成长，并非只是在自己身上，我们也经常关注其他人做得好的和做得不好的情况，跨部门交流并非出现在会议室里，参与双方能够坦诚布公地彼此分享，这在很多的场景下比较难实现，成功了开个分享培训会有可能，而对方出错了，大家都是讳莫如深，不愿多谈。

这让我产生了一种好奇，做得成功的地方，明面讨教，一旦他人出错，如果有条件，我们也要寻求细节（注意拿捏尺寸），然后拼凑起来研究，如何让自己将来也不出错。比如应用送审苹果被拒绝的 99 条原因，协同工作的时候哪两个部门配合不顺畅发生矛盾，看到他人犯错了，尽全力获取信息，并不是为了看笑话，而是为了下次我们做，不会犯他人曾经犯过的错。

分析过程、总结经验并不难，难的是持续不断地做出高质量的决策，前面提到的“解决方案”也仅仅是规避低级问题，想要得到境界上的提升，获得更优解，就得建立自己的“决策系统”，并且在每一次的总结复盘里不断优化自己的“决策系统”。

金融投资分析师有自己的“决策系统”，德州扑克职业玩家有自己的“决策系统”，那些高风险行业里面同样伴随着高利润，就是因为他们的“决策系统”比一般人更高级。一个人形成自己终身受用的“个人决策系统”，十年、二十年的时间都不算长，尽管有时候，我们控制不了运气，但是我们可以通过自己的“决策系统”估算概率，增加容错性，让胜利女神有更大的可能朝我们绽放笑容。

2.13 目标只是眼前，目的才是远方

至此，活动设计的章节基本已完结。

每篇内容对所有类型的活动，都具备一定的普适性，可以帮助大家对活动过程中的各个模块建立基础的意识形态，其理论覆盖的范围不限于游戏行业。

在实际运营工作中，“用户量”和“营收”两大 KPI 是最重要的。本节将跟大家探讨剩下的战略层内容，以“目的”作为结尾，以营收类活动“节奏”开启下一个大的章节。

2.13.1 目的和目标的区别

目的和目标是两个不同的词，非常值得说道说道。很多时候，心态决定了自己的运营生涯走得怎样。

简单定义如下。

- 目的：动机，出发点，追求结果，较为务虚。
- 目标：KPI 任务，涉及具体数值，较为务实。

做个简单的比喻：

- 通过考试，验证自己掌握了多少知识，掌握知识就是目的。
- 通过考试，追求更高的分数，拿到更好的名次就是目标。

比如说，一个人的成长路径通常是，参加高考，去大学接受更好的教育，去社会实现自我价值。而实现自我价值，又有很多种方式，如果一个人不通过大学，却从其他方面掌握了大学里能获取的全部知识、技能、资源、人脉、机会……要不要参加高考，要不要那张大学文凭，其实不重要。

达成目标的方式有很多种，但是目的只有一种。

换到运营场景之中定义如下。

- 目的：在足够短的时间内，获得尽可能多的新进用户，获得尽可能多的收入。

- 目标：1 个星期时间，拉新 5 万人，营收 100 万元。

我们的目标都是公司要求的，是老板制定的，通过目标反思目的很重要，而太多的人，任务老板已经布置了，忙于完成 KPI，很少有人思考：

- 为什么是 1 个星期时间？
- 为什么是拉 5 万人？
- 为什么是营收 100 万元？
- 我们完成了 KPI 之后呢？

追求完成具体 KPI 数字都是眼前，深层的思考才是一个运营人的业务追求。

- 达成目标之前，团队想/能调动怎样的资源和条件去达成？
- 达成目标的过程中，团队能否从一路坎坷变成轻松写意？
- 达成目标之后，团队能够通过活动策划提升多少业务能力？
- 如果再来一次的话，能否可以用更短的时间、更少的资源去完成更好的业绩？

当我们开始不断深入思考这些问题后，无形中提升了业务境界，探寻到了工作的意义。

这些可能很务虚，但是这很好，且极少会有人如此去思考，甚至觉得找不到人聊这些话题，觉得非常孤独，我用过往的经验告诉你，这是一种难得的孤独。

只要不断思考，探究目的，无论你的思路是对是错，你的思维就会被打开，视野将会改变，眼里盯着目标数字的人，跟心中追求目的结果的人，思考的方式根本不一样。

目标是眼前的苟且，目的才是远方的田野。

2.13.2　如何看待老板制定的 KPI

太多的人有一个心态，公司的老板都是资本家，都是贪婪的，往往会定出非常不靠谱的 KPI，其实我也曾是这么想的，一度抵触，并且几乎在所有的行业里都是这么干的。

老板们定 KPI 有两大套路，大家将来走到部门负责人岗位上一定会遇见。

套路 1：起先口头给你 500 万元预算，让你做一套对应方案，然后做的过程中，承认自己没想好，当初冲动了，总之各种原因不断跟你砍砍砍，不断调整迭代。最后逼你 200 万元搞定 500 万元的事，最后你拿 300 万元搞定了，口头批评你几句，然后……该怎样就怎样。

套路 2：我们现在的目标是什么，大家心知肚明，资源（时间、人力、金钱）就这么点，你给我搞出成绩来，做到了有奖，做不到领罚。最后就算你距离预期 KPI 打个 8 折，口头批评你几句，然后……该怎样就怎样。

我们能理解，都是想少花钱多办事，但能不能多一些真诚、少一些套路。这两种方案我遭遇过、听到过很多次，最重要的是老板和员工的“然后……该怎样就怎样”，处理不好，无数弊端，略过不表。

既然谈到说少一些套路，我自然要负责真诚到底。

目标是公司要求的，完成了目标，自己的心态极易进入一种懒于思考的状态，这符合大脑“偷懒”的习惯，此种状态要尽量避免。

目的是自己追求的，我们要时刻想着，如何用最少的资源去追求最好的结果，这种心态与大脑“偷懒”相反，它不断促使着你去思考，如何在每件事情上，打出教科书般的经典战役。

无论何时，别把工作当成他人给你的任务，不管对方的 KPI 定得是否靠谱，定得低了不要偷懒，定的高了不要埋怨，如果老板在每个方面都比我们懂，还要我们这样的职业经理人干吗？

拿职业经理人的标准对待自己，成为“自燃型”的员工，自己对自己的业务有要求，也是对自己的未来负责。

2.13.3 依据目标 KPI 规划活动节奏

公司存在的价值就是持续不断地创造利润，所有部门的存在都是为了保证用户池里面的人数不断增长。毕竟用户数量越多，营收越容易做，公司的市值越大。

站在董事会层面，核心目标就是赢利，营收任务通常按照季度去规划，老板们会在高层会议上定计划，“Q2 目标要保底 X 亿营收，追求 Y 亿营收……”

公司希望用户量和收入不断增长，但是下的命令基本上都是从收入出发，单单是追逐保底目标，就当下的状况而言，肯定不是轻松完成的。

简单而言，（低成本）把人弄进来，然后让他们留下花钱，贡献收入。

市场、研发、运营协同作战，分别在用户新进上、游戏版本上、活跃留存上下足功夫，追求用户量的高增长、高留存、高活跃，最终保证用户池里的用户数量足够多，这是所有部门共同背负的 KPI，如图 2-22 所示。

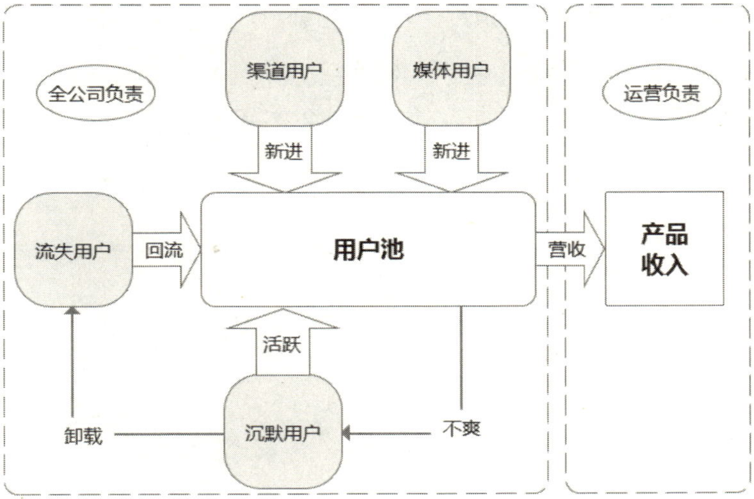

图 2-22

游戏行业里的运营部就是销售部，是唯一对收入指标负责的部门，这些留存下的用户，运营负责通过各种各样的活动去完成营收 KPI。

全公司对用户量负责，运营对收入负责，用户量一旦下跌，收入压力就大。

全局的节奏就是各个部门之间的配合，运营部门唯一能管控的就是营收 KPI 指标的活动节奏。

在此前的运营过程中，我们心中肯定有一个概念，自己有多少用户，每个月做活动能带来怎样的收入。

如今面对 *X* 亿营收的目标 KPI，需要多少用户量，平均每个用户量能贡献多少收入更容易达成。

拆分一下细节：市场能拉来多少个用户，用户的平均留存率是多少，用户生命周期总价值是多少，活跃用户的平均付费率是多少，每用户平均收入贡献是多少……拉动任何一个数据都能够获得有效增长。

无数历史经验告诉我们，获得用户增长最为保险的是，拉动活跃用户数，迄今为止，我职业生涯中遇见的任何一个游戏，活跃用户数往下掉但是收入不变甚至上涨，都是衰落的前兆。

通常看来，市场和商务尽全力拉来用户量，留下多少是多少，一款运营超过半年的产品，如果没有巨大的版本变化（一般指新手阶段的变化），留存率基本上是一个相对比较恒定的数值。留下来的用户我们称为活跃用户，运营就是让这些人掏钱付费。

接下来就是运营和研发互相配合，共同完成收入任务，鉴于运营负责的业务模块太多，为此我自己发明了一个只对收入负责的角色称谓——商业策划，如图 2-23 所示。

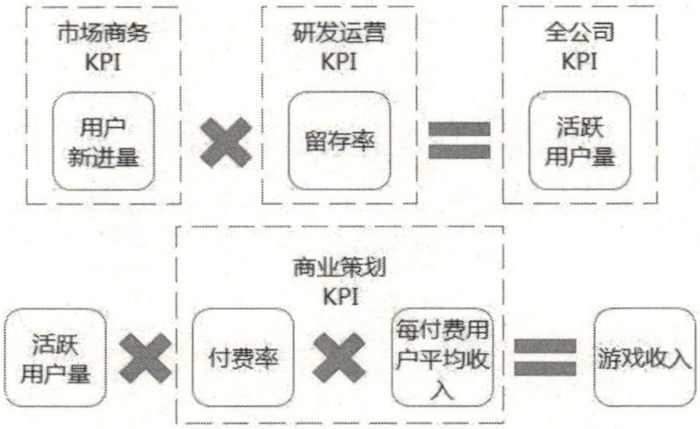

图 2-23

定义商业策划职能：

（1）挖掘游戏内付费点；

（2）提升用户付费率，提升 ARPU；

（3）制订营收计划，把控节奏设计营收类活动，完成营收任务。

通俗来说，就一件事：在现有用户基数上，有节奏地、尽可能多地、不损害公司长久利润地为公司赚钱。

第 3 章　营收有道，商业策划基本功

赢利是企业的生命线，只有运营和研发互相配合，摸索到用户体验和商业营收之间的平衡，才能够获取最多的利润。

3.1 如何科学化地设计营收节奏

何为商业策划，说简单点就是**把用户的钱装到自己口袋里**的那个岗位，工作定位就是做收入。

描述一种状态吧，如果你是一家 CP（游戏内容提供商），要完成商业策划的功能，那么**前两周不需要运营思考任何关于营收的活动，系统内置的功能足以搞定收入层面的事情**。而现在大多数公司的配合模式是，运营提需求，然后研发负责实现，这无疑会占据彼此相当多的时间。

如果你是一家小型 CP，招不起运营，期望能够自己养活团队，快速回收成本，在渠道那里快速冲击 APA 和 ARPPU 等数据，本节能够帮助诸多中小型 CP 建立商业策划应该具备的意识形态。

先说一个故事。

一家 CP，花大钱买 IP，历经磨难反复开发 1 年多，终于成功如愿把自家的产品代理给行业里最大的渠道商，双方紧锣密鼓地进行渠道接入工作，调试上线前，闲聊中渠道方的一个人无意识的一句话，给这家 CP 的运营人员留下了很深的印象：

"如果做黄了，换一个继续做呗。"

游戏行业从来都是红海市场，资本寒冬外加诸多大厂的游戏陆续上线，更是把那些实力不济者挤得连生存空间都没有，在如今游戏太多的前提下，弱势 CP 都期望着自己的产品能被渠道看中，渠道让怎样就得怎样。

每一个渠道方的运营，都期望快速出成绩，面对上百款产品，流水即唯一指标，而透支未来做收入，迅速拉高流水从而证明自己的能力，则是非常自然的事。

CP 和发行们同样为了业绩，为了奖金，为了各种各样的 KPI、季度指标，都会在压力之下做出一些短视的事情，高度红海的市场竞争压力大，明知道会缩短用户生命周期，也会干出让玩家感觉"这是要捞一票就走"的事情。明知道是坑也迅速往下跳，为了快速收钱，不考虑节奏，快速开服、滚服、合服，争取收益最大化，为了提升 ROI，冲击首日流水记录、周流水这类的数据，自己往自己的游戏里面充钱，为了从渠道那里得到更高的评级，为了拿到更多的资源、更好的广告推荐位……

这就是资本寒冬之下的现状，生命周期？用户体验？呵呵，反正大家都这么干。

或者换一种思路，产品的生命周期就只有那么一点点，多少游戏的辉煌期也就一年的时间，大家都努力套现，不套白不套，做黄了一款游戏，下一款再接进来，反正永远不缺游戏。

杀鸡取卵是做法，细水长流也是做法。收钱的节奏，没有对错，更无关乎道德，只看我们每个团队当下面临的需求。

本节内容主要讲营收节奏，毕竟各个公司不同、团队不同、商业阶段不同、面对的市场环境不同，实际上并不能按照我们所想的去执行落地，不同的情况，会有不同的操盘和打法。

本节是根据既往的运营经验总结出一些意识形态上的内容，但意识形态归意识形态，实际操作又是实际操作……理想主义者并非是人人可以做的。

3.1.1　新游戏上线第一步，努力做好破冰付费设计

先给新游上线赋予一个定义，首次面对用户（一般处于游戏封测期），不必通过漂亮的收入数据去讨好渠道。处于游戏调优的阶段，运营和研发的全部精力集中在“提升留存率”、“压力承载”、“商业化”上，先把产品调优后再大力推广。

此时商业策划的全部精力在如何让用户进行破冰消费上，做一些版本内置的设计促使用户完成破冰进从而提升付费率这一重要数据，如果我们成功地让用户掏出 1 毛钱，那么这个用户就拥有了流失成本。其实也是变相提升了留存率。

所有的产品内都拥有一套内置的设计去促使用户进行付费，让这些内置的设计去发挥作用吧。当一款游戏的付费率达到一定的比例，其实就证明了商业策划的价值。

破冰消费的设计有很多技巧，**共同的特点都是性价比巨高**，我从来不担心用户占便宜，因为我的游戏坑想挖多深就挖多深，只要他肯花第一笔钱，后来的事就好办了。

关于破冰，随便列举几个曾经用过的方式：

（1）付费 1 元钱可获得价值 100 元甚至更多的收益。付费后战斗力暴涨，PVE 如同砍瓜切菜般效果就达到了。一个文案上的小技巧，“**任意付费即可获得××**”比“付费 6 元钱获得××效果”要好，即使最低充值额度是 6 元，如图 3-1 所示。

（2）游戏过程中，设置一些支线任务，让用户 100%经历 1 个超级奖励，通过完成支线任务，任意付费即可领取奖励。如果 1 个超级奖励不足以打动用户，在游戏的过程中，逐渐让用户邂逅 *N* 次超级奖励，但领取条件依旧为完成支线任务——任意付费行为。

（3）碎片求和设计，6 件套装，其中 5 件由系统产出，第 6 件只能通过付费获取，集齐 6 件可“狂拽酷霸”……

图 3-1

折扣道具掉落，满减代金券，奖励翻倍卡，手段有很多种，永远记得目标导向——**破冰付费**。谁能够让用户付费，谁就是大神。我在做游戏研发的时候，根本无视运营设计开服的那些促销活动，甚至有时候让他们前一周别放任何付费活动，在破冰这个问题上，都是通过游戏内置的机制去实现的。

付费率这个数据，随着游戏大量推广，大量用户的导入，绝对是逐渐下跌的，**所以早期付费率能冲多高就冲多高**，渠道之间会互相交流封测期间的游戏数据，我们在 A 渠道的测试数据越漂亮，相信在 B 渠道一定能拿到更多的推广资源，正所谓第一次总是很珍贵的（图 3-2）。

图 3-2

3.1.2　新服开启，如何刺激用户消费升级

首充各档位翻倍，前 7 天充值指定金额送 × ×，累计充值爬坡，超值购特惠礼包，

VIP 升级，月（周）卡设计……为了做营收，这些吸引用户充值的套路几乎都成为了如今游戏新服开启的标配，已经内置到游戏版本内，各位运营一定要让研发做到游戏中内置，至少管理好用户前 7 天的付费内容，这样可以节省自己的时间精力用到其他的地方。

这一切都是为付费用户而设计的，所以前面的破冰就显得格外重要，付费用户的钱好收，而我们要让免费用户变为付费用户，这一点是特别难的。

在这个付费套路的基础上，付费套路搁在每个服务器上都是一致的，同时我们得思考一个问题：如何让付费的用户花更多的钱。

先区分一下我们的目标用户的特征：**觉得有意思愿意玩游戏的、对于付费犹豫不决的，以及愿意付费的和对付费金额浅尝辄止的。**有了这几个标签，我们就能做出有针对性的设计。

大家可以看一下自己游戏里的付费用户的数据，超过 90%的付费用户仅仅花了一个首充的钱，一般是 6 元，接下来就这么玩下去直至流失，如果让这部分付了 6 元的用户转到下一个档次，即 30 元，对收入增长而言，是一笔很可观的数字。

面对用户的这些特征，答案就很简单了：**让用户玩明白，给予其付费性价比选择，刺激其消费升级。**

运营了一段时间的游戏，此时自然有人去写各种攻略心得，不同的时期，角色应该如何养成，如何进行搭配，哪种流派更容易适合刷图 PVE，哪些搭配更容易获得竞技场对抗优势，教会用户玩明白，才不容易流失，这对于前面描述的一些游戏用户类型是刚需。

在游戏攻略的基础上，附带一些销售性质的内容，比如首充 6 元党、30 元月卡党、百元党如何养成等，如果用户不会算账，那么我们就帮他们算出来，基本逻辑是“仅仅付费多少钱就能玩到服务器的排行榜前多少位”，最后在文章的末尾跟用户讲消费心态，对用户进行说服。

这个逻辑其实非常简单，但是很有效果。每个人都想投入最少的资源获得更大的收益，这种状态好比给予用户一本武功秘籍，让其在看武功秘籍的过程中，非常 HIGH（过瘾），最后在文末告诉用户，如今一瓶汽水，一顿盖饭，一次 KTV 的消费就能让你在游戏里获得多少快乐，现在已经有了性价比最高的花钱攻略，何必每天苦兮兮地攒多少资源呢？这是非常常见也是非常专业的软文写作技巧，运用的心理学策略是“锚点对比”和“心理账户”的销售技巧，在后面的章节中会系统性地介绍诸多销售技巧。

这些内容都是官方运营人员在玩家的内容上迭代输出的。当然从结构上也非常精细化地针对了 3 个不同的用户群体。

- 把免费用户，转化为付费用户的 6 元党养成攻略；
- 把 6 元党用户，转化为 30 元月卡党的养成攻略；
- 30 元至 100 元，升级至 500 元的养成攻略。

接下来，我们在各个宣传渠道用玩家的马甲发帖，标题类似如：

- 《不服来战！6 元党如何挑战竞技场前 100》
- 《我是 V3（月卡党）玩家，大家看看我的战斗力什么水平》
- 《这个其实花 200 元就够玩 3 个月了》

点进去一看，都是花了多少钱，加上一点运气，过得非常潇洒的，并且在 200 元的文章里面，不经意间重复标注，我是个学生……花钱类文章，并且给予推荐的位置，并让玩家后援团进行二次（转帖刷群）传播。当然还有一些 0 元党混得比较好的玩家真实写的帖子，我们自然是不给予置顶的和拒绝二次传播的。

我们都知道，看官网论坛和自媒体的用户一般只占 10%（内容建设做得糟糕的甚至更少），大家的资讯往往比较闭塞，虽然被推荐置顶，但是相当多的用户是通过玩家朋友获悉内容的，于是每个用户看完帖子后，都感觉自己掌握了秘密。

我曾经做过一个数据对比，两款竞品的 ARPG，一个是我们团队运营的（使用了消费升级秘籍刺激），另外一款是同行运营的（未使用），捞出数据一对比，我们的 6 元党和 30 元党，从比例和数量上而言，都比对方要高。

用户付费的动机有很多，我做运营以来总结出的一点是：**大部分用户不会为了自己玩不明白的游戏而付费**。经过长期的观察（数据就不贴了），有一些用户在老服不花钱，后来摸索明白之后，选择在新服花钱，这部分用户我们称为滚服用户。

自然我相信还有一部分用户觉得这个号没养好，也没花多少钱，获悉了“消费升级秘籍”后直接去新区玩。

既然用户已经决定玩，从功能上提供一个性价比较高的“充值返还保险”是通常的做法，这在如今的很多游戏中，感觉被忽略掉了。

有人叫开服基金，有人叫成长保险系统，共同的特征是，**根据条件分批次返还**，大部分都是根据用户等级提升，可根据在线时间，可根据在线天数，可根据用户完成某个关卡成就情况，分批次返还给用户奖励，如图 3-3 所示。这样的好处是，增加用户流失成本，用户投入一点钱，在不同的阶段就有钱可以养成角色，数值上相对不会太悲剧，保证前面两周内的服务器生态相对较好。

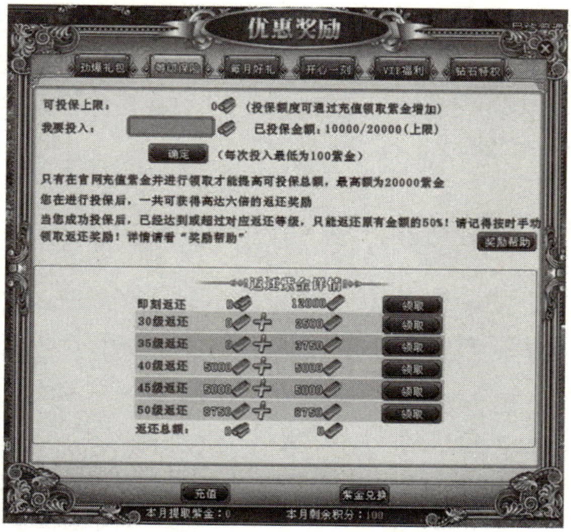

图 3-3

我们不担心付费用户不花钱，此举运营的目标是那些徘徊在付费和免费玩家之间的用户。如果本服的生存压力大，生态恶劣，那么他玩明白后也许会选择去新服重新练号，然后花一笔钱去买保险，成为付费用户。

早期不要让用户觉得坑太大，我们让用户玩得开心了，玩明白后流失成本变高，因为他去玩下一款游戏去建立经验上的优势也是时间成本。用户只要能留下，再挖坑是很简单的事，用一点点折扣维护好一个服务器的生态是值得的，从长线来看，用户的 7 日、14 日、30 日留存数据越好，用户的 LTV 生命周期总价值越高。

前两周是服务器生命力最旺盛的时刻，早期不建议做任何打折促销，反正土豪们都会努力砸钱，打折其实是亏本，我们要维护好服务器的第一阶段的生态环境，不要让用户之间的数值差距过大。如果我们一开始就上特别猛的充值活动，肯定会给那些付费摇摆不定的人很大的压力。

想想现在 *N* 多游戏一开服立马上 *N* 项充值类活动摆在用户面前，摆明了赤裸裸地收钱，各位问问那些不决定花钱的用户，他们看了什么感觉？**要知道人家连性价比最高的东西都不参与，放这些有什么用？**给用户一副这个游戏“很黑”的感觉体验不好，这些感悟都是跟用户交流得来的，是数据无法体现的。

我的建议是，摆一两个性价比最高的，等用户完成破冰付费后，再触发出后面性价比高的付费系统。从交互层面而言，免费用户和付费用户看到的内容是不一样的，逻辑层非常简单，免费用户完成首充行为后，触发其他付费模块的内容。

我当初从运营转到研发岗位后，负责产品商业化的一些工作。前面两个点都是商业策划的设计基本功，这些内容基本上是版本内置的功能，不需要运营刻意经营，也就是说，**付费系统内置功能铺好了，前 7~14 天不需要任何运营在收钱上操心，安安心心把精力花在留存和体验上即可**。

3.1.3 挖坑填坑，如何合理规划营收节奏

新玩法，新功能，新版本刚上线，刚刚更新一个新的属性养成玩法，用户对所有玩法充满了期待，不建议对任何的属性养成材料打折促销，永远别担心土豪不花钱，此时打折等于亏钱。

必要的是，新玩法上线后应该全服投放（无论何种形式）体验类道具。总之每天发一定数量给用户去体验，还是那句话，**别舍不得发，坑都是我们挖的！**这个逻辑基本上就和新店开业，新品上线免费试吃、试玩、试用一样。体验过“爽”的用户，会有一部分在这个回收系统上投入金钱。

要通过节奏让不同付费能力的玩家逐渐花钱。如果你上一个新玩法就准备打折卖，形成了这个运营节奏，他们就会观望。挖坑是为了做收入，但有节奏地做收入是很重要的。

游戏里面可以挖的坑很多，不同的游戏不同的挖法，但并非所有的道具都是值得打折的，长期来看，有的卖得特别好的道具，在设计的时候就是刚需，性价比巨高，做折扣是一件比较亏本的事。卖得越好的，越不应该打折，等到某个时期卖得不好了，再去考虑为什么不好，然后进行调整。

基本上大部分游戏都存在属性养成这么一个收费模块，那么就拿这个来举例说明吧。

先设定一个场景：

- 游戏刚上线，存在 1 项属性玩法 A，养成到顶需要 1 万元。
- 第一次更新，增加 1 项属性玩法 B，养成到顶需要 1 万元。
- 第二次更新，增加 1 项属性玩法 C，养成到顶需要 1 万元。
- 第三次更新，增加……

从属性养成上来讲，做游戏基本上就是一个不断挖坑（研发卖战斗力）、用户不断填坑（花钱花时间买战斗力）养成的一个循环过程。**运营就是把填坑的资源以各种手段进行销售（图 3-4）**。

图 3-4

（1）游戏刚上线玩法 A 是唯一坑，玩法 A 的养成材料 a 一定是卖得最好的，做折扣就是亏本，让土豪尽情地养吧，不出一周，玩法 A 对土豪而言，成长空间就变得极其有限了。

（2）当新坑玩法 B 上线，玩法 B 的养成材料 b 自然不打折。但是可以对玩法 A 养成材料 a 打折，如此循环。

土豪玩家在玩法 A 的养成上已经没有了成长空间，但是一部分付费用户肯定是有成长空间的，希望自己的属性更进一步的时候，以折扣的方式拉一下收入是比较合理的选择，他们花得起钱，但在意性价比。

如同卖衣服一样，新上的衣服不打折，门口摆放的衣服是为了清理库存，基本上半价出售，还有一些花车上的过季衣服，基本上就是甩卖处理了。生活中的场景都可以套用在游戏中。

这个周期如何界定——通过数据提取土豪玩家的属性养成情况，提取付费用户手里的货币存量，有了钱，挂折扣礼包更容易消耗。根据运营节奏去考虑好舆论，如果大量用户砸钱养成的属性时间不足 1 周，此时你做打折的行为，无疑是不给用户信心，没有人会开心的，必然遭到投诉。

换成生活中的例子，你刚刚买了一个东西，还没爽到 1 个星期，商家马上就打折出售，你是什么心情。

（3）当新坑玩法 C 上线，此时的玩法 B 可以做一些折扣，原理同上，更早的玩法 A 可以做更狠的折扣，增加基层玩家生存力，此类营收方式基本上是面对更小额的付费用户了。

以上是打折促销的节奏，各位自己把控时间和折扣力度，在对用户做“坑爹事”缩短游戏寿命的时候，应该考虑一下，失去了什么可以获得什么，这个性价比是否有提升空间。

3.2 商业策划的营收设计案

打开游戏的主界面，有时瞬间被那些充值类的活动公告、面板给淹没。商城的图标也硕大无比，上面还带着炫光特效，生怕用户看不到，营销文案词则是：

“应广大玩家强烈需求，我们为广大玩家朋友们开启了又一波极其超值的充值活动，在这个寒冷的冬日为您送去融融的暖意！”（当然在炎热的夏日带来的是阵阵的凉风）。

“如果你参与我们的充值活动，即可获取想要的极品属性，瞬间狂拽酷霸帅！伴随着刺瞎众人眼的光芒特效外显，让人群中的你流光溢彩，卓尔不凡，英姿雄伟，瞬间脱颖而出，成为服务器的荣耀和骄傲，从此青史留名永载史册万古流芳……”

“在价格上更是优惠到老板跳楼、老板娘跟人跑了、吐血大甩卖的节奏，只要998！只要998！前100名参与充值活动的用户还将获得价值3888元的超值附赠大礼包，998你买不了吃亏！998你买不了上当！”（声嘶力竭状）

总之全文上下透露的意思是，我们都这样了，你们还不买？这个充值活动设计得这么好，你不买是傻吗？你们不买我们这个月的流水怎么去完成？

我理解每一个身背收入压力的人的痛苦，在KPI的压力之下，其实我们此时的心理状态是对着用户咆哮：为什么还不买！

但往往现实是很残酷的，总有一部分用户是不愿意花钱的。不管你在背后声音叫得多么大，付费与否在人家面前是原则问题。上一节强调了破冰付费的意义和方案，这里就不多说了，所以我们永远不能放弃做付费转化！只要用户肯掏钱，后面讲的那些方式才有可能派上用场。

好了，正式开始，如何设计营收策划案。

方案一：充钱送钱，设计返还策略

月卡不聊了，首充破冰、商城双倍统统都不聊了。所有营收活动都是：“用户支付什么然后得到什么”的逻辑交换，我们这里重点讲策略。

如图 3-5 所示是以前拉收入促进留存的一个方案，原版复制粘贴策划案了。

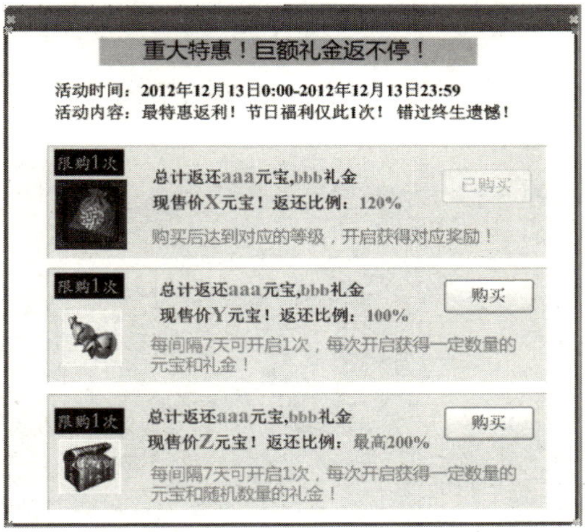

图 3-5

- 贺岁福袋——售价 100 元（根据等级拆 3 次，依次为 18、38、58）；
- 贺岁葫芦——售价 500 元（根据时间拆 3 次，依次为 188、288、388）；
- 贺岁宝箱——售价 1000 元（根据时间拆 3 次，总返还数值为 2000 ~ 4000）。

直接在页面销售道具，道具名字随便取。第 1 个道具根据等级拆解，后面两个道具根据时间开启，CD 时间均为 7 天，拆解完毕后消失。

活动的设计变量有：销售周期、售价、购买次数、返还比例、返还时间、返还等级、返还金额。性价比和体验，大家可按照上述参数进行修改打磨。

这种玩法是月卡的变种，通过等级和时间两个维度分批次返还钱，此处数值设计得实在一点，相对博得一个好感，同时能够**有效地提升用户的留存率**。

此种玩法一般用于玩家倦怠、活跃变低、即将流失前、长假后保证用户回流等场景。

当然我们的思维不限定于充钱送钱，只要能达到目标，不亏就行。

方案二：消耗钱送钱，暴击策略

相信你做消费 1 元钱返还 100 元钱的活动，一定效果特别好，用户参与特别积极，前提是保证你老大不打死你。开个玩笑，不聊数值，只聊形式的变化。

- 方案 1：消费 100 元返还 150 元，限参与 3 次。

- 方案 2：消费 100 元，随机返还 130~500 元，限参与 3 次。

如果你是用户，你玩哪种？

直接上图，改一改玩法。不要做定额的返还，把定额返还变成暴击返还，如图 3-6 所示。

图片出自《拳皇 98》手游

图 3-6

每次用户消耗一定量的 x，都会随机得到 y 的货币，y 一定大于 x。

暴击的好处是在于，这个暴击的设计，至少在视觉上，绝对比定额的返还感觉好。

活动设计细节：

（1）限制参与次数，营造稀缺感；
（2）首次免费，第二次参与必须通过完成任务的方式获得机会，任务难度递增；
（3）前面几次为高暴击，然后配置概率，逐渐完成衰减行为；
（4）营销暴击获得高数值的玩家，用列表去呈现，用喇叭的方式去宣传。

活动可变化为：

（1）首次消耗 x 钻石，第二次消耗 $2x$ 钻石，第三次消耗 $3x$ 钻石，依次递增；
（2）参与 2 次送道具 A，参与 4 次送道具 B，参与 6 次送道具 C，奖励价值递增；
（3）不设置门槛，限制总参与次数，形式变成回收某道具换钱。

从成本上而言，完全通过概率表可控，相信每个数值策划都能够控制好总返还值。从营销上来说，当有人暴击成功，上电视的那种感觉，更能够刺激更多用户参与活动。

找点优化空间：界面上根本没写，y 一定大于 x，只写了最高获得 288，用户会犹豫，万一砸了 88，亏本了怎么办？解决方案：规则说明返还区间是 $x\sim y$ 之间，这样保证用户理解，然后首次参与免费外加 100%双倍暴击。

任何活动，只要返还的奖励不是商城货币，都属于消耗类活动。

方案三：非常常见的保险设计

设计要点（图 3-7）：

- 等级保险，限总额，增加新服营收；
- 用户在游戏的过程中一次性投入可获得返还；
- 根据等级情况按照比例返还；
- 增加用户流失成本！降低用户养成成本。

图片出自《少年三国志》手游

图 3-7

找点优化空间：当用户买元宝的时候，不光光是买一个 BUFF，而是实时获得一份奖励（特别是当用户不满 10 级的时候），然后再根据等级进行返还更好。

VIP2 方可购买也许门槛有那么一点点高，相信首充一定是超高性价比返利达到 VIP1，为此，用这种性价比来吸引用户达到 VIP2。可以看得出设计者在平滑付费上花了非常多的心思。

同理，这里的变量是按照等级进行返还的，可以变成按天返还，按照某个系统积分（声望、荣誉、威望、战功、坐骑等级、宠物等级）成长进行返还亦可。当阶梯奖励吸引用户去达成，某个系统成长就会成为强需求。

比如竞技场积分每达到一定数值，则返还对应的奖励。眼熟吗？这不就是我们的成就系统吗？成就不是白开的，还可以顺便刺激用户付个费。

方案四：团购抽奖返利，嵌套型心理交换

图 3-8 是从其他地方抓的，一个嵌套玩法，图有点小，简单说一下规则。

- 规则 1：礼包打折出售，玩家做选择题，总计 12 次购买礼包的机会。
- 规则 2：每购买一个礼包，即可获得 1 次抽奖机会。
- 规则 3：转盘奖励总计 12 个，不重复抽取，参与 12 次，拿光转盘上的奖励。
- 规则 4：设置进度条，销售总量每达到一个坡度，根据总收入按照比例返还金额。

规则意图如下：

- 规则 1 营造稀缺感，用户会有购买决策行为，照顾不同需求的用户。
- 规则 2 营造随机感，奖励不给力是无法吸引用户抽奖的。
- 规则 3 是保底设计，12 个奖励也根据概率去决定价值。
- 规则 4 是拉动热度，整个服务器的参与热度决定了最终投入成本。

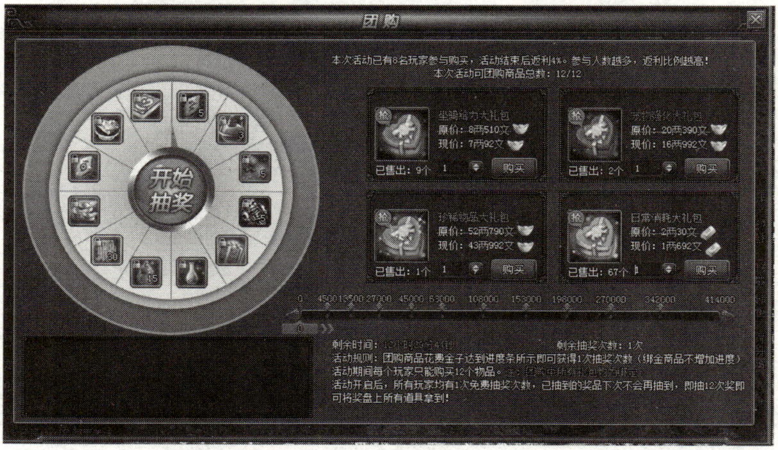

图 3-8

做个几个假设，用来反问：

- 如果转盘上是特别好的东西，那么礼包即使是破烂儿也会有人参与 12 次吗？

- 如果礼包折扣本身足够强，那么转盘上的道具要不要都无所谓了吗？
- 如果返还的比例特别高，那么你会说服身边的玩家共同参与活动吗？

这个玩法完全是心理上的价值交换，奖励和折扣决定参与热度。**设计好了奖励，活动就成功了大半**，剩下的就是如何放大活动的价值。

它的原本规则是，消费 *X* 元宝送道具，消费越多，送道具越好的爬坡设计。

只是把消费定额变成了消费折扣，送的定额道具变成转盘随机获得。

挑点毛病，这么个嵌套规则，有一定的用户理解成本，可以按照节奏陆续开放。

方案五：大富翁玩法，随机刷新奖励

如图 3-9 所示，规则应该能看得明白，投掷一个骰子，**随机产生一个数字，根据点数领取沿途所有奖励**。数字越大越划算。最好每次都是 6，这样投掷 3 次就可以获得 18 个奖励。沿途走过的奖励将重新刷新，绝对是越来越好的节奏。问两个问题：

（1）参与次数，通过什么形式获得？
（2）ROLL 点觉得小不满意怎么办？重新 ROLL 花多少钱？

图片源自网络，未知出处

图 3-9

相信各位自己都能够变玩法做叠加了。

活动可以加玩法：

- 每走完一整圈，便可获得固定奖励。
- 服务器中走得最远的前 10 名玩家可获得 × × 奖励。

- 服务器中 ROLL 次数最多的前 10 名玩家可获得××奖励。

方案六：先参与玩法，后报销设计

如图 3-10 所示，活动规则：参与十连抽，100%报销前 20 次的参与消耗。当日参与，次日凌晨以邮件形式报销。

图片源自《三国风云 2》页游

图 3-10

找点优化空间：

（1）跳转按钮实在不明显，一般人哪看得见绿色的下画线文字；

（2）活动规则写得那么长，阅读理解成本过高；

（3）十连抽界面还是老样子，不管活动公告怎么写，应该在用户的消费场景增加提示；

（4）这种对于高元宝库存的用户没压力，报销次数是可以通过付费行为卖的；

（5）早期的规则可以是 50%报销，然后逐渐递增到 100%报销。

活动的变量：报销次数，报销额度。

稍微迭代一下设计方案如下。

- 报销次数：通过参与充值送，限 5 次；
- 报销额度：前 5 次的比例依次为 80%、90%、100%、80%、50%；
- 辅助以收集武将组合达成条件送奖励，也许效果更好。

以上的案例，希望可以为大家带来一些启发和思路。

我们掌握了这么多的术，但是并不是每个都要用，做营收活动非常讲究场景，新游戏新服，老游戏新服，老游戏老服，有无资源推广，用户货币存量，当前版本状态，都影响术的设计。但老实说讲术的部分特别无聊，还是总结提炼一下本节的方法论吧。

（1）别让用户玩定额，多用随机和暴击的方案，未知和浮动才更有吸引力；
（2）别让用户玩单机，串联用户促进合作与竞争，善用人性的弱点；
（3）别让用户对奖励无感觉，奖励设计一定是刚需，要有保底设计；
（4）强行拉收入的设计，都是在损害游戏寿命，返利越多，伤害越大；
（5）用户的习惯是通过运营行为培养的，早期折扣越大，后面越难做；
（6）营收要有节奏，消耗类活动也要和收入类活动一样重视；
（7）记得在各个场景埋点统计效果，通过数据分析进行迭代。
（8）不要尝试用一套“方案”打天下。

这些方法论还可以有很多，但是单独写出来不配合案例，大家也许会马上忘记，那么我们如何练习呢？

工作中养成习惯，看见其他游戏里的规则玩法，要养成不断反问自己还有没有其他改进空间的习惯。比如打开畅销排行榜上前 50 名的付费模块的活动设计，看了他们的设计，揣摩他们的思路，抠细节找问题，提炼出 N 种变形方案。

这种习惯一旦养成了，时间一长，各种各样的营收活动在大家眼里都是一样的逻辑，只是表现不同，嵌套规则不同。在相同的规则框架之下，变量是可以随意组合的，剩下就是表现形式的变化，以及跟用户的心理价值交换，在这种逻辑交换中，奖励、策略、场景、交互体验、营销文案、历史运营状况都是变量，往往是用户购买决策的重要依据。

质变产生量变，当这种反编译的情况达到一定次数，就能够归纳总结出共性和规律。

这些年一直玩游戏，无论是作为游戏玩家，还是游戏运营，个人的付费习惯也一直非常好，我经常会跟同事研究如何做收入，如果换我来做，怎么调整参与门槛，调整奖励，怎么增强表现，设计竞争机制。然后一般得到的评价是——奸商。

如果我们能在 3 个同行的嘴里得到这个“奸商”的评价，我想作为商业策划也就合格了吧。

3.3　除了十连抽，随机抽奖还能怎么玩

从 PC 客户端到如今的手游，随机玩法出现在游戏内的各个位置，因为其不确定

性而使其格外有趣，因此玩家群体里还产出了很多神学一样的文化，比如“玄不改命，氪不救非”。

我们没有勇气把游戏里的一件道具挂上 1 万元以上的价格，但是真想卖 10 万元，靠随机就可以很容易做到。随机就跟赌博一样，只要奖励设计得好，明知道是坑，用户也要纷纷往里跳，让人欲罢不能，是做收入最好的方式，没有之一。

自然，抽奖系统也成了我们运营做营收活动的利器。抛开概率问题不谈，我们来看看随机如何使用。

以游戏里最为常见的十连抽举例。花费 300 元人民币，点击一次按钮，然后得到 10 个结果，如图 3-11 所示。

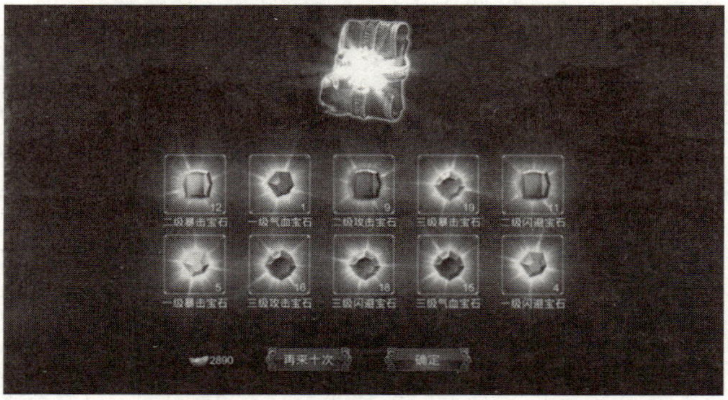

图 3-11

就好比翻扑克牌一样，从 54 张牌里面抽出 10 张，生死由命，富贵在天，捞到了大鱼就是人品好，捞不到自认倒霉。

而所有的十连抽里的奖池列表基本过 500，由少量好东西、好东西碎片和垃圾材料构成，用户看不到奖池里的东西，这种体验过于粗糙，其实体验并不好，因为用户无法做出控制。就跟翻扑克牌比大小一样无聊。这对土豪无所谓，但是对大部分付费用户而言很不友好。

这个玩法活动有什么特点呢？

（1）无限参与，不节制；

（2）看不到奖励列表；

（3）直接得到结果。

游戏之所以有趣，就在于策略感的掌控，所以针对上述，我们可以做出一些调整，并且演化出很多种变化。

比如，游戏内的一个非常简单的界面玩法，每个用户可以开启一个功能——八卦盘，如图 3-12 所示。

- 设定 1：每天可以免费打开一次八卦盘，随机产出 8 个奖励。
- 设定 2：每天可以免费转动一次八卦盘，获取一个奖励后关闭。

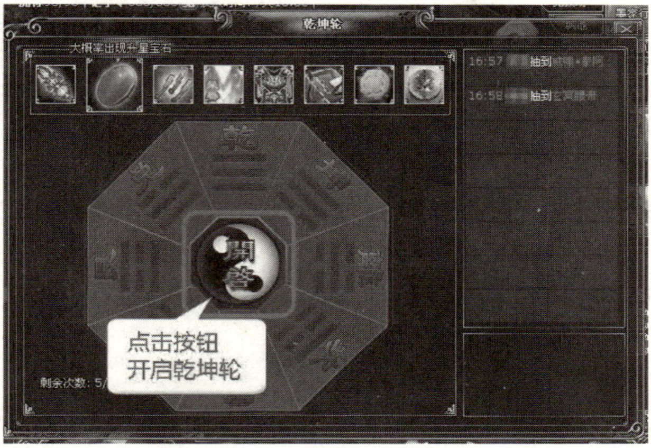

图 3-12

这两个设定满足了基本的随机抽奖规则，鉴于此我们可以在这个玩法上进行改变。

（1）参与机会可以做随机

- 用户说：每天只能打开一次，怎么够？
- 运营说：每天 ROLL 个点决定当日打开总次数，不满意的话支付 2 元钱，再次 ROLL 点。

（2）奖励列表可以做随机

- 用户说：随机产出的 8 个奖励不满意怎么办？
- 运营说：每支付 2 元钱，即可重置一次奖励列表。

（3）获取过程可以做随机

- 方案 1：每转一次花费 2 元钱，拿到一个奖励，八卦盘关闭。
- 方案 2：每转一次花费 2 元钱，拿到一个奖励，转盘不关闭，继续花钱转，直到拿光奖励。
- 方案 3：主动去掉 1 ~ 7 个不同的奖励，但至少保留 1 个奖励，每去一次花费 2 元钱。

是不是太便宜了？涨价是不是太低级了？

所有支付 2 元钱的地方，价格递增变成：

- 第 1 次 2 元钱；
- 第 2 次 4 元钱；
- 第 3 次 8 元钱；
- 第 4 次 16 元钱；
- 第 5 次 32 元钱……

如果觉得黑，那么第 5 次以后，每次都 32 元钱好了。

或者换一种设定，八卦盘是一个用完了就消失的可叠加道具，回到第一种做法——参与机会做随机，每天用户可以获得多少个八卦盘，我们只用把获取的过程弄得要支付更多成本就可以了。

在这中间有三个环节，以增加用户的体验。

- 用户想要参与多少次？限制等于增加稀缺感，真正意义的机会难得，提升参与度；
- 用户想要从怎样的奖池里获得想要的？这好比抽到了一把烂牌之后，选择性放弃；
- 用户想要以怎样的形式去获得奖励？在抽到了一个还不错的牌面上，争取到多少收益。

这些逻辑就跟田忌赛马、德州扑克一样属于半可控的状态，为那些付费用户增加一定的博弈乐趣。相比，十连抽则是完全不可控的。

如果说十连抽是为土豪设计的，那么上述这些随机体验的设计就是为那些付费用户们设计的。

这种随机方案的组合，能够做出许多种嵌套随机方案。所以当有一天需要开发的时候，干脆一次性把上面的规则逻辑开发完毕，然后辅助以各种各样的界面包装。

通过这些界面包装，来换取各种各样的用户行为，可以让用户付钱，也可以是其他。

例如图 3-13 中，用户支付的行为就是拉新人进游戏，送抽奖参与机会，可以用在市场类的拉新活动中。

设计的场景不仅仅是页面玩法，比如每次副本战斗后均可产出一批奖励列表，有好有坏，随机五选一的结果，那么获取的过程中就可以采用“方案 3——花钱去破烂奖励”的设计，如图 3-14 所示。

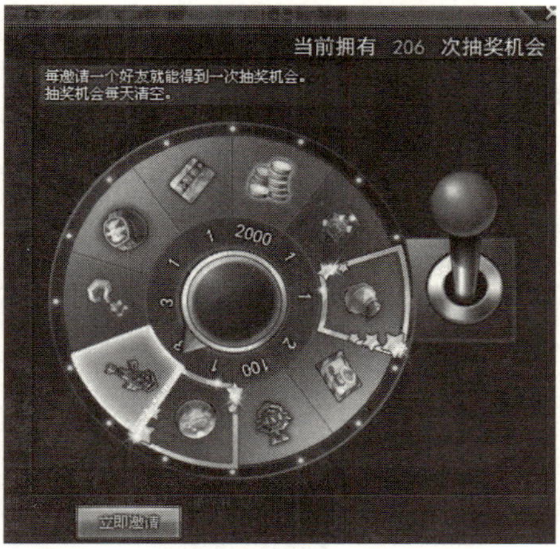

图 3-13

图 3-14

客户端表现，可不仅仅是八卦盘。可以设计成老虎机、砸金蛋、大富翁的迷宫场景等其他各种各样的表现，如图 3-15 和图 3-16 所示。

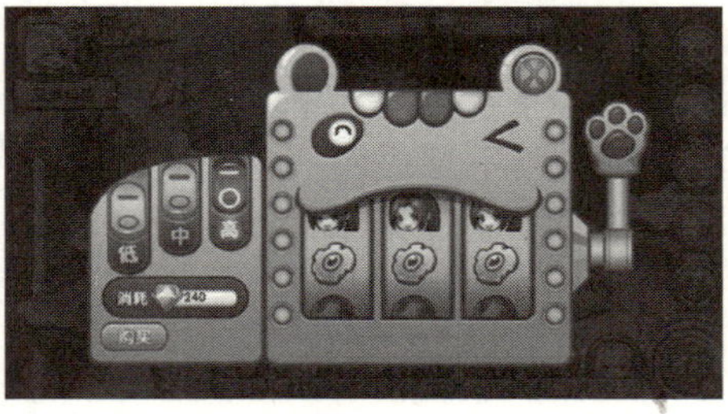

图 3-15

图 3-16

不管做出怎样的外在表现，其实内在本质还是随机。大家只要留意多加训练，就能够为该玩法设计出变更的方式。

随机有真随机和伪随机一说，在游戏里，所有的算法都是伪随机，如果我们真的在游戏里面大面积采用真实的随机数，则会让用户真正意义上进入赌博机的玩法，于是用户们会开始对游戏感到愤怒，然后卸载，这自然不是我们想要的。

真随机往往不近人情，伪随机反而看起来更美丽，用户要的是附带一定刺激的安全感，而不是跟概率进行博弈，所以采用伪随机的机制，它应该有意识地给予用户一种“下一次可能会更好，我只要继续投入，总能够拿到奖励”的感觉，这是一种有意的对双方进行保护的设计。

伪随机是什么感觉，比如：

- 前 100 次必定不产出某结果，这是对官方的保护；
- 第 101 ~ 199 次产出，概率不断上涨，让用户去博人品；
- 第 200 次，则必定 100%产出某结果，对玩家的保护。

所有奖励的产出都是通过计算机读取表格实现的，我们需要什么效果，通通可以跟策划提要求，这样就能够保证最终的效果。

想了解具体的细节大家可以找数值策划交流一下。

本节介绍了游戏策划的一些知识，作为运营，收获应该是，随机规则的玩法可以有多少种变化，我们可以运用在哪些场景之下，如何依据每种场景，尽可能多地收钱，并给予用户最好的游戏体验。

3.4 如何设计有诚意的营收活动

做运营以来，大大小小的节日都是要“过”，与其说是过节，不如说是满足 KPI，完成月指标或季度指标更贴切一些。于是我们就设计出各种各样的运营活动来满足运营的需要，如果没有节日，很简单，我们就造一个用户感恩日、公司成立日、产品内测公测纪念日之类的，总而言之，做活动！

通过活动拉收入是见效最快的事，不同的节日，唯一变化的就是外显和包装，但是道理都是一致的。在很多人看来，运营活动的目的就只是做收入，虽然做收入很重要，但在营收的同时完成**调节游戏生态、消耗资源存量、促进用户活跃**等诸多运营目标更为重要。

当然，本节不单单是聊活动设计，更重要的是聊运营目标。也不单单是讲几种方案，更重要的是讲意识形态。道比术重要，我们先从道讲起。

3.4.1 为不同类型的用户设计定位

在设计节日运营活动时，我们通常看到的做法是，挂几个活动页面，免费领取、资源兑换，然后用充值/消耗爬坡设计领取奖励或者转盘抽奖的形式收钱，用户跟玩单机似的，用户之间不存在任何互动……这真的不是一个网络游戏应该体现的诚意。

我认为好的活动设计是能为不同的用户找到对应的定位，尽量让他们都有参与感，营造互动感，从而让每个用户群玩得开心，根据不同的用户群，我们先为他们找一个定位。

- 为免费用户找定位，杀怪掉宝兑换；
- 为付费用户找定位，活动面板打折促销；
- 为土豪用户找定位，排行榜竞争付费。

可以看见，根据财力向上兼容。所有设计的背后都是奖励驱动行为。

免费用户花时间，即如果你愿意花钱，就可以参与更多的活动。

3.4.2　设计形式，规则、随机、连接用户

1．为免费用户设计玩法

为免费用户设计，其实是为全体用户做设计，**免费需要在这里做点什么，然后找到一些与其他用户连接并共同参与的方式。**

做点什么？那就杀怪掉宝吧。

（1）普通场景掉落节日道具；
（2）副本场景掉落节日道具；
（3）世界 BOSS 掉落节日道具。

节日道具回收方式：

（1）可自己消耗掉+BUFF，+EXP，加血，加特殊数值，奖励设计可单项和叠加。
（2）可通过 NPC 进行回收，兑换道具或抽奖机会，亦可作为节日场景门票回收。

以上都是跟 NPC 互动，被系统回收。记得奖励一定要加入随机+暴击的概念，不确定性意味着乐趣。光自己跟系统玩怎么会有意思，**要建立不同用户之间的连接**，掉落的道具可通过交易流通，就可以跟其他的用户产生关联。

现在的大多数游戏不设计交易？依旧可以建立连接，举两个例子。

（1）掉落的道具可给目标使用，对方可以是收益或增强，亦可是损失或虚弱；
（2）掉落的道具可以作为选票使用，拉一个榜单，捐献有奖，最后结算奖励。

以上，基本就构成了**所有用户参与活动并产生互动**的雏形。

2．为付费用户设计玩法

花钱的人，自然可以参与免费用户的所有活动，所以此处的设计更多是销售导向。既然是花钱，肯定有一个售货员（活动大使）。

邂逅销售员的方式有三种：

（1）固定在某处；
（2）各场景随机刷新；
（3）特殊事件后刷新。

销售方式有三种：

（1）团购打折出售；
（2）限量抢购，手慢无；
（3）节日碎片兑换道具。

消失方式有三种：

（1）限时间消失；
（2）道具卖光后消失；
（3）变成 BOSS 被用户击杀。

假设我们有三天的活动时间，单纯就挂一个活动页面，72 小时倒计时，换你是用户，会珍惜吗？

而邂逅方式、销售方式、消失方式的设计都是**不断地去营造一种随机感和稀缺感**，要有用户遇见销售员就赚到，能够抢到就赚到，他马上就要消失了，不能错过的感觉。

如果用户在跟其他用户抢购中失败没买到，如果用户在犹豫中，售货员消失错过购买机会，下一次遇见了销售员，你觉得用户会怎么做？

记得为免费用户增加一些体验设计，限时或限次，让对方体验一下爽的感觉，想再次爽，就加门槛（如 VIP 级别，如月卡 BUFF）方可参与，进而推进完成一定的付费转化，提升付费率。

当然了，这一切的前提是，奖励的设计很重要，如果挂破烂，折扣不给力，用户肯定不会理你。

3．为土豪用户设计玩法

满足他们的需求不是一件容易的事，他们的追求已经是马斯洛的顶层了，所有能够花钱搞定的事情在他们眼里已经没了乐趣，所以要营造出一个比拼的机会，这个时候不是用钱去跟系统随机较劲，而是用钱去跟其他土豪用户较劲，赋予他们荣誉感和成就感。

百度一下拍卖，就知道拍卖有多少种玩法，不过我觉得拍卖是富人之间的游戏，个人更加喜欢调动全民参与的那种感觉。

设计一个排行榜玩法，排行榜前 10 名挂上不同样式的超级节日道具，用户收集足够多的节日道具，根据最终排位获取节日奖励，如图 3-17 所示。

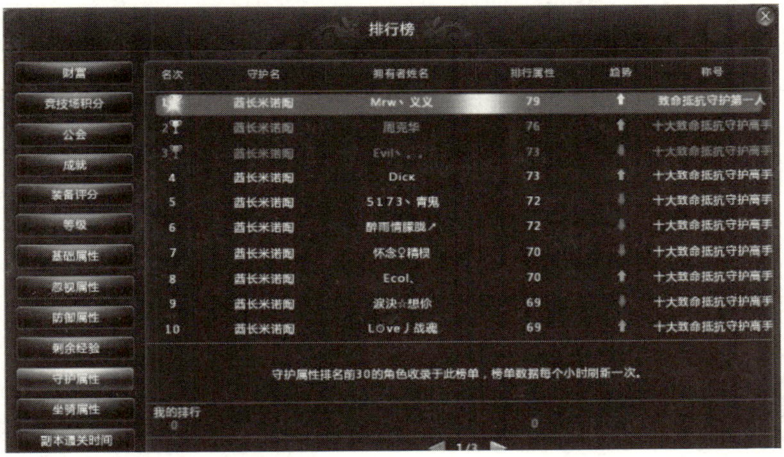

图 3-17

榜单亦可设计三种：

- 第一种是自力更生的榜单。用户通过自己花钱买道具，为自己增加点数，有钱就是“大爷”；
- 第二种是万众瞩目的榜单。用户只能接受他人增加，增加点数，人气高的就是牛；
- 第三种是千夫所指的榜单，如果你恶俗点，设计臭鸡蛋砸某个人，前 10 得到不同的属性虚弱效果，或者恶心外显效果。

土豪的收益怎么考虑？提供虚荣心。此处的实用性是弱于虚荣感的，外显一定要特别，属于奢侈品级别的，LV 的包从功能上而言就是一个袋子，但是它的价值体现就是外显，稀缺的奢侈品，当然虚拟世界的有些奢侈品一定要是限时的，爽一段时间后，一定要拿走，不然下次怎么办。

用户的需求是一件奇妙的事，人有爱与被爱和自我实现的需要，设计一些公益事业，让土豪不单单是自己爽，自己能够为支持他的选民带来价值收益，就可以满足土豪的自我价值实现需要，不举例子了，大家都懂的。

榜单的设计完全是为了土豪之间比拼以及与平民做互动，只有对选民好，选民们才会回报，土豪用户在这里是拉动平均值的，也许他们会做一些公益事业，只要提供一个土豪用户花钱为大家做点什么的设计即可，虚拟社会就是因为这种交流才显得有趣。

往往大家做运营比较脆弱，不敢得罪土豪，只敢做加法，不敢对用户做减法，砸臭鸡蛋的羞辱类榜单一般大家不敢做，害怕投诉。人真的很奇怪，人可以接受在游戏里面被别人用武力干掉这种事，而换一种干掉的方式人就接受不了了。减法类的设计其实是尺度上的拿捏，让一些用户不爽的同时一定会让成功实施减法的用户爽。

换一种通俗的说法吧，**在游戏中如果快乐可以建立在敌人的痛苦之上，那么快感会加倍。**

3.4.3 实例呈现活动玩法设计过程

务实一些，上面讲的东西都是方法论，选择和方案太多让你有点眼花缭乱，不知道怎么办？假设节日马上就要到了，我们如何设计活动。

是的，就一个活动道具，随便取一个能跟节日沾上边的名字。

道具产出：

打怪掉落和商店出售（可交易）。

道具回收：

通过 NPC 或页面兑换。

兑换事件：

每次兑换触发三种事件：

（1）给自己+EXP（随机暴击）和随机道具（奖励列表可现，高奖触发全屏公告）；
（2）给自己加贡献点数；
（3）给服务器加贡献点。

事件结算：

- 自己的贡献点数每达到一定的数量，可以领取×××道具（奖励爬坡设计）。
- 服务器的贡献点数每达到一定的数量，触发 BOSS，击杀后掉宝。
- 达到触发点的那些幸运用户获得奖励（固定加随机）。

我们来分析一下用户行为：

- 免费用户杀怪掉落，可自用，可交易，兑换奖励爬坡能力有限。
- 付费用户会从商店里面买，因为杀怪的是不够用的，为了参与事件结算获取奖励。
- 土豪用户为了攒自己的贡献点，除了自己买，还会冲击爬坡奖励，拿到最好的。

付费用户如果不愿意从免费用户那里收怎么办？前面不是讲了销售策略吗？限量购买也行，抢购也行，商店出售的价格按照区间进行递增也行。

好理解吗？如果理解困难的话，砍掉一些事件结算，出于开发和用户理解成本，第一次我们的活动设计规则应该是简单的，但简单的同时不能丢失乐趣，什么是乐趣，随机和互动是最大的乐趣。

- 第一次用户理解要成本，当然这取决于规则设计难易度；
- 第二次怎么都会了吧，活动之后，用户肯定会有交流的；
- 第三次还这么玩？被用户吐槽无聊、骂没诚意怎么办？

变玩法，触发的事件不一定是 BOSS，可以是折扣商人。触发的事件不一定发生在服务器内，可以是阵营或帮会的事件（即小范围受益）。

加玩法，活动结束后，贡献点数前 10 的用户可获得对应的极品外显装备（限时消失）。外显很重要，限时消失很重要，不解释。

什么？外显的坐骑和装备不够好？不够时尚，不够“狂拽酷帅”？在某个地方立一个雕像可以吗？雕像不够帅？没事，只要你花钱就可以升级成土豪金的，只要你花钱可以加特效，然后大家去膜拜雕像，领取收益。雕像还可以升级，如果可以，雕像也可以砸掉，如图 3-18 所示。

图 3-18

前 10 的奖励不一定根据排名给，跟 NBA 选秀一样，优先挑选权好理解吧。这就是互动。

奖励是变量，BOSS 是变量，触发事件是变量，获取方式是变量。随机就是好玩，就是有诚意。大家回头看看**“设计活动形式，变量、随机、连接用户”**里的内容，变量存在，随机存在，就可以组合出 *N* 种节日活动方案。

据历史运营经验，其实每次光变一变奖励，就可以了，这个中间的诚意取决大家的开发成本。关于开发成本，此处不累述了。一套活动机制设计出来，是可以通过表格配置出无数种组合的。

所有的设计都是先做加法，然后在加法之上做减法。

3.4.4 根据节日情况进行营销包装

“下个月是七夕了，你懂的”

“下个月是元宵了，你懂的”

“下个月是中秋了，你懂的”

其实换一句话说，就是：节日来了，兄弟们，准备好运营活动收钱吧，这个月的 KPI 还差一大截呢！

1. 别光顾着卖属性，如果可以卖外显，一定要卖外显

一类是场景外显，比如 NPC，主城换装，这里其实是体现诚意的地方。一类是道具类外显，一般是节日期间可用，过期消失。外显的表现形式不仅仅是穿戴，可以是全服满屏动画表现，可以是场景动画表现，可以是聊天区的特殊表情特效，可以是角色头顶的提示气泡，如图 3-19 和图 3-20 所示。

图 3-19

图 3-20

2. 节日的气氛就是通过群体参与营销造起来的

谁做了什么事情，一定要整个服务器去说明，随机的过程中谁中了××大奖，事件触发中谁召唤了 BOSS，榜单的竞争中谁超过了谁？谁送给了谁什么？但凡是有爆点的事情均要设计营销方案，跟现实中一模一样，虚假繁荣的设计方案这里就不讲了。

3. 文案的包装其实是心理博弈，营造对比和感受

文案的包装不要务虚，富有乐趣？令人心动？史上最强？千载难逢？时间长了用户根本没有感觉，其实你自己听了就觉得假大空，但是这种平庸的文案依旧随处可见，要找一个对比，这里有太多的心理因素上的博弈。

“参与就可以获得什么”不如“不参与就会损失什么”的效果好。广告界有一个经典案例：“学钢琴的孩子不会变坏”就是用的诉诸负面情感的方式，但凡涉及内容包装，都是心理学的各种知识叠加，做运营要跨界学习，多多关注广告圈。

为你的包装找一个假想敌，找对比的方式有很多，不是“我花了多少”，而是“我赚到了多少”，此间微妙的感觉你体会一下……

4. 无论何时，提升体验，给予用户安全感

有些节日是短假期，有些节日是长假期，所以节日活动的强度设计很重要，这里的强度指的是用户在游戏里面支付的游戏时间，我的建议是：短期强度高，长期强度要低，中间要有高潮。

节日过了，有些道具一定要想办法消耗掉，回收入口可以晚几天关闭，别占据用户背包，不要耍什么“背包满了，就可以刺激用户花钱开背包”这样的小聪明。

别让用户因为错过回收时机而获得不好的体验，记得设计提醒他们回收和消耗节日道具，也可以加一个付费点，像月光宝盒一样的功能，消耗一定货币，获得找回的机会，最常见的在端游时代都出现过，比如经验找回。

3.4.5　节日活动设计方法论

看山是山，看山不是山，看山还是山，三重境界。**所有看似简单的设计都是在 *N* 种选择之中选择出来的**。我们知道那么多的方式和方法，并不等于每个都用上。

随机组合的方式，真的是非常多和恐怖。通过表格去管理这些配置运营活动，是策划的基本功。魔兽世界的任务形式那么多，其实都是 if…else…then 的游戏，策划

只要在配表的时候调用某几个参数模块，更新配置表，就可以实现出世界上最复杂的设计。

简单！简单！简单！重要的话一定要说三次。

但是有趣可能得说十次，没有乐趣就是没诚意。尽可能多地保留乐趣，刻意制造随机和互动。

设计活动可以追求复杂，但是投放给用户需要保证足够简单。一旦用户觉得没意思了，可以通过叠加，变更规则去追求诚意。

如何理解复杂？如何追求简单？

复杂就是一件事的发生（比如产出和结算）可能有多少种方式，这些方式都在我们的头脑之中，而我们投放给用户的只是从 *N* 种方式中挑选出一种，余下就是无数的拿捏和选择，比如：

- 什么奖励应该放，什么奖励不该放；
- 什么时候做随机，什么时候不随机；
- 什么时候限时，什么时候不限时；
- 什么时候绑定，什么时候可以交易。

在实现的过程中，我们还能提出无数个问题，每个问题的背后都会做出选择，选择的背后是经验，是人性，是老板干预，是开发实现难易度，是渠道压力共同妥协的结果。

好多人学习某项知识，期望快速掌握秘诀，学习的过程中极少去思考活动设计背后的规律，所以“一周搞定月流水指标”、“三招学会策划活动”、“五大秘诀带你玩转游戏运营”之类的培训、书籍、文章层出不穷，永远都有市场。

速成的东西极易速朽，告诉你可以速成的都是骗子。

我刚入行的时候，因为 KPI 的压力睡不着觉，每天惴惴不安，空闲时就去扒竞品的活动和玩法，那个心理过程是，“咦？居然还可以这么玩”，“这个设计有点意思”……每学习到一个小知识、小技巧，自己的知识库里面就多了一个小招式小套路，越看到后来，越觉得没有新鲜感，那个时候，自己的知识库已经极其充盈，太多的东西积累到一起组合碰撞，不断地思考各种变量和搭配，产出很多的想法。

一有空就和开发交流设计出方案和可行性，反复跟他们磨，想尽办法去实现活动设计，然后通过数据验证自己的方案设计，通过舆论观察用户的反馈和体验，渐渐地，自身武器库里面的知识越来越多，在活动设计这条线上也就越来越有确认感。

商业策划，营收有道，做活动一定要拿出诚意来。搁到运营的方方面面，如果我们一直能让我们的用户感到温暖，用户也不会离我们而去。聚了人就等于聚了财，每一个漂亮月流水的背后一定有着一个庞大的用户基数作为支撑。

我们不能光坑用户钱而不表达自己的善意和诚意，尽可能让每个用户感受到：这是我为你们精心设计的。换一种思路，如果他们走了，我们就没有人可以“坑了”。

对于土豪，提供物质满足感的同时更要赋予他精神层面的满足感。

让付费用户花钱花得心甘情愿，让他们又爽又纠结。

永远记得关爱民生，关爱免费用户。

3.5　做好用户分类，精细化营收

本节是笔者早年写的部门培训资料，也构成了笔者做运营以来的一些基本意识形态，所有做收入的理论基础都源于此。

3.5.1　从营收角度，聊聊用户分类

做游戏运营，经常会把用户分类，叫法更是千奇百怪：轻度、重度、高端、低端、屌丝、土豪、免费、付费、小 R、中 R、大 R……然后有时候我们又为用户花了多少钱去划定小 R、中 R、大 R 的界限，这种事其实没法去定义界限，不同的生命周期，不同的游戏产品，不同的通货膨胀，不具备可比性，我向来习惯化繁为简，从游戏运营角度谈谈对用户的分类。

我在“如何设计有诚意的营收活动”里呈现的一个设计思路即：

- 为免费用户找定位，活跃导向；
- 为付费用户找定位，销售导向；
- 为土豪用户找定位，自我实现导向。

是的，我的所有营收活动设计都会努力覆盖这三种用户类型，以营收的方式将用户分级，一共就三种，我们先定义一下对应用户类型的标签属性，对应图 3-21。

- 土豪用户：无所谓性价比，追求最好最高级的；
- 付费用户：在乎性价比，对价格波动比较敏感；
- 免费用户：打死都不付费，逼急了就走。

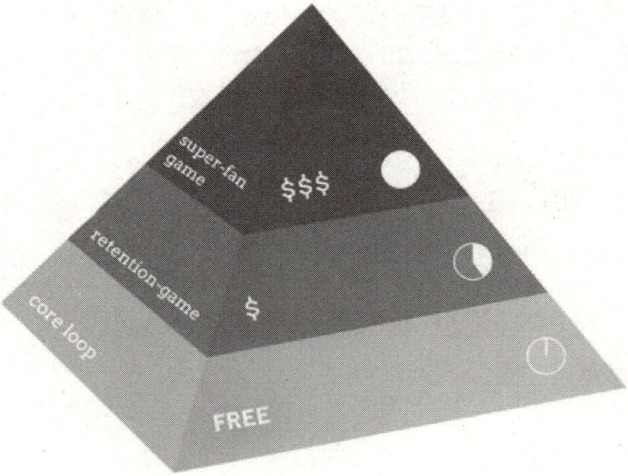

图 3-21

长期做运营，收入是很重要的一个环节，一直讲究活动设计要全面覆盖，至少有一点需要把握，活动设计要刻意地**为不同的用户去设计，才能做到最好的覆盖率。**

此时条件反射般地想起一句话，**“没有一种设计是可以取悦所有人的，产品要做减法”**，这两者之间存在着辩证关系，了解辩证关系，更有利于你做好设计。

3.5.2 针对免费用户——努力破冰，创造参与感

游戏里面最多的一部分人，这部分用户我个人是不考虑收钱的，甚至连转化都不考虑。我的观点是：付费转化不应该通过运营活动来做，每个商业策划都会为游戏设计固定的内置功能：破冰付费机制，首充任意金额送××，首充翻十倍之类的功能。免费用户在那个性价比前面都不付钱，你别指望人家从一个活动上付费。

付费与否在人家的面前是原则问题，对于原则，大部分情况下是不以你的运营活动为转移的。就算是游戏内的默认机制与你的活动设计是收益叠加的，即原来充值 6 元钱获得 100 元奖励在活动的叠加下变成 200 元，有些人也未必会付钱。

尽管如此，我们永远不能放弃做转化！

别怕用户占了便宜，只要能够让他们完成破冰付费，后面的事就好办了，要知道付费和不付费完全是两种不同的用户群体。

即使用户玩到底就是不花一毛钱，设计活动时，仍旧需要认真考虑他们的活动参与感，要为他们找到定位，否则他们就会感觉得不到重视，长期没有参与感，人家会

离开你。

设计参与感的方式相信对于大家不是难事，心中要装着所有的用户群体。

3.5.3 针对付费用户——性价比原则

这一部分是游戏的主力付费群体，我不喜欢将用户分大中小 R，通过历史充值本不科学，用数字划分更是拍脑袋的事情，不同的游戏设计不一样，既然用户花钱，那么他就是付费用户，他们在你的产品里面待的时间越长，各位运营就越有机会，让付费用户花更多的钱。

每次设计营收内容，在用户支付**多少成本**获得**多少收益**的问题下，我的习惯就是逢**充值设计必考虑性价比递减原则**，这样才既不亏本也可以让更多的用户参与。

何谓性价比递减？

- 付费 10 元送 30 个道具 A；
- 付费 50 元再送 30 个道具 A；
- 付费 100 元再送 30 个道具 A。

依此类推。

既然是花钱买东西，值不值不要自己拍脑袋，直接问身边玩游戏的同事，怎样的性价比他们才会掏腰包，多问几个人（最好他们分布在大中小 R）就差不多心中有谱了。毕竟每个人的游戏消费观不同，不同时期的需求不同，让典型的用户衡量就好了，价格敏感类的用户，他们会算账，活动设计者则更需要算账。消费者会根据自己的喜好，以及衡量当下的需求进行付费行为。

当然有时候反过来推演，**消耗类活动用性价比递增**的方式，封住一个上限。一个是为了清理库存，以便将来使奖励更加有吸引力。另外一个潜在的目的是，如果消耗越多，送的东西越好，越能够变相拉动付费行为。

付费会存在理性和冲动两种情况，一方面取决于活动的营销包装，广告词是讲究策略的，你是此间高手就能够让更多的人冲动付费。

另外一个方面取决于游戏内的“羞辱”，被怪物 NPC 羞辱还好，被玩家羞辱则比较刺激，比如对战失利，对方说了一些刺激人的话语，则更容易引发冲动消费，所以前面说到消耗类活动，自然是需要在商城内花钱购买的，容易引发仇恨的对战型道具更容易引发二次消费。

3.5.4 针对土豪用户——设计竞争付费机制

同理我也不想定义花多少钱是土豪，因为标准不同，但可以确认的是，我们都喜欢土豪用户，但他们真的很少，是营收用户金字塔的顶端，收入主要贡献者。

值得说明的是，免费用户会向付费用户转化，但是付费用户绝对不会向土豪用户转化，因为玩游戏花多少钱，不单单是自己有多少钱的问题，更多的是心态问题，我身边有些家财万贯的家伙在游戏里面消费可是理性得很，**当然你要留意他不理性的时候是啥情况，了解场景才能有经验**。比较常见的是，一定是他被其他土豪羞辱的时候，然后冲动花钱。当然还有很多其他的场景，取决于大家生活中的观察。

几个土豪用户就能占据整个服务器的大部分营收，如果没有中间的付费用户做平滑，反而是不健康的游戏生态，同样是做收入，1000 个人每人掏出 10 元钱，比 100 个人每人掏出 100 元钱要健康，前者更具备持续性，服务器生态更好，更安全。

如何收土豪的钱呢？

低端的做法就是明码标价，爱买不买，但你们的老板一般不会同意，不挣钱还落个渣口碑。一把超级武器明码标价卖一万元钱？普通人瞬间吓到不玩了，然后截图到社交媒体，怒喷黑心游戏，运营吃相难看。

中端的做法就是各种随机转盘开箱子，但相关部门一般不同意。

高端的做法呢？先思考这几个问题。

- 假设你是一个组织，拥有世界上最好的福利待遇，每个人都希望进入你的组织，你如何选？
- 假设你的手里握有 10 颗“仙丹”，吃了后的效果是让人返老还童年轻 20 岁，你如何销售它？
- 假设你是某娱乐场所的老板，你如何招揽用户，并让他们去花最多的钱？

想必你能想到无数方案，现实生活中各种设计都可以应用在游戏之中，如图 3-22 所示。

为土豪们设计付费竞争环境，让土豪之间通过竞争获取。这句话是不是特别耳熟？

在我的运营生涯早期，我们出手阔绰亲爱的土豪玩家们，曾经为一个游戏里面综合评估价值不足 2000 元钱的玩意，花了超过 20 万元，是的，为了跟另外一个土豪赌气，花了 20 万元，而且这种事在我后面的运营生涯中不断发生。

图 3-22

设计付费竞争环境，是最好玩的，最能够让所有用户共同参与，最能撬动用户活跃度，最不伤害免费用户，最能满足土豪的虚荣心，最能找到存在感的一种设计，缺点就是开发成本相对太高，考虑要极其周全。

当然我们可以退而求其次，那就简单一点，选择让土豪们跟 NPC、跟系统、跟概率较劲的方式吧，我称之为界面玩法，也是现在的游戏里面最常见的诸多随机玩法。

本节极其基础，属于做游戏收入的基本功，所有所谓的高端设计都是在此基础之上演化而来的。

3.6　如何挖掘游戏付费点

游戏是一件带娱乐属性的商品，研发负责娱乐的部分，尽可能追求好玩，运营负责商品的部分，尽可能追求赚钱。

当运营拿到游戏的时候，一般会分析游戏里的成长线与养成点，然后设计销售策略，也就是常见的各种运营活动。在运营过程中，根据竞品更新情况、用户反馈意见、自我运营经验，与游戏研发合作，进行版本更新，以维持收入。

我在运营和研发体系都待过一段时间，非常了解彼此的想法，站在一方位置观察对方，很容易出现两个问题：

（1）研发团队往往关注在游戏乐趣和平衡上，设计出来的产品往往付费点不足；

（2）运营团队过于关注 KPI，基于现状做营收，精力都放在营收节奏和售卖策略上，而忽视付费点挖掘。

理想的状况是，双方共同配合，共同迭代，追求艺术和商品的完美结合。但是现实情况是，即使运营有想法，给研发提需求的时候也特别难以说服对方。

私以为，一个游戏在设计之初就应该想好后面的版本如何迭代，付费点如何规划。抛开售卖策略不谈，这次回归到本质，挖掘用户需求，即挖掘游戏付费点。

本节开始之前，先来说说行业里经常发生的事，

不知道从什么时候开始，圈内人都喜欢以这样的方式去拆解一款游戏，如图 3-23 所示。

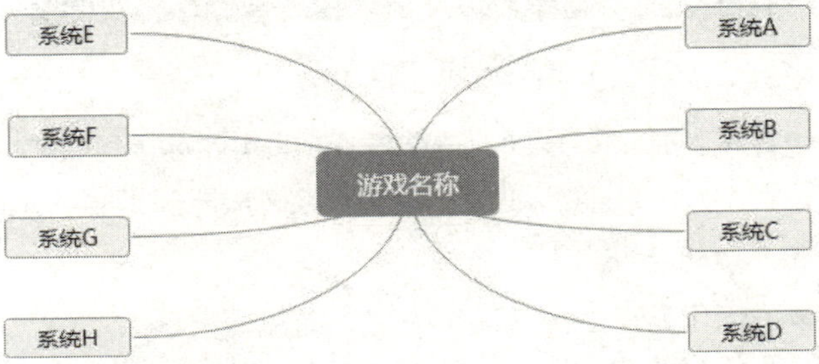

图 3-23

这样的东西，我想每一个圈内的人多多少少都看过。我见过的版本有《征途》《天龙八部》《梦幻西游》《傲剑》《神仙道》《龙将》《傲视天地》《秦美人》《我叫 MT》《刀塔传奇》……覆盖 PC 端、Web 端、Moblie 端，总之火过的游戏都有人拆系统。

99%的分析简直没法看，其共同的特征是，玩游戏深入到一定程度，然后做一个系统的罗列，是的，仅仅就是罗列。这样的产出，除了让人觉得作者对这个游戏熟悉，没有任何价值。

大部分研发和运营不知道开发方向的时候，唯一能够做的就是参考市面上赚钱的竞品，不管是否合适，先照原样扒过来再说，他们的心态就是：既然人家那个更新没问题，那么我扒过来，应该不会有大错。

关于说服研发增加付费功能，其中最管用的策略是火爆竞品更新情况，最不管用的就是自我运营经验和玩家反馈。

用户喜欢用钱买什么呢？钻石？金币？月卡？道具？参与次数？装备？骑乘？时装？是的，游戏中埋藏着各种各样的付费点，每个付费点的背后都是人为创造的需求，我运营过多种类型的游戏产品，当初把自己的游戏里面的所有商城道具列举了出来进行分类，后来又把付费点捞了出来进行分类，是的，我们都是分类控。

3.6.1　向最复杂的 RPG 取经，设计游戏付费点

先抛出我的观点，**RPG 类游戏的付费点设计是最复杂的，也是最能模拟出真实世界环境的，包含所有的付费场景**。做过这类游戏的运营和开发，基本上能应付市面上所有游戏的付费点设计。

我个人的分类方式目前是**角色成长**、**属性养成**、**战斗消耗**三大类别。

1．角色成长

角色成长就好比我们从小到大的过程中那些必要性消费，与时间强关联。

卖参与门票，卖成长加速，成长的过程中埋藏的一些付费点，一般这类收费都相对比较有良心，如图 3-24 所示。

具象一点，大多数玩法功能都是免费参与的，但是为了获取更多的收益，通过付费获取更多参与机会。有些目标需要等待，同时也提供了付费加速的机会。有些数值在使用某个道具后会加速成长。

再具象一点，传统 RPG 升级打怪过程中的双倍经验丹；竞技场每天免费参与 *X* 次，付费参与 *Y* 次；建造/升级科技/酒馆招募等待中的花钱立刻完成；竞技场中的更换对手；普通商店中的货架刷新……

图 3-24

只要我们愿意设计，每个地方都可以进行设计。

角色成长基本都是固定的，明码标价的消费内容，用户如果能够跟得上主流的游戏节奏，基本上必要的消费是要支付的，在很多的游戏设计中，用户购买月卡后，基本能够应付大部分必要参与内容。这一点没有什么大空间，至于一个月收多少钱取决于各位。

老实说，如果生存没压力，就做一款一个月“30+60”元钱的大小两张的月卡游戏，这种游戏绝对是良心游戏，通过庞大的用户基数，一定可以活得很好，以国内游戏策划的能力，一定可以设计得出买月卡非常爽但是不买就非常凄凉的设计，别担心用户不付费。话又说回来，既然做了免费游戏，谁又扛得住不卖数值、理性地拒绝大把银子快速进入口袋的诱惑呢？

2．属性养成

俗称卖数值，不过个人喜欢说卖战斗力，长期保值。从传奇、征途年代起，成为现在游戏挖掘得最深的一块收入。属性养成大多数是跟系统较劲，也最为可控，易于实现。

这一块竞技类游戏（枪、车、球、MOBA）卖得极其谨慎，因为一旦如此便容易破坏平衡，而角色扮演、卡牌似乎大家都只会卖数值了，如图 3-25 所示。

图 3-25

一个角色，一个坐骑，一套装备，一只宠物，一件外显时装，一个荣誉称号，一套天赋养成……

在 PC 端年代，让用户不断做选择题，需要动脑筋考虑属性养成方向，搭配，相互克制关系。追求某个属性的极限值，还有那么一点意思。

在 Web 游戏年代，从头到尾都是走的进化吃材料路线，砸钱就等于战斗力增加，养成搭配上就是无脑游戏，绝对不会走偏。

在 Mobile 端年代，取决于制作团队的历史开发经验以及市面上火爆的游戏设计，一个卡牌游戏，不设计（金币/元宝）十连抽就做不了收入？投放不了卡牌？完成不了集换了？

卡牌就是战斗力，出战卡牌等于更多的策略选择，也是战斗力的提升。有一些卡牌游戏，为了挖新坑增加游戏收入，开始纳入宠物养成、装备养成的内容，等于是把原来的一个角色，变成多个卡牌的养成，做到最后其实还是 RPG。

游戏的区别在于核心玩法，付费点其实差不太多。所以 RPG 类游戏的付费点设计是最复杂的，几乎包含所有的付费场景。做过这类游戏的运营和开发，基本上能应付市面上所有游戏付费点设计。

随便说个老案例吧，宝石玩法。

- 宝石合成收费；
- 合成失败收费；
- 开宝石槽收费；
- 卸掉宝石降级，变相收费。

收费方式可以是材料，可以是元宝，可以是降品质，可以是成功率……

宝石可以包装成符文、星魂、晶石、魂石任意一种符合游戏文化的名字。

装备养成参考《征途》，宠物养成参考《魔域》，坐骑养成参考《天龙》……

只要愿意想，可以随意设计，卖属性就是卖属性，这一块确实没什么讲的。历史上的大神们早已经为我们指明了方向。

属性养成，厂商之蜜糖，玩家之砒霜。

3. 战斗消耗

卖消耗品，短期提升 BUFF，战斗前、战斗中消耗掉，也是现在游戏最容易被忽略的一块设计。

在许多 PVP 和 PVE 的场景中，吃药买 BUFF 是一种可以让自己单位时间内变强的方式，或是使用了某个道具改变作战策略和战术，比如复活、队伍召集令、传送卷轴等，如图 3-26 所示。

图 3-26

很多游戏类型没有吃药这么一说，没有一个大的战斗环境去容纳多个用户同屏战斗这么一说，有些是战斗不可控，战前决策，那么依旧有办法设计战斗消耗的付费点，比如说消耗某个值，为某个角色、某个组合、某个组织增加一个 BUFF 加成，战斗过程中购买复活这些都属于战斗消耗的类别。一般限制时间、限量、在某个场景内生效。

战斗之前、战斗之中、战斗之后统统是可以埋藏消耗类付费点的，这里不详细举例子了。

战斗力某一天也会弄到接近尽头，我们会发现服务器里面前几名的土豪们的战斗力差距实际上是非常小的，而对战的乐趣是永无止境的。战争财是最厉害的，如果运营得当，这个战争财，个人觉得可以发 *N* 久。

以上就是我归纳的**角色成长、属性养成、战斗消耗**三个付费点设计，各位可以去挑畅销榜上比较火的 5 款 RPG 类型的游戏，看看其商城货架上的摆放基本也能形成一个概念（图 3-27），然后归纳总结出自己的东西来。

图 3-27

一味地通过界面玩法去让用户在属性养成上付费其实特别低级，把游戏内的付费点拉出一个单子，然后结合本节内容分个类，头脑风暴一下，尝试挖掘出新的付费点，也是做运营的必修课。

3.6.2 通过本质理解付费点

所有的付费逻辑都是产出和回收。

举例说明，我们随便设计一种资源，就叫"资源 A"，与"资源 A"伴生的，一定会有一个产出和一个回收的场景。

且回收能力一定是远远大于产出能力的，回收这种行为必然是能给用户带来好处和快乐的。

于是用户们就开始追求"资源 A"，此时，钱必然能直接或者变相兑换更多的"资源 A"，从而达到营收的目的。

比方说，我设计一个叫荣誉点的资源，通过竞技场产出，通过升级技能回收，但想要自己的技能领先于其他人，则需要大量的荣誉，此时任何一个蹩脚的策划都能设计出各种各样的销售方案，让用户们花钱。

在设计"荣誉"的时候，为了保证可控，产出和回收的方式一定是定向的。

假设一下，如果还有其他多个场景产出荣誉，且其他的地方能回收荣誉，那么这项资源就会变得不可控，这不是我们愿意看到的。玩游戏经验比较多的同学会发现，某些资源淤积了沦为用户口中的"垃圾"，自然就是系统回收能力不利。也就是说没做好产出和回收的控制。

游戏内的一个又一个玩法被设计出来，都是为了产出和回收各种各样的资源。

资源可以是金币、钻石、元宝、声望、威望、爱心、荣誉、军功、各种材料、碎片、药品、BUFF……叫什么名字都行，这些资源会搭配着玩法更新到每个游戏的资料篇之中。

游戏特别像一个社会，在原始社会，人类拥有的唯一资源是食物和水，随着社会的进步，越来越多的需求产生，这些需求只要有人能满足，就会有人付费购买，为游戏设计付费点，也大致与此相同。

3.6.3 设计不同层级的消费选择，并控制好差距

任何付费点，均要遵循商业需要，这一思路也是最符合人类社会结构的商业模型。既然有不同付费能力的用户，就应当为不同付费能力的用户设计付费点。

- 针对免费用户，提供最基础的资源保障，不花钱也能跟上游戏节奏；
- 针对付费用户，提供付费后带来的数值成长，感受花钱的快感；
- 针对土豪用户，提供无限的目标追求，控制数值碾压。

我们要思考角色成长、属性养成、战斗消耗每个消费点的背后，有没有更好的选择提供给用户。总体设计目标，优先保住免费用户群和付费用户群。

（1）角色成长上，提供性价比高的道具。

我们看到任何一个需求点，就得思考有没有更好的选择提供给用户。就跟平常喝水一样，吃低保的不买商品水自己烧，有条件的买 2 元钱的农夫怡宝，土豪们选择 20 元钱的依云，保证各个阶层均有选择。有些时候，一些贵的、性价比低的东西的存在，就是让有些东西显得划算。

（2）属性养成上，花钱买战斗力性价比递减。

- 花第一笔钱，非常非常超值，花 10 元钱可以买到 1000 点战斗力；
- 花到一定的数量，性价比逐渐趋近平衡，每花 10 元钱可以买到 100 点战斗力；
- 花钱超过一定的数值，性价比逐渐递减，每花 10 元钱只能买到 10 点战斗力甚至更少。

土豪们是金主，为什么要控制好差距？

过往有无数的案例表明，一旦一个游戏里面没有了免费用户，那么土豪也会随之流失，装是人性的刚需，人总是会选择在人多的地方装，越是人多的游戏，土豪的数量越多。只要能保住庞大的用户群体，那些土豪用户们自己会过来的。

如果单纯地把一个服务器里面的主要收入背负在几个土豪用户身上，那么一旦流失，则极其要命，所以不如平稳地收钱，只要守住了人气，自然就能贡献收入，那些月流水极其吓人的现象级游戏，往往都有一个庞大的用户群体做支撑。

（3）战斗消耗上，无限制地去挖掘。

游戏中有无数的冲突点，分为 PVE 和 PVP，随着游戏的进行，PVP 才是永恒的主旋律。而好的游戏体验建立在双方差不多的前提下，一旦一方碾压另外一方，双方都不会得到快乐。一旦没有了快乐，随之而来的就是流失。

由于属性存在的差距，因此对战中引入更多的可能性，让战斗变得随机性更强，才会给彼此在游戏体验上带来更多的快乐。

总体设计，我们期望，用户不付费也能玩，但是付费后会很爽，付费超过一定的临界值后，会有优势，但是无法做到碾压。保持土豪用户们长线的目标和追求即可。

3.7 大后期产品如何延长游戏生命周期

经常跟业内的运营同行交流，最常见的一个问题是：大后期的游戏，失去了研发的支持，运营靠什么延长游戏的寿命周期？靠什么去吸引用户不流失？或者如何维持游戏收入下滑速度？

这个话题在无数场合都跟同行们提起过，下面跟大家分析一下个人经验。

各位看看那些超过 2 年的游戏、超过 5 年的游戏最近的几次版本更新内容，以及运营做的活动策略即可明白。

如何看？

（1）扒他们的游戏官网，了解活动和版本更新；
（2）跟他们的用户聊，包含流失和留存的用户；
（3）跟他们的客服聊，了解用户的高频诉求；
（4）跟他们的运营聊，了解运营思路策略；
（5）跟他们的研发聊，了解历史版本迭代方向。

当然如果你本身也是这个大后期游戏的资深用户，那么效果一定更好。

老实说，成本确实很高，不知道各位是以怎样的身份和关系，才能够以比较低的成本接触到上述的那些岗位，那些人，即使是同岗位，你也能够得到不同的答案……

我曾经非常幸运，恰巧匹配上述环境，然后以相对较低的成本，总结归纳出一些心得。这个相对较低的成本是：

（1）跟制作人聊；
（2）跟数值策划聊；
（3）自己本身做运营；
（4）自己本身是资深用户；
（5）跟超过 5 个以上的客服聊；

（6）翻看最近 3 个月的用户意见汇总；

……

不列举问的问题、环境、场景、状态，不说多少次我们自己想当然，然后被事实狠狠打脸。

时间跨度超过 3 年，每一次认知都被更新。

先定义一下大后期的游戏，一定是曾经火爆过，收入和活跃曾经达到过一个准 S 级产品的标准，然后因为种种原因走下坡路，收入和人数双双下降，逐渐没落，只是没落的时间快慢不同而已。

不怎么火的游戏，其实早就被市场抛弃了，即使依旧在运营，人力资源也不会配太好的，自然也谈不上后期不后期了。

如果你的游戏曾经也不怎么挣钱，人数也不怎么多，连 A 级的边儿都碰不到，那基本上没什么救的价值了，失去研发的支持是早晚的事。

而曾经辉煌过，被市场证明过，至少某些品质，例如核心战斗，是有保障的游戏产品，则可以讨论一下如何延长生命周期。

当这样的产品落到我们手里，我们应该如何处理？

先确认一个观点，完全依赖运营，**起死回生做不到，但延长生命周期可以有！**

为什么起死回生做不到，我就不去论证观点了。直接说如何操作延长生命周期吧。

先问各位一个问题，什么样的游戏可以玩一辈子？

麻将、斗地主、象棋、围棋、三国杀、万智牌、DOTA、FPS 等建立在公平规则基础上的竞技类游戏。但是现在大多数游戏是如图 3-28 所示的这种设计。

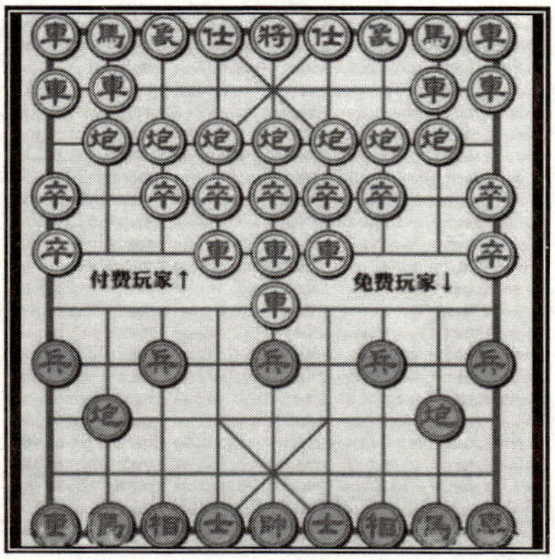

图 3-28

好，我们假设规则公平，那么怎样才能够得到最好的游戏体验？

自然是跟竞技水平差不多的人进行博弈。相信我，竞技水平差异过大时，双方均没有愉快的游戏体验。

所以，**建立在规则公平、竞技水平差不多的前提下，才能够得到最好的游戏体验，这样的游戏可以玩一辈子。**

按照这个思路，加上我个人的一些理解，推及到网游里面。

核心思路：不要让用户失去目标，找到相同实力的用户与其竞争对抗。

拆解一下目标：

（1）完成跨服 PVP 的开发；
（2）增加 PVE 和属性养成的深度拓展；
（3）运营游戏托调节游戏生态；
（4）完成一项竞技赛事级的核心玩法。

并非每个团队都有能力和资源实现这 4 项内容，下面逐一说明。

1．完成跨服 PVP 的开发

某服务器内，用户等级实力分布参差不齐，生存在金字塔顶端的那一批用户，PVP 已经称霸服务器，已经没意思没追求了，失去竞争，无敌也是寂寞，于是瞬间无聊，活跃下降，这个就是流失的前兆。

我们自然需要为其找对抗，所以建立跨服的竞争，然后让顶端的用户进行连接，寻找新的 PVP 目标，这一点其实每一家都做过了，这里面有两个难关，一个是技术实现，另外一个是规则设计，具体实现涉及研发领域的一些知识，不便展开。

每个游戏在合服或者跨服战开启后，游戏的活跃和收入都拥有一定的上浮提升，其本质是原来的用户游戏体验是“无敌寂寞”，然后突然了有了挑战，被激活了，开始了新一轮的养成和追求。

具体的术，就不列举了，核心思路是让每个服务器的顶级用户能够找到更多的战斗目标，规则公平的前提是属性养成都差不多，这样才能够得到最好的游戏体验。

2．增加 PVE 和属性养成的深度拓展

如果游戏里面有一个用户永远推不倒，但是刚刚可以尝试挑战的关卡，在通关之前用户是不会放弃游戏的，胜利的成就感与之前所受的挫败感直接成正比关系。永远

永远不要让用户轻易通关，永远让他有打不过但是可以尝试挑战的 PVE 目标，这完全是数值的游戏。

属性养成部分，很多人喜欢无限制地做加法，加法做到一定程度，如果官方不调节，花不起钱的用户会越来越惨。个人认为比较合适的是永远做随机，永远没有最好只有更好，永远限时消失，养成材料只掉落和赠送，永不售卖。

PVE 和属性养成这两点是从系统层面上，让用户永远有追求。

3. 运营游戏托，调节游戏生态

游戏托，有人也叫 GS，有些受官方管控，有些则不受。这也是网游圈的潜规则了，或者说应该是明规则了，很多家都在做，但是目前看起来非常不系统、不科学。

各位搜索一下，其实大多数都是那些人的自白，只能谈谈自己做托的经历，极少看到一个专门的知识领域去研究。

业内常见的做法：找一帮刚刚毕业喜欢打游戏的人，有些是客服担任，有些是渠道推广员担任，有些是找论坛贴吧的用户担任，有些是与公会合作。

共同的操作手法是，给他们发钱，然后在游戏里面挑口水，加剧对抗。弄得不好，托的号被盗然后被贴到社区里，或者跟官方有了矛盾，直接出卖官方，把与官方的聊天记录截图直接贴到某个社区里，然后官方删帖，封锁媒体，造成非常不好的口碑，这种东西带来的伤害是没法计算的。

托的本质是引导、对抗，调节游戏生态。

先说引导，用户不知道如何花钱才能更强，那么所有告诉用户如何玩游戏的行为均是托的价值，例如弄一身极品装备在安全区摆造型，不断用不同的阵容搭配称霸竞技场，新属性养成类玩法上线后第一时间弄到最好。带着自己公会的用户，引领他们如何更好地游戏，促成销售，在用户社区发表文章，如何练级对战打宝，科学地花钱养成装备，进而促使销售。

再说对抗，有些游戏有阵营，托的价值是扶持弱的阵营对抗强阵营，这种支持可以是财力上的，以各种形式送战争资源，增加劣势方的战斗力，养几个号专门和花钱用户对抗，挑口水刷喇叭（当初舞蹈类游戏的主收入点），在一些比花钱的活动里面，有策略地让对方花更多的钱。

如果不加以培训和控制，他们会凭着自己的喜好去玩游戏，极其高调跋扈，做出一些非常不合理反常规的游戏行为，这种存在，在比花钱的活动中，永远不让真正花钱的用户尝到一丝甜头，凭借自己的喜好，把对方阵营的人驱逐出游戏，而不是“**调**

节游戏生态，让对抗变得更平衡一些”。然后想办法把官方给予的福利刷成现金为自己牟利，甚至做出一些出卖官方的行为。

这种没绩效、没考核、没约束，不经过筛选招募，缺乏管理不经过培训的任人挥霍福利的行为，自然是走不下去的。黑科技玩不好根本是上不了台面的。

4．完成一项竞技赛事级的核心玩法

是的，只是一个核心玩法。我见过这样的策划案，Word 文件写了 68 页。

这里不提供方案，不然直接粘贴案子即可，只强调竞技赛事玩法的思路及其重要性。

从游戏内部而言，竞技赛事拥有一个非常核心项的规则，周期性地供用户娱乐。

行业内做得最好的规则就是天梯赛，其公平的匹配机制和算法，能够为每个阶层实力的用户找到自己喜欢的对抗。

从游戏外部而言，给世界提供了一个规则，等待着有能力的人为我们放大。

正如布拉特之于世界杯、之于足球，斯特恩之于 NBA、之于篮球，强大的赛事运营和推广能力，才能够让游戏品牌得到最大的影响力。这种竞技比赛的翘楚，《英雄联盟》和《王者荣耀》已经走得非常靠前了。

如果游戏能够达到举办赛事的级别，那么意味着该游戏的影响力和公平性绝对是顶级的，赛事可能是最好的推广手段，规则完善度毋庸置疑。

举办赛事，最终的优胜者绝对是金字塔顶端的高智力用户，他们有一个共同的特点是，战斗力养成基本到顶，游戏技巧也是所有用户中的佼佼者，属于典型的明星选手，可用包装电竞明星的思路去运营，从而产生更多的商业价值。做赛事需要强大的运营经验输出，把顶端的用户价值放大到极致，体育和娱乐在商业模式上是非常相似的，如图 3-29 所示。

图 3-29

有了赛事就能“开赌场”，开记者团，开发布会，开用户见面会，游戏内容运营和营销可以同步展开。

官方给明星用户上头条，做专访，为其建立一个类名人堂的荣誉体系，增加曝光率，享受着 VIP 的服务等，使其享受明星光环，进而满足这类群体的精神需求。如果运营到位，顶端的明星用户永远不会离我们而去，这 20%的人能够贡献 80%的收入。

许多运营单纯地把付费用户锁定为唯一的用户价值，其实社区意见领袖、高手用户、美女用户、强大创作能力能够输出游戏文化的用户才是最值得运营的一部分群体，这类用户的价值比付费用户还高很多，用户价值我们会在后面的章节里面提及。

关于赛事类核心玩法，设计规则只是一部分，更多的在于后面的赛事运营以及商业价值的放大，其目标是努力锁定金字塔顶端的用户永不流失，而金字塔底层的用户也能从中找到自己的位置，找到消费和娱乐相关的内容。

所以，大后期的游戏如何维持下滑速度，延长生命周期？

核心思路就是：不要让用户失去目标，找到相同实力的用户与其对抗。

（1）完成跨服类 PVP 的开发；

（2）增加 PVE 和属性养成的深度拓展；

（3）运营游戏托，调节游戏生态；

（4）完成一项竞技赛事级的核心玩法。

以上四点行为，基于笔者对于人性的洞见，结合了既往工作经验的思考和提炼。

本章内容已经写完，最后一段容我说点个人感想。

不知道有没有人跟我一样经历过 3 个月的时间，一款游戏的付费人数从 24 万掉到 12 万这种情况，DAU 和 PCU 打对折，但是游戏收入相反还有一些上升，后面发生的事情相信我不说，大家也知道发生了，这种事在我身上发生了两次，叹气。

如今回想当初我们的研发和运营思路，完全是自己作死，是我们把用户赶到腾讯那里去的。而腾讯最挣钱的几款游戏产品，全部都是在意平衡的、游戏基数极大的电竞类产品。

大后期的游戏如何维持游戏生命周期，也许一开始我就不会考虑什么前期、后期，说说我自己设计游戏和运营的想法。

谁说 RPG 非要卖数值，虽然卖数值很诱人，但我就是不想卖数值。总体设计思路如下：

（1）用户的属性养成已到顶（不想卖数值）;
（2）把游戏变成 DOTA、沙巴克、COC;
（3）用户获取战争资源，在某一个时间点集中释放;
（4）让更多的人参与，进行天梯式连接，变成电竞。

- 付费点 1：官方售卖获取战争资源的场景门票;
- 付费点 2：官方售卖各类基础战争材料，合成和使用消耗;
- 付费点 3：加速战争资源的流通，收取交易税;
- 付费点 4：增加用户之间 PVP 频率，消耗战争资源。

算了，不列付费点了，如果想列，列个 20 条也没啥问题。

我们都知道，战争是最消耗财富的。只不过大家把提升战斗力的东西都堆积成了永久的属性，而不是以消耗作为设计，RPG 想要长久，最好还是回归公平，最好跟电竞一样。

网络游戏的核心乐趣是用户战斗的过程，以及追求胜利的结果，并非属性养成，要知道跟系统随机数值特别没意思。网络游戏的所有快乐最终都是释放到核心战斗，即与人协同对抗的快乐之中。

如果数值设计得比较平衡的话，角色之间的对抗，就跟玩拳皇或者 LOL 一样，用户真正的成长是对角色的理解，对战斗意识的理解，比的是走位和技能释放的策略，属性养成只是发育中的一个附属物。而无脑游戏则恰恰本末倒置。

大部分网游为了卖属性，把那些加属性的玩意套在了不同的角色上，形成了不花钱的一下打 10 点伤害、花钱的一下打 50 点伤害的状况。当数值形成碾压后，游戏就不再是建立在公平竞技规则基础上的第九艺术了，而是赤裸裸的商品。

现如今行业里面一直以来的做法：

- 营销的时候极尽所能忽悠用户;
- 花足够多的精力去搞定流量来源;
- 用户进来后通过各种运营手段盘剥;
- 研发的每次更新只知道卖数值。

没有平衡的规则，没有好的娱乐体验，尽可能多地卖数值收快钱，尽可能地去做一些杀鸡取卵的事情，哪来的后期啊！

如果大家都用这条思路去经营，用户会用脚投票，最终的胜利者还是那些认真把产品当成第九艺术雕琢的厂商，正如当今如日中天的腾讯和网易。

第 4 章　知识武装大脑，构建核心竞争力

只有学习经济学、心理学、行为学等底层知识，并将这些知识应用于自己的游戏研发和运营之中，才有机会做出伟大的创新。

4.1　我们是如何被商家操控的

游戏圈的运营，每天干的事情跟传统行业的销售并无二致，在营收 KPI 的压力之下，绞尽脑汁地设计运营活动，思考营收节奏，挖掘产品付费点……简单来说就一个问题——如何让用户花钱。

我曾经面试过很多工龄 5 年以上的游戏运营，一讨论到这个问题，回答里冒出的尽是：每日消费任务，低价折扣，双倍返利，阶梯消费送礼包，随机抽奖开箱子，大转盘，满 X 减 Y，满 X 赠 Y，第二件半价再送××，限量限时限资格，团购，A+B 捆绑出售，优惠券打折卡……

面对这种问题，向来的解法都是找到同类型行业排名前二的游戏竞品，研究竞品的运营活动，照着竞品的方案和节奏来，自然就八九不离十。

诚然，模仿别人是一种快速解决问题的方法，但是有一天我们运营的游戏成为了行业里细分领域的龙头老大，难道还要去看那些做得比我们差的？每天上班就是看竞争对手做什么？然后模仿人家？可曾有人想过这些方案、设计、套路背后的规律和底层逻辑？

此前一直在各种文章里面强调建立销售的意识形态，比如：

- 要了解用户需求，从用户行为中挖掘付费点；
- 要研究竞品，体验其他运营活动的节奏和方式；
- 要有好的付费习惯，思考自己每次付费前是哪些原因打动了我们。

下馆子的时候留意，路过某处商店的时候留意，逛电商网站的时候留意……多向电商和传统行业学习，归纳总结，研究人们为什么会在这个上面花钱。

但是意识形态终归是意识形态，这些东西靠经历，靠感悟，靠联想……一个人的经历终归有限，除了观察生活外，我们还有没有其他的方式去提升自己的专业能力？

答案自然是学习。

我们很幸运生活在这个时代，经过很多年的知识积累、体系传承，跟销售有关的知识已经形成了一个系统的学科，书本里藏着无数经典的商业案例，只用下一点苦功，就能够系统性掌握知识。

基于此，我们不妨升级一下问题：

（1）究竟有多少种销售方式让用户把钱放进公司的口袋？

（2）如何让用户心甘情愿地购买我的产品、内容、服务、体验？

第一个问题，直白点说就是世界上已经发明了多少种让用户花钱的方式。这些方式背后的具体成因、经济运行的规律是怎样的，如何用在我们的游戏设计之中，弄清楚了规律，将来无论进入任何一个领域，自然就能够依据底层知识创造出无数的创新打法。

第二个问题，直白点说就是如何快速打动用户，让他们心甘情愿地爽快花钱。任何一种销售方式都仅仅只是方式，不是用户付费的理由和原因，成功销售技巧核心在于说服，属于心理学和行为学的知识范畴。

想要回答这两个问题，必然要运用到很多的底层知识。

来，让我们看看下面的一些词汇：双边市场、差异定位、定价策略、定倍率、价格战、边际成本、库存周转率、价格歧视、三级分销、用户视角、复利效应、沉没成本、价格锚点、损失规避、互惠、喜好、权威、社会认同……

这些名词都是经济学、心理学和行为学里面的一些概念，当我们遇见这些名词的时候，我们都能讲得出来，说出个一二三，但问题的本质是，在我们每天的工作和生活中，是看到它们才能想起来，还是遇见问题的时候这些知识会主动冒出来，并主动帮助我们解决问题。

对于绝大多数人而言，我们知道的也仅仅是我们以为自己知道了而已。我们绝大多数人的认知层次之所以无法提升，都是因为对于概念的一知半解，看起来一直在努力，其实是在原地打转。

判断自己是否掌握一个知识，取决于自己如何运用，通过总结归纳，转化为自己的知识，形成科学的套路，将来不管在哪个领域，哪个岗位，都有足够多的价值。

真正掌握了知识以后，当我们再看到生活中各种各样的销售场景的时候，会自然而然地进入一种状态：

（1）不由自主地发现这种销售行为背后用了哪些策略和技巧；

（2）不由自主地能够发现对方的问题，然后尝试并改进它。

基于此思路，我阅读了大量的书籍资料，总结出了一系列销售相关知识点，将传统行业、互联网行业里的那些资料案例，与游戏行业里的一些场景相互融合，思考如何去应用拓展，并尝试把这些方法套用到自己的产品运营与设计中。

我做的仅仅是对先哲们留下来的知识财富进行了总结、归纳以及翻译工作，穷尽可能，让各位读者理解每一种商业行为背后的经济规律与底层逻辑，进而建立自己的运营技能树。只有通过不断学习研究前人的案例，然后形成自己的知识体系，才能够对得起自己的专业。

4.1.1　经济学指导下的 14 种销售方式

做运营，成为一个大“奸商”其实是一个褒义词。要成为顶级的“奸商”，在生活中面对所有的商业形式都应该找到经济学原理去解释，研究金钱是如何从用户的口袋流到企业的口袋的，然后尝试去思考能不能在自己的游戏中加以应用。

尽我所能，如表 4-1 所示我只列举了 14 种现实生活中的销售方式，然后请大家去思考哪些能被应用于游戏之中。

表 4-1

序	销售方式	游戏案例	方向
1	随机博彩	开箱子	营收
2	组合销售	礼包	营收
3	周期订购	月卡	营收
4	差异定位	打折券	营收
5	竞价拍卖	拍卖	营收
6	微量	/	营收
7	绩效	BUFF	营收
8	意愿付费	打赏	设计
9	众筹	国家募捐	设计
10	投资理财	成长保险	设计
11	动态博弈	5173	设计
12	共享经济	助战	设计
13	典当	交易置换	设计
14	直销返利	推广员	设计

出于 KPI 的压力，起初关注的重点自然是考虑如何为公司挣钱。在学习的过程中，我发现并非所有的销售方案都适用于营收，有些更适用于游戏设计。

4.1.2　打动用户行为的 10 种影响力技巧

在很多的销售场景中我们发现，即使大家使用同一种销售方式，为什么有些人能行，有些人不行呢？原因还是在影响力技巧上。

销售方式指的是商家采用某种方式让用户去花钱，影响力技巧就是我们如何说服用户完成花钱的行为，如表 4-2 所示。即：在任何销售方式下，我们都能够灵活运用各种技巧，解决用户的购买意愿问题。

表 4-2

序	影响力技巧	知识要点
1	价格锚点	比较，放置参照物
2	损失规避	失去比得到痛苦
3	比例偏见	塑造比例偏见，转移用户注意力
4	心理账户	关联，创造意愿，营销
5	沉没成本	参与越多，越不忍舍弃
6	互惠	提供附加值，增加交易意愿
7	喜好	与用户的偏好建立关联
8	权威	现实扭曲力场，拆解骗术结构
9	从众	命令规范、绝对优势、反作用力
10	承诺一致	先塑造形象、后利用压力影响

了解了这些技巧的底层逻辑之后，就能够在生活中加以留意，真正从被商家套路的消费者转化为商家视角，揣测自己和他人花钱前后的心理动机。

很多人说，所有的技巧都敌不过走心，我们应该清晰地认识到这是一句心灵鸡汤，走心仅仅是个人的一厢情愿，只有真正掌握了技巧才能够更好地帮助我们完成走心这一初衷。

说明：本章涉及的知识及阅读材料出处：《定位》《疯传》《细节》《逆转》《参与感》《认同感》《销售》《增长黑客》《乌合之众》《微观经济学》《西方经济学》《让顾客来定价》《价值主张设计》《消费者行为学》《免费：商业的未来》《每天学点实用经济学》《每天学点实用心理学》《斯坦福的极简经济课》《那些让文案绝望的文案》《一本书读懂销售心理学》、锤子科技发布会相关内容、李叫兽的公众号以及培训课程、得到上的《刘润–5 分钟商学院》。

在开始阅读之前，请先忘记游戏圈的那点事儿，后面的大部分内容，都是围绕经济学、传播学、心理学、社会学、行为学等诸多学科而开展的。

当下的状态是已经穷尽我个人所能输出的 1.0 版本，所有的知识、技巧、方法论都是不断迭代的。

4.2　7 种提升游戏收入的经济学知识

4.2.1　随机博彩

“所有的销售行为中，随机博彩是最黑的。”

——非著名游戏运营奸商饭大官人

赌博就是各种各样的随机，由于其不确定性而大受人们的欢迎，在经济学家的眼中，随机、博彩、赌博、概率这些都是中性词，客观存在于这个世界中，我们应该理解它们。

去赌场玩过的人都知道有很多种可以黑钱的方式，这些玩法都是数学家和心理学家设计的陷阱，人们只要参与，数学期望收益注定为负，长期来看自然被赌场收割。当然这些玩法都可以被设计到游戏中，让我们利用人性的弱点，收割金钱。

什么是数学期望？现在我和你一起玩一个简单的博弈游戏。

你每次花 1 元钱猜硬币正反，你有 50%的概率猜对，猜对给你 1.8 元。在这种情况下，如果你只玩 1 把，有 50%的概率从我这里拿走 1.8 元，剩余 50%的概率是输掉 1 元钱。也就是说，你每玩 2 把，是 100%付出 2 元钱的成本，而只有 50%的概率得到 1.8 元钱。这就是概率学上的一个概念，数学期望。可以理解为，某件事情大量发生后的平均结果。现在我们看上面的这个结果，数学期望值就是-0.2 元，对你是不利的。当然如果猜对给 2 元钱的话，那么数学期望就是 0，当然了我不会这么设计。

赌场的规则设计逻辑就是这样，无论看起来多么诱人，赌客下注收益的数学期望值绝对是负数，也就是说，永远对赌场有利。

大轮盘赌，38 个数，押中了赔 35 倍，数学期望值为负。老虎机、21 点、百家乐等游戏的数学期望值同理，都是负。

其实我们每个人都可以设计各种各样的玩法跟福彩中心抢生意，比如说 1.5 元买 1 注，如果中奖了他们给你 500 万元，我给你 600 万元……只要数学期望为负就行。双色球买完所有的数字，需要买 17721088 注，花费金额 35442176 元，但只会产生一个 500 万元，余下皆是 2、3、4、5、6 等奖励。有人算过双色球的数学期望值，买一注花 2 元钱，但是收益只有 0.92 元，数学期望值是-1.08 元。

翻硬币和彩票的本质是一样的，只不过过程不同，幸运儿的诞生必然伴随着大量献爱心的人。彩票和赌博生意兴隆的基础都是，我们都会认为自己是那个幸运儿。

就和翻硬币一样，参与者深信之前的开奖结果会影响未来的开奖结果，又或者说他们总认为当一枚硬币抛十次都是开正面的话，当抛第十一次时，开反面的机会会大一些，但只要懂得概率学（排列与组合）的人都知道，当一枚硬币抛十次都是开正面的话，当抛第十一次时开反面的机会是绝不受前面那十次结果的影响的，就是说那枚硬币每抛一次开正面或反面的概率都是各占 50%，且绝对不会受到前面结果的影响。

所有概率都是独立行为，所以说戒赌和戒彩票的最好方式就是普及数学知识。

每次路过双色球的售卖点，一堆彩民面对着墙壁上的数字，去估算下一期的中奖号码，我都笑而不语，这个用户群体的行为背后也有着其具体原因，但那就属于行为学的范畴了。

我们也可以看看拉斯维加斯凯萨宫里面的那些锦衣玉食的人生赢家们的表现是怎样的。

赌场里有很多玩法，在所有的项目里，赌场里面不挣钱的是靠抽佣金的方式赢利，比如德州扑克这样的游戏。最挣钱的当然还是和系统博弈的游戏，在诸多和系统博弈的游戏里，最受欢迎的还是百家乐，这是由于游戏本身的特性造成的。

经常听说这个人玩百家乐一下午赢了几十万元，那个人一晚上赢了上百万元……然而并不能说明什么，不是这个家伙采取了某种策略能战胜赌场设计的系统，只是运气的垂怜外加该游戏本身巨大的波动性，导致这个幸运儿暂时获益。

赌场从来不怕用户赢钱，但是怕用户从此不去玩，只要去玩，系统自然而然地就会发生作用。从人性的角度而言，那些赢了几十万上百万元的家伙，就会从此收手不玩吗？在赌场的眼里，今天这个幸运儿赢的钱只是暂存，只要去参与，某一天一定会亲自还回来的。

所以作为赌场而言，如何让用户持续地花钱呢？

现在大数据如此发达，每一个用户都会被邀请办理会员卡，上面登记了一些个人信息，于是该用户的收入、喜好、习惯、过往的消费记录，通通被记录在后台里。赌场非常清楚，自己不是要一次性榨干这个用户，让他从此不来，而是要通过各种大数据去估算这个人的输钱“痛点”，并且让他在此之前住手，同时适当地依据该用户的喜好给予其一顿免费的大餐、免单住宿以及其他休闲娱乐项目，这样就能够保证能榨干用户每次来赌场花费的钱，同时也保留了今后继续压榨他们的可能性。

再说抓娃娃机，玩过的人都不难发现，有的时候，是自己手艺问题，没有控制好角度，所以抓不上来娃娃，有的时候，你瞄得非常准，夹子完整地扣住了娃娃，但是在上提的过程中，夹子不使劲，娃娃还是抓不上来。于是你满怀遗憾，默默地走开。但是生活中我们经常发现一些抓娃娃的高手，他们是如何做到的呢？

抓娃娃机有两个设计，一个是调控位置，一个是夹子是否使劲。调控位置的操作感给你，夹子使劲则由算法进行控制，比如每投入 20 个币，就产生 1 次使劲。这 20 个币的购买价格绝对是比娃娃的成本要高的。

那些优秀的抓娃娃高手，不光是调控位置优秀，还能够根据其他人的情况，观察出夹子是否使劲的间隔。于是前面的人投币，不管是否对准都抓不到，占用了夹子不使劲的概率离开之后，抓娃娃高手就能够用比较少的币去抓到自己心仪的娃娃了。

捕鱼达人跟抓娃娃机有点相似，给人操作感，不同的炮弹网概率不同，能够抓到不同等级的鱼。但是捕鱼达人和娃娃机的区别是，捕鱼达人是单纯的人跟系统玩，而抓娃娃机则是多人轮回参与，存在有人献爱心的情况。

从运营成本上说，抓娃娃机和捕鱼达人玩法几乎不需要人招呼，所以基本扔在那里就可以收钱。有些玩法则需要商家支付一定的人员运营成本。

抓娃娃机、捕鱼达人、老虎机、百家乐都是让人跟系统博弈、数学期望值注定为负的游戏，但是在大众的印象里，每种玩法得到的待遇根本不一样，这一切源自娱乐性以及用户参与游戏的过程体验等一系列原因。

综上，我们如何帮助他人戒赌，然后顺便帮助公司获得更多的利润呢？

（1）让用户多跟数学期望值为负的系统博弈；
（2）提供用户可操控、可利用策略跟系统博弈的体验感受；
（3）不要一次性榨干用户，保护用户，甚至经常性地让他们占便宜；
（4）人和系统博弈的时候，让其他人也参与进来；
（5）如果有条件，建立亚文化；
（6）通过某种形式建立合法性以及竞争壁垒。

在游戏圈的诸多设计中，十连抽、大转盘、开箱子都是花钱马上得到结果的界面玩法，简单粗暴而且无聊，但由于是某些道具的唯一产出途径，只能逼迫用户花钱，这个过程体验真的不太友好。当然，为土豪准备的玩法就是如此，应当简单。

我们都知道，在游戏里存在这样一种情况，很多抽不起的用户，靠攒元宝钻石，通过十连抽赌人品，赌中了就继续玩，赌不中就卸载游戏，这种结果真的好吗？那些抽不起几百元一次的十连抽的用户们，就不能为他们设计一些博彩类玩法吗？

我们不妨利用前面总结的 6 条心得做出一些模拟和假设。

以 RPG 游戏举例，用户组队参与某 PVE 的行为，到了关卡最后的结算场景，随机开启隐藏内容。

- 方案一：开启一个隐藏关卡，团队里面的成员只有同时购买隐藏关卡的门票，才能开启关卡内容；
- 方案二：刷新一只强力怪物，团队里面的成员只有花钱购买一些特殊 BUFF 和药品才能轻松击杀；
- 方案三：得到固定奖励以及随机奖励，随机奖励可以通过付费行为不断更换，变相抽奖。

三种方案可以独立设计，也可以嵌套设计，分析如下：

（1）方案一比较强制，因为如果其中一个人有放弃集体努力撞上的运气，拒绝支付门票，其他的人会给予其压力。当然如果有土豪为了体验新内容，愿意包其他人的门票呢？

（2）方案二是一个拼战斗力的问题，则相对灵活，因为战斗力的原因，强力党可以选择不买，为了保险通关也可以选择买，比如火抗 BUFF，加血药和复活机会。结算的时候因为前面的投入设计优先权。

（3）方案三则是一个人的独立选择，可以放弃随机奖励，当然我们自然也会叠加规则，未放弃者概率性平分未放弃者的全部收益（比如产生暴击效果），就跟通过百家乐赢了几十万元的那个用户一样。

（4）由于是隐藏内容，放弃的话等于损失一次机会成本，由于在人和系统博弈的过程中引入了其他用户的参与，所以存在一定的博弈乐趣。

所有的界面玩法都是人与系统之间的博弈，十连抽是为土豪设计的，而我们引入上述规则可以增加一些额外的收入，土豪们依旧会继续付钱，同时顺带着也让一些普通用户付出一些钱。

从奖池设计而言，在十连抽里面塞入大量的破烂儿没有错，因为那是为土豪设计的，但是游戏里面的界面玩法有太多种，为了让某些抽奖行为显得值，应产生“锚点效应”建立口碑，营造游戏的亚文化。用户从我们这里拿走的不是真金白银而是虚拟道具，所以应当保护用户的随机博彩的体验，让每一次的博彩行为变得很值，这样用户才会参与。

我们为了获得更多的利润，自然希望土豪用户们去参与十连抽，让普通用户参与一些性价比比较高的博彩玩法，如何针对不同的用户进行区别呢？当然是用“价格歧视”的做法，我们会在后面的章节里讲解。

只要谈到销售，就不免会提及经济学、心理学、行为学甚至宗教神学，这些知识都是在解释世界运转的规律，谁掌握了规律，谁就更能够为自己、为公司甚至为社会创造更多额外多的价值。

4.2.2　组合销售

组合销售，顾名思义是将各种各样的商品搭配出售，这种销售方式，往往搭配着打折促销形成组合拳。

组合销售的逻辑精髓**不在于打折，而在于：**

（1）低价提供一种尝鲜型的体验或服务，从而引发二次消费；
（2）通过某个主题组合，减少购买操作成本，降低决策过程。

传统行业这种案例非常多，比如剃须刀便宜刀片贵，血糖仪便宜试纸贵，打印机便宜墨盒贵，做的都是耗材生意。还有一种比较狠的，针对老年人的群体，免费送收音机，拿到用户资料不说，简直就是搁在老人家里的一个广告渠道。

主题组合的类型比如超市里面直接把菜品配好，不同水果搭配成果盘或果篮，婚庆类的红枣、花生、桂圆、莲子寓意早生贵子，文房四宝加临摹字帖印章配套出售，烧烤摊上的烤生蚝、烤韭菜、烤小腰，还有移动硬盘加风油精、加纸巾神秘套装等……

以团购举例，有些饭店比较高大上，经济条件有限的人往往购买的是一种“感觉比较值”的体验。聪明的商家会把自己店里的招牌食物全部呈现给食客，不走分量走菜品种类。当然了，食材分量为原来的三成，回头还送给食客一个折扣券，运营得精细点的会问你喜欢哪个菜，直接扔给你一张该菜品的免单券（附件条件：消费满 X 元即可使用），引发二次消费。在这个过程中：

（1）用户因为“比较值”来到了店里，感受各菜品的质量；
（2）了解到了菜单价格，并且获得了限时折扣券。

只是参与的店家多了，团购变成了纯打折，成为了获取流量的方案。

比如小米，我们购买裸机的过程中，必然会推荐你购买配件大礼包，要知道你把屏保贴膜、手机壳、耳机、支架一个个地扔进购物车也是比较麻烦的操作。当然了商家如果愿意，自拍杆、移动电源、智能手环都能够一起塞到某个级别的礼包里面去。

再举个通信行业的例子，早年的时候，联通和移动都推出了自己的打包服务，包含一堆语音、流量和短信，以及一堆我用不着的服务（移动梦网、彩铃、免费音乐下载、电子书阅读等），强制捆绑成为一个套餐出售，虽然总体而言是便宜的，但作为消费者其实心里也是有一些不爽的。

在游戏行业，讲我个人的经历吧。第一款运营的游戏是国战类，嗯，就是此前被用户吐槽说，《征途》第一黑、你们游戏第二黑的那款。

在做运营的过程中，我们拉了一款用户购买的商品销售表。有卖得好的，有卖得差的。因为设计每种道具，都是策划人员花了心思的，卖得好的自不必说，那些卖得差的商品或者服务必须想办法给拉起来，毕竟在当时，“长尾理论”暴火，有兴趣的读者可以搜一下这个概念。

如果卖得差，必然是有原因的，数值策划和运营经理都得考虑背后的原因，想办法通过各种方式调整，提升销量。我们当初游戏中的用户可以买的道具和服务超过了 300 种，新用户进入商城，面对着密密麻麻的商品，第一种感觉就是你们游戏真黑，然后陷入了决策瘫痪。而非常熟悉游戏的老用户要找自己想要的东西，也要切换很多个主页和子页。要知道，这种体验并不快乐。

那段时间，公司冲击 IPO，追求漂亮的财报，我们做运营的对游戏的流水负责，所以威逼利诱，我们用各种方式从用户口袋里面掏钱。流水漂亮公司发给我们的奖金也多呀，好的激励政策果然是第一驱动力。

用户购买商品背后其实也是购买需求，从用户的游戏行为上来看，我们把所有的商品或服务分为了三大类型。

（1）日常消耗：角色成长中，省时间/加速类的商品；
（2）属性养成：帮助角色增加战斗力数值的养成类商品；
（3）PVP 消耗：玩家之间互相比战斗中的消耗类商品。

每次组合销售都是围绕着以上三个主题展开的。三个礼包包含 N 种道具，并且定了一下高、中、低三个档次，尽量匹配不同付费能力的用户。

- 大家把日常消耗联想成衣食住行，每天必然会用的；
- 把属性养成联想成能够体现身份的行头，比如衣服、手表和车；
- 把 PVP 消耗联想成休闲娱乐活动，比如 KTV 或游乐场。

单单是日常消耗方面：

- 土豪用户每天在游戏中按照最好的配置玩，基本每天要花 200 元钱；

- 在意性价比的付费用户每天基本也要维持 20~30 元钱的消耗。

大致的感觉是，假设土豪一个人吃东西，也要点最好的。而工薪阶层寻常也就是盖饭水平，偶尔改善一下生活。

组合销售的主题框架是，用户眼中的“好货”加破烂儿组合成礼包出售。

同时遵循如下原则：

（1）卖得非常好的爆品基本上不放进礼包中，即使放，折扣也超低；
（2）部分用户平时买得多的商品都搭配到一起，折扣力度较小；
（3）属性养成中附带了一些性价比不那么高的冷门商品，折扣力度大；
（4）既然是 PVP 消耗品，折扣力度大，PVP 能带来游戏繁荣；
（5）消耗品中的冷门则基本上是以一种白送的姿态整合进礼包。

礼包中的商品都是被我们精心设计过的，不可能有白捡的便宜。所以用户往往面对两难，这个东西的折扣很吸引我，但是我不太想要，不过面对有些折扣买了就算了。

当然了，有些礼包也卖得不是那么好，结果就是礼包销量不好，有些礼包暴火，但是冲击了常规的商城销量。在这个前提下，内容的搭配、数量和折扣就靠我们做运营的调整，玩着“黑心厂商”与“业界良心”之间的游戏。

“黑心厂商”有时候是无心插柳，用户就不买，销售数据会教训我们。

“业界良心”则得到玩家用户的拥护，老板往往会说我们几句。

从无心插柳到驾轻就熟，其实考验的是对用户需求的理解。

比较好玩的是，当初的游戏论坛上，直接出现“礼包性价比评选榜”，以及猜后面官方运营可能会出哪些礼包、猜道具搭配折扣力度的游戏，也能够帮助我们做好游戏运营，调整组合销售的策略。

最令人兴奋的是，组合销售这个行为通过尝鲜型的体验，把一些冷门道具的销售明显提升了。比如传送位移符、原地复活药、帮会召唤令、各类喇叭、限时服装等。这一点运营过国战类游戏的人心中基本都有数。

很多时候就是这样，用户不体验没啥，但是一旦体验了，原来这个东西感觉这么好，感觉有点上瘾，不想失去了。

要不然你去买衣服的时候，人家让你拼命穿上试试，然后在你照镜子的时候称赞你，然后你很可能就是砍砍价格，告诉销售包起来。要么你就是走之前看一眼，等降价。

游戏中比较少出现送道具、卖耗材的设计，比如给你一件特别的武器，然后专门卖子弹的设计。

以上，就是帮助大家理解，组合销售的逻辑精髓不在于打折，而在于：

（1）低价提供一种尝鲜型的体验或服务，从而引发二次消费；

（2）通过某个主题组合，减少购买操作成本，降低决策过程。

4.2.3 周期订购

周期订购是一个非常常见的套路。它具体体现为，促使用户购买未来一个周期的商品或者服务。难点在于，与尝鲜型消费不同，既然是购买一个周期，用户需要确认该商品或服务能够给用户带来价值。周期订购主要帮用户解决麻烦的问题，然后配合打折促销进行操作。

依旧从传统行业说起，第一个想起的就是报刊读物了，它提供用户需求的信息，附带的服务是送货上门。

本质上办会员卡也是，最为常见的就是理发店，理发师不厌其烦地说服你办会员储值，然后基本上就绑架你了。目前我对办理会员卡也有恐惧感，初到北京时，我曾在一个地方办过三张会员卡，依次为理发、水果和餐饮，储值也不少，然后这三家店的店家依次跑路，损失还是蛮大的。所以风险也是一个值得考虑的元素，我们要打消用户的这个疑虑，不然也挺难进行的。

线上最为常见的就是 QQ 的红、黄、蓝、绿、紫钻，以及各种视频网站的会员，各种活动送体验尝试让你开通，我开通腾讯是因为《鬼吹灯》，开通爱奇艺是因为《盗墓笔记》，开通优酷也是因为内容，以上三个到期后有些不习惯，有续费欲望，但是克制住了，后来为《军师联盟》续费了优酷。而乐视的会员是买电视送的。写下这些的原因是想提醒大家我此前说过的，自己每个付费行为背后的真正动机是什么，仔细琢磨，将来我们才可以用到我们的游戏中。

然后商家会在到期前、到期时、到期后提醒你，亲，记得续费哟。运用的策略也往往比较有技巧，建议大家研究一下腾讯的包月服务，在这一点上，腾讯拥有足够多的积累，是研究得最透彻的一家公司，如图 4-1 所示。

非常值得称道一点的是，腾讯推出了一个连续包月自动续费（可随时取消）的业务，这也是 QQ 会员红、黄、蓝、绿、紫钻自动续费的移植，互联网上有无数稀里糊涂的用户，往往会忘记这类行为，无形中（自动续费）给腾讯带来了无数的流水，这个设计带来的收入非常吓人。如果想取消自动续费，门槛藏得极深，需要百度才能找到答案。

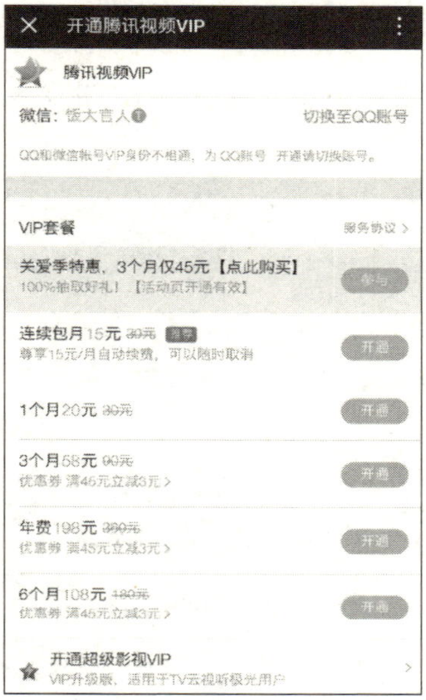

图 4-1

腾讯体育会员是一个非常独立的分支，由于包下了 NBA 的网络版权，2015—2016 年赛季是全部比赛随意观看，2016—2017 年赛季，就是按照 NBA 的球队来包比赛观看权了。其实这一点也是有问题的，因为热门球队和冷门球队的市场关注度不一样，而它们的包月价格是一样的，这个就比较不合理了，不知道第三年会不会如我所说的修改。如果不改的话，至少运营捣鼓点什么东西，比如冷门球队打个包包月才是符合供需规律的。

电商行业同样应用得比较多，其策略是主动上门型。

在日用品品类里，卫生纸、洗发水、牙膏等消耗品是可以按照周期进行销售的，具体展示形式是，通过你的购买周期情况，取得你的周期消耗数据，然后某一天，直接送货上门，然后你一脸，我没从网上订这个啊，售货员一脸微笑："我知道您没订，可是根据我们的估算，你家里的卫生纸差不多消耗完了，现在你只需要付费就可以了，当然如果你不需要我可以退回去的。"

这种情况下，如果你的卫生纸只剩下两卷，你八成也会买了，毕竟人家都送货上门了，同时人家的算法也节省了你上网订购的时间。要知道日用品是每个人都需要的，是一个全民的市场，只要商家掌握了你的需求和消耗数据，就可以做出主动上门式的周期销售策略。

尝鲜型产品，网易的未央猪肉也是将一份食物分成若干个周期，打包送货上门。

游戏圈的套路，最为常见的就是月卡了。有些游戏甚至还分了大小两张月卡，一张 30 元的，一张 60 元的。

我们让用户在月卡购买策略上跟腾讯会员一样，让月卡变成连续包月自动续费（可随时取消）的业务，在这种策略下，肯定能够为自己的公司带来一大笔收入。

月卡到期的续费，游戏中进行提醒的方式比较少见，而是用户突然发现没有了，少了收益才给补上的。其实这个策略可以变更为，如果用户的一级平台币足够，那么自动购买。

安卓渠道的付费逻辑是，花钱买平台币，平台币买游戏货币，平台币存在储值的场景。这个设计的更新，相信也能够带来一定的消耗。

同理，游戏中的成长保险计划也是同样的设计，支付一笔费用，随着用户等级的提升，依次返还给用户一级货币的奖励，这也是常见的设计。自己的思路也不能光限制在充钱返钱上，用户花费钱买一个 BUFF 周期返道具也是一样的。

一味地围绕商品或者钱设计其实过于死板，要知道，服务也是可以用来出售的。京东在自己的会员体系上又推出了 PLUS 会员服务，每个月送出免运费券，返还更多的京豆。

套用在游戏行业，这种服务同样可以成立，平台级的会员服务，可以围绕礼包、外显、属性、折扣、返点、抽奖、关怀和服务效率等多个维度展开，一个是在平台内，另一个是在游戏内，结算方式不一样而已，在网页游戏中相对比较成熟的设计，在手机游戏中又渐渐消失了，不知道是不是退步。

4.2.4　差异定位

本节的核心关键词：

（1）价格歧视；
（2）定位。

“价格歧视”是一个中性词，是一种非常重要的经济学现象，用通俗的话来说，就是**把相同等级、质量的产品或服务，通过运营的手法，以不同的价格销售给不同的用户。**

“定位”的原理来自杰克 · 特劳特先生，跟“长尾理论”和“免费”是一样的伟大概念，核心理论是**在用户的心中建立一个品牌认知，占领心智。**

我们先说价格歧视，想要理解这个逻辑，其实要点在于通过怎样的方式去有效区隔用户。

每个用户对于产品或者服务的心理预估是不一样的，他们甚至不知道怎样的价格才算是合理的。我们让购买能力强的人消费的同时，让购买能力弱的人也通过某种方式参与进来，进而追求利润最大化。

举个生活中常见的例子，麦当劳有优惠券，当当有满减活动。我读书的时候没什么钱，收集各种优惠券，买东西的时候各种计算，付出了时间，得到最优惠的价格，而现在挣钱了，基本不用什么优惠券，也不想刻意凑单，愿意支付更多的费用，节省时间。

商品的品质是一样的，但是商家人为地制造了一些麻烦，一个是优惠券的发放和收集，另一个是满减行为的计算。当然商家如果想要再次歧视的话也挺简单：

- 带小孩来消费优惠；
- 年满多少岁的老人优惠；
- 团购数量达到多少优惠；
- 客流量低峰的时间段内优惠；
- 持学生、教师、军人、医师等证件的优惠。

用这些方式故意设计门槛，尝试区别人群，大体分为三类：

（1）地域区分（比如老干妈辣酱在国外特贵、游戏在不同的地区也有不同的定价）；

（2）人群身份区分（比如公交车、景点的门票）；

（3）时间机会区分（比如中午的自助餐和电影院的上午场）。

一切都是为了完成区别，进行歧视，让更多有购买能力的人参与进来，由此价格歧视的体系已经建立，进而帮助商家追求利润最大化。

再来说第二个概念，定位。《定位》也是一本书，曾有人赞誉：“如果只看一本营销书籍，首选《定位》。本书提出了被称为‘有史以来对美国营销影响最大的观念’。”

我对这个概念的理解是，定位人群、定位场景、定位心智。

- 提及三四线城市过节送礼的场景，我们条件反射般地想起一个品牌；
- 提及防止怕上火喝点什么的场景，我们条件反射般地想起一个品牌；
- 提及困了累了的喝点什么的场景，我们条件反射般地想起一个品牌；
- 提及英语培训、出国留学的场景，我们条件反射般地想起一个品牌；

- 提及找工作、找房子、找装修的场景，我们条件反射般地想起一个品牌；
- 提及比较高档的奢侈品烟酒，我们条件反射般地想起某几个品牌。

这种条件反射的联想是非常吓人的，因为一旦占领了用户的心智，即成为用户的第一选择，就能够获得超额的利润。

在互联网时代，出门打车、共享单车、网络订餐、聚会游戏、在线教育……很多APP都穷尽十八般武艺，尝试抢占用户的心智，让用户形成条件反射。

一旦形成了用户身处某个场景什么时候就应该如何，这个细分领域就是你的天下了，这种品牌之间的竞争自然无比惨烈。

当然本文讲述的是销售方案及策略，即我们已经建立了概念，那么究竟如何做呢？

第一种方式，商家通过制造不同的细节来尝试区分消费用户群。

最典型的就是牙膏，差不多一样的物质，但是通过颜色不同、味道不同、包装不同、产量不同，自然就能够做到价格不同。

同样，洗发水、肥皂、洗衣粉都是宝洁公司出的，几个大的品类有超过300个品牌。很多东西在消费者那里是没有明确感知的，消费者买到的只是一种感觉。

来看看化妆品行业是如何折腾的吧！依据各自条件排列组合，完成某个产品的定位，如表4-3所示。

表4-3

品类	场合	涂抹位置	气候情况	色号
这个我不懂	商务	额头	季节	大概几百种
	上班	眼睛	湿度	
	晚宴	鼻子	温度	
	约会	下巴	天气	
	……	……	……	

比如，在商务场合，涂抹护肤霜，应该依据气候情况才能保护自己的皮肤，依据对方的身份和会面的场景选择色号，才能够显得不失礼仪，辅以各自神学宗教研究（星座、塔罗牌）增加今天的幸运感……

而且还有一大堆言之凿凿、信誓旦旦的理论研究，相信我，这些东西其实都是商家发明的，总而言之，就是要讲究一个精致感。

第二种方式，通过控制商品的稀缺度来决定，商品和服务通通都算。

奢侈品的魅力在于什么呢？

（1）**制造社交距离**：我有而你没有，我去什么地方消费，你去什么地方消费，那对不起啦，我们不是一个阶层。

（2）**价值观表达**：鄙视链随处存在，我拿 Gucci，你却拿 Prada？我开宝马，你开奔驰？阶层相同，但是气质不同，所以我们不是一路人。

（3）**满足罪恶感**：奢侈和浪费意味着不好，得足够刺激，得打破禁忌，得让普通人看着愤愤不平，大众认为的罪过，恰恰是奢侈品使用者所喜欢的。

所以买奢侈品的人，基本上买的都是上述的三点：社交距离、价值观表达以及满足罪恶感。而卖奢侈品的也心知肚明，要难以得到的感觉，要高高在上的姿态，鼓励限量、高价、稀缺，要打破禁忌划分阶层。

女人是天生的奢侈品理论专家，不要妄图讲道理，这并没有什么用。在很多场景，男人女人都一样，我们要做的就是，学习背后的知识，利用这些逻辑规律创造额外的价值。

游戏，天生都为不同消费能力的用户设计好了商品和服务。有些道具的设计是实用品，有些则是奢侈品。

比如双倍经验道具卖 2 元，那三倍经验道具肯定不是卖 3 元，而是 5 元甚至更高。同样属性的时装或装备，由于外显更华丽，加上限量，则能够卖出更高的价钱。

以 RPG 类游戏为例，从武器、衣服、坐骑、饰品、宠物、称号，任何能够带来外显表现的，都可以设计成奢侈品，即土豪用户玩游戏就是想让别人一眼能够知道他是有钱人，从而获得虚拟世界的精神满足感。

类似的案例数不胜数，借用电影里面的台词“愿意每天花 1000 元玩游戏的玩家，根本不在乎再多掏 1000 元”。用户需要奢侈品，特别希望一眼就能够让别人知道他用了奢侈品，这是刚性需求。

游戏本身就是模仿现实生活规律的。当我们理解了概念，在游戏设计中，如何让同样的商品，出售给不同消费能力的用户呢？如何让土豪们花更多的钱？

以优惠券举例，比如我想在游戏中掉落一些打折道具，用户使用该道具，购买某类商品可以在商城获得更多的折扣。但又想让消费能力弱的人获得的折扣高一些，消费能力强的用户获得较少的折扣券甚至不获得。

我的思路是：**努力收集用户的指标维度，并且赋予他们一个 BUFF。**

先说**指标维度**，随便列举几项：

- VIP 等级直接对应用户的付费能力强弱；
- 用户的在线时长对应用户的时间充裕与否；
- 历史道具购买数据等对应用户的消费喜好；
- ……

很多指标是用户主动提出的，在航空业，顾客为了舒服，不惜多花钱，明确要求头等舱。还有一些线索是用户不自觉表现出来的，比如他们是否愿意在 APP 上额外花时间搜寻打折机票、是否愿意提前很久预订机票、推送的打折优惠活动消息被用户点开的统计等。换成游戏领域，价格敏感的用户充值都是小笔的，消费则是各种精打细算，购买道具的时候往往刚刚好就行，这些信息其实都是可以被统计到的。

当我们确认了用户的付费能力，接下来就是赋予他们 BUFF 的时候了。

我为这个 BUFF 取了个名字叫：**付费运气衰减**。当然用户一定是看不到的，不然付费越多，运气越少了。所谓的运气，其实都是数值策划通过表格设计的。

把自己的想法与数值策划进行沟通后，于是你决定：让各种类型的优惠券，付费能力弱的用户获得优惠券数量多一点，折扣比例大一点？而付费能力强的用户获得优惠券数量少一点，折扣低一点？

如果你敢这么做，简直就是作死，具体你搜一下“去哪儿网+猫腻”就能够明白大致什么意思了。我与其无任何利益关联，只想说明，**一旦用户觉得你搞鬼了，即使你没搞鬼，必然引起不必要的麻烦**。

如果你这么干，很容易导致的一个结果就是付费能力强的人抗议并且停止付费，因为没有人会接受“花钱越多越傻，越享受不到优惠政策”的游戏设计。

在这个前提下我建议：**增加混乱的元素，不要让消费能力高的用户感知到，有些随机设计对他们不公平。**

混乱的元素，让付费能力强的人也能拿到一些高折扣的优惠券，只不过概率小一些罢了。

同理，在一些随机获得结果的玩法上，比如装备升星、洗属性、技能、附魔，进阶附带一些随机成功行为的逻辑上，同样可以赋予这一类的 BUFF，付费能力强的用户比付费能力弱的用户要额外支付一些成本才可以达到目的。以上种种思路，数值策划完全可以通过配置不同的概率表来实现。

即使是不做这个付费运气衰减的 BUFF，我们从用户行为上也能做出歧视行为。核心思路：**增加付费能力强的人的参与门槛，让付费能力强的用户，觉得麻烦而放弃。**

有钱人玩游戏的时间有限，所以选择花钱搞定一些事（比如抽奖，比如加速），当他们花钱搞定一些东西的时候，某些道具就变成了弱需求，有些场景产出的道具，有钱人是不稀罕去刷的，我们在那些场景里面设计 NPC，让付费能力弱的人花点时间去兑换即可。

不管如何调节，付费能力强的人一定是拥有游戏中的竞争优势的，否则就是对付费行为的不公平。调节的目的都是为了让不同付费能力的用户多花一些钱，而不是追求公平。

歧视也是讲究尺度的，从付费角度而言，我们可以从 1000 元钱开始衰减，也可以从 10000 元钱开始衰减。从行为角度而言，我们可以通过版本更新场景产出的形式去进行。

游戏是娱乐产业，用户花钱是在游戏里面购买体验，一件武器的攻击是+100 还是+10000 根本不重要，土豪要的是正面体验，这种体验可以是击杀怪物，也可以是碾压/帮助其他玩家，站在巴图博士的模型角度去思考，成就型、探索型、社交型、杀手型用户的体验各不相同。**越是像奢侈品一样的稀缺体验，越能够让用户付更多的钱。**

以上，均是我在写“价格歧视”、“定位”、“奢侈品原理”等知识点时的思考，掌握了原理之后，要关联游戏，并尝试运用到自己的游戏设计里，进而验证自己的掌握程度。

4.2.5　竞价拍卖

一般人比较少接触到真实的拍卖，往往都是电视里面看到的，很多网络小说里面也辅助以较为精彩的描写。往往是一段厉害的物品介绍，一个让人咂舌的开拍底价，一堆哄抢抬价的人群，一个不断询问有没有更高出价的拍卖官，一记落锤决定最终物品归属权，以及众生面对结果的反应……

- 稀缺商品——意味着价值，意味着高价；
- 竞拍人群——意味着博弈，意味着竞争；
- 拍卖形式——意味着选择，意味着策略。

拍卖其实也是一种销售策略，这种销售策略有非常多的演变。但凡跟钱有关的，我们都要研究。这才是一名合格的“奸商”应该有的姿态。

1. 增价拍卖

最为常见的套路，商品底价多少，最低加价多少，由低到高完成加价行为，最后最高出价者获得拍品。此种方式的特点，最容易撩拨人的情绪，是一种公开的竞争和博弈，许多土豪都乐意在拍卖场证实自己的身份与实力，有时候商品价值不重要，“面子”很重要。

2．速胜式拍卖

增价拍卖的变种，同样是不断加价，卖方委托给拍卖行一个刻度，当有人出价等于或超过这个刻度，则直接成交。此种方式的特点在于追求时间效率，并非一味追求最高价。

3．减价拍卖

拍卖人宣布拍卖标的的起叫价及降幅，并依次往下叫价，一有人应价，即可宣告成交。此种方式又称为荷兰式拍卖，历史上荷兰为“海盗之邦”，海盗劫财后，急于将手上的财物变现，常常用减价拍卖方式。属于一种为了处理大量库存的销售方式。

4．增减结合拍卖

拍卖人先报底价，如果有人应价，则为增价拍卖，价高者得。若无人应价，则改为减价拍卖，不断往下降价，第一位应价者获得。

5．标准增量式拍卖

此拍卖方式同样适合出售大量商品。卖方为拍卖标的设计一个需求量与成交价格的关系曲线（买多便宜，买少就贵）。买方标数量，卖方标价格，若买方同意则成交。

还有一个变种就是暗标数量竞价，大家集体标数量，拍卖者将投标情况从高至低分列开来，这些拍卖物依次卖给那些出价最高的买主，直到所有供应量出清。

6．反向拍卖

常常用于政府采购、工程采购。买方比较少而卖方特别多时采取的一种竞争方式。买方提需求，卖方满足条件。其实跟招聘优秀人才差不多，区别是招聘方在一起竞争招聘求职者。

7．定向拍卖

一种卖方为特定的拍卖标的而设计的拍卖方式，有意竞买者必须符合卖家所提出的相关条件，才可成为竞买人参与竞价。跟比武招亲差不多，对方必须满足性别、婚姻状况、年龄、职业、地域、身高、体重、收入等一系列条件，然后采取某种竞争方式，比如谁打架厉害……

8. 投标拍卖

拍卖人事先公布拍卖标的的具体情况和拍卖条件，买主在规定时间内将密封的标书递交拍卖人。此时有两种情况：一种是委托制，拍卖人根据此前买主的委托标准，综合加权最高者得；另一种是自主决策制，由买主根据条件选择卖方。

在宣布结果方面也可能是两种情况：在规定时间内，公开结果，让大家知道买家花了多少成本获得；也可以只宣布结果，不公开成本。

此种拍卖方式更多的时候是照顾买方的心理，买方之间往往彼此相当熟悉，存在合作关系。采用“公开报价的竞价方式”以及“宣布成交”可能会造成各竞买人的心理负担，往往影响拍卖价格，使用此种暗标的拍卖方式可使各竞买人直接报出各自的最高价格。

在我的职业生涯中，曾经有一款非常优秀的游戏产品，并非公司指定运营负责人，而是由几个运营负责人通过竞争获得。运营负责人通过演讲（展示优势）以及暗标（承诺数据）获得开发团队的认可，进而由开发团队负责人指定游戏的运营负责人。

9. 第二价格密封拍卖

第二竞价拍卖也称为维克瑞拍卖，多个买家密封标注价格，商品出售给最高出价者，但是买家实际支付的价格是所有投标者中的第二高的出价。

这种方式最大的特点就是诚实，商品在每个人心中都有一个估值，每个投标者的最优战略就是依照自己对标的物的估价据实竞标，这显然是一种符合激励相容原则的交易方式。而且，由于拍卖品最终由支付意愿最高的投标者获得，也是一种能使买卖双方达到帕累托最优的配置机制。

生活中任何切不开的蛋糕都可以用这种方式分配，比如夫妻分家产，为了某个东西争论不休，双方各自暗自报价，价高者得，但是支付的费用是两者相加的中间值，如果出价高，损失太大，如果出价低，则过于廉价，这种方式能够有效地让双方给予一个更为合理的数值。

由于现实中很多买家之间互相串通合谋，拍卖者与买方串通合谋，往往都会破坏公正性，运用这种拍卖方案的最好策略就是突然袭击，直接宣布竞争方案，不给他们串通的机会。所以如果有一天，我们有一个稀缺品要出售给一群竞争的卖家，一定要做到突然，不给他们商量的机会，这才能够最大化地保证双方的利益。

10．唯一最低价拍卖

其实这个最早用于赌博行业，之所以叫拍卖，是因为形式比较像。

比如一个限量版的打火机，或者 1982 年的农夫山泉，总之可能是比较珍贵的东西。然后由一堆参与者投出多个暗标，时间结束后，展示全部暗标。出价最低且唯一的人获得拍卖品。同时所有参与者投出的暗标费用都归赌场获得。

解释“一堆参与者重复出价”：比如我可以出 4 个暗标，依次为 1 元、2 元、3 元、4 元，不管此次成功与否，我投出的 4 个暗标（合计 10 元）全部归赌场。

解释“出价最低且唯一”：假设 1 元钱是最低的单位，但有 2 个人出 1 元钱，那么就不满足唯一的条件。要知道，每个人在暗标的同时，根本不知道其他的出价多少。

还记得前面随机博彩里讲过的数学期望值吗？赌场设计的规则，从来都不会输，比如我有一件商品，价值 1000 元钱，自然是需要参与人数达到一定的条件才可以开奖。这种形式，往往最低出价费用是 1 分钱。为了方便结算，往往也限制每个人的暗标次数。

参与方的投标费用归赌场（举办方）所得这种形式就可以做很多种变化。比如投标半价返还等。当然我们可以把这种形式包装为公益，比如所有收入捐赠什么的。

以上列举的多种拍卖的手法以及变来变去的嵌套组合，核心的规则都是人在系统指定的规则下进行竞争，只要有商品、买卖双方的存在，作为运营者都可以通过各种手段获得收入。当然还可以发明出更多的拍卖玩法，知识本身就是不断更新迭代和完善的。

运营者可以自己生产商品成为卖方，也可以由玩家成为买卖双方，运营者从中抽取交易税，亦可由玩家成为卖方，自己成为买方等。

每种玩法都有其特点，都可以运用于自己的游戏之中，比如：

- 唯一最低价式拍卖，用于回收大量淤积货币；
- 标准增量式拍卖，放上一堆道具，由用户自由抢购数量；
- 速胜式拍卖，每间隔 X 分钟放一件道具，用户直接报价，优先匹配者赢。

所有的玩法规则，都需要为其补充附加条件，达成收入目标的同时提供一些体验，让我们的用户们念念不忘。

我之前的章节里，经常说为土豪们设计竞争环境，拍卖就是一个很好的玩法。

基本上所有的游戏里面都有各种各样的排行榜设计，每周一为榜单上的前 X 名，设计出一些稀缺品（BUFF、时装、称号、神器均可），为了保证玩法持续赢利，这些稀缺品都有 7 天的时间限制，每周一结算，如此循环，各大排行榜可以跟各种各样的用户行为进行绑定。可以是活跃用户也可以是付费用户。只要奖励设计得好，自然可以引得用户们竞争。

再扩大到整个游戏群体来看，比如公司签订了一个明星代言人，这种就可以用拍卖的形式去做，用来回馈用户。比如跟明星组织个游戏比赛，吃个午餐，参与个活动什么的。然后给该用户做专访，包装，再给该用户所在的服务器里发专属服务器福利，并且刷公告告知，拿出千金买马骨的姿态，怎么给用户面子怎么来，一定让他感受到超值，让其他用户感到嫉妒羡慕恨，效果就对了。相信这个被包装过的用户，将来一定会成为这家公司这个品牌的铁粉。

竞价竞争的不单单是钱，也可以是行为，比如说，拉新用户最多的用户、文章写得非常好的用户、社区里非常活跃一直付出的 KOL 等。当然我们也会依据场景和特性，匹配给用户对应的奖励。

现实生活中的种种经济学的运行规律，都可以用在游戏里面进行模拟。我们自己设计规则，让系统和用户、用户和用户之间进行博弈，然后不断迭代，直至彻底弄明白为止。

4.2.6　微量

微量销售的核心逻辑并非薄利多销，也并非折扣。虽然两者有相似之处，但是逻辑是不一样的。微量的核心在于，尝试把自己的商品切分成足够小的份额，让更多的用户参与购买。

只要是人，就拥有购买能力，区别是穷人购买能力弱，富人购买能力强。

根据二八法则，80%的收入由 20%的用户贡献，看起来做富人的生意显得性价比好一些。但当某个市场已经被耕耘透了，已经最大化了，为了增加收入，不妨尝试去做一些小额的生意。

现实生活中的无数商业行为都值得我们关注。甚至很多诈骗犯罪行为也是，每种诈骗行为的背后都是套路，当然了我们不是关注如何犯罪，而是关注每个经济行为背后的逻辑。

比如小额贷款，大学生经常被骗，以至于产生了裸贷这种社会事件。其实国外小额贷款的生意做得好好的，大家搜索一下关键词“格莱珉银行”，可以了解到由于健全的机制，坏账率不超过 3%，平均利润率仅仅 2.8%，格莱珉银行创始人曾说道，不覆盖穷人的银行体系需要被重新设计，这属于典型的商业模式创新。

要知道很多行业利润率简直可怜，说个大家都熟悉的，搜索关键词“京东利润率”就明白了。所以，量大是有价值的。

回到核心逻辑：**尝试把自己的商品切分成足够小的份额，让更多的用户参与购买。**

生活中有很多这样的案例。

- 比如小包的洗发水，你买小包和买整瓶比较，小包洗发水简直不要太黑哦；
- 当初读书的时候，学校的小卖部把烟拆开按照根卖，价格比买整包贵不少；
- 网络文学也是按照章节付费，但如果全部追完，比买一本书要贵很多；
- 在餐饮行业，小碗菜也是大受顾客欢迎的。

以上通通是这种思路，商品切分成足够小的份额，让更多的用户参与购买。

不光商品可以，服务也是可以的。在很多行业，用户掏出一笔钱其实都是决策成本比较高的选择，如果有更低的决策成本替代，用户会做出选择的。

在游戏行业，我们同样能够发现很多道具或者服务，周期往往比较长。

- 比如某个装备的获取成本需要 300 元钱；
- 某个抽奖活动的单次行为是 30 元钱；
- 强化一次的成本是 50 元钱；
- 某件服装的时效是 30 天。

早年在运营 PC 客户端游戏的时候，好东西都是通过抽奖获得的。单次抽奖成本被数值策划设定为 100 元每次，用户每参与 10 次抽奖行为，就可以获得一个价值 1000 元的游戏道具。跟如今手游的十连抽必得紫色品质道具一样，毕竟对应品质的道具对得起对应的价钱。

后来我们把单次抽奖的成本变更为 5 元钱每次，同时也把价值 1000 元的游戏道具拆成了碎片（集齐若干个碎片可以兑换成一个完整道具），由此带来的结果是，5 元钱每次的抽奖相比 100 元每次的抽奖，总体营收数据直接翻了 5 倍，效果让人惊讶。

因为门槛足够低，使得更多的用户容易参与，这就是微量的威力。

这是我亲身经历过的案例，其实现在回想过去，完全是误打误撞形成了方法论，很多事情都是后来看了相关知识才知道当初为什么数据会变得那么好。

更为讽刺的是，当我们完成了这类调整之后，接下来就是其他竞品公司的竞相模仿，我们当初卖 100 元抽 1 次的时候，他们也是 100 元抽 1 次，我们调整为 5 元抽 1 次，他们也如影随形。

当我们掌握了微量的知识，不妨大胆进行一些测试。

如今大多数游戏都是第一笔充值 6 元，第二笔充值 30 元（一般用来买月卡），不妨设计一个 10 元的周卡试试看。我打赌在这一块的收入数据 100%会得到提升。我自己本身体验很多的游戏，第一笔是付首充，而在买月卡上我会犹豫比较久，首先是自己玩不了那么久，毕竟从 6 元跳到 30 元，坡度不平滑。如果有周卡我肯定买了。如果我愿意留存，自然是周卡到期后转月卡。

当然了，另外一个思路是，用户支付了更多金额，购买更长的月卡福利时间，那么带来的结果就是流失成本增加。对于这种理论，真的不置可否。如果我不想玩，才不会因为月卡福利没领完而继续呢。

说真的，我特别想找人测试以下三种情况。

（1）仅出售：30 元的月卡；
（2）仅出售：10 元的周卡；
（3）同时出售：30 元的月卡和 10 元的周卡。

然后观察一段时间，通过日活跃和付费情况，看一下哪种情况的收入数据更好。唯有如此，才是科学的论证方案。

微量的方法论就介绍到这里，期望大家能抓住核心逻辑：观察游戏中那些大宗的商品或者服务，是否拥有切分的可能性，使其价格门槛变低，继而让更多的用户完成购买行为。

4.2.7　绩效结算

绩效定价非常容易理解，即好用再付钱，非常好用则可以尝试收更多的钱。

最常见的就是医药行业，毕竟在这个行业，有些药品只对某一类人群起作用，而对另外一些人群是影响甚微的。这并非是诈骗或者心理暗示，而是在药理学里真实存在的。

卖家想卖高价，消费者想付低价，天然就是一种矛盾，而采取绩效定价的销售模式，这种冲突就会得到极大的缓解，创造一种新的合作局面。

在网络世界里，谷歌通过点击付费，很多网站和商家通过 CPS 和 CPA 进行结算，律师、投资银行、咨询行业、职业经理人都通过业绩的达成来获得收入。

这种定价的好处是能够比较好地保护买卖双方，减少价格竞争，避免价格过高或者过低给双方带来压力，更好地促进交易。

“好吃再付钱”属于体验型的销售技巧，因为好吃是一种主观感受，真的给用户一只烧鸡，让他吃光？遇见无赖怎么办？

使用这种销售方式必须满足一些条件，否则就比较难成立。

1．交易关注点是某特定目标

比如某个游戏挣钱了，每个部门都可以说是自己的功劳，研发说自己设计得好让用户沉迷，愿意付费。运营说自己运营活动设计得好，收钱多，营销说自己导入了很多用户你们运营收钱才容易。

所以想要定义绩效，要确定特定目标。研发的绩效指标是留存率，运营的指标是用户价值输出，市场的指标是导入总量和平均导入成本。然后分别进行奖励结算。

2．确认结果可验证，可证实为卖方价值

工作中有太多不可验证的事情，比如游戏的留存率提升了，策划说自己的新手环节改得好，美术说游戏的颜值提升了更吸引用户，开发说自己的代码优化了服务器更加稳定，运营说自己的攻略写得好用户知道怎么玩，运维说服务器进行了优化不那么卡了……

所以留存率这个指标，就只适合作为项目负责人的绩效，而不适合定为某个部门的绩效。部门的绩效指标应该是更加细分、更加具体的指标，指标细分到其他部门无法互相影响最合理。

3．结果如果失败，不至于影响卖方市场

绩效的逻辑在于奖励，而不是保证绝对成功，如果成功就按照规则进行奖励，如果失败就拉倒。保证绝对成功的叫对赌，叫军令状，即失败接受惩罚，而并非绩效。

工作没做好，最多是不奖励，基本工资还是要发的，不至于扣钱。同样，药品没治好人，也不至于砸了人家招牌，不让人家再行医。当然，治死了人又是另外一码事了。

想想看，在游戏中，哪些是应该被设计作为绩效的方式进行销售给用户的。紧扣主题：**成功了就付钱，失败就返还。**

游戏内经常有对战的情况产生。

那么用户在进入战场之前，可以选择支付费用购买多个 BUFF，一旦赢了，获得胜者奖励。而失败者则获得一定 BUFF 的费用返还，因为 BUFF 没有起到效果嘛。

我讲述的这种方式在很多游戏中并未存在，可能是以其他的形式存在。影响战斗胜负的结果有很多，对战过程中使用的药材就是 BUFF 的一种类型，但是消耗品就是消耗品，用了就没有了，比较符合消耗品的定位。

而 BUFF 是一种特殊的存在，从逻辑上更加符合这种认知。比如“战神的祝福”一类，祝福失效就退钱嘛。这种销售方式是一种新的销售体验，各种新的销售体验往往都能够带来额外的收入。

很多游戏在进场之前也设计了鼓舞（花钱购买 BUFF），但是往往有些用户根本不用鼓舞，因为他不知道对手随机匹配的实力。不用是一种保险的省钱的策略。

而有效付费、失败返还的策略，则能够降低用户的压力，因为胜利了不说了，反正失败了退钱。当然涉及具体的规则，还有更多的条款和细节要补充。

4.3　7 种提升游戏活跃的经济学知识

4.3.1　意愿付费

意愿付费的逻辑在于：凭心情看着给，双方你情我愿。

互联网上较早的意愿付费来自于音乐打赏付费，让粉丝们自由下载，然后依据情况进行打赏。我自己也写微信公众号，同样经常会收到来自读者的打赏。

在国外，服务员的收入主要来自小费，这样的设计往往也能够促使卖家提供更好的服务。近几年比较火的直播行业，也是这种逻辑。

“分答”在意愿付费上进行了一个创新，建立了一个三方博弈市场，读者付费提问，大 V 选择性回答，大家根据意愿进行偷听偷看，然后当初的提问者和回答者获得收益。

以前物质匮乏的时代，书籍、音乐的价格被生产成本和销售渠道影响，现如今，传播媒介如此发达，这种方案改变了内容的成本结构，不设定价格可以避开中间商。

跟免费相似，这种定价策略更容易让更多的人参与体验，双方都是自由选择，只要内容提供得好，很多原本不付钱的用户能被转化成为愿意付费的。跟餐馆的服务生收小费一样，有助于鼓励卖方提供优质的产品和服务。

总结意愿付费的方案背后的几大特征：

（1）产品边际成本比较低，一般附带文化属性；
（2）付费后能够刺激卖家提供更好的内容或服务；
（3）买方尊重卖方的付出，双方彼此认同；
（4）激烈竞争的市场环境的销售选择。

我们所在的游戏行业，与其说游戏是免费的，不如说是意愿付费的。

在游戏运营层面，意愿付费的方式同样可以被模仿。比如我们常见的 UGC 和 PGC，用户会生产与游戏相关的内容。

比如游戏攻略、通关视频、明星直播、战队训练、对战比赛均是用户生产的内容，由于精力问题，我们往往都是直接采用第三方的服务和功能，也有公司做成 SDK 内置到游戏中。

做意愿付费的关键点是用户本身，在用户基础过小的前提下，根本产生不了那么多的优质内容生产者，所以最为常见的是，我们官方主动进行补贴，以期望打造游戏文化。如何让用户也参与进来，刺激内容生产者的意愿是大家要主动考虑的事情。

“分答”既然能被发明出来，相信在游戏行业，我们也能思考探索到一些新的玩法。我相信所有的创新者，也是掌握了一定的经济学规律，才能够源源不断地冒出想法。

被抄袭都是以后的事情了，一旦自己能想到好主意，就能找到资源去建立竞争壁垒，我们都知道，商业世界里从来不缺投资者，缺的是创新者。无数商业案例证明，创新者从来都是能获得最大收益的人。

4.3.2 众筹

众筹是近些年来比较流行的一种玩法，翻译自国外 Crowd Funding 一词，即大众筹资，是一种“预消费”模式。个人在平台上展示想法和创意，利用互联网进行传播，进而争取到大家的关注和支持，获得启动资金。商业成功即兑现此前承诺的价值，失败则大众承担结果。

这种方式比传统融资方式更为开放，目标性也与传统追逐的不一样，传统融资在意商业价值和投资回报率，赚钱是第一标准。而众筹是在于用户的喜欢，参与者更在意其他方面的价值。

众筹除去能够募集到启动资金外，还可以获得一份市场调查，即用户对你的项目究竟有多感兴趣，能在一定程度上反映出你的产品将来大范围投放市场后的结果。明面上等于是大张旗鼓地打了一次广告，隐性的价值在于降低创业成本和风险。

众筹成绩完成得比较好的创业者会跟投资人说："你看，我的东西没做出来，居然这么多人都喜欢，而且他们都已经预付定金订购了。"众筹的金额越大，意味着订单量越多。

由于是消费者预付定金订购，所以跟传统VC不一样，消费者往往是"外行人"，并不能给予创业性的市场指导，传统VC可是过来人，能帮助创业者少走不少弯路。基于此，众筹的项目一旦成功，也是做给投资人看的。

众筹也是有风险的，这种行为的参与者，很可能因吸纳了不符合群体主流价值认同的乌合之众，把生意或活动搅得乌烟瘴气。众筹模式并不是参与者越多越好，而是合适的参与者越多越好。所以为了得到保障，一定要用一些"歧视"的方式。

在国内，北京中关村3W咖啡创始人许丹丹用的就是这个模式，大家建立的是一个投资社交圈，将人脉拓展、品牌推广、孵化项目和传递创业智慧作为咖啡馆的主要运营模式。这种类似网络小说里面的酒馆，信息和人脉是商业的核心价值。

3W咖啡的股东非常多，而成为股东则拥有着一些苛刻的门槛，即投资参与者必须拥有自己的社交价值。

我们来剖析一下众筹的特征：

（1）依赖创意，依赖大众力量完成的一种集资行为；
（2）为保证质量，要设定身份门槛，不能人人都参与；
（3）众筹不是意愿付费，发起人和支持者拥有明确的价值分配规则。

所有互联网上发生的事情，都能够在现实生活里找到原型，并且在原型上不断改变，比如修路、修寺庙都算作众筹集资的行为。如果不能产生价值分配规则，则归属于意愿付费。

在游戏领域，这种类型的规则设计相对比较少见。毕竟前面已经讲了很多如何向用户收费的套路。

在我曾经运营的国战类游戏里，有过募捐的一项规则设计，由发起募捐行为，其他用户可以选择性地支付一定的货币，这笔货币将集中起来作为某项建设、贸易和对外物资。

捐献货币的行为本身，必然是能实时获得结果的，系统设定为根据捐献的情况及时返还奖励。其实是一种支付货币购买奖励的设计。区别是由玩家发起，并非由系统发起。

往往这种设计之所以烂尾是因为用户捐献的货币集齐后，游戏制作人并没有设计出更好的消耗规则。其实集齐资金更有机会做出一些玩法设计使其焕发活力，但是制作人本身没有动机，还是挣钱最爽，或者等别人发明了规则自己抄袭要来得轻松。

现实生活中遇见的商业规则，都可以照搬到虚拟世界中，任何一种货币的流动形式都可以产生利润，甚至产生其他方面的价值输出，虽然运营做收入流水很重要，同样让用户玩得开心更加重要。

4.3.3 投资理财

现代意义上的投资理财包括：

- 保值——指保证资产的原来价值不变，主要是规避通货膨胀的风险；
- 增值——在原来资产的基础上增加资产的总量；
- 保障——是指防范生命和财产在未来可能面临的各种不测风险。

出于上述这三个目的，可以设计出很多种变种玩法规则，但是一切都得有一个平台方作为基础。

说到投资理财就不得不提到风险，保险和炒股都属于投资理财的一个细分，前者是降低风险，后者是购买风险。在用户与风险博弈的过程中，必然会有输赢。风险也是被分成多种类别的：

- 天然存在，无法规避的系统型风险；
- 认识并管理自己行为的人为型风险；
- 动态博弈，值得拥抱的策略型风险。

所以不用拒绝风险，尽情拥抱吧，认识并加以利用，就能从中获益。

在游戏设计中，“成长保障基金”的规则大家应该非常熟悉：用户花钱订购一个周期性的保险，随着用户的等级提升，依次返还货币，这种属于纯销售导向的投资理财行为。

更多的投资理财类玩法在游戏中不常见，是由于我们的运营方式和游戏设计本身决定的。

当我们运用各种运营手段，促使用户把钱换成一级货币（已经完成了交易行为），让用户快速把一级货币消费掉是为了造成短缺，引发后面的交易行为。

从游戏设计本身而言，平台方本身就是不靠谱的，游戏中的一级货币不具备流通性和安全性，游戏通货膨胀甚至停止运营的行为随时可能发生，全由官方说了算，在巨大的不安全感下，没有保值和增值的需要。游戏用户往往是释放欲望和发泄的，有钱就花，没有在游戏内追求货币保值和增值的需要。

我们再来谈谈规避风险的创新，用户支付费用向官方购买一种服务或者保障也是一种增加收入的选择。

现实社会的案例中，锤子科技的碎屏险就是一种非常好的服务创新，至少此前小米、魅族和华为印象中是不提供这种服务的，锤子发完后，其他的厂商也就进行了跟进。这种东西的发明极大地完善了市场，为消费者带来了好处，保险公司在这一块也增加了非常多的业务收入三方同时获益。

同样的思路，尝试运用在游戏之中。

- 产品层面：比如购买某保险，你今天参与某竞赛活动，如果输了，系统结算给你一笔补偿金；
- 运营层面：比如购买某保险，当你的游戏账号被盗了，官方保证你的道具能够恢复，不影响游戏。

以上列举的两个思路，背后有着非常多的逻辑漏洞需要完善。

在《征途》里面曾经有一个股票系统，这个所谓的股票其实就是个命名罢了，跟我们现实中的股市根本没有关系。该系统本身叫钱庄更为贴切，这种设计打通了一级货币和二级货币的兑换。这种货币之间的互相兑换，在很多游戏内同样拥有。

一级货币全部由 RMB 兑换：可以叫钻石，可以叫元宝，主要回收渠道是商城。

二级货币由游戏中任务奖励，各种玩法大量产出，主要回收渠道是游戏内的各个系统，比如武器升级、维修保养、买药。

由于一级货币和人民币有着恒定的汇率关系，当二级货币被用户大量需求的时候，付费能力强的用户就会选择在钱庄购买二级货币。虽然普通用户也会挂单，但几乎所有的一级货币都是官方购买的，在运营眼中，用户消耗一级货币等于消耗人民币，买商城道具，还是购买二级货币，根本没有本质的区别。唯一带来的影响是，二级货币越来越不值钱。

真正的股票或基金玩法，本质就是根据涨跌情况，买进卖出的游戏。这中间的赢利逻辑就不解释了，大家非常熟悉。

当我们了解到各种价值交换、用户行为选择、货币流转机制的规律后，思路往往也不会局限于某个领域，而是在自己所在的领域做出创新设计（比如锤子科技），也许就能够开创一种新的赢利模式。

4.3.4 典当置换

典当发散到游戏里，好像没有什么作用，但是我们可以从这种交易形式里获得几种新的设计思路，比如以物易物收取交易税。

卡牌类游戏，讲究的是收集和置换。假设某卡牌游戏一共有十大流派，比如《魔兽争霸》《英雄无敌》类似托尔金的世界观，各个流派各有特色，互相克制，集齐所有的流派需要积攒 100 张卡牌。普通的用户能力有限，一般只能追求玩其中 1~2 个流派玩法，余下 80~90 张卡牌就是弱需求。

在游戏中，各个卡牌的碎片都是随机投放的，对用户而言，一旦用户选择了某条发展路线后，一定会出现大量的淤积碎片，此时我们就可以提供置换方案了。

置换有两种形式，一种是用户跟系统之间，另外一种是用户跟用户之间。

现如今，很多手机游戏不开放用户之间的交易，是因为不想被盗号的盯上，但加上一些限制和保护的话，也可以进行。比如交易只能在公会内进行（入会 24 小时内不允许兑换），每间隔 4 个小时只能完成一件兑换征集，使盗号者无法快速变现即可。

一旦开放用户之间的置换行为，就自然能促进活跃，各种关系链就自然而然地建立起来。这跟我们当初吃小浣熊干脆面，集《水浒传》的 108 将卡一样，在达到自己想要的目标之前，能够保证足够长的时间。

对用户而言，每件道具的获取成本是一样的。如果设计用户与系统进行兑换，自然跟当铺的原理机制一样，不会按照原价来进行，比如 5∶1 兑换指定碎片，或者 10∶1 兑换万能碎片等。

这两种置换形式可以单独存在也可以同时开放，用户之间的置换可以收交易税，用户跟系统之间的活动形式可以有效回收资源。

当然，忍不住的土豪用户依旧会选择花钱从系统那里快速十连抽得到一切。所以置换的设计是为了普通用户而汇聚的。

4.3.5 共享经济

“用户要的是墙壁上的一个孔，而不需要一个钻孔机。”

这几年有个非常火的词汇，叫共享经济。此前有“滴滴”、“优步”，后面又出现了“摩拜”、“OFO”，再往后还出现了共享充电宝，看似热闹，都是共享，但这先后出现的新事物从商业运作上而言，有着相当大的差异性。

“滴滴”和“优步”的专车出行服务在于整合线下的过剩产能并加以利用，提升城市交通的运转效率，作为平台方，通过用户主动加价与车主共享利润来源，是真正意义上的共享经济，购买服务的价格则依据需求动态变化。

“摩拜”和“OFO”属于自己生产自行车，靠收取租金来赢利，由于运维成本极其高，至今尚未找到合适的赢利模式。

共享充电宝同样是自己生产收租金，但是由于运营成本较低，当收回了成本之后，余下皆是赢利。

严格来说，整合线下的过剩产能并加以利用才算共享经济，共享单车和共享充电宝属于传统行业的租售模式，跟已经消失的租书、租影碟的性质一样。

真正的共享经济是分享者让渡自己的资源使用权给别人，然后获得回报的一种商业模式，有兴趣的读者可以搜索一下 Airbnb。

我们提炼关键词，过剩资源、租用，在游戏中寻找相似的设计，最典型的就是助战了。当一个关卡我打不过的时候，借用好友的战斗力来通过，这种设计很早就有，但是没有深入挖掘。

从增加游戏活跃度的角度来看，不妨改一下设计尝试增加游戏的活跃性。

- 闲置资源：用户们养成的一堆卡牌、装备、坐骑、宠物、时装……长期放在仓库里的闲置不用的战斗力资源；
- 质押功能：在现实世界里用押金、用法律来保障租用方不赖账，在虚拟世界使用系统规则即可；
- 价值流动：让用户之间更多地参与互动，就是价值。

我们就可以完全仿照现实世界的方式，用闲置资源去交换价值。一旦租出，就短暂失去。

如果把这个功能放置在公会内，闲置资源就当是土豪给会员的福利，如果把这些东西放置到自由市场上，就变成了与其他用户之间的互动。

这种设计同样有成立前提，跟前面提到过的卡牌类设计一致，游戏中的养成搭配路线足够丰富，永远没有最优解，不同级别会存在数值优势，但是同一级别则存在互相克制的关系。

土豪用户们为了争取更多的胜率，一定会同时培养多个线路（花费更多的钱），而普通付费用户只能追求一条发展线路，闲置的资源就可以拿来互相租用。有太多用户一个劲儿地把一个号养废了（搭配不好），从此不玩，但是如果有这个功能，则可能留下。

这不是主要营收点，其价值更有利于用户之间的互动，如果要设计营收点，任何地方都可以。

比如想要使用“租用”的功能，就必须完成首充作为门槛以提升付费率，当然别忘记了，偶尔投放一些租用体验卡。

任何新的思路都需要很多的边际条件来作为补充才能使其完善，特别是在很多不卖数值、规则比较平衡的竞技游戏里，增加活跃的同时还可能增加一种新的营收方式。

再回到互联网行业里面来，大家搜索一下“全球住”，就能够看到一种投资理财性质的共享经济新玩法（本文作者与其无任何利益相关，仅作为案例分享）。

4.3.6 直销

直销，用庞大的人员网络代替固定的商业场所，用累进的激励政策代替巨额的广告宣传。

提及直销，必然谈到传销，这两个词的英文是一样的，那种诈骗的形式新闻里已经报道过很多次了。任何经济行为都是中性的，就跟手术刀一样，可以用来救人也能用来杀人。

直销，一般分为网状模式和金字塔模式。安利的销售是前者，微商的三级分销是后者，在这个基础上还发明了各种变形的模式，所有的规则都是不断迭代的。但大体的基础不会变，即：把用户变成自己的员工，设计激励政策让用户为我们打工。核心点在于如何去设计激励政策。

（1）激励销售：按销售额给予百分比提成奖金；
（2）激励织网：动员更多的人加入营销网络；
（3）激励成长：跟游戏里一样设计 VIP 体系，给予更多的福利政策。

在游戏行业有三个相似的案例。

- 游戏推广员：地推的工作，一般是从网吧这个场景发起，教会用户下载游戏玩游戏；

- 公会返利：跟公会的会长合作，下载某个特定的 CPS 包，会员的消费部分分给会长；
- 主播推广：跟有流量的游戏主播合作，引导粉丝玩游戏，CPA 和 CPS 结算的均有。

直接拿现金激励销售行为，不得不说非常粗暴直接，大部分人也只是学了其形，未学其神。

据个人了解，也就是 UC 九游设计出一套针对公会的政策去激励成长，然后成就了自己的一线渠道的江湖地位，后来其他渠道都加入了渠道返利大军，大家开始打渠道返利价格战，甚至为了圈人头，跟当初滴滴和快滴一样做起了补贴，然后 UC 九游利润被无限摊薄，公开呼吁行业集体停止返利，这中间的细节和过程，大家找相关人士了解吧。

直销模式是一种非常先进的市场营销模式，但是做好也非常难，毕竟激励销售人人都会做，激励成长则需要下一番苦功了，更难的是激励织网，这等于是为一群用户提供培训管理激励制度，像管理员工一样为他们赋能。

跟做运营一样，不断地让用户输出自己的价值，这个用户的营销网络参与人数越多，网络的人员素质越高，整个网络销售的业绩越突出，织网者所得到的奖励也就越多。

一个行之有效的管理制度创新，基本上属于一个企业的核心竞争力，在自己建立了绝对的壁垒优势之前，是没有人愿意分享出来的。

4.3.7 动态博弈

在任何交易过程中，买方和卖方是两个不断博弈的群体。

在很多的场景下，都是卖方不断调整，进而试探买方的接受度。商家会用到各种价格歧视的策略去区分用户群，从而扩大市场，追求利润最大化。

其实还有一种方式，就是买方想要获取什么服务，设定心理价位，让商家之间互相博弈。这跟差异定位销售是有区别的。

- 差异定位：卖方通过设计歧视，主动挑选买方；
- 动态博弈：买方通过支付价格，卖方选择是否成交。

动态博弈更多的时候定位于买方市场，多用于清理库存，解放生产力。

实现这一销售方式的前提是：

（1）商家的服务剩余，库存剩余，期望达成销售行为；
（2）边际成本低，市场并未统一化，商家之间竞争比较激烈；
（3）拥有一个信息平台去链接买卖双方，促成交易。

这种销售方式的应用场景非常多。

读大学的时候，大学在省会城市，老家在三线城市，乘坐大巴往返是常见的选择。遇上淡季，巴士都有大量的空置座位往返，那个时候并未出现统一购票点，汽运主都是私营的，乘客都是直接付钱给售票员和司机，跟出租车没什么区别，谈好了价钱就上车。往往一到汽运站就有一堆人围上来问我去哪，完全是买家说了算，很多时候都会给我很低的价格（并且告诫我保密不要告诉其他顾客）。后来这些私营的客运主成立了公司，形成了联盟，谈价钱上车改为凭票上车，互相监督后，顾客就失去了跟商家博弈的机会。

酒店房间基本上是可以定义为库存了，淡季的时候经常住不满，反正空置也是空置，所以我们上午 10 点定酒店和下午 6 点定酒店，拿到的价格根本不一样。

最让人惋惜的就是电影院了，经常去某些电影院有一种包场的感觉，大量的空置座位让人想坐在哪就坐在哪。一场电影放给 1 个人看，跟放给 100 个人看，电影院的经营成本基本没区别。

在一些服务剩余的行业，比如猪八戒网，你需要设计一个标识，标价 500 元（正常的设计公司根本不可能开这么低的价格），然后一堆设计师上来接单，当然了，品质就看你自己挑选的设计师了。在一个大量服务剩余的前提下，如果你愿意，可以报更低的价格。当然，一分钱一分货，愿意低价接单的基本上专业能力也不怎样。

所以想要形成这种买家出价、让大量卖家决定是否成交的前提，必然是有着一个信息平台去连接买卖双方进行信息的交换，才能给彼此达成合作意愿。

当我们掌握了经济学的相关知识，在我们遇见问题的时候，知识就会自动跳出来主动帮助我们解决问题，不妨拿此前提到过的电影院做一下练习。

供不应求的电影自然不存在清理库存的问题，只有那些相对比较冷淡的场次值得用这种策略。

放映一场电影，边际成本极低，座位闲置也是闲置着，电费就更不值钱了，一个电影院如果空置了 80 个座位，我们一定要想办法把库存清理掉，哪怕每个座位定价 5 元也是能有利润进账的。

接下来，我会采取此前提到的“价格歧视”、“竞拍”、“周期订购”、“组合销售”等方式。

电影放映前的最后 10 分钟起，大家才可以抢库存，拿到低价票，这是从行为上进行歧视（有钱人根本不屑，贵的场次没库存）。而且只有办理了会员卡的用户，才可以有资格抢，这是从身份上进行歧视。一旦办了会员卡，自然是锁定了用户的一个周期。

反过来推理一下，会不会存在大家故意不买、故意等低价票，然后逼迫商家降价的情况，这种逻辑存在，我们继续完善规则。比如说余下 50 个座位，有以下三个方案。

- 方案一：从 10 元起，采用减价拍卖制，取出价最高的用户群体。若出现流拍，则定 1 个最低票价。
- 方案二：从 10 元至 1 元由高到低随机定票价，既然来了，等着抢票进电影院，自然不会因为几元钱而放弃购买。
- 方案三：强制搭配爆米花和可乐捆绑销售，进行组合销售。

不过我觉得强制的行为实在是太影响口碑和品牌形象了。也许我会免费送爆米花，或者花生米，并且刻意增加一些食物中的盐分，然后让用户们比较容易买到水。各位想想，KTV 和酒吧这个方式已经用烂了，这里只是做一个简单的拼接。

回过头来想，各大电影院的运营者肯定知道国外航空公司和酒店的动态博弈套路，但是依旧不做出改变，必然背后有重重困难，比如说，电影是娱乐产业，航空和酒店是服务产业，航空和酒店的客单价、消费频次、消费动机也不一样等。

电影娱乐产业是一整条产业链，中间涉及的利益环节过多。但是有一天，有人能够解决这些重重困难，必然又是一种新的商业创新。现实生活中，需要清理库存的场景真的非常多，桌游吧、台球厅、网吧、溜冰场，往往都是重灾区。

在虚拟世界里，并不存在库存这么一个场景，那么唯一能够出售的就是服务了。

所有的博弈都是人与人之间进行的，你来我往，拆招解招，不断变化才是博弈。所谓的人和系统的博弈大多都是解数学题，算的是概率，是绝对可以找出来一套最优解的。

在开放交易的虚拟游戏世界里，物价算是典型，我玩的第一款网络游戏叫《传奇》，某个版本道士厉害，因此道士的职业就非常多，所以道士的装备和克制道士的装备就卖得格外贵。后来我玩得一款国战游戏里，属性被分为近战、远攻、魔法三个基础属性，其服务器的物价，跟各个职业的数量有直接关系，学生时代的我玩游戏没有钱，在游戏里面一直当商人，由此对市场的物价格外敏感，并利用动态博弈特性为自己赢利。

再回到游戏行业，5173就是一个典型的买卖账号、装备、货币的平台，用户有这种需求，就能够出现。代练服务很早就出现在游戏之中了，这种绝对是用户的刚性需求，我自己亲自经历过，某土豪的角色和装备一流，但是竞技手法比较菜，在游戏里面被某个人技术碾压。当时读书的我，竞技手艺非常好，于是该土豪出钱让我开他的号去单挑某人，成功了几次之后，土豪非常爽，刷喇叭大肆羞辱此前羞辱他的家伙。

基本上每个土豪都会有一个代练，当然了代练卖号的事也经常发生。这种服务的出售，让人比较头疼的是，需要解决安全问题。如果官方能够提供一个信息平台，把一部分用户的时间（比如练级）或者手艺（比如冲排位）摆上货架进行销售，在保证安全的前提下，收取交易费，也是一种生意。

网易的藏宝阁作为官方自己搭建的平台就更容易满足这一点了，但是对于大多数游戏厂商而言，用户需求低，开发成本高，投入产出比低，并没有这种动力。

宏观层面的动态博弈做的是平台级生意，平台往往具备垄断性，负责连接买卖双方，调节价格。滴滴就是一个平台，当它完成了统一之后，如果不是损害了原来既得利益者的利益，一旦政策完全放开，将是一个伟大的公司。

现实社会里存在很多的买卖双方，都是由平台进行调控，火车票市场为什么有黄牛，就是因为供应不足，虽然统一定价，黄牛只是让票价回归到了正常。医院专家号也是同理。我们打出租车，平台方肆意加价，是符合市场规律的。猪八戒网上的设计师价格为什么那么便宜，就是因为供应太充足。

一个行业、岗位的利润率足够高的时候，就会有太多的人和资本进入，供应一旦充足，就会立刻变得不值钱，于是大量的人逃离，然后把行业的利润率拉回到平均水平线，市场上有一只看不见的手调节着各个行业的利润率。

所有的商业创新之所以没法实施，跑不出两种原因，一种是市场需求不成熟，另一种是技术保障不成熟。

这几十年来出现的所有新事物，特别是精神文明方面的建设都算需求成熟的表现，以前人们饭都吃不饱，天天在地里面刨食，物质文明匮乏就别想精神文明了，现代人有了大量的时间，所以游戏、电影、健身、直播行业的内容和服务也随之蓬勃发展，这就是需求成熟的案例。

骑自行车的需求早就存在，当技术保障成熟了，共享单车就自然出现了。

世界不断发展，技术日新月异，需求不断出现，对于个体而言，“没想到”和“想清楚了因为条件原因没做成”，从行为上是一致的，但是从认知上是两个层次，很多看似不成熟的事情，一旦有人洞见到了并提前布局，也许比那些“没想到”的群体，有更大的概率领取到创新者的奖励。

4.4　10 种影响用户决策行为的技巧

我们都会做一些不理性的购买行为，面对商家各种各样的套路，几乎每个人都会购买一堆自己原本不需要的东西，作为小白消费者，经常落入商家的套路一点都不丢人。但是如果我们作为一个每天背负销售 KPI 的运营，不知道自己被套路的过程就得好好想想了。

想要控制自己的购买欲，不需要剁手，通过学习就可以知道自己究竟是如何被商家操控的，我们究竟出于什么原因，做出各种不理智的付费行为。

4.4.1　技巧 1：锚点对比

价格锚点的概念是 1992 年一个叫托奥斯基的人提出的，大多数用户根本不知道商品或服务的价格是多少，无法估算成本，在消费者眼里，商品的价值是“相对存在的”，这件商品到底值不值这么多钱，这个定价到底实惠与否，都需要一个可供参照的标准。价格锚点即商家设定的参照标准。

通俗点讲就是用一个锚点做比较，让其中一个选项作为炮灰，以显得另外一个选项特别超值。

果农卖橘子的故事就是一个利用价格锚点的经典案例，左边一筐橘子卖 5 元/斤，右边一筐橘子卖 8 元/斤，由于品质一样，5 块/斤的很快被卖光，然后果农从多的一筐里面匀一部分过去继续卖。

互联网上的服务也是同样的，腾讯视频 VIP 会员的定价策略就把会员分成了多个不同的级别，其中一些定价策略就是用来做锚点对比的。

扩展阅读：大家可以搜索关键词“为什么第二杯半价”。

人都是懒于思考的，用户无法估量成本，只能用对比的方式来确认选择。**用户不为成本付费，而为商品提供的价值感付费。**

不同的锚点原理带来的感受是不一样的。在实际的场景中，还有更多应用。

比如：某书籍定价电子版 29 元，纸质版 59 元，纸质加电子版 59 元。基于此锚点设定，用户就会根据锚点做出“自己的”选择，买纸质加电子版。

我们把这个案例当成方案一，其实在这个场景下可以再设计出两种定价策略。

方案二：电子书 39 元，纸质版 49 元，纸质加电子版 59 元；
方案三：电子书 59 元，纸质版 29 元。

我们想要用户做出怎样的选择，完全可以设计不同的锚点去达到自己的目的。比方说，我们想要冲销量的话，就可以采用方案 2。

方案 3 的设计则是另外一种思维方式，诚然国内很多网络书店都是这么定价的，其实这更取决于书本的内容是什么类型，如果是小说类，受众群体广，自然是定便宜的价格，因为需要卖给更多人。

如果是经营管理类的书籍，它的用户群是商务人士，我甚至可能选择电子版涨价的行为，因为商务人士会在 Kindle 上购买，这部分用户人群，对于空间体积和重量是在意的，所以自然敢为电子版定高价。

还有一种锚点的策略是**价格相同，但是服务、体验、感受不同。**

我曾经在专卖店里面对一整墙的鞋子，觉得有些款式特别丑，为什么还存在，后来行业内的人告诉我，有些商品存在的价值就是为了显得其他的商品好看，显得值得。

在很多行业，有些是展示品，有些是跑量品，有些是利润品，对比带来的是不同的感受。

在游戏行业中，设计游戏道具、属性装备、组合销售道具，锚点对比往往被高频使用，本文中已经列举了一些案例，弄清楚这些案例背后的原理才是王道，然后运用到自己的专业领域里，设计出多种锚点对比策略，如此才能够帮助我们去达到销售的目的。

4.4.2 技巧 2：比例偏见

同款电饭锅，A 商店卖 1000 元，B 商店卖 800 元，差值仅 200 元，大多数人会花 10 分钟的时间，从 A 商店去 B 商店。

同款单反相机，A 商店卖 30000 元，B 商店卖 29500，差值高达 500 元，但是大多数人未必愿意多花 10 分钟的时间，去 B 商店买。

人们本应该在意绝对数值的变化，但在很多时候，人们更加倾向于在意比例的变化。这种原理我们称之为**比例偏见**。商家自然会利用这种原理为消费者提供"更超值"的感受。

比例偏见技巧 1：高价商品减数值

高价商品打折比较亏，所以用数值来呈现比较合适。一般家电卖场里面的大宗电器会用到直降几百，并非打折。

一个典型的例子，当初淘宝的集五福第一期抽奖的时候，抽中了一个 500 万的优惠券，然后一看，是波音 747，如图 4-2 所示。这种行为很可能是支付宝的运营人员恶搞的，并非人家故意这么做，而是人家在追求传播话题性。

图 4-2

比例偏见技巧 2：低价商品打折扣

经常能够看到超市以非常低的价格提供一些商品，海报彩页上一堆显眼的大字“半价出售”、“某商品 0.5 元/斤”，下书小字：限购 1 斤。

要知道，“某东西直降 2 元”相比“某东西 5 折出售”，很明显后者具备强大的噱头，即使 5 元钱每斤的东西就算半价，在限量加限购的前提下总预算是可控的。

以上两种比例偏见技巧属于初级阶段，我们来看看稍微进阶一点的做法。

比例偏见技巧 3：巧妙转移注意力

A 厂家：买 1000 元钱的电饭锅，送价值 100 元钱的餐具 4 件套。

B 厂家：买 1000 元钱的电饭锅，加 1 元钱送价值 100 元钱的餐具 4 件套。

A 厂家的做法是白送，比例是 10%，我们会觉得商家抠门。B 厂家的做法是加购，我们的注意力完全被 1∶100 的比例所吸引了，商家（成功转移用户的注意力）赢得口碑的同时还多拿走 1 元钱。

化妆品或健身房海报广告也是，一个大周期的价格 3000 元，平均每天才多少钱。

这样用户关注的就不是总价格，而是平均每天的价格。

我们在使用销售技巧的时候，要在转移用户注意力上狠狠下工夫。做任何生意，核心目标是给消费者一种“占了便宜”的感觉，这种给予的感觉就是商家的基本功。

我们再来看一个商业案例：天猫双 11 促销，把销售的行为分开 2 段完成，一个是现金订购（小头），一个是尾款结算（大头）。活动开启前，花钱买定金，活动开启后，*N* 倍抵扣。预付 10 元抵扣 30 元，预付 50 元抵扣 100 元，依此类推。

比例偏见瞬间见效了，不是必买的东西，在抵扣规则下也觉得很超值，购买意愿得到提升。订单一旦提交，决策已经完成，不再会有比较行为。

由于有预售行为，商家明确消费者意愿，可以提前获取某类商品的销量，提前分流了库存运转压力，增加了物流的经营效率，提供更好的购物体验。

通过案例来看结构，在抵扣比例不变的前提下，其他方案如下。

- 方案一：活动开启前，花 10 元钱买一张抵扣券（完成交易行为），活动期间不使用，损失 10 元钱。
- 方案二：活动开启前，预存 10 元钱送折扣券，活动期间不用，预存不损失。
- 方案三：活动开启前，花 10 元钱预付定金（完成阶段性交易行为），活动期间依据此前预存定金的比例，完成折扣结算。

天猫属于第三种方案，我们如今站在消费者视角来看觉得天猫做得很棒，我想说的是，即使我们掌握了比例偏见的销售技巧，但是依旧会给出不同的方案设计，而不同的方案给予用户的体验完全不同，此间的差异，自己体会。

再回到游戏圈，很多游戏在删档测试期间的所有充值，均在不删档的时候 *N* 倍返还，也是同理，可是节日活动的创新玩法却极其稀有。

游戏运营不会错过任何一个节日，完全可以用节日促销的方法，让用户提前储值货币在某个钱包里，活动当天按照倍率使用，增加一定的随机性。

大胆一点的做法就是，新版本上线前，购买新道具的折扣玩法，既可以起到预热作用，也可以起到增加用户的流失成本作用。当然，任何做法都要有边际条件去保障，本文仅提供思路。

4.4.3 技巧 3：损失规避

如果你丢了 100 元，然后捡了 100 元，不用说，你的心情八成是愉悦的。

如果你捡了 100 元，然后丢了 100 元，相信你的心情一定是糟透了。

上述案例告诉我们的是，在经济学中原本一模一样的东西，由于发生的顺序不同，在人们心中有不同的感受。

损失规避基础概念：**在相等的情况下，损失带来的痛苦是大于获得的快乐的。**

这一心理原因源自远古时代，原始人突然丢了自己的食物，没有了补给就意味着灭亡。而原始人意外获得了食物，也只是可以延续更长的生命。

两者都是意外情况，相比较而言，意外丢食物带来的创伤更大，所以内心极其讨厌损失，这种基因伴随着生物学的进化，一直到现在还存在我们的体内。

利用损失规避的重点，往往是**撩拨用户心中的那根害怕损失的“弦”，塑造出一种感受**。

在呈现给用户的话术或行为之中，强制设计出一种选项，在人们有一种“避免失去”强烈倾向的基因下，往往就是我们运用技巧的机会。

婚纱影楼里面的套路，销售小姑娘拍了 100 张样片小片，放在你面前，然后让你用一根笔把不喜欢的打 ×，最后留下喜欢的样片，制作成册。要知道留下的样片越多，价格就越高。

这件事的关键在于，销售人员逼迫你不断在照片小样画 × 的行为过程，给你带来的感受就是损失，不断损失。要是反过来，让你一张一张勾，那就是挑果子心态，可能是另外一种感受和结果。

我们在游戏中很多明明可以开放成永久有效的规则，却往往以活动的形式开展，反复强调错过机会就会后悔，有时候是非常有效果的销售技巧。

比如：营收类活动、限时、限购、限制资格。

从宣传效果上而言往往是，“放弃失去什么” > “购买获得什么”。

某装备养成材料打折销售广告：

“限时 3 天，错过再等 1 年” > “限时 3 天，机会难得快来参与吧”

某竞技类药品打折销售：

“限购 10 件，买到赚到，错过就是亏本” > “限购 10 件，超优惠，超高性价比”

记住，**别让用户进入“挑挑拣拣”的感觉，要赋予他们一种“错过就遗憾”的感觉**。

4.4.4 技巧 4：心理账户

试想一下，现在你准备去电影院，然后你发现自己丢了东西。

如果丢的是 100 元的电话储值卡，你依旧会去看电影。
如果丢的是 100 元的电影票，你估计就不会去看了。

同样是价值 100 元的东西，为什么人会做出不同的选择？

每个人心中都有几个心理账户。不管一个人挣多少钱，这些都分布在不同的心理账户里，不同的领域里面消费额度不同。随便列举几个人们都有的心理账户，如表 4-4 所示。

表 4-4

心理账户	定义
生存必要	衣、食、住、行、通信等基本生存开销
个人发展	投资、学习、健身、交际等提升自己的开销
休闲享乐	丰富物质文明和精神文明的开销
家庭情感	花在家人和亲戚上的人情来往开销
……	……

所以此前丢掉的是电话储值卡，属于“生存必要”的开销，不会影响个人行为，而“休闲享乐”账户里面的电影票丢了，等于是已经完成了消费行为，所以才会有上面的选择。

心理账户由潜意识生成，个人行为的背后受潜意识影响，这也是心理学家和行为科学家终身研究的命题。

心理账户的生成和马斯洛的需求层次有关，消费和行为同样分布在各个层次里。不同的人划分和定义心理账户是不同的，每个人都会变化，比如有些人变得更有钱了，就会做慈善、投资、社会捐助、宗教捐助等。

不同的用户分配到不同心理账户的费用，不同时期权重不一样。

大多数人优先满足“生存必要”，其次是“休闲享乐”。少部分过得非常好的人，都有一段把“个人发展”作为最高权重的时光。有些画痴，流浪歌手，为了追求艺术可以风餐露宿。有些人，为了革命、宗教信仰，甚至可以连性命都舍弃。

如何通过心理账户的影响改变用户？

改变用户对我们商品的认知理解，**将商品的属性与用户愿意花钱的心理账户进行连接，于是此前感觉很小气的用户就会瞬间变得大方起来。**

改变用户的心理账户等于是改变用户的默认认知，这种改变的行为就是营销，一般有三种方式：

（1）与用户的既往认知建立关联。

（2）通过营销刷新出认知，创造意愿。

（3）通过第三方的力量影响用户。

比如某些地方的文化特别兴什么，讲究什么，流行什么。“相传什么东西可以如何……”就是商家常见的营销策略。

任何一件商品可以为其赋予多种多样的属性，然后匹配到用户的心理账户里，我们要做的就是取舍不同时机，不同的用户群，以及考虑商品更适合击中对方的哪个心理账户。

回到游戏行业里面做一下练习。

假设有些人默认为玩游戏是玩物丧志，我们想要改变这种认知，就得把玩游戏包装成能锻炼智力、放松减压、社交流行等行为。

假设有些人默认为玩游戏不应该充钱，我们就可以拿其他需要花钱的消遣娱乐行为做类比，说服用户完成付费行为。

我们前面章节提到过的“玩游戏花钱攻略心得”就是通过第三方力量去影响消费者的。

4.4.5　技巧 5：沉没成本

沉没成本是指由于过去的决策已经发生了的，而不能由现在或将来的任何决策改变的成本。

人们在决定是否去做一件事情的时候，不仅看这件事对自己有没有好处，而且也看过去是不是已经在这件事情上有过投入。我们把这些已经发生不可收回的支出，如时间、金钱、精力等称为“沉没成本”。

买衣服讨价还价可以磨个半小时，4S 店的销售员愿意陪你聊一个上午，而房地产中介则更是愿意为了达成销售陪你看 1 个星期房……在销售过程中，为了提高成功率，有目的地制造对方的沉没成本，有利于销售行为的达成。

越是在彼此身上耗费的时间长，投入的精力多，销售行为越容易达成。这个行为，往往一开始就是非常小的，你不知不觉就陷进去了。商家很可能是刻意的，从行为上增加你的成本。

有经验的销售人员会指导销售新人，那些买东西特别挑剔的顾客，往往是更有购买意向的，因为他们挑剔的背后必然是付出了大量的精力去研究，他们的目标就是为了买到心仪的商品。

沉没成本是商家刻意制造的，核心策略是让消费者“循序渐进地投入和参与，不忍舍弃”。

我曾经用于游戏内的设计，比如用户想要某个东西，自然是以碎片的形式兑换，部分碎片打卡签到就能获得，部分碎片做任务获得，部分碎片只能够通过付费获得。前面投入了那么多，现在只需要付 1 元钱就可以拿到很多人不会放弃。

游戏设计本身就是一个成瘾机制，所有游戏厂商都在拼命追求的一个数据就是在线时长，用户在线时长跟用户忠诚度以及付费能力是正关联关系。

所谓碎片化的游戏时间只是妥协，切了一个细分市场。引用现在流行的概念就是“时间的战场”，一个人在游戏里面投入的时间和感情越多，就越沉迷，进而放弃其他的娱乐方式，这意味着，在休闲娱乐的心理账户里，游戏就是全部。

虚拟世界是现实世界的投影，所有的网络游戏内做社交体系，做公会，设计协作、冲突和关系链，其实也是为了增加大家的金钱、智力以及感情投入。

老用户流失分析报告里面虽然有无数的细分项，但一定有一个选择是“没意思”。用户放弃某网络游戏，要么朋友都不玩了，要么仇人都不玩了，这 2 个都没了，难道天天跟 NPC 玩？

尝试增加用户的沉没成本，应该成为游戏运营人员在工作中条件反射般的技能。

反过来思考，如何克服沉没成本带给我们的负面影响？

答案是：把过往的那些投入，更换心理账户，把沉没成本定义为试错的付出。

4.4.6 技巧 6：互惠

常见的互惠技巧有两种套路。

一种是先施舍后索取，通常人们会由于友好的需要或者负债感而答应，比如商场里面的免费试用和试吃，然后促成购买行为。募捐者先送一个小礼物，然后发起募捐。

另外一种是拒绝，退让策略，往往是第一个请求被拒绝后，然后提出一个相对较小的要求，第二个要求会被认为是妥协，对方继而接受第二种请求。

两种套路有一个共同的心理基础，**从建立亏欠感和负债感，然后促使目标为自己**

做点什么。即，接受别人恩惠之后，很想找机会帮对方一次忙，就像通常我们所说的欠了别人一个人情。

互惠原理之所以可以成为如此有效的说服他人的工具，一个重要的原因就在于它所蕴含的巨大的力量。在它的影响下，人们会轻易答应一个在没有负债感时一定会拒绝的请求。

人是具有社会性群居动物，社会性都存在着协作分工，互惠前提就是基于合作开展的，是群体协作的默认基础。物质、情感、机会、名声等一切都是可以拿来互惠的，不限形式。

同样的东西在每个人眼里的价值是不一样的，而我们要做的是，**用什么换什么，通过交换行为为彼此带来价值**。这种选择何种交换物的背后考验的是人的洞察能力。

在经营游戏论坛 KOL 的时候，最低级的做法就是定指标，定期根据 KPI 给他们发钱，但是往往能生产优质内容的人不缺钱，高级的做法则是赋予情感上的维系，赋予尊重感，提供别人无法提供的稀缺价值。

在很多情况下，钱只是一个基础。或者换种说法，砸钱有效，但是更多时候，互惠高手总能在资源有限的情况下把事做成。

想要追求平衡和长久，不要单方面付出，同时也要给予对方回报的机会，如果我们没有需求，没有欲望，那么他人也不愿意单方面接受帮助。反向破坏互惠原理者，即只给予而不要回报的人，也会让人厌恶，这种关系也不会长久。

互惠高手往往能够输出稀缺的价值，所以我们每个人得确认自己能够提供至少一种稀缺的价值，然后才能够成为对方想要交换的目标对象，来达到彼此的收益最大化。

互惠高手更知道“施予”要尽可能自然而然，不太会让对方感觉到自己明显的交换企图，就算目的无法掩盖，高手也会让对方感受到自己施予好处背后感情的真挚。

互惠高手善于做局，把人生看成一个整体，对职业规划往往有着 5~10 年的长期规划。他们面对环境不急于求成，在等常人所不能等的地方提前下足功夫，由小及大，又通过人格魅力建立彼此的情感账户，不断地往里面储存价值。

平衡而长期的互惠才是长久，尽力地去帮助他人，施予恩惠，不要担心自己施与太多，高手永远在担心自己施予太少，同时也要求回报。所谓朋友就是有着互惠关系的一群人。

4.4.7 技巧 7：喜好

“人们总是更容易答应自己认识或喜好的人所提出的要求，但是有些我们完全不认识的人却想出各种方法利用这条简单的原理，让我们顺从他们的要求。”

关于如何获得他人的好感，建立影响力优势，本文来分享一下我长期以来总结的正确使用“喜好”影响力武器的套路。

1. 颜值即正义

有时外表决定我是否愿意去了解他的内在，而他的内在决定我如何评价他的外表，这个是有前后顺序的。

在制造业，特别是数码产品，设计就是生产力，美无形暗示美好，更吸引人。很多东西，往往在设计上支付大量的精力，海报头图的颜值决定了点击转化率。数码产品的工业设计决定了用户的第一印象。游戏截图精美则更受渠道欢迎，有一句话是这样说的：游戏的玩法糟糕可以改，但是颜值不够则根本没救。

2. 寻求建立相似性

人们天生孤独，更多的时候有很多不确认感，寻求安全感的方式就是寻找同类。

在销售的时候，经常会出现“我也是哪里人，看到你这样，便宜卖给你了”这样的销售话术；跟女孩子交流，共同的爱好往往是非常好的切入点；外地人组织老乡聚会不需要任何原因；母校是自己怎么黑都无所谓，但是别人一黑就跟他拼命的事物；安慰他人时，比较有效果的是“我跟你有着共同的经历，我是怎么走出来的”；在生产和销售上，人们更喜欢星座、属相、动物等赋予文化符号的东西。

上述的种种逻辑其实就是跟顾客本身建立相似性。

3. 合理称赞

情商高的人总是让人舒服，称赞人要符合事实，真诚而恰到好处，最高级的称赞是让人事后回味。

最近看到一个特别会说话的案例：某人去人家家里做客，不巧看到他们家的孩子带着女朋友回家，席间有人称赞道，“这个孩子真会挑，随他爸”，一句话就夸奖了 4 个人。类似这种案例，养成平常留意的习惯，无形中就可以让自己具备影响力。

我们生活中遇见了不着痕迹让人感到舒适的人，就应该多多关注他的表现，这种人是高手，具备招人喜欢的能力。

在工作中，我们经常会跟设计师打交道，不但要对他们的劳动赋予尊重，还要经常积极称赞他们的匠心，**唯有尊重，才能换来才华的全力以赴**。

世界上最伟大的推销员推销的从来不纯粹是产品，毕竟独一无二的产品太少，而世界上满足需求的方式太多，所以销售员更多的时候是在推销自己。当对方喜欢自己的时候，事情就好办得多。

4. 与偏好建立关联

人们都有先天的认知偏好：女人偏好美丽，老人偏好健康，男人偏好面子。增高、丰胸、壮阳、减肥类产品在生产的时候尽管科学认为有些药根本没作用，但是人们就是愿意在这个上面消费。

将美好的事物联系在一起的案例随处可见，广告商把美人的正面形象投射到汽车上。带来好消息的人讨人喜欢，带来坏消息的人遭人讨厌。这些情况往往是无形的，存储于我们每个人大脑的潜意识里。

关联是一个依靠经历特殊文化或者符号的东西，比如美剧《纸牌屋》里面的情节，政客在竞选总统前会去各个城市去拉票，幕僚们往往对该城市（比如底特律、夏洛特、洛杉矶）的民众们拥有着深刻的研究，他们从各种细节、发型、穿着、姿态、话术建立喜好关联，避开厌恶关联。

想要建立“喜好”关联，一定得充分去了解用户的喜好区，同时避开用户的讨厌区。就我个人而言，如果一个东西特别好，但是这个商家打电视购物的广告，我自然就不会去买，电视购物就是我的厌恶区。

“喜好”对应的心理学原则，都根植于大众的内心，也就是说上述套路在大多数人那里是成立且有效的。

我们如何对抗其他人使用“喜好”施加于自己的影响，来看看企业家是怎么做的吧。

企业家不会以“颜值”取人，“相似性”更是影响甚微，他们要找的是为自己带来价值的人。企业家每天都接受他人的恭维，“称赞”的话听了不知道多少，且远比常人明确事物之间的“关联性”是否合理。

当我们相信自己的表现能够赢得他人认可的时候，我们不会去仰仗他人的评价，“喜好”的影响力会降低，相反我们只有在没有自信的时候，才需要借助外部来获得肯定和确认。

向《纸牌屋》中的政治家们学习，不要妄图用一套方法搞定所有人群，了解背后的原理，才能够把“喜好”这一影响力技巧发挥到极致。

4.4.8 技巧 8：权威

人类是很懒的生物。既懒于行动又懒于思考。我们的思维能力也有它的极限，为了提高效率，我们也会放弃耗时、复杂、全局的决策方式，而采取自动、原始、单一的决策方式。**面对权威的意见，大家习惯性地给予信任和尊敬。这个就构成了影响决策的基础**。

有一种叫“现实扭曲力场”的能力，这种能力乔布斯有，陈胜、吴广有，洪秀全有，任何宗教信仰都会有，这个能力能带来的效果就跟魔法一样，即使台上的人在扭曲事实，在那一刻也能够混淆视听，赢得大家的信任和崇拜，既然让群体做出非常不合理的行为，配合上从众，更是显得威力无穷。

盲目服从是大家在权威的强大压力面前做出的常见行为。即使具有独立思考能力的成年人也会为了服从权威的命令而做出一些完全丧失理智的事情，然后在事后发现自己当初为什么会这样。有一本书叫作《乔布斯的魔力演讲》，大家有兴趣可以看看。

商业世界里，有很多将自己的品牌与权威建立联系，由此带来影响力的案例。基本的套路是“专业说了……”、“研究发现……”、“科学证明……”，然后想办法把自己的商品跟前面说了、发现和证明过的东西建立上联系。

在游戏行业，新游戏上线推广跑不出官方说好、媒体说好、各位第三方权威机构都说好的固定套路，比如发各种期待奖、喜爱奖、刷排行榜什么的。

换到运营场景，销售行为也可以利用权威法则。玩家们心中的权威是哪些人？

各个服务器老大、竞技场高手、经常写游戏攻略的 KOL、被官方包装职业玩家、游戏制作人……这些通通都是权威。

告诉免费用户玩好这个游戏的各种技巧，并且说服他们花点钱可以获得什么；告诉付费用户更加省钱、性价比更高的消费方案，花多少钱可以挑战那些土豪玩家；在竞技高手、明星玩家、游戏策划的共同背书下，如何养成搭配就可以称霸服务器，只要有身份的人说了，土豪用户们会因此趋之若鹜。

4.4.9 技巧 9：从众

人们在做出行为决策的时候，往往自己无法/不想判断，只愿意根据他人的状况

做出行为选择。这种选择背后的心理动机就是从众。

大家都这么做，总不会错吧。我跟他人一样做，不光拥有安全感，更是一种寻求认同感。

各种电视情景喜剧里，使用“罐头笑声”，各种表演里，使用“罐头口哨声”，各种演讲场合，主讲人停顿，安排人负责领头鼓掌，这些都是有科学依据且行之有效的做法。乞丐在乞讨的时候，他的碗里面有钱和没钱获得的收入完全不一样。

“从众”同《影响力》一书中的“社会认同”概念，该书用了宗教集体自杀、新闻报道地区自杀事件引起该地区更多自杀事件，以及减肥广告等案例佐证。如果有兴趣，大家搜索“破窗效应”，讲的也是这个原理。

我们究竟如何利用“从众”达成目标呢？

1. 命令性规范

行为科学家把“多数人认同/拒绝的行为”称为“命令性规范”。这种规范的语法是，绝大多数如何，超过九成的人如何，80%的人如何……那么我们的目标用户就容易从众，获得如何的效果。

比如我们想组织行业聚会，但是又担忧请不来太多的人。所以正确的顺序是，先努力搞定参与意向强的一群人，然后搞定大牌，使用前面的语法，就能逐渐搞定参与意向不强的人，往往会取得比较好的群体参与效果。

2. 公布绝对优势

通过营销暗示很多人也是如此做/想的做法会很有效。比如，香飘飘一年卖出几亿杯围绕地球多少圈，某某行业领导品牌，*N* 年销量持续多少年全国第一等。新广告法颁布后，文案又变成了，“销量是第二名的三倍”、“全球销量第二的凉茶一直在追赶我们”。

这种方式不光运营销售道具可以用，市场吸引用户也可以用，商务搞定渠道也可以用。

3. 利用反作用力

还有一种逆向思维，小众往往具备反作用力，那就是拒绝成为怎样的人。对方干什么事，我们就拒绝干什么事，所以奢侈品从来不打折，一打折就会失去原来的顾客。它的语法结构是“只有……的人才会如何……”小众的反作用力往往都是建立在鄙视链上（比如 DOTA、LOL、王者荣耀），商业竞争中往往会用这些作为竞争技巧。

如果我们的消费群体是一群追求个性的叛逆人群，比如中二少年，就可以用到反作用力。通过塑造竞争对手主力人群的一种负面形象，去寻找我们的用户群体。

从众是具备巨大威力的，知道了如何操作，但是千万不可以故意捏造事实骗人，撒谎的成本非常高，一旦被大众发现，会付出惨重的代价。

4.4.10 技巧 10：承诺一致

“我们是不是兄弟？”

“是兄弟是不是应该互相帮助？”

“兄弟我现在遇见了一点小状况……”

“兄弟我还有一件稍微麻烦的事情，只有你能帮上忙……”

承诺和一致的心理学原理：**人们均都有追求言行一致的愿望。一旦人做了选择，我们就立刻会来自内心和外部的压力，促使我们与其保持一致**。而且在很多时候，我们会努力证明自己之前的选择是正确的。

有个商业案例让人印象深刻。玩具商为了应对 1 月份到 2 月份的淡季，在圣诞节期间故意让广告上的玩具 A 库存不足，而在货架上摆放玩具 B，家长们为了节日，只能先买一只玩具 B 庆祝节日。等到节后上架了玩具 A，为了兑现给小孩的承诺，最终还是给孩子买了广告上的玩具 A。

答应一些小的请求，不仅使得我们会答应后面更大的甚至与之前无关的请求。在开始的时候拒绝，总比在最后拒绝容易得多。

这种技巧分两步走：

第一步，引诱对方采取某种行动、声明或者立场。

第二步，利用它保持一致的压力迫使其服从要求。

第一步的行为都是积极正面而公开，经过自身努力而做出的，感觉是自我选择的结果。在接下来的第二步里，就会受到第一步的压力。

在实践的过程中，有一些细节值得注意：

（1）确保承诺是明确的，通过小承诺撬动大承诺；

（2）放置许多“提示”使其符合第一步里面的具体承诺；

（3）通过公示其承诺，增加社会压力促使其达成。

一个有效的承诺会引起我们内心的变化，这种内心变化就像种子一样，会自我“发育生长”。也就是说，人们并不需要时刻去巩固这种内心的变化，在保持一致的压力下，这种变化自己就会巩固下来，它会有效影响人的行为。

始终如一保持一致是美好的品质，朝令夕改、言行不一则招人讨厌，这是文化上的压力。从心理学而言，保持一致也是我们应对忙碌的现代生活的一种高效的方式。一旦我们固执地坚持这个决定就是对的，再也不需要为这件事情思前想后了。

承诺很关键，最好是书面的，如果公示则会具有很强的约束力。

如果大家发现会议容易迟到和缺席，可以试试签字并公示的方式，这种书面承诺往往会降低迟到率，提升到场率。同样减肥和戒烟也是，在社交媒体上（比如微博朋友圈）发表，欢迎大家监督，就是一种主动承诺，人为制造压力的方式。

在销售场景下同样可以用承诺一致去影响用户的行为选择。有些承诺是无形的，并不需要用户做出什么行为，只需要商家观察，洞见有哪些用户做出的默认行为可以被利用。比较常见的一个策略是，我是怎样的人，我应该做出怎样的行为。

比如某个高端洗发水想要打开市场，则需要改变用户的心智。

有一句非常著名的广告词是：“你用着上千块的化妆品，为什么还用超市的洗发水，精致女人应该选择精致的生活。”

这里的“精致生活”就是一种潜意识的承诺。消费者并未意识到，而你的广告词就提示了她们需要保持一致。

4.4.11　影响力技巧的使用

过年回家时，陪年长的老人们看电视，发现我们长辈们对于电视购物极其热衷，有的时候甚至激动不已，鉴于这种情况，我对探索长辈们热衷行为背后的深层次原因产生了兴趣。

间断的陪着长辈们看了至少超过 1 个小时，发现了电视购物节目几乎用到了所有的影响力技巧，如表 4-5 所示。

表 4-5

序	销售技巧	商家使用的套路
1	价格锚点	市场上的价格是 *X* 元，我们只需要 *Y* 元
2	损失规避	××地区限购 30 台，前 20 名打进电话将获赠……送完为止
3	比例偏见	只需要 *X* 元就能获得价值 *Y* 元……白送一样

续表

序	销售技巧	商家使用的套路
4	心理账户	围绕产品卖点投资用户的心理账户
5	沉没成本	上演导购员都跟商家磨价格的情节
6	互惠	感谢大家长期关注，今天×总下血本回馈
7	喜好	诉求健康、诉求性价比
8	权威	某国进口，权威机构认证，从事多年研究，诸多头衔
9	从众	（不断响起的电话铃声）每次都售空，人人都需要
10	承诺一致	应该关爱自己，关爱他人，买回来对全家健康有帮助

虽然我个人对电视购物有偏见，但是依旧对设计电视购物广告内容框架的人是极其佩服的。我尝试问自己，如果这个产品使用的不是电视广告的营销平台，自己是否会被打动做出购买行为？

答案还是不买，我心中隐隐约约感觉有些怪怪的，因为看得多了，发现商家们就是一样的套路，这也就构成了我不买的原因。

我们掌握了很多的套路，很多的技巧，并不是要全部一股脑用上，那样感觉很糙，往往起不到想要的效果。

在实际的场景里我发现，如果卖方使用的影响力技巧越多，买方越不容易在第一时间做出响应，意图过于明显，越容易引起警戒，一堆技巧在一起，那种不显山露水的微妙感觉就没有了。

后来我在《影响力》作者罗伯特·西奥迪尼的另外一本书《细节》中感觉找到了答案：

（1）当你打算影响他人行为的时候，最微小的改变往往能取得最显著的成效。

（2）为什么摆事实讲道理的说服方式总是失败？说服科学的最新研究成果揭示出一个常常被人忽视的答案，简言之，让人们做出决定的并不是信息本身，而是这些信息呈现的背景和情境。

（3）在影响他人的想法感受和行为时，小改变之所以产生大影响有一个非常基本的原因，因为它们很小，它们不起眼，它们极少引起人们的猜疑或注意。相反，它们静悄悄地改变了我们的决定，影响了我们的行为，我们几乎是自动自发地下意识地跟着走了。

我也在思考，**这么多影响力技巧的具体使用场景问题**，何时叠加嵌套，何时要刻意避开某种技巧以避免反感。

可能“依据用户的情况，不同的场景使用对应的技巧”是一句正确的废话，但是分寸感的把握，还是靠大家平常大量的练习和体会来把握。

只有阅读大量的商业案例，同时理解了现象背后的规律，才能够举一反三的灵活运用，所有的销售方式和技巧都没有孰优孰劣，关键在于使用技巧的人。

我相信，影响力大师总能不经意间达到四两拨千斤的效果。

4.5　从免费说起，问题比答案更有效

想要把游戏运营这门学科做到极致，不是说学习自己理解范围内的一些知识就够了，而是要不断跨界学习，前面几个章节的内容，让我们感受到了知识的魅力，掌握了这些知识能够解决生活中的大多数问题。

在学习的过程中，我们都在不断探求问题的答案，但是有的时候，提问甚至比答案更重要，本文通过免费的经济学原理，来跟大家分享个人学习过程中一些方法论。

4.5.1　免费模式背后的经济学成因

免费是如今人人皆知的概念，也是互联网最基础的商业模式。

感谢克里斯·安德森，这位站在世界商业模式最前沿的时代巨擘，又一次为我们带来了“免费经济学”的理念。为什么说又呢？因为长尾理论也是他提出的。

1. 免费的前提：一定存在一个双边市场

“双边市场”的概念在传统行业早就存在了，比如酒吧，女生免费，有些城市的溜冰场也是女生免费。这里的双边市场，一个是男性，一个是女性，如果男性不去酒吧和溜冰场，这个市场就不存在。

尝试提炼一下概念，**任何附带一定社交属性的商业场合都可以对年轻的女孩子免费，这个市场的前提是，多增加一些用户，并不会增加更多成本。**

这里的一个重点即“具备社交属性”，比如网吧和饭店就不那么合适，社交属性薄弱不说，卡座也是非常稀缺的资源，但是健身房就很合适。

2. 免费的价值在于降低门槛，带来流量

超市经常有免费限量领取青菜，吸引大量的人排队，然后顺便就买了其他的利润

商品。只要有了人流，零售商就可以把自己的货架、展位卖给生产商。

在大多数的情况下，相比收费，免费是一种让人们无法拒绝的选择。为了帮助大家理解，推荐搜索关键词《羊毛出在狗身上猪买单》，相信各位会获得更多的理解。

概念已经介绍完毕，不妨我们来用“双边市场”的概念做一个带场景的练习。

经常逛街，看见路边发传单，发传单的人往往会跟着你念广告词：

“5000 平方米的场馆面积，附带游泳馆”
“办 1 年会员卡送 2 年”
“专业的健身器材，健身教练”

仔细斟酌一下对方的营销卖点，场馆大、有实力、功能多、性价比高、专业……以上通通都是传统思维整理出来的卖点，并期望拿这些卖点打动用户。

让我们用双边市场作为主思路，利用经济学里的知识，为健身馆设计一下营销及运营策略。

（1）在场馆周边找到美女资源（大学是首选）；

（2）让这些女孩子周期性地来到健身馆聚集，在社交媒体上进行营销；

（3）小鲜肉教练，舞蹈/瑜伽老师维系美女关系（赋予提成）；

（4）运营美女资源，定期发给他们免费体验券，并让她们送给身边的人（设计激励规则）；

（5）每周集中 x 次美女资源，同时集中男性资源，让他们发微博朋友圈营销；

（6）运营美女资源，赋予销售身份，吸引非会员到馆体验，以办卡作为 KPI；

（7）运营教练老师资源，维系美女作为 KPI，设计三级分销制度；

（8）重新设计营销广告词、海报、培训话术以及销售话术；

（9）像陌陌、微信早期推广一样，折腾出一些都市传说，并投放到潜在用户关注的场所。

健身房具备社交场景，新增用户的进入，并不会增加更多的成本，双边市场构成了这种营销运作模式。但凡是人性需要的，那么就能够吸引用户。

4.5.2 为什么是他们率先使用了免费

在互联网领域，安全公司奇虎 360 是一个非常知名的案例，在游戏领域，巨人网络的《征途》也是首个宣布免费的厂商，在那个软件和游戏收费理所当然的年代，创新的商业模式就能够赢得市场。

我们都是站在现在的视角去看待前人的一些商业命题，如今看来大家都知道这个概念，于是本节的内容其实更像一篇废话，但是我们有没有深入思考过一些问题。

- 传统行业的免费模式，存在了多少年？
- 克里斯·安德森又是何时首次提出免费的概念？
- 这个概念又是何时开始变火的？
- 《征途》作为第一款免费游戏是何时上线的？
- 时隔多少年，奇虎 360 又用免费颠覆了另外一个行业，一统整个杀毒领域？

我只知道，上面的那些问题的时间点一定是不同的。

我只知道，当初被这两家公司打败的竞争对手们，一定是不思进取的，等到自己被打败了，才发现原来对方是这么玩的。

这些失败者们等到自己输掉了之后，才能够深刻地理解一些平常被自己忽略掉的经济学概念，毕竟对方用实实在在的商业行为给自己上了一课，只是这堂课的代价有点惨痛，比如奇虎 360 当时的那些竞争对手们。

企业家们从来都是风险厌恶者，当创新者大大方方成为第一个吃螃蟹的人时，有多少人是疑惑不解的，但很多真正掌握了底层规律的人，是胜券在握。

创新者从来都能获得最大的商业回报。学习知识、关联知识、运用知识是成功企业家的必修课，我们应当效仿。

4.5.3　学习知识并加以练习

我们学习任何知识都是从了解概念开始的，但是概念并不等于学习的结束，我个人的学习方法论如下：

（1）我观察到一个大家都知道的商业模式，获悉概念（免费）；

（2）寻求知识的关联（双边市场），并且在传统行业找到了场景（酒吧、溜冰场）；

（3）尝试提炼概念，并且利用场景加以练习（为健身房设计营销和运营策略）；

（4）寻找概念价值（降低门槛带来流量），并再次关联（超市、保健品以及搜索文章）；

（5）对最初商业模式的状态进行提问（为什么是他们率先使用了免费）。

所以个人学习的方法论大致明晰：

- 看到的商业现象，一定要刨根问底地寻找经济学的底层规律；
- 应用这个规律逻辑，尝试去关联解释更多的（成功或者失败）现象；

- 尝试着去使用，去验证，最差也要在大脑里面做个练习；
- 获悉了答案之后，再次进入一个深层次的提问。

练习可以在任何场景开展，比如，如何在游戏中建立一个双边市场，通过某个东西去吸引 A，然后让 B 去付钱。

唯有如此，知识才能够经过大脑，更容易留下，成为自己的东西。

答案帮助我们重塑认知，问题帮助我们激发好奇心，我们一直在追寻着答案，但有的时候追寻到答案之后，一个好问题引发的思考可能更重要。

比方说，在一个互联网全民免费的环境之下，如何才能够打败免费？如果我们获悉了打败免费的秘密，如何像奇虎 360 一样是去建立起竞争壁垒，成为该领域的执牛耳者？

4.6 定价与定位，如何最大化地去追求利润

一个公司的商业运营，通常是以获得最多利润为前提的，我们经常会面对一件商品到底是卖更多还是卖更贵的问题，此时就不能靠自己拍脑袋做决定，正确的方法是用科学知识武装自己，以帮助我们最大化地去追求利润。

谈到利润自然会涉及定价。价格究竟怎么定？我们先学习一下沃顿商学院营销课知识：

管理者提升公司赢利能力有四个杠杆：销量、可变成本、固定成本和价格。

- 提升广告预算就是在拉动销量杠杆；
- 找到更便宜的原材料，就是在拉动可变成本杠杆；
- 精简公司总部，就是在拉动固定成本杠杆。

研究表明，在不改变其他因素的情况下：

- 固定成本削减 1%，赢利能力平均提升 2.45%；
- 销量提升 1%，赢利能力提升 3.28%；
- 降低 1%的可变成本，赢利能力提升 6.25%；
- 提升 1%的价格，赢利能力可以提升 10.29%。

事实上，拉动价格杠杆是提升公司赢利能力最有效的途径。

我们心中一旦拥有了这些数据和概念，则更容易追求利润，毕竟有四个杠杆可以被我们拉动。我们不难发现，价格是提升利润的最好方式。

如果你是一个企业的老板，价格到底怎么定？

- 看自己的成本，加上一点利润？那如何获取超额利润呢？
- 看竞争对手多少，然后差不多？跟着别人走是否过于消极？
- 看顾客的接受度，能挣钱就行？这种思路更加没法获得超额利润了。

所以无论是看自己的成本，看竞争对手，还是看消费者，单纯考虑一个维度，通通都是拍脑袋。

经济学底层知识点：只要**“毛利×销量 > 经营成本”**，这个公司就是赚钱的。接下来的问题是，到底是卖更贵，还是卖更多呢？

在奢侈品行业，期望高溢价，追求卖更贵。在快消行业，追求销量最大化，追求卖更多。

所以，当我们的商品能够绑定情感属性，且拥有不可替代的垄断技术，就可以“追求卖更贵”以获得利润，如果选择高毛利，则要思考消费者是否愿意为这个品牌支付足够多的溢价，典型的品牌案例如 Roseonly（玫瑰）、DarryRing（钻石）、Apple（数码产品）。

当我们的商品拥有足够多的市场空间，以及足够多的消费频次，那么就可以“追求卖更多”以获得利润。

市场上有一只看不见的手去调控，任何商品的价格都是理所当然的，所有的超额利润，必然有着自己独特的竞争优势。

就好比 Intel 和 AMD，联通和移动，只要能够参与这样的竞争少的行业，那么必然会产生大量的超额利润。

而一个行业的兴旺，必然会引起太多觊觎的目光，太多的人会思考，这个行业这么赚钱，我能不能也做这个行业。如果我们想其他人不参与这个行业，那么自己必然拥有无与伦比的优势和资源，利用手段拔高门槛，让更多想进来分享超额利润的人望而却步。

成功打造一个品牌，让顾客支付品牌溢价，是极其花费精力的，大多数行业不具备稀缺的竞争优势，所以大多数行业都是在选择打价格战。

4.6.1 价格战背后的逻辑是什么

（1）价格高于成本，有利润的前提下，走量获取利润；
（2）价格等于或者低于成本，通过引流，销售其他利润品；
（3）传统行业解放库存压力，提升运营销售效率；
（4）赢得市场占有率，追求品牌曝光；
（5）有效降低边际成本；
（6）打压竞争对手，建立竞争壁垒；
（7）树立品牌、口碑、影响力等。

在传统行业，零售巨头沃尔玛就是一个价格战行家，它成功做到了以上的几点，且越往后越难，这个超市成功地树立了品牌、口碑和影响力，抢占了用户的心理认知，即“物美价廉的超市”，在早期很多商学院的教材里，被当作重点案例去研究，如今其他的超市都是跟随效仿者。

无论是奢侈品，还是快消品，只要长期坚持同一种定位策略不动摇，就可以形成自己的品牌，占据用户的心理认知，形成定位。

在互联网领域，小米采用了沃尔玛的品牌定位策略，**用卖方便面矿泉水的思路去卖一个几千元的数码产品**，其营销模式和用户心智定位完整覆盖了上述的所有环节。

- 第 1 条，每年出货几千万台。假设每台手机只赚 10 元钱，算算也很吓人；
- 第 2 条，小米商城的周边产品，手机配件，简直就是一个死贵；
- 第 3 条，清理库存，周转率越快，利润就越多；
- 第 4 条，国产手机厂商龙头老大，人们都有从众心理；
- 第 5 条，价格背后的竞争是成本竞争，供应链的竞争上，小米拥有议价权；
- 第 6 条，手机行业目前就是血海，没有多少人再想进来；
- 第 7 条，质优价廉形成一个良好的品牌印象分，成功占领用户心智。

在价格战上，小米已经做到了上述全部环节。当然我们不能把小米的成功就简单归因为上述的那几点，正如我们不能认为小米是一家靠卖手机赚钱的企业一样。

小米在品牌定位上，已经和沃尔玛一样，通过性价比胜过了绝大多数企业。小米模式就跟当初奇虎 360 和《征途》一样，依靠商业模式创新取得成功，并且建立了强大的竞争壁垒，又是一个“居然这么玩，居然还玩成功了”的公司。

这给我们带来的思考是，沃尔玛存在了几十年，商学院的知识理论体系也存在了几十年，其他手机零售巨头为什么没想到，没做到？回到最初的定价问题，那些曾经的手机巨头们，在定价策略上，是不是看看自己的成本？看看对手定价？看看顾客接受度？

用跟随者的姿态，永远成为不了创新者，永远争取不到超额的利润，实际上，每一个优秀的商业公司背后，可能有着一堆非常专业的科学家进行指导，这就是掌握经济学底层知识和规律的威力。

小米的成功，依旧遵循了**“毛利 × 销量 ＞ 经营成本”**的基础商业逻辑。用足够多的市场空间，抵消了足够多的消费频次，通过智能设备终端，搭建平台，做应用分发渠道获取额外利润。

4.6.2　游戏行业的利润杠杆在哪里

回归到游戏圈内，我们无法用零售行业的通过价格战的方式去竞争。不存在原材料成本，库存周转率，属于智力密集型企业。但是不影响我们去利用这些知识，让我们像职业经理人一样去思考问题。

- 销量：跟游戏下载量、在线人数有关。
- 价格：跟产品的 LTV 值有关。
- 固定成本：跟开发、运营、营销的人员总体薪资有关。
- 可变成本：跟开发、运营、营销的工作效率有关。

无论拉动其中哪个杠杆，都能够为我们带来利润。**私以为，在智力密集型的企业里，提升工作效率可能是最能够拉动利润杠杆的。**

营销效率，比的是平均每个新进用户的成本。
开发效率，比的是单位时间内，各功能玩法带来的娱乐体验。
运营效率，比的是单位时间内，最大化地输出用户价值的能力。

用户的价值中，钱是最主要的，我在招聘运营的时候，问数据要问整个数据模型：总体收入、付费用户数、付费率、平均付费数、日周月活跃用户数、用户生命周期、服务器周期、营收节奏、策略等。

简单解释下，**有多少用户，在多少周期内做出多少收入。这种周期表现行为以周、月、季度、半年为依据的话，能持续多久**？单看绝对收入值，不看运营效率值，根本问不出面试者在这块业务上的水准，运营效率才是根本。

想要用户付出足够多的钱，我们就得拿出体验与其交换。站在用户的角度，我们可以用经济学的原理去设计出一些公式。

游戏行业各个公司之间的竞争，通常都是体验的竞争，**提供好的用户体验是拉动利润杠杆的又一方式。**

用户体验 = 游戏体验 + 运营体验

游戏体验 = 新版本体验 − 旧版本体验

此处的新版本和旧版本有两种指代，一种指代是竞品之间，比如游戏的数值平衡、画面打击、规则玩法、BUG 数量等，行业里互相抄袭，太多公司通过游戏 IP+画面+营销费用去挖竞争对手的用户。另外一种指代是自己游戏版本的每次更新，毕竟版本越做越烂的情况经常发生。

运营体验 = 运维质量 + 服务质量 + 活动质量 + 游戏生态

这几个词都挺好理解的，我只说负面体验：卡机，掉线，充值不到账，更新故障，维护时间长，解决问题的效率和质量极低下，活动简单没诚意，除了追求数值就没其他追求可言，朋友和敌人都离开了游戏等。

用户不会单纯因为两款游戏的道具售卖价格而选择其中便宜的那一款，因为用户买的是体验。谁能够提供更好的体验，谁就能获得超额的利润，这个体验是官方给的，也是其他用户给的。

当两款游戏给予用户的游戏体验质量差不多时，ARPU 值低的游戏会比较好一些。

我曾经运营的一款游戏，跟《征途》是竞品，规则玩法、战斗表现一模一样，一开始凭借 IP 和画面超越，加良心运营（低 ARPU 值）抢走了《征途》的不少用户，玩家戏称我们为 3D 征途穷人版，一度让我们公司赚得盆满钵满。后来又是我们亲自抬高了 ARPU 值，造成了恶劣的游戏生态，动摇了当初便宜的定位，把用户赶走了。

很多发育期的公司，往往都是追求高 ARPU 值的，因为着急收钱，这也是一种商业上的选择。

所以从定位角度而言，同样的规则玩法、核心战斗表现、画面质量，用两个不同的 IP 进行包装，一款走高 ARPU 值路线，一款走低 ARPU 值路线，或许是一种比较好的选择。

还记得前面的品牌溢价、技术壁垒、市场空间、消费频次等概念吗？运用这些知识，设计出两套完全不同的产品结构、营销策略、运营策略……

两套不同的打法，形成用户心中的品牌认知，就能够获得最大化的利润。

综上，游戏行业的竞争不在价格战上，站在公司的角度，**拉动利润杠杆在于提升工作效率上**；站在用户角度，**拉动利润杠杆在于提升用户体验上。**

只要开卷就会有益，学习底层的经济学知识带给我们的竞争力是全方位的。

第 5 章　运营就是最大化输出用户价值

所有的运营行为，只有一个目的，就是建立各种条件、系统和规则，最大限度地提升用户的满意度，最终最大限度地输出用户价值。

5.1 极限挖掘与输出用户价值

谈到用户价值，一般人大脑中想起的第一个词汇就是付费，这种理解实在过于狭隘，其实用户的价值有很多，取决于我们如何去挖掘，下面就先从付费开始谈起。

运营数据上有一个指标为 LTV，即生命周期总价值，意为客户终生价值，其最大的作用是协助测算投放 ROI，只要 LTV 大于成本（广告费+渠道费+其他成本），买量就是赚的。

如果按照 KPI 的逻辑来做运营，我们则需要在单位时间（越短越好）内尽量让用户付更多的钱，比如一味地拉动 ARPU 值，强迫用户花钱，不花钱就玩不下去。

无数历史经验告诉我们，游戏运营不是做数学题，一旦我们极致追求营收 KPI 指标，各方面的用户体验将变得极其不好，游戏生态将会迅速恶化，造成用户的大面积逃离。由此，安全的做法是：延长用户的生命周期，选择慢慢回收。

我们去看那些长期霸占畅销榜的游戏，几乎每个都有着好的游戏生态，它们会形成自己的亚文化，形成品牌壁垒，一方面能够保证用户们足够活跃，另一方面除游戏内容以外，用户也会自主生产和消费与游戏相关的内容，形成一种社会文化现象，进而吸引更多的群体去关注。因此，**围绕生态来输出用户价值才是真正意义上的全方位运营**。

- 我们希望更多的用户沉迷游戏，游戏才会有人气；
- 我们希望更多的用户付钱，从而带来更多的收入；
- 我们希望掌握更多的用户资料，这是精细化运营的前提；
- 我们希望用户更多地输出游戏内容，从而塑造游戏内容文化；
- 我们希望更多的用户帮助我们进行传播，从而增加用户池。

我们所希望的，都是用户能够输出的价值。为此，我把用户价值分成了五个大的方向，如图 5-1 所示。

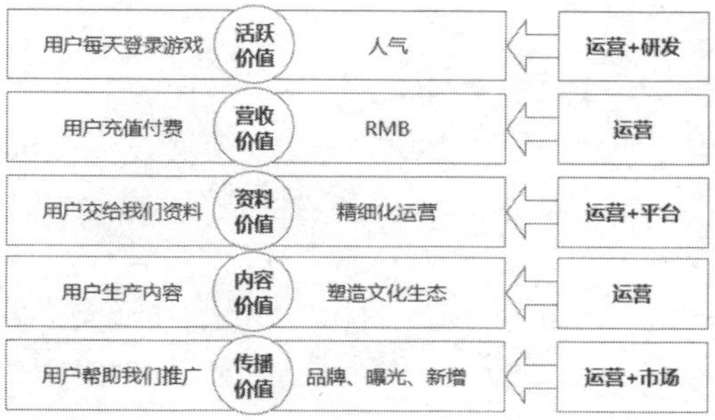

图 5-1

以上，就是运营联合各个部门应当努力的方向，**尽量延长用户的生命周期，并在这个周期里，使用户输出更多的价值。**

5.1.1　活跃：开展一切运营行为的前提

在网络游戏领域，马太效应极其明显，绝对的赢家通吃，越是人多的游戏，用户越容易聚集和扎堆，与此同时带来的是付费安全感的提升。

推及整个互联网领域，产品日活跃用户数跟自己的估值与融资直接关联。产品被用户每天高频使用，必然能提供价值满足需求，无论是自己用推荐给别人，还是别人用自己想尝试，这些都跟用户活跃的数据相关联。同时，人们在选择一个产品的时候，与其说是为产品辩护，不如解释成是为自己的选择辩护。

只要用户玩我们的游戏，本身就是价值，通常我们拿 DAU（Daily Active User，日活跃用户）数量来衡量自己的游戏运营情况，活跃用户越多，产品的市场占有率越高。

活跃对应的就是流失，用户流失的原因非常多，比如被盗号影响心情、追求到顶没意思、内容过多太疲劳、玩法规则不能忍、朋友和敌人都离开了游戏等，有些是运营原因，有些是游戏版本原因，有些则是个人原因，找到了原因就能做出有针对性的调整。

每个游戏玩家，都有过一段摸索、上手、沉迷、厌倦、流失的完整游戏经历。有过经历的人都知道，对于自己曾经投入过精力、给我们带来快乐的游戏，从来都不是一下子突然不玩的，而是逐渐流失的，这从游戏在线时长上可以看得出。

通过查询用户的在线时长数据，可以把用户分为重度、适度、轻度、沉默四个用户群体。

所有的划分都基于尺度来进行，假设游戏策划每天为用户规划的游戏时间是 2 个小时（即：把所有的任务和活动完成，拿到所有收益）。

- 重度用户：每天游戏时间 3 个小时以上；
- 适度用户：每天游戏时间 2 个小时左右；
- 轻度用户：每天游戏时间 1 个小时以内。
- 沉默用户：连续几天不登录游戏。

重度用户不太健康，但是可以接受，要弄清楚他们的游戏方式，每天的时间都花在哪，这种状态是否正常。

要想办法把轻度用户转化为适度用户，因为不刺激他们转化的话，他们可能就会变为沉默用户。一旦进入了连续 2 天不登录的情况，那就是流失的前兆。

如果一个充钱特别多的土豪每天的游戏时间逐渐变短，这可能代表着游戏意愿下降，意味着流失风险，所以我们要重点监控土豪用户群的在线时长，做好防备措施。

唯有适度才是最为健康的，因为它遵循了游戏原本的设计意愿。

所有的事实都是基于数据来呈现的，我们可以通过各种统计方式来看一段时间内的各个用户群体的正态分布占比，做到心中有数。

一旦发现用户在线时长的大面积波动，无论是上升还是下跌，就得进入高度警惕状态。

下跌特别容易理解，因为游戏内容失去了吸引力，可以通过版本更新预告、活跃活动等维持住活跃情况，让用户产生期待感。

在 PC 客户端年代有一个方法论："用户跟游戏相处得越久，投入得越多，感情（信任感）越深，沉没成本越高，越容易付费，越不容易流失。"但是在当下则未必，游戏在设计之初，就选择了一个用户群体，即每个人每天愿意为了玩一款游戏支付的时间。每天为用户设计的时间越长，用户群越窄，毕竟每个人在休闲娱乐上投入的时间是有限的。

游戏是一个不断进行版本迭代的休闲娱乐方式，游戏策划为了延续游戏寿命，不断地添加新的游戏玩法、数值养成、成就追求……这些内容都是吃时间的，慢慢地当我们玩游戏超出了当初的时间预算，因为版本更新导致负担加重，就得警惕了，毕竟用户抱怨"被游戏玩"的事情屡见不鲜。

游戏策划在添加游戏内容的时候，未必会意识这一点，但是数据会告诉我们真相，所以某次版本更新后，数据显示用户每天在游戏中的时间突然变长，我们发现"重度用户"变多，别忙着高兴，数据无法告诉我们时间变长的具体原因，数据无法判断用户是享受新内容，还是被新内容所绑架。

当大面积重度活跃发生的时候，我们要警惕这一状况，并且刨根问底，一旦发现有"用户抱怨被绑架"的苗头，就得协调策划开专题会，考虑在线时长的减负。

游戏本质上就是一个娱乐化的、消遣用户时间的产品，面临的往往是血海竞争，所以我们会追求让用户适度沉迷，增加信任感和投入，这就是活跃的价值。**对于用户活跃的游戏，运营只能处于防守姿态，追求不犯错。**

活跃是基本功，是所有后续用户价值挖掘的前提。

5.1.2　营收：尽全力让更多的用户付费

再也没有比用户直接贡献收入更美妙的事情了，从营收层面来划分，我们把用户划分成 3 种类型。

- 免费用户：付费意愿低，玩游戏花钱是原则问题；
- 付费用户：在乎收益性价比，对值不值比较敏感；
- 土豪用户：无所谓性价比，永远追求最好最高级的。

在此前的营收章节我们提到过，单从营收维度来考量的话，用户是呈金字塔分布的，免费用户是塔的基座（最大群体），土豪用户是塔尖（稀有群体），塔尖之下就是付费用户（根据付费能力递减）。每一个付费用户均是从活跃用户中产生的，而我们想要用户完成付费行为，几乎都是通过任务和活动促成的，所以在这里我们有三个追求的目标。

（1）尽全力让土豪用户在自己的游戏中留得久一些；
（2）尽全力把更多的免费用户转化为付费用户；
（3）尽全力让更多的付费用户花更多的钱。

在精力有限的前提下，追求依次递减，这样相对更加安全。只要我们保证了活跃的前提，付费是自然而然、水到渠成的事情。

5.1.3　资料：精细化，平台化运营的前提

用户资料是每家公司的重要虚拟资产，资料也是分类别的，我们大体把它们划分为三个类别。

- 安全类：手机号、邮箱等；
- 社交类：QQ、微博、微信、脸书、推特等；
- 标签类：属性、收入、特征、喜好等。

注册的时候，我们就得吸引用户通过手机和邮箱进行注册，如果是通过游客形式注册进入，那么极其有必要吸引（不是引导）用户交出手机号和邮箱。

一旦绑定了手机和邮箱，便拥有了自主验证的能力，很多自助功能，如修改密码、自动换绑、账号找回均可通过页面功能实现，等于直接降低了客服的工作压力和范围。

同时能显著提升账号安全，经历过 PC 端年代的用户都知道，盗号给游戏带来的危害性，很多都是由于用户共享账号而导致的。而手机和邮箱非常私密，共享的可能性极低。

不管是什么原因，当用户彻底离开游戏卸载后，短信营销和邮件营销是两项重要的用户召回手段。所以前面的用词是“吸引”，哪怕支付一些成本也要拿到。

用户的社交媒体资料同样重要，想象一下，如果运营或者 VIP 客服添加了用户的微博、微信和 QQ，这将加深用户和官方人员之间的信任关系，添加后能够给彼此之间带来价值，一些有价值的用户就是靠社交媒体来维系的。

只要能拿到用户的手机、邮箱和社交账号，在运营中就能发明很多种具体玩法，具体不在此处展开。

更深层次的用户资料，则是用户标签，这是当下大数据时代最热门的内容。今日头条能够根据我们的阅读喜好，自动计算出用户想要的信息，从而完成后续的内容提供，标签就是精细化运营的倚仗。

优秀的标签设计能够清晰地为用户进行画像，让用户更加清晰地呈现在我们面前。一级分类如用户属性、收入特征、兴趣爱好、需求偏好等大类。

在大类上又分为多个二级分类、三级分类，比如生日、性别、地域、星座、收入、风险喜好、阅读兴趣、社交圈……只有巨大体量的公司才可以做到，这些信息往往是通过多个产品采集得来的，比如购物、理财、社交、阅读等，然后通过用户的行为打上标签。不得不说，谁更了解自己的用户，谁就能够对用户进行精细化服务，这也是阿里和腾讯的核心竞争力所在。

当然只有在巨头公司才能够收集到完善的标签，一般的小公司往往没有这种基础储备，但是依旧可以在用户属性上增加一些标签。针对个人 VIP 而言，当我们掌握了用户的生日，可以安排送个礼包，服务器内刷个 TV 公告；当我们掌握了用户的地址，可以邮寄一下游戏周边实物等。

自己的环境不允许没有关系，但自己至少得拥有这一意识形态，能做标签就能做分类，比如根据地域情况，向不同地域的用户推送附带地域特色的问候内容，为用户提供一种我们很懂你的感受。

在销售层面，我们可以针对用户的付费能力进行价格歧视，比如：为了让免费用户付费，送给他们 1 折卡；对于土豪而言，则没有什么折扣，提供一些其他的东西，具体内容后面的平台用户体系搭建的章节里会说明。

资料的价值就在于此，**谁更了解用户，更接近用户，谁就能够在运营上有所倚仗，进而获得竞争优势。**

5.1.4 内容：刺激用户输出内容，塑造游戏文化

内容对于游戏而言，重要性不言而喻，任何一个游戏都会有一个交流讨论的地方，我们称为社区，而社区（BBS、贴吧、QQ 群等）就是生产内容的场景。

在内容层面，我把用户分为四个大类，分布同样是以金字塔的形式存在。

- 意见领袖：拥有极强用户号召力的明星用户；
- 内容输出者：拥有内容生产能力的才华型用户；
- 活跃分子：消费内容、活跃社区的积极分子；
- 沉默者：低参与度，打酱油的围观者。

我们先从金字塔的底部说起。

沉默用户往往不参与社区的功能行为，属于典型的看帖不回。社区对于他们而言就跟资讯一样，只是用来浏览内容的，看看有什么热闹事，看看大家意见如何，没有那么多的参与欲望。

活跃分子则是积极参与的，社区对于他们而言是杀时间的，活跃分子构成了论坛的中坚力量，他们像粉丝一样选择不同的意见领袖（支持或反对），热衷于各种话题讨论，参与活动。如果没有活跃分子的反馈（顶或者踩），那么生产内容的人群也会觉得无聊，进而离开。

内容输出者是诸多活跃用户中产生的，拥有生产内容的能力，比如会写作、修图、绘画、做视频、开主播……

好的内容往往自带传播属性，优质的游戏攻略往往大受玩家追捧，能够帮助玩家找到捷径，比如快速上手游戏、通关 BOSS、如何养成、赚钱、对战等。另外一种内容是心情、故事、感慨类，更是游戏文化的直接体现，极其具备传播效应。很多游戏的亚文化圈的形成靠的就是这些优质的内容制作者。

意见领袖是永远的稀有人群，是最重要的核心用户，他们大多数拥有优质的内容输出能力，他们个性鲜明，观点独特，因此而大量圈粉（招黑），属于绝对的明星级玩家。

意见领袖往往是游戏的深度用户，是最懂游戏的那一类人，除去生产内容外，往往也热衷于讨论，甚至会自己创造话题，提升社区热度，他们深谙游戏规则，懂得调动用户情绪，具备深度洞察能力，一发言往往能说出很多人想表达的观点，因此会引得大量用户支持，属于典型的玩家代表，所以经常与游戏制作人讨论游戏设计，与运营负责人讨论活动规则，能够代表用户群体跟官方进行博弈。

综上，意见领袖、内容输出者、活跃分子、沉默者构成了一个社区的塔尖到塔基。越是靠近塔尖的用户，越具备价值。**对于塔尖的用户群体，能收编尽量收编，他们的价值绝对不是钱可以买得到的。**

正如新浪微博运营细分领域的大 V 一样，**我们要给予他们明星级待遇，所有的资源都向意见领袖倾斜，如此才能够使得社区足够活跃。**

无论是研发还是运营，工作上都会有失误的地方，舆论风向就得在意见领袖的帮助下得到控制。很多玩法设计，数值平衡，运营活动，一定会重点参考意见领袖的意见。意见领袖由于粉丝众多，还掌握了官方不知道的很多信息，比如规则漏洞，居心不良的谣言，第一时间获悉能早做准备，不至于手忙脚乱。就连竞品用户做一些伤害官方品牌的事情，强行制造舆论鄙视链，意见领袖也能带着社区活跃分子怼回去，牢牢占领竞品鄙视链的顶端。

内容输出者创造出来的内容总是很吸引人，对内受玩家追逐，对外受媒体欢迎，输出得好就能够带来流量转化，我们从小到大对某个游戏拥有“尝试愿望”，往往都来源于内容的集锦，体育是、美术是、音乐是，游戏作为第九艺术也是如此。稍微修整一下，就可以用来作为营销素材。

一个游戏是否有深度，游戏的文化是否好，就取决于内容做得如何，比如《剑网3》和《魔兽世界》以及很多二次元游戏的文化内容输出，在各自的领域总能带来影响，我们羡慕不已。优质的内容永远都是稀缺的，一家公司的运营、营销团队不管能力多强大，生产内容的能力总是有限的，与其自己辛劳，不如发掘和调动用户的积极性，来替我们塑造游戏文化。

5.1.5 传播：提供激励规则，促使用户口碑传播

我们每天都在四处找流量，把钱投放给媒体买广告位（还得自己生产内容），三天两头还得花费精力经营渠道关系，这很直接，也很偷懒，于是流量越来越贵，还得花精力去辨别那些无效流量。不妨换一种思路，我们通过用户来导入用户。

任何一个游戏的用户基数大了，就自然而然地能够通过各种方式筛选出那些自带传播能力的用户群体。

- 明星玩家：通过游戏社区里选拔，包装成明星玩家；
- 游戏主播：通过设计政策，进行招纳，组织团体维护；
- 游戏推广员：通过设计规则制度和功能，刺激用户分享游戏。

市场部门经常请大牌明星为自己的产品代言，一签至少就是百万级的费用，明星

自带流量，并且具备影响力，同样的思路也可以用在用户身上。

当一个游戏用户基数足够大的时候，我们就能够通过各种方式筛选出自带流量的明星玩家。一般有两条路线，一种是美女玩家类，另一种是游戏高手类。

过往我们也经常在游戏论坛上举办选美比赛，用来收集美女照片（要求与带标识的游戏启动界面自拍合影），然后这些照片素材被我们收集起来进行二次加工，附上该用户的游戏昵称和区服 ID，做成市场类品牌专题，造成“这个游戏美女好多”的感觉，从而达到品牌推广的目的。

很多媒体发布会、各大游戏展会，请一些真实的美女玩家来到现场，安排一些“事先准备好”的互动环节，带给玩家和媒体的感受，相比其他厂商完全不一样。

与这些美女用户取得联系方式（QQ、微信、微博），拿她们的社交媒体当广告位使用，进而获得一些品牌曝光度。这一块我们要支付的成本主要是，**设计激励制度，设计验收规则，最重要的是设计符合调性的传播内容。**

关于传播内容，市场上有很多成熟的功能案例供我们参考，比如展示型 H5、游戏型 H5、系列曝光海报等，我们往往都是自己发，从来不去想如何让用户帮助我们发，创意成本已经省下了，实际剩下的就是研发成本，其他行业的人已经走过了这条路，证明可行，带来的价值则是显著的，我们只需要复用即可。

现如今直播行业十分火热，我们完全可以通过一些政策激励，比如每天直播 1 个小时发放奖励，招募游戏高手、美女玩家进行游戏直播，这样就促成了用户自主生产内容、其他用户消费内容的闭环。这些内容自然会在诸多直播平台上进行传播，引发品牌曝光，增加游戏影响力。

游戏推广员则需要一些功能开发上的支持，我们把与媒体的结算方案与单个用户进行结算即可，规则已经天然存在。

市场上有一种 CPS 的结算方式，我们把同样的结算框架用在有影响力的用户上，比如分享个人二维码，然后下载进来的用户消费通过 CPS 进行分成，把所有消费我们产品的用户变成自己的产品推广员，并让他们获得实实在在的利益，就能够通过用户拉动用户参与。

什么是有影响力的人，大学宿舍的寝室长，网吧老板，玩家公会的会长，部队里面的军官，他们都具备着或大或小的影响力，是能够带着一群人选择某游戏的人群。他们需要什么，我们就提供什么，比如说，一个用户如果拉了另外 10 个用户进入游戏，且总计消费 10000 元，这个拉人进来的用户在平台上获得的待遇跟其他单纯消费 10000 元的用户一致。

很多老的品牌传播方式都是在存量市场上战斗，竞争激烈不说，营销也没有创新打法，而我们花费心思经营的这一块，则是在增量市场上挖掘（比如跟单个用户 CPS 分成），正因为其有门槛，才拥有竞争壁垒，必然会享受创新红利。

活跃和营收，是做运营的基本功，普通的运营团队也仅仅是在这两个方向上努力。如果有空余的精力，完全可以调用自己的智力资源，在资料、内容、传播三个方向上进行努力，通过设计规则和激励制度，调节好整个游戏的用户生态。

无论是品牌曝光，还是用户导入，我们都希望按照我们的意愿去输出价值。因此需要支付相当多的成本：比如激励政策、管理规则、功能开发、用户行为验收以及用户奖励结算。这些成本的投入，都是智力的投入。

我们都知道这些用户价值很好，但是很多公司的运营并没有在这个上面投入精力，往往就是受制于上面的那些智力投入，自己的工作无法被量化为 KPI，无法被统计，无法被验收，因此就没有相关的动力。这是公司管理层必须与运营共同攻克的难题。

一旦为某个游戏设计出一套行之有效的功能体系，以后的运营生涯中可以无限复用于其他的游戏，仔细想想，如果别人不会而我们会，自然增强了自己的竞争力，这也是与其他运营拉开段位的主要方式。

最终实现：**尽量延长用户的生命周期，并在这个周期里，使用户输出更多的价值。**

5.2 从零开始，搭建平台用户体系

自网页游戏起，就进入了渠道为王的时代，现如今的手游年代，几乎所有的流量都被各大小渠道霸占着。很多靠产品研发、产品发行起家的游戏公司，都无比羡慕渠道的强势地位，自己拼命攒到手的用户，一旦从游戏中流失，就再回不来。

用户只对游戏本身有忠诚度，对研发商、发行商、渠道商并没有什么感觉。于是几乎所有的游戏公司都想跟渠道一样，搭建自己的用户成长体系，期望建立用户归属感，进而留在自己的游戏平台上。

我曾经花费了很多的精力去搭建用户成长体系，本节分享一下过往的积累。

1. 用户成长体系的价值

- 对公司而言，有助于提高用户忠诚度、黏性、满意度，实现精细化运营，最大化地促使用户输出价值，兑换商业价值；

- 对用户而言，有助于帮助建立成就感，通过成长体系，获得更好的福利待遇、服务政策、文化氛围。

2. 用户成长体系结构

用户成长体系结构如图 5-2 所示。

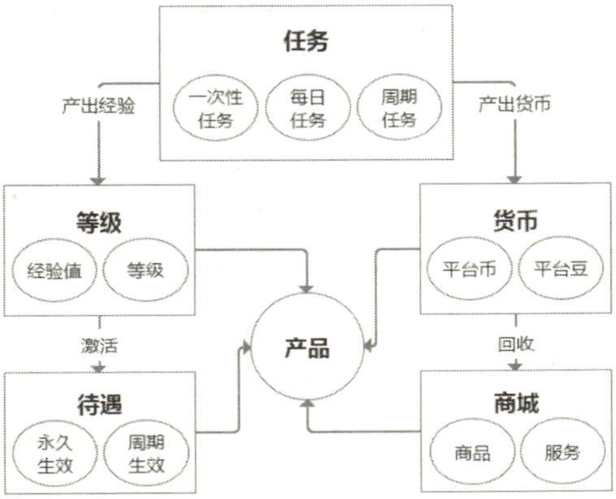

图 5-2

3. 用户行为路径

用户完成任务，获得“经验值”和“货币”。

不断积累“经验值”可以获得“等级”提升，进而激活对应的“福利待遇”。

不断积累“货币”可以用于购买“商城”里的各种商品和服务。

“等级”、“待遇”、“货币”、“商城”均围绕“产品”进行设计。

通过设计好“待遇”和“商城”来刺激用户完成“任务”，追求“等级”成长和“货币”获取，不断刺激用户输出价值，做到资源的合理分配。

5.2.1 平台用户体系——任务

任务价值：一切我们期望用户做的事情，都可以通过任务模块驱动，如表 5-1 所示。

表 5-1

模块	子模块	说明	备注
任务	一次性	终身只能完成 1 次	用来收集用户资料信息
	每日	每 24 小时可完成 1 次	用来提升用户活跃行为
	周期	周期内生效的政策	用来引导用户长期行为

我们期望用户完成哪些事？如表 5-2 所示。

表 5-2

一次性任务	身份认证、绑定手机、邮箱、填写社交媒体资料、邮寄地址等
每日任务	登录游戏、打卡签到、划拨奖励、每日充值任务等
周期任务	充值、问卷、输出内容、直播、拉新、社交媒体打广告、帮运营打工等

在前面的章节里，我们提到了用户一共有 5 个方向的价值，且对每个方向的价值做了细分。

一次性任务让用户把资料交给我们，每日任务促使用户每天活跃，周期任务（周、月、永久）基本等于平台政策，比如促使付费、在社区里面输出内容、拉新人、帮助运营打工等，这些都是我们希望用户长期输出的价值。

发布任务很容易，验收和奖励结算则比较麻烦。有些通过系统验收自动结算，比如充值、活跃、填写资料、拉新人等。有些则需要通过人去验收和结算，举个简单的例子，我们期望用户：

- 在社区里面发表攻略心得、发起热门讨论话题、替客服回复用户问题等；
- 通过私人的社交媒体（QQ 空间、微博、朋友圈、各种群）宣传游戏、散布信息等；
- 去应用商店刷好评，开游戏直播，积极参与各种线上、线下活动等。

这些事情都可以做，但是质量几何，评判标准则需要人去验收，运营自然没精力亲力亲为，但是可以制定政策，然后组建一支用户管理团队来帮助我们进行打理，找到靠谱的人，充分授权，合理设计责、权、利，形成雇佣制度，形成管理闭环，如图 5-3 所示。

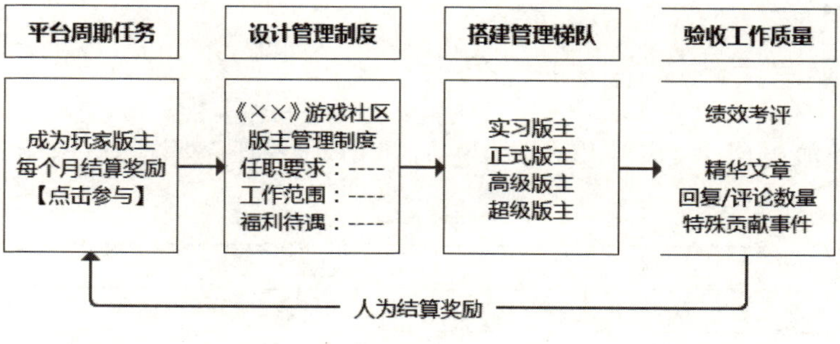

图 5-3

5.2.2　平台用户体系——等级

等级价值：用于区分不同贡献能力的用户，并且为他们赋予成长目标，如表 5-3 所示。

表 5-3

模块	子模块	说明	备注
等级	经验值	通过完成任务获得	线性增长
	等级	通过积累经验值提升	经验值积累到一定数值，等级自动提升

谁是我们的 VIP 用户？

历史充值多的是 VIP 用户，能够帮我们拉新人的是 VIP 用户，长期帮助我们完成推广行为的是 VIP 用户，长期输出内容为游戏文化做出突出贡献的 KOL，帮运营、客服打工的玩家管理团队是 VIP 用户……

设计经验值是对用户行为进行评估，不同的行为，赋予的经验值不一样。在政策的初期，我们可以向某个价值输出方向去倾斜，比如如表 5-4 所示的 5 种行为。

表 5-4

行为	一个月内的行为	奖励政策
充值	充值 5000 元	鼓励用户充值行为
拉新	当月拉进 10 个新用户，这 10 个新用户当月总计充值 10000 元	鼓励拉新行为，以及新人充值质量
推广	发送 10 条帮助官方品牌宣传的微博，累计转发 30 万次	鼓励用户用自己的社交媒体帮助官方做宣传
内容	输出 10 篇精华，被媒体转发 5 篇，社区内用户点赞评论数总计 1000 以上	鼓励用户输出优质内容
管理	高级版主头衔，在社区帮助其他用户，累计解答用户疑问 500 条	鼓励用户帮助官方打工

5 个不同情况的用户，在一个月的时间内，从不同的角度，为官方贡献了自己的价值，在平台上得到的经验值和等级是一致的。至于各个行为的换算单位任由我们调配。

只要完成任务（输出价值），就可以获得经验以提升平台用户等级。如果有条件，最好做到每个用户的经验值成长来源可见，进而刺激其他用户参与贡献自己的价值。

5.2.3　平台用户体系——待遇

待遇价值：用于回报不同贡献能力的用户，吸引他们追求等级提升，如表 5-5 所示。

表 5-5

模块	子模块	说明	备注
待遇	永久生效	达到对应等级永久生效	不占人力资源，系统自动结算
	周期生效	单位时间内生效	刺激用户持续贡献

为不同 VIP 等级的用户设计不同的待遇，类型一般包含外显装扮、福利特权、服务特权等，如表 5-6 所示。

表 5-6

类别	说明
外显标识	头像、边框、称号、时装、特效等外显 VIP 标识
新进军费	用户进入其他游戏可免费领取一笔体验金
礼包福利	四大节日、用户生日、VIP 晋级、每日登录等场景下发福利
沟通渠道	提供客服服务的绿色通道，（电话/QQ/微信）7×24（每周 7 天、每天 24 小时）小时开通
优先处理	所有业务高速处理，若无法达到承诺则进行虚拟道具赔付
数据恢复	用户物品丢失后，*X* 时间内无条件恢复
游戏广播	用户可以申请在服务器内刷服务器公告
线下聚会	玩家见面会，策划面对面，公司展会
人物专访	调用社区记者团对用户进行专访以及角色包装
交流预约	预约公司高管一起交流游戏
游戏陪玩	美女/游戏高手视频陪玩服务、开黑房、下副本、代练、挂机等
商城特权	在 VIP 商城内兑换的权利
专属活动	平台级活动优先参与权，新游戏优先试玩权
……	……

设计特权待遇就是设计歧视，所有的优质资源、福利政策向高级 VIP 用户倾斜。

错误的歧视是，如果用户不充钱，那么就故意不对他好，影响游戏体验。

特别是在服务这个维度上，越是强大的客服团队，越能够做到优质政策倾斜到低级别的 VIP 用户上，比如账号争议物品丢失等问题处理起来都是非常麻烦的，处理得越快，越能够提升满意度，提升留存率，这种场景就不应该做歧视，一切以不影响用户游戏体验为准。

很多公司把一些优质的服务政策，设计落实到历史付费 10000 元以上的用户才能够享有，其实本质是自己的服务能力有限，仅仅能满足付费 10000 元以上的用户群体。

想一想，如果两家公司在服务能力比拼上，一家公司承诺任何问题 2 个小时内解决，做不到就赔付，另外一家公司只能承诺付费 10000 元以上的用户遇见问题 2 个小时内解决，我们更愿意选择哪家公司的产品和服务？

歧视不能故意在用户体验上做减法，而是做加法，比如，各种各样价值的礼包，花钱能够得到更好的，更容易被人接受。

很多公司对特权不做区分，这样会出现一些浪费资源的问题。

比如，一个用户充值了 10 万元，然后把号卖给一个不花钱的，这个不花钱的不再为官方输出价值，却始终占用我们的各种人力资源，这种情况就是浪费。还有一种不持续输出价值，就掉 VIP 等级的做法，个人觉得这种体验也不太好。

所以个人把特权待遇分为“永久生效”和“周期生效”两种情况。“永久生效”比较容易理解，只要用户达到了对应的 VIP 级别，即永久享受，一般是不太占用人力资源，如图 5-4 所示。

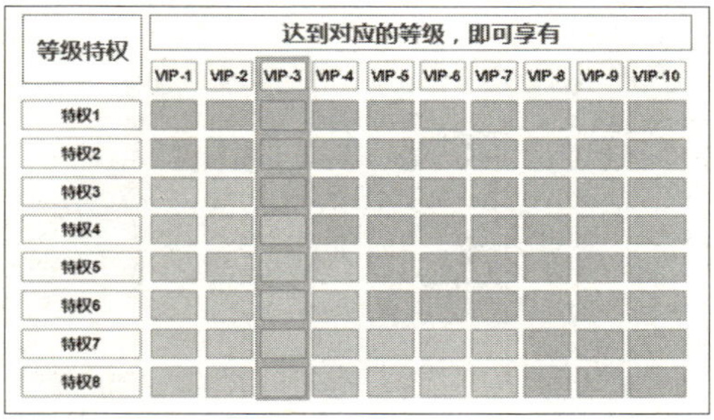

图 5-4

“周期生效”则保证了用户持续贡献价值，无论用户从充值、拉新、推广、内容哪个维度输出价值，这个月输出得越多，则激活当月对应的特权待遇越多。下个月如果还想享受，保持继续输出即可，如图 5-5 所示。

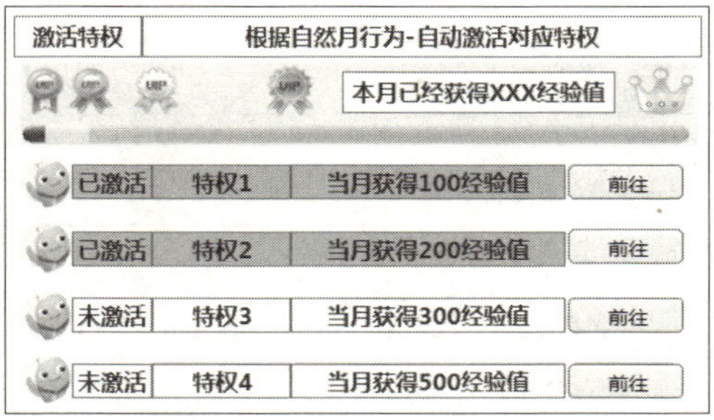

图 5-5

很多特别占用人力资源的福利待遇则需要通过用户的努力去攒经验值激活，从而刺激用户更加努力地去完成任务贡献价值。

特权待遇设计得越好，用户越有动力升级，用户要么贡献人民币，要么贡献自己的其他资源，比如时间、精力、才华等。

5.2.4 平台用户体系——货币

货币价值：平台基础货币，用来兑换各类稀缺资源、福利、服务，如表 5-7 所示。

表 5-7

模块	子模块	说明	备注
货币	平台币	花钱购买获得	可用于游戏内消费，商城内消费
	平台豆	完成任务获得	仅能用于商城消费

平台币一般通过人民币进行兑换，可以用于游戏内消费，也可以用于商城内消费。

平台豆的产出场景只有任务，仅能用于商城消费。

5.2.5 平台用户体系——商城

商城价值：所有稀缺资源聚集地，用于回收平台货币，商业变现的系统，如表 5-8 所示。

表 5-8

模块	子模块	说明	备注
商城	商品	虚拟商品、实物商品	兑换、抽奖、拍卖等一切售卖方式
	服务	服务及增值体验	设计门槛

商城是一个刺激用户、提升 VIP 等级的重要场景。很多的兑换权限，由低到高解锁，如表 5-9 所示。

表 5-9

类别	说明
虚拟商品	游戏道具、礼包码、流量卡、话费、Q 币等
实物商品	游戏周边、数码产品、明星签名海报等
体验服务	游戏公司能提供的一切稀缺服务

无论是商品还是服务，我们可以统称为资源，任何资源都可以分为普通和稀缺两种类型。何谓稀缺资源？

（1）与“人物”近距离接触的机会。“人物”可以是公司签的演艺明星，可以是公司高管，可以是游戏高手，可以是美女玩家。

（2）“场景”参与权。“场景”可以是明星演唱会的 VIP 坐席，可以是游戏比赛，可以是大型游戏展会，可以是公司活动，可以是玩家们的线下聚会。

（3）增值体验“服务”。用户申请使用运营工具，发布服务器级别的信息（生日祝福，向其他玩家表白），雇佣记者团采访，雇佣官方人员打游戏，参与“曾经错过的活动”，申请业务处理加速等。

（4）“消费”特权。从商场里获得稀缺道具，根据 VIP 级别解锁参与资格、购买数量、折扣比例等。

5.2.6　平台用户体系运营策略

（1）尽全力刺激用户多做任务，多提升等级；
（2）添加各种限制条款，以保证“歧视”的存在；
（3）保证低级 VIP 可以获得高级 VIP 的服务，追求最大化商业变现。

前面讲了，用户输出的价值通过任务体现，完成任务奖励平台豆，如表 5-10 所示。

表 5-10

任务	条款
活跃	每天登录打卡赠送 a 个平台豆
充值	每充值 100 元赠送 b 个平台豆
提交资料	每提交 1 种资料，赠送 c 个平台豆
帮官方拉新人	每拉 1 个新用户，赠送 d 个平台豆
帮官方宣传推广	每完成 1 次推广行为，赠送 e 个平台豆
输出优质内容	每完成 1 个精华文章，赠送 f 个平台豆
帮助官方打工	按照管理级别，按周发放 g 个平台豆

为了让用户多做任务，我们可以让平台豆（完成任务获得）变得极其值钱。按照下面三种方式进行设计，那么就自然歧视了只花钱、不做任务的用户。

- 稀缺资源 A 价格：支付 1000 平台币，或者支付 10 个平台豆；
- 稀缺资源 B 价格：支付 500 平台币，外加 5 个平台豆；
- 稀缺资源 C 价格：只能由平台豆购买。

在不同的时期，商业目的是不一样的，比如：当下不在意收钱，期望快速扩张，那么就把拉新场景的平台豆任务产出提升；当下期望打造游戏文化，建立品牌，就可以把输出优质内容的平台豆任务产出提升；我们期望更多的用户为我们打工，提升打工费用即可。

在很多平台用户体系设计里，低级用户想要获得高级的服务，却因为等级原因不可得。

举个简单的例子，想购买一种增值体验服务，申请使用运营工具，向游戏里面的“女朋友”刷走马灯表白，因为 VIP 级别不够而放弃。再比如说，想花钱获得某个外显道具，因为 VIP 级别不够而放弃。

很多场景下的商品和服务，如果能达成销售，就尽量达成。

5.2.7 如何面对渠道的竞争

游戏行业有三种公司，纯粹的研发商、纯粹的渠道商、研运一体的发行商。

几乎所有的一线游戏渠道，都依托其他工具型产品或硬件终端作为基础，在庞大的用户基数上完成了平台用户体系的搭建，稳稳地做着流量生意。

纯粹的研发商基本上不会搭建用户体系，产品做好后直接扔给发行商。

发行商一只手找产品，另一只手找流量，先解决生存问题，立足稳定后才会考虑平台用户体系的搭建，早期只能处于防御姿态。

站在用户的角度去思考，产品、福利、服务、文化四个维度可以左右自己的选择。

说得明白点，就是谁家的游戏好玩，谁家的福利多，谁家的服务好，谁家的内容有意思，我们才可能注册成为谁家的用户，并且持续地留下来。

作为游戏平台，都特别希望自己的平台能够通过以上四个角度的要求，“歧视”其他平台的用户，但是往往会面对重重压力，如图 5-6 所示。

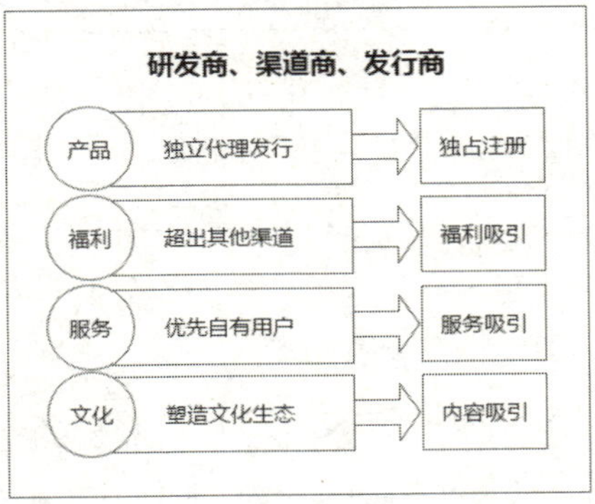

图 5-6

如果纯拿游戏产品抢注册用户的话，付出的代价也足够大，任何一个研发商和发行商在九成的情况下，不会独自发行，所以做到独占注册概率极低。

福利竞争最典型的就是各种充值返利行为，渠道之间为了抢用户，竞争之激烈跟补贴大战差不多。站在研发和发行的角度去看，一款大作首发，从开发下载的放包时间到礼包价值，也是尽量做到全渠道一碗水端平。

服务之间的竞争是一个慢活，形成口碑往往比较困难，往往只是做到防守工作，长期耕耘，提升留存率。

文化之间的竞争，实际上是内容竞争，通过优质的内容吸引用户，进而达成用户积累。

TapTap 社区就是以打造文化生态作为出发点的，做出了一个为用户带来价值（推荐游戏）的工具型产品，积累了大量的用户，然后成为了一家崛起的渠道。

想做成一家大的平台，就得想尽办法给用户带来价值，一般的游戏发行商，能够提供给用户的价值只有游戏本身，往往忽略了平台用户体系的搭建。

当用户从平台上获得的价值跟游戏里面差不多的时候，才能黏住用户，才能做到，当游戏 A 的生命周期将尽的时候，用户依旧在这个平台上选择其他游戏产品 B，作为娱乐的延续。

即使发行商转型不了渠道商，搭建一个用户平台体系，也能够最大化促使用户输出自己的价值。

以上，供行业内的各个发行商、渠道商参考。

5.3　客服运营不分家，提升用户满意度

谈到用户运营，自然是无时无刻地让用户满意，用户满意度高，就会留存和付费，若满意度低则直接流失。那么用户满意度究竟由什么构成呢？

逆向思考一下，如果用户不玩我们的游戏了，背后必然是一系列的原因，我们从很多的问卷调查与用户回访中可以获悉诸多原因，可以归结于产品品质（游戏漏洞、设计不合理），可以归结于运营太黑（吃相难看、生态恶劣），也可以归结为服务不到位（各种问题解决不了，低效易出错），由此我们得出一个公式：

用户满意度 ＝ 对版本满意 ＋ 对活动满意 ＋ 对服务满意

这三点都跟留存率息息相关，但从实际的工作情况来看，优先抓住前两点是对的，

因为一旦版本和活动做得不好，伤害的是大面，但很多运营往往只有能力经营好前两点（版本和活动），而忽略了第三点，即让用户对服务满意。

为了保证整体的满意度提升，我们必须要在第三点上下足工夫。打个比方，一个人的两门课程已经考了 85 分，在此基础上想提升到 90 分，得花不少的努力，而第三门课程目前（整个游戏行业）大多数都是不及格，但想要提升到 80 分，提升起来相比前两门要容易很多。最终，由于用户满意度的长板，在总分评估上取得胜利。

提及用户服务，大家第一联想的是游戏客服团队，但千万别觉得做好服务、提升"服务质量"是客服部门的事情，运营和客服从来不分家，任何一家游戏公司，都是客服顶在一线回复用户的问题，运营在二线沟通协调。**想要服务质量得到提升，没有运营的大力帮助，单靠客服想都不要想！**

就我在游戏行业的多年观察来看，**用户服务质量，是一个被很多运营人员忽略，或意识到却无从下手的内容模块。**

5.3.1 为什么用户服务质量被忽略

服务质量被运营忽略其实是有直接原因的。为什么这么说，这跟不同岗位的人的业务范围有直接关联。

我们来看运营的主要工作模块：写公告、设计活动、数据分析、跟游戏研发讨论版本管理、推进公司的其他各个部门协同工作，运营不是自己闷头规划设计，就是在请求他人配合的目标执行上。

真正意义上跟用户接触的也就剩下了 Bug 和建议反馈，分配给客服的时间实在少之又少。至少我在做运营最高强度的那一段时间里，80%的精力是被营收活动（为公司收钱）和游戏版本（改善产品质量）占据的，无他，就是为了完成 KPI。

一个新人，从一开始就上手运营工作，除了打打自家游戏和打杂、跑腿推进工作外，在极少的情况下，能接触到一线用户的声音，他们被无数推进的细节事情消耗了太多的精力，哪里能真正了解到用户的真实需求。

站在用户的角度，表 5-11 列举了 4 组对比的词语，各位体会一下。

表 5-11

熟悉	陌生
温暖	冰冷
愉悦	郁闷
信任	失望

我们都希望用户得到的感受是前者而不是后者，我们也都知道，活动、玩法、公告这些冰冷的机制带给用户的感受极其有限，只有活生生的人才能给用户带来更好的感受。客服又是直接跟用户接触的人，是最能够提供给用户感受的人。游戏客服做的每一项工作，通通都是为了用户留存，提升用户满意度。

而我们的大多数精力都在为各自的 KPI 进行考量，进而忽略掉服务这一指标。我们在“服务质量”这种比较难通过数据体现的工作上所花费的精力实在太少了。

无论是从能力还是从意愿上，通通是不及格。在保证版本和活动质量的前提下，百尺竿头更进一步，与客服部门一起做好用户服务，提升用户满意度，是从优秀运营晋升为卓越运营的必要条件。

5.3.2　一线游戏客服工作现状

我入行的第一份工作就是游戏客服，向大家介绍一下客服这个群体是什么样子，只有了解到他们的工作，才能够彼此做好配合。

- 一线客服人群年龄：大多是刚参加工作的毕业生；
- 一线客服工作范围：回复页面和接听电话，24 小时在线，轮岗倒班制；
- 一线客服业务指标：保证基础质量的前提下，高效处理用户问题。

二线客服人群：从一线转岗到二线，他们是业务知识培训团队、服务质量检测团队、用户数据处理团队。

我接受了基本业务培训，游戏知识培训 3 天后就上岗了。一开始上手就是回复页面咨询，大多数情况下，一线客服都是各自有着一个业务小本本，为了保证回复效率，记录着很多复制粘贴的内容，回复用户的问题越多，挣的钱越多。

随着业务能力的逐渐提升，被轮岗去接电话，相比页面回复，要求及时作答，很多的时候，用户会提出超出自身能力范围的问题，往往让客服新人很懵，当然新人可以求助业务更好的同事，于是使出拖刀计“您稍等一下，我帮您咨询一下。”这个时候就很容易被不耐心的用户各种花式怼了。

虽然被强制要求玩游戏，但是很多一线客服玩游戏比较浅，对于一些资深用户问出的游戏设定问题，往往接不了招。因为就游戏知识掌握程度，真的没法跟天天琢磨游戏的用户比。

公司为了省成本，客服人数向来比较少，电话接起率往往都很糟糕，页面工单上每天新增很多个问题，几乎每天总有滞留的未回复问题，特别是研发和运营犯傻的时候，问题咨询呈指数级上升。

很多用户找到客服也是迫不得已，充值不到账、被盗号、丢装备这些都非常影响游戏行为，很多用户也比较没素质，玩游戏就是为了消遣和发泄，觉得花了钱就是上帝，出口成脏者实在太多，心理素质差的客服经常被用户骂哭。

一个离职的客服小伙伴私下跟我说，好几个用户因为她回复慢，招致各种羞辱，连带侮辱家人，培训主管跟她说，职场不相信眼泪，你只能提升自己的业务能力……其实主管不知道有几件事情根本错不在她。

工作压力大，经常被用户当出气筒，待遇低，能力成长慢，离职率高……这就是中国游戏行业一线游戏客服的现状。

客服部专业能力较强者的几条职场发展路径如下：

（1）晋升为一线组长；
（2）调动到客服二线；
（3）转岗到其他部门。

一线客服的服务质量，直接受二线客服的影响，他们负责建立业务知识库、页面和电话回复质量检测、培训新人、业务考试、查询和处理用户的数据等。

而二线客服的很多基础建设性工作，几乎完全靠运营撑腰，比如让技术部门开发用户查询工具、数据调整工具、批量回复工具、工单前后台的迭代、统计功能……向运营和研发咨询游戏知识，咨询最新的活动解释，以及遇见各种特殊问题时，对用户统一回复口径……

所有的二线工作，通通都是围绕质量和效率而开展的。所以**想要服务质量得到提升，没有运营的大力帮助，单靠客服想都不要想！**

每天直接跟用户接触的一线客服，是游戏公司里岗位流失率最高、被用户骂得最狠、平均待遇最低的一个人群，如果没有好的后勤支持，我们凭啥让他们给用户的体验是**“熟悉、温暖、愉悦、信任”**呢？

难道就凭接听电话及时？声音悦耳动听？谈吐恭维，情商高，会说一些场面话？问题解决比较慢请耐心等待？有些问题实在解决不了就恨不得跪下道歉？

如果一家游戏公司的高管遇见了难办的游戏问题（比如账号被盗、装备被毁无法游戏），大家可以感受到解决质量和效率。可是一个充值 100 元钱的用户，遇见了同样的问题，大家可曾问过，自己公司最快的处理速度是多少天？

每天玩游戏的用户都知道，特别是 RPG 类，一旦影响到正常游戏，2 天无法上线，对于游戏角色而言意味着什么？有多少一线客服有概念？

很多时候，不是客服不愿意高效解决，而是能力、工具、环境所限，但是用户不会理解，也不愿意理解，用户只会用脚投票。超过了忍耐度，自然投奔其他厂商的怀抱。

很多用户，能不找客服就不找，一旦找了就必然是迫不得已的事情，各位游戏行业的同行，觉得自家服务满意度如何，相比整个行业里的服务满意度又如何？再来算一笔账：

- 我们一个新进用户的成本是多少钱？
- 我们游戏的 APA、ARPU、ARPPU 是多少？
- 我们一个付费 100 元钱的用户成本是多少钱？
- 用户一天无法登录游戏，损失了什么，有无概念？
- 因为服务质量好而挽留他们，能够带来的价值是多少钱？

这几个问题，放到运营团队里，从负责人到一线执行，有多少是有概念的。

在服务质量这个维度上，从来拼的就是系统工程。一线客服使用的工具就等于他们手里的枪炮，只有后勤强大，一线客服才强大。

5.3.3　做好服务是一个系统工程

为了更加方便地理解系统工程，帮助大家建立业务框架感，我们还是从具体场景出发。

假设自己是一个游戏用户，如果在游戏里面遇见了问题，第一时间找的就是客服。

所以好的服务商，往往有比较多的信息沟通渠道，以便为你方便找到客服，如表 5-12 所示。

表 5-12

沟通渠道	电话、QQ、微信、YY	第三方即时通信工具
	页面/论坛/社区	访问页面，留言式沟通
	游戏内/其他工具	启动客户端沟通

接下来就是业务范畴，如图 5-7 所示。

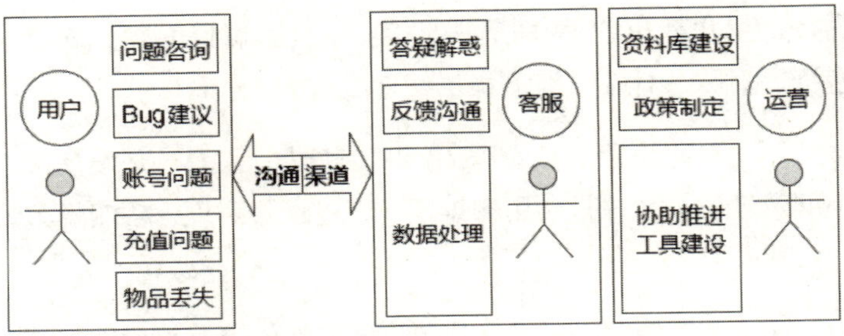

图 5-7

大部分用户，都会咨询问题，提交 Bug 和建议，以及遇见了影响游戏行为的事情，账号异常问题、充值问题、道具丢失问题等。

客服也会做一些 VIP 用户维系的事情，为其开辟特殊的咨询通道，除了解决上述的所有问题外，还附加了一些销售的行为指标。

5.3.4 客服业务：问题咨询

核心考量：以回答让用户满意作为服务的结束。

业务难点：知识、信息、资料库及时、完善程度。

当用户在游戏过程中遇到任何问题，寻求帮助的时候，如果客服给不了高质量的回答，意味着不专业。

游戏的版本不断更新，研发很多时候修改游戏设计，并不会告诉运营；就算客服带着问题去问游戏策划，他们也需要找好几个人确认才能判断某些模块做了哪些调整和改动。活动同理，有些规则嵌套比较复杂，客服带着问题去问运营，不是自己负责的模块，同样也不敢笃定和确认；运维层面，游戏服务器临时维护，客服都不知道的事情经常发生……这就是问题的难点，及时性和准确性。

对于用户而言，客服代表着官方，通用认知上，是跟上帝一样无所不知的角色。人家不会管你内部信息如何传递，如何丢失。

当用户咨询客服游戏功能、规则相关问题时，一问三不知，回答不及时，是有多尴尬；当用户跟客服讨论游戏设计不合理，客服完全接不上话，又有多尴尬；当公告写得有歧义，不光用户理解错误，客服内部都理解错误，此间造成的误会，又不知道多尴尬。

对于用户而言，咨询任何问题，如果客服回答不到点儿上，这意味着不专业。经常有用户把客服的糟糕反馈截图到论坛上质疑专业性，进而影响整个运营形象。你让用户怎么想：山寨厂商？请不起人？培训不到位？垃圾公司？

当面对成千上万用户千奇百怪的问题时，想让一线客服第一时间做出高质量的回复，游戏资料库的建设就显得尤其重要。

这个资料库包含两方面的信息：一块是游戏规则设计，为提升回复满意度，最好还附带一些优质的内部攻略、秘籍；另外一块则是一些时效性较强的信息，比如特殊状况下的特殊处理方案。资料库越完善、准确，问题的回复速度越快，质量越高。

运营在这里能做的，就是有意识地帮助客服去建立资料库，版本更新后找研发确认更新内容（陈述利害关系），有些复杂活动发布之前，就准备好一个 FAQ 提供给客服以应对问题；这就叫作有备无患，在业务咨询方面，一线客服就能够做到高效准确，避免尴尬，至少保证在问题咨询上，给用户一种良好的用户体验。

5.3.5　客服业务：Bug 建议

核心考量：完善的流程，质量标准建立。

业务难点：做好流程管理，争取更好的政策。

拆解一下处理 Bug 建议的整个路径：

（1）用户反馈情况；
（2）判断+感谢+表态；
（3）统计筛选走内部流程；
（4）公示以激励。

每家公司都会有自己的流程，优秀和卓越之间的区别是对于细节的把控程度。

愿意报 Bug 就是觉悟高，能提优质建议就是优质重度粉丝。在页面回复上，我们往往严禁复制粘贴，注意这种要求明显与高效回复是相互违背的。

以建议举例，如果一个用户周一、周三、周五给你反馈 3 次不同的信息，你每次都给对方一样的话，跟过年群发短信一样没诚意。有些用户玩游戏卡壳，错把正常设定当 Bug 报，处理方式见问题咨询（再一次考验知识库的质量）。

完善的公司都会有一个 Bug 处理表（Bug 级别、定义描述、处理方案、奖励政策），在解决 Bug 后，在官网和社区进行公示并辅以物质激励，同时公布相关激励政策，进而吸引更多用户参与其中。

对于经常能够发现 Bug 和提交优质建议的用户，集中建立精英用户团，并赋予其

VIP 的待遇。好游戏都是改出来的，尝试说服游戏制作人和主策划定期开展相关游戏设计讨论专题，拉近距离，表明跟用户打交道的不是官方，而是活生生的人。

客服部门能负责的范围和在公司内的影响力着实有限，一切都得靠运营在二线支持。对于整个服务路径的具体细节要求，如果全部写下来就成了工作手册，此处篇幅恐怕不够。但中心思想不会变，在服务质量上，一切都是为了赢得用户的认可（熟悉、温暖、愉悦、信任）。

5.3.6 客服业务：数据处理

核心考量：效率！效率！还是效率！

业务难点：查询工具和数据调整工具的强壮程度。

拆解一下数据类业务处理路径：

（1）用户反馈账号、充值、物品丢失相关问题；
（2）一线客服通过查询工具判断、确认；
（3）转给二线客服数据处理部门，依据政策进行数据调整；
（4）执行后反馈给一线客服，一线客服完成回复。

极其影响游戏体验的问题如下：

账号问题：账号争议，忘记密码。
充值问题：掉单、漏单、延迟到账。
物品丢失：被盗号、物品莫名消失、失误操作。

一般情况下，用户是能不找客服就不找，既然找了就要想办法快速解决，账号和充值问题是天大的问题，解决不了，就会流失。物品丢失问题是一种慢性折磨，用户丢失了关键物品，很可能在游戏里天天被羞辱，在这种情况下，所有的客套一点用都没有，快速恢复才是最佳的解决方式。

一线客服遭遇的问题是：查询不到，日志记录不完整，查询不及时。由于游戏数据库庞大，部分是实时查询，部分则是当日 24 点入库，次日才可以查询。

二线客服遭遇的问题是：无法补偿，由于计算和操作复杂，无法批量处理而导致效率低下。

比如一个用户被盗号，我们希望尽量恢复到盗号之前的状态，此间丢失的物品可能涉及十几项，每种又是几十上百个。有些可以补，有些则不能，有些则需要扣掉（极品装备分解成材料），换算成其他的东西补偿。这中间就跟解数学题一样，有些情况还得跟用户进行商量。还有用户盗号后卖掉，经过几次交易转手出现争议，于是双方提供证据，客服就得像法官一样进行裁决。

1. 先讨论一下查不到和无法补偿的问题

举个简单的例子，某次版本更新后，增加了 3 个玩法、3 个数值、6 个道具。更新后的第三天出现了相关问题，用户要求补偿对应的数值和道具。试问，客服能否及时、准确地查询到对应的游戏数据，以及补偿、扣除相关的游戏数据？

如果事先不对研发的技术做要求，不对平台的技术做要求，更新查询工具数据库字段和数据调整工具，这一块的业务就是瘫痪的，客服将无能为力。

有多少游戏公司的客服能实现获悉版本更新情况，又能够得上研发和平台技术部门，并且强势推进他们完善相关工具。如果运营不做好中间的衔接，这一块就是瘫痪的。绝大多数情况下，往往都是反馈到高管的层面，才能够得以恢复。

当然吃过几次亏，就可以通过优化流程解决，这里比拼的就是精英人才的经验和智力。未雨绸缪永远比亡羊补牢要强得多得多！

2. 再讨论一下查询和补偿效率低下的问题

很多问题出现后，有经验的团队自然有其流程解决，但是效率问题谁来保证。一款游戏的用户基数大到一定程度，客服人力资源有限（加人去跟老板谈），当问题集中出现的时候，客服业务再熟练也没用。

所有的问题都可以通过加人解决，但老板不让随便加人。唯一能发力的就是提升工具效率来解决。

客服提需求，运营做翻译和推进，平台技术和研发技术共同响应。

有过开发经验的同学都知道，不专业的人（客服）提出的需求不经过专业的产品经理翻译，就是灾难。而技术和技术之间的联合开发，配合起来又很痛苦。

死循环就是这样产生的：

（1）客服有需求，但是写不出专业的案子，只能反馈问题；
（2）平台技术（工具后台和数据库）和研发技术（服务器）又有各自的业务排期；
（3）运营是先照顾自己的 KPI，还是先照顾无法被统计的用户质量；
（4）运营即使有心，从能力上能写出专业的案子吗？
（5）专门帮助客服解决查询工具和发奖工具的平台产品经理在哪里？

（6）这种细分领域岗位的人好招吗？

这一块几乎是所有游戏公司的盲区。从游戏制作人，到运营负责人，意识形态、专业技能通通都是盲区。

其实真正意义上完成类似的事情，需要一个优秀的平台产品团队作为最终的落实方，但是很多游戏公司并没有实际的岗位配备，所以只能是由运营来担任了。

5.3.7 客服业务：VIP 服务和 GS

核心考量：以超出用户预期作为服务的结束。

业务难点：政策、工具、销售技巧。

VIP 用户遇见的问题跟其他的普通用户一样，问题咨询、Bug 建议、数据处理，只不过需要特别对待而已。

比如增加一个独立的沟通渠道（QQ、微信、电话），让用户能够随时随地找到客服。优质的人力资源自然会倾斜到 VIP 用户上，毕竟这些用户是营收的主力贡献者。

配备专业的客服陪聊，解答所有疑难问题，陪玩游戏顺带销售道具，Bug 和建议特殊对待和处理，数据恢复最高优先级，无理由赔付等。

翻看任何一家游戏公司的 VIP 用户等级以及福利政策，都能够看出一二，制定规则易，实际落实难。在绝大多数情况下，都是制定了规则无法落实。

以数据调整为例，国内 90%以上的公司，普通用户 3～7 天处理完毕，VIP 用户 24 小时内处理完毕，具体服务效率取决于各个公司的业务并发量和工具强壮程度。

如果哪家公司能保证普通用户处理速度在 24 小时内，VIP 用户在 2 小时内，拿 VIP 的待遇去对待自己的普通用户，想想自己能给公司的服务质量加多少分？

这是一个拼下限能力的竞争，同等条件下，能够同时并发服务的用户量越多，其服务质量就越高，口碑就越好。

这种系统工程的开展，往往从运营主动帮助客服的意识形态开始，以专业技能作为推进，以追求系统工程中的各项指标达标为结束。

每家公司都想提升服务质量，但实际上能做好的也只是寥寥无几。一个运营团队里核心角色中，如果没有一个人拥有一线和二线客服的经历，就意味着团队技能不完整，只有知道对方的疾苦，才能够在很多场合下，做出更多的有效支持。如果团队内没有，建议提拔或者招聘一个。

我特别欣赏从一线客服转岗的运营，因为只有他们才能够切身体会到用户的真实需求，以及真正意义上在用户的角度做好运营服务工作。

客服存在的目的就是让我们的用户更好地游戏，他们是游戏公司与用户接触的第一线，是提供优质服务感受的基础，是真正听得见炮火声的人。客服和运营从来都不分家，做好了他们的支持，才能够真正意义上提升用户满意度。

第 6 章　沟通协作，如何推进跨部门业务

掌握了一款 S 级产品上线的全部业务清单，才能够避免手忙脚乱，合理安排业务进度。并通过良好的沟通协作，最终科学化地提升运营效率。

6.1　运营协作清单，S 级游戏上线那些事

作为游戏从业者，我们都经历过各种各样的游戏测试，每次测试都是一场战争，除完成自身的工作以外，还要驱动其他多个部门一起合作，同时也是个人运营经验提升的最佳机会。

很多运营人员受经验（项目、公司、环境）所限，并没有清晰的概念。个人经验中总有一些缺失的部分，一个成熟的运营人员只有打过几次大仗，才能摸得清此间的门道。本节帮助大家建立一套从游戏孵化到商业化运营过程中的整体业务框架。即：一款游戏在商业化公测之前，运营需要驱动其他部门完成的事情有哪些？如图 6-1 所示。

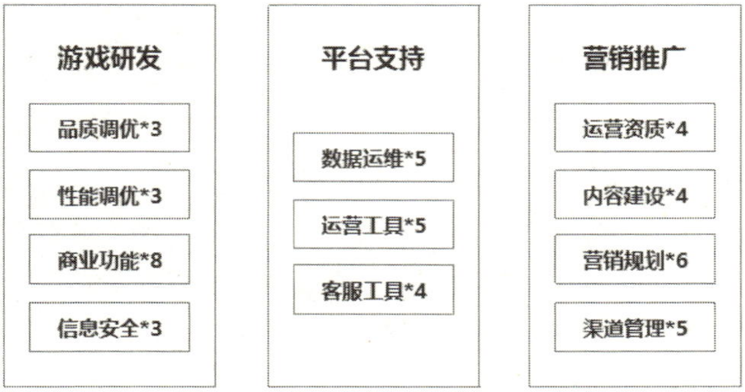

图 6-1

依据业务体系共分为三个大类别，若干个模块，每个模块又分为若干个子模块。

6.1.1　游戏研发模块

评级定档等于一款产品的摸底考试，通过各种加权算法，得出一个分数，如表 6-1 所示。当我们把产品交给渠道之后，将来渠道也会依据自己的标准核算分数，进行评级定档，直接影响这款产品将来上线后所能拿到的流量资源。

表 6-1

模块	子模块	说明
品质调优	评级定档	产品品质摸底考试，通过一套评测算法，针对产品各部分（IP、美术、玩法、数值、创新等）进行评分，输出评测报告

续表

模块	子模块	说明
品质调优	用户体验访谈	对核心用户群体进行调研访谈，输出用户体验报告，验证产品设计思路，供游戏研发团队参考
	新手优化	输出新手阶段的留存数据报告，供研发团队调优，以提升新手留存率

既然渠道会做，不如我们自己先做，做到心中有数。对于游戏研发而言，评测报告能够按照当下业内流行的标准，如实反映产品的各个细节，协助指导版本迭代。对于发行商而言，评测报告也是用于签订产品的重要决策依据。

评测报告不是那种写给玩家们看的市场软文。而是近些年的一个细分专业，对这块业务领域追求可深可浅。深的就如同很多手机评测一样，针对各个指标进行评分，行业内的人一般都见过。浅到新入门的运营、研发人员，都可以按照自己的喜好标准来撰写报告，以培养眼光和游戏感。

用户体验访谈同样是一门学科，让真正的核心用户按照专业的流程设计参与游戏，让用户讲出自己玩游戏的感受，探讨产品存在的优点和不足，从而从中挖掘出更多的信息，作为影响游戏设计的重要决策依据。

从 PC 年代起，业内就有“决战新手村”的说法，游戏用户面对无数的选择，并没有耐心体验很久，一旦觉得没意思，或者卡到哪个节点失去耐心，就瞬间流失，我们并不知道流失的原因，但是可以通过数据发现用户流失的节点，进而做出有针对性的调整，如图 6-2 所示。

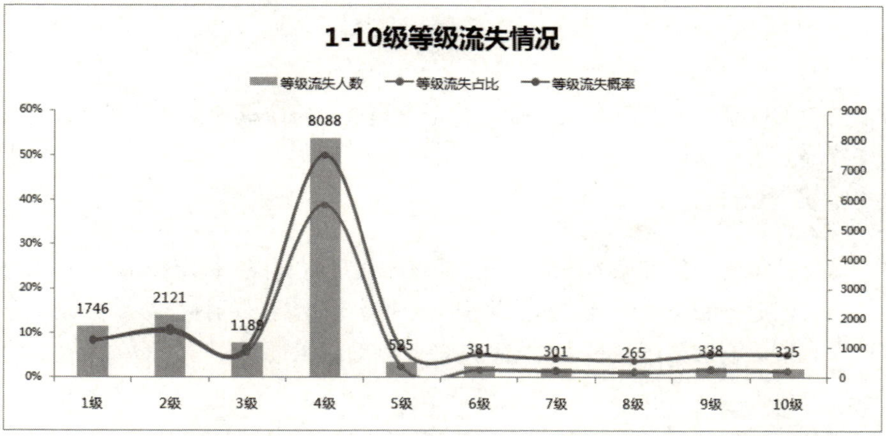

图 6-2

很多优秀产品，都在新手村环节花费大量的精力，游戏制作人和运营负责人往往会把新手环节玩 30 次之多，不断揣摩，调整每一处细节，最终做出一个相对平滑的、可接受的数据。

“评级定档”请一个专业的人员就可以输出报告。

“用户体验访谈”的最低参与用户人数需要达到 8 个，然后和运营团队在一个会议室里面进行。

“新手优化”的业务场景往往要求搭建服务器，参与测试的用户样本量一般会超过 2000 人。

这 3 种方案参与人数规模递增，是行业内帮助产品进行调优的主要手段，如表 6-2 所示。

表 6-2

模块	子模块	说明
性能调优	压力承载	测试单服务器、单地图，单屏幕人数承载上限等数据，用于指导运维策略
	机型适配	保证产品在不同的机型上（屏幕尺寸、分辨率、操作系统、通信协议）安装、运行流畅无异常
	设备性能适配	软件包体性能和大小优化，对智能设备的性能（CPU、内存、显卡）要求越低，产品受众群越广

这个模块都是技术层面对性能指标的追求，性能等于是一款游戏的肌肉，了解这些参数，对将来的游戏运维具备直接的指导意义。一般的游戏公司没有这方面的技术测试储备，往往会采用第三方的服务，比如 Testin。

用通俗的话来解释性能，同屏内允许存在多少个模型面，释放技能特效还能保证流畅，一张地图里面最多存在多少个游戏角色，一个服务器里最多可以支持多少人同时在线以保证用户体验流畅不卡顿，游戏在多少款机型上顺利安装运行流畅，不崩溃、不发热、不影响游戏体验……理论上的性能越优化越好，但实际中是合适最好，是开发人力、服务器成本投入与期望效果的妥协。

只有游戏品质达到一定的水准，准备配合大规模市场推广行为前，才值得对产品的性能进行深度优化，运营对于这一块要打好提前量的准备。

通常来说，安全无小事，这是一块很多运营想努力但是没法兼顾的业务模块，往往是等问题发生了才去解决，属于“技术”范畴，运营无能为力，如表 6-3 所示。

表 6-3

模块	子模块	说明
信息安全	工作室、外挂、盗号	被外挂、工作室和盗号毁掉游戏的案例数不胜数。提前预判，通过规则或技术手段进行提前规避，防患于未然
	数据库防注入	信息安全防御工作。规避黑客篡改游戏服务器的数据库的可能性
	数据预警	数据安全预警系统，通过监控游戏内的异常数据增长，提前发现 Bug，外挂，监守自盗等行为

所有的事情都跟运营有关，想想如果一款游戏各个方面都不错，结果在大面积砸钱推广的时候被其他事搞得精疲力竭该多冤枉，历史上被外挂信息安全搞死的游戏数不胜数，以韩国游戏为重灾区。

“工作室反外挂”，可以通过调整游戏设计解决。

“数据库防注入”就是典型的黑客攻防战了，一般会动用到公司核心架构的技术大牛负责，自己没储备，花钱请更专业的。

无论是外挂、Bug、监守自盗都会引起数据变化，“数据预警”则是监控数据异常增长的一套工具。举例而言，游戏设定用户每日最多获得 1 万 EXP，但是如果一个用户单日获得了 2 万以上的 EXP，如果不是我们主动对用户完成了数据调整，那么用户自然是利用了 Bug，系统负责预警并暴露问题，以便做到运营先知先觉，做出及时追查。

从实际场景上而言，游戏灰色产业链上的“坏人”对我们的攻击，也间接证明了自己的游戏足够“火”，与这些“坏人”之间的斗争是无穷无尽的。一定要保护游戏安全稳定，保证用户体验。做不好信息安全的防御工作，一切商业行为都会打水漂。

商业功能是大家比较熟悉的，只要玩游戏都见过，如表 6-4 所示。

表 6-4

模块	子模块	说明
商业功能	每日活跃	签到、在线领奖、每日任务等
	周期目标	7 日、14 日、30 日等周期任务
	失败强化	战斗失败后，告知用户如何养成的引导
	商城设计	游戏内的商城相关设计
	破冰首充	游戏内吸引用户首次付费的设计
	开服基金	游戏内吸引用户付费、周期返还的设计
	VIP 功能	游戏内 VIP 等级以及福利的设计
	分享功能	游戏内分享到各社交媒体的规则设计

理论而言，游戏研发只需要做好核心战斗创新、玩法系统和用户成长三个模块即可，在运营的过程中，为了更好地达成目标，更需要一些商业化功能来保障。通常这些功能不以活动的形式呈现，而是直接内置到游戏版本内，为所有的用户提供一样的功能。

所有的商业功能都是围绕着用户留存、游戏营收两个层面建立的，所以往往是运营和研发一起商议执行，我们可以模仿大厂，但是从业务上应该有自己的追求，完成这些东西需要有自己的积累和创新。

6.1.2　平台支持模块

运营工具如表 6-5 所示。

表 6-5

模块	子模块	说明
运营工具	公告系统	登录弹窗、PUSH、走马灯的内容发布
	邮件系统	游戏内的邮件系统，多用于发奖
	活动系统	各种运营活动的配置和展示
	礼包码系统	使用 CD-KEY 兑换游戏道具的功能
	推广员系统	用户分享、拉新、结算的功能

公告系统主要用来传递信息。邮件系统除传递信息外，还可以用于发奖（活动或补偿）。活动系统自然是用来配置运营活动的。这三个子模块主要照顾游戏内的用户。

礼包码系统是对外交换流量资源的重要工具，市场部门跟媒体换，商务部门跟渠道换，品牌部门通过异业合作交换资源，如果没有这个工具，流量运营的手段往往捉襟见肘。

推广员系统大家也比较熟悉，用户分享二维码给其他的用户，其他用户通过二维码下载游戏后，通过 CPA 或者 CPS 的方式对此前的分享者进行奖励分成。

工具就好比运营人员手中的武器，能够极大化地帮助运营人员提升效率，减少出错。以配置活动举例，配置一个竞技场积分双倍产出的活动，如果没有工具，那么每次做活动都得依赖研发、运维、测试等多个部门配合实现，周期长，效率低，易出错。而一旦有了工具，只需要运营人员在后台配置几个参数即可实现。

所有的运营工具都分为前台和后台两个场景，前台负责展示，后台负责配置。先说展示的部分，弹窗公告是否允许富文本编辑，是否允许链接跳转，是否允许插入图片，走马灯系统允许多少个字，滚动速度如何，邮件有没有明显系统标识，会不会被盗号者利用，附件能够带多少个道具……再说后台配置的部分，是否允许不同服务器呈现不同的效果（公告、活动配置），如果运营在后台误操作，配置错误是否允许撤回……几乎每个运营人员都吐槽工具不好用，不好用的问题往往都发生在前台和后台的两个场景之下。

运营工具是一个系统工程，一般由运营提出要求，担任工具型产品经理的角色，交由研发的技术和平台的技术共同实现，双方负责联合调试服务器之间的通信加密协议，再由平台技术负责实现后台配置的功能页面，研发技术负责实现游戏里面的展示部分。

工具是否好用，完全取决于各个游戏公司的过往积累，通常情况是给什么用什么，即使不好用，也就将就着用，毕竟运营的能力和精力有限。

客服工具如表 6-6 所示。

表 6-6

模块	子模块	说明
客服工具	客服前后台	建立用户找到客服的渠道（电话、页面、聊天工具、论坛）
	数据查询工具	查询角色日志的工具，如登录、充值、货币、道具流水等
	数据调整工具	对角色数据进行增加，减少，变更操作的 GM 工具
	行为管理工具	对角色游戏状态行为（封、禁、解）进行调整的 GM 工具

我们的用户在游戏里面遇见了问题，能够通过“客服前台”与客服取得联系，通俗来说，游戏上线之前，我们要确保用户方便找到客服，打通双方沟通的渠道。

客服根据用户提出的问题，通过“数据查询工具”进行验证，通俗来说，用户反映的问题是不是属实，我们的客服能够做到及时有效地判断。

通过“数据调整工具”和“行为管理工具”进行游戏角色的数据调整和行为限制，通俗来说，用户丢了东西，方便补偿，发现游戏角色状态异常，进行惩罚和保护。

客服没有工具，根本就无法做出更好的服务，这并非意愿问题，很多时候，往往只能光道歉，干着急，双方均痛苦不堪。能做好这一块，需要一个既懂业务又懂技术的平台产品经理。

客服工具的建设难度要大于运营工具，因为客服工具建设，是客服、运营、研发、平台、数据五个部门共同协作努力的成果。

数据运维模块如表 6-7 所示。

表 6-7

模块	子模块	说明
数据运维	服务器数据	通过后台呈现服务器整体运营数据情况
	投放效果监测	市场完成投放后，通过后台呈现流量和广告效果
	业务数据埋点	数据呈现的前置条件，以供特性业务数据分析之用
	基础运维	上传、下载、更新、开关合服、白名单等基础运维功能
	服务器配置	运营、研发、运维一同商议的游戏服务器运维成本

数据是一个巨大的类，任何工作都会产生自己的数据，客服、运维、运营、市场、商务、网站乃至财务、人事都会有自己的相关数据后台，所有的工作行为都通过数据后台呈现，以便验收自己的工作效果。

通常运营工作业务上接触得比较多的部门是客服和市场，我们用一张表格来说明，如表 6-8 所示。

表 6-8

使用者	后台名称	用途
客服	角色数据查询工具	查询单个角色在游戏内的日志行为
运营	服务器数据后台	查看服务器整体运营数据
市场	投放效果监测后台	查看广告投放效果的数据

客服已经在前面说过了，运营查看的是整个服务器的数据状态，市场之所以被提及是因为一款游戏的投放推广费用，是算在单款游戏经营预算的总成本里面的，所以运营人员也应当关注。如果版本质量不好，建议停止投放。

游戏研发的服务器日志如何记录，业内并未形成规范，造成的后果是：很多服务器和角色日志不打或者胡乱打，这一块同样需要一个懂业务外加懂技术的数据产品经理来收拾，做好规范，这样才能够保证数据能够及时、准确有效呈现。越是老公司，在这一块越有积累。越是新公司，越是手忙脚乱。

数据后台要么自主研发，要么购买市场的商业服务，比如 TalkingData，我们觉得第三方的数据后台不准确，其实本质还是因为游戏服务器的日志并未按照对方的日志规范要求进行输出和接入。

还有一种是基于业务需求进行的数据呈现，称之为“业务数据埋点”，通常是基于某个特性业务数据进行分析，比如基于新手阶段的流失数据分析、基于注册活动页面的转化数据分析、基于分享到社交媒体后的下载转化数据分析等。

基础运维层面同样也是服务支持模块，能做到自动化运维，10 分钟解决掉 2000 组服务器的维护，做不到自动化，则是灾难，浪费人力资源不说，还容易出错。

服务器配置层面，研发想要最好的服务器以保证体验流畅，运维则需要不断地控制住成本，运营在中间做好协调工作，一方面希望研发进行性能优化，另外一个方面则跟运维进行配合，依据实际情况，动态降低服务器配置以控制成本。

运营对所有的结果负责，平台支持的各个部门处于配合的位置，支持部门越强壮，运营效率越高，支持部门越菜，运营越痛苦。

6.1.3 营销推广模块

运营资质模块如表 6-9 所示。

表 6-9

模块	子模块	说明
运营资质	软件著作权	/
	商标著作权	/
	版权版号	/
	其他资质	未成年人防沉迷设计、屏蔽词库、网站证书等

运营资质很容易理解，不做说明定义，在实际的场景中，可能还有更多的资质要求。相关业务更多是公司法务部门的事，一般会采取外包的形式搞定。运营在封测的阶段就需要打好提前量，提前预约，不要给对方的工作带来麻烦。

文化部、工信部、广电、版署等诸多部门对网民的行为有着对应领域的管控，很多时候我们自己并不知道自己犯了错，直到对方找上门来，所有部门都可以说这个不归我管，但是运营不能，同行之间的商业竞争对方发律师函，相关部门约谈喝茶，运营都得支付人力资源去应对，这一块也得留出提前量，如果过往有积累，自己犯的错会少一些。

内容建设模块如表 6-10 所示。

表 6-10

模块	子模块	说明
内容建设	基础素材	游戏名、标语、图标
	渠道素材	下载页截图、游戏视频
	服务器名	游戏服务器相关名称
	营销素材	攻略、评测、资料、软文、广告图、视频、海报

内容建设一般是配合市场、商务部门的同事共同进行，提炼核心玩法，交由市场营销包装，生产更吸引流量的内容。

取游戏名称是一件重要的事，直接影响到市场推广情况，在申请资质的时候，很有可能因为侵权、重名被打回来。标语、图标往往都是从 N 多情况下筛选出来的，跟美术素材沾边的都拼命做，然后择优录取。

生产营销素材时，运营往往负责沟通协调研发，向市场部门输送相关素材和内容，对于所有的潜在用户而言，内容的喜好程度依次为：视频>图片>文字，这一块准备得越是充分，将来在很多的场景下越具备流量转化优势。

内容建设的发起者是法务、市场、商务、运营等部门，但是实际的生产者则来源于网站、公共美术等其他平台支持部门，一些情况下甚至会采用外包进行。

我见过很多发起部门，不做业务的提前预判，把内容生产部门逼得要死要活的，最终质量也不好。作为运营，自然是对全局负责，所以干脆列举一个清单避免遗忘，把这一块单独拎出来，为内容的生产和优化素材提供足够多的时间。

营销规划如表 6-11 所示。

表 6-11

模块	子模块	说明
营销规划	活动设计	新进、品牌类的营销活动
	市场投放	根据版本情况做出的市场营销投放计划
	网页建设	搭建及运营游戏官网、专题、活动页面
	百科建设	各种搜索引擎百科词条的建立，提升 SEO 权重
	社区建设	搭建及运营用户讨论游戏的场景，如 QQ 群、贴吧、论坛等
	新媒体	搭建及运营自媒体，一般指新浪微博和微信公众号

这是一个占用精力最多，游戏只要运营，就持续不断进行生产和维护的业务模块，整块内容的重要性则直接影响到游戏的品牌、流量、用户量等。

整个营销规划层面与运营相关的内容包含在表 6-11 中，各个游戏公司对于具体业务划分不一，主从关系不一，有些业务归市场，有些业务归运营。实际执行起来，作为平台支持的网站部门也会参与进来。这中间相对不吃精力的是百科建设，余下的基本上是无尽的会议、无尽的沟通以及无尽的执行。

渠道管理模块如表 6-12 所示。

表 6-12

模块	子模块	说明
渠道管理	SDK 接入	游戏上渠道前的必备流程，申请开发者账号、接入支付等
	游戏上架	上传游戏客户端，填充专区内容、广告图、礼包码等

续表

模块	子模块	说明
渠道管理	对账结算	与渠道进行分账协议沟通、结算、处理坏账等
	版本更新	提交安装包，保证顺利过审
	渠道经营	提升 ASO，获得更多的流量、广告位等

自页游时代起，渠道就是爸爸，几乎控制了所有的用户量。手游时代，分为苹果和安卓两大渠道，渠道管理模块大多是流程型工作，通常是商务和运营与渠道负责人联系对接，对账结算的时候，财务部门也会进入。

安卓渠道的相关执行工作往往是刷脸拼关系，苹果那边就得摸清楚相关的喜好，苹果的版本更新审核是众所周知的变态，想要通过，就靠业务经验的积累了。

其中最重要的是“渠道经营”，熟悉渠道的政策和喜好，拿到更多的资源位则是主要目标，一般是商务主要负责，运营处于辅助的位置。

以上，是一款游戏从游戏孵化到商业化运营过程中的整体业务框架。

成熟的运营负责人，无论是扔到成熟公司、发展中公司，还是创业公司，心中必须得有一套完整的驱动框架，这个框架能够帮助一款游戏从 0 到 1 再到 100，直至正无穷。

其实人人都可以，遇山开路、遇水搭桥，看见问题解决问题，但是过程不一样，没经验的人往往会显得慌乱，给协同部门带来很多不必要的麻烦，而有经验的人则能够事先做出预判，一切有条不紊，从容高效顺利推进，让正确的事情相继发生。

我按照自己对业务的理解，尽最大努力穷尽了该框架，完成了 1.0 版本的业务分类，供大家参考。

6.2 从封测到公测，科学提升运营效率

运营是一项长线工作，要想提升运营效率，我们先得了解“产品生命周期”的概念。

任何游戏产品从开始进入商业市场到被市场淘汰的整个过程都会经历至少 4 个周期，依次为探索期、成长期、成熟期、衰退期。

不同的游戏又会根据商业上的综合表现（一般指在线人数和营收）分为 S、A、B、

C 四个等级。

通过时间周期和综合表现，形成了一个坐标系，不同品质的游戏在这个坐标系中的游戏生命曲线表现不同，如图 6-3 所示。

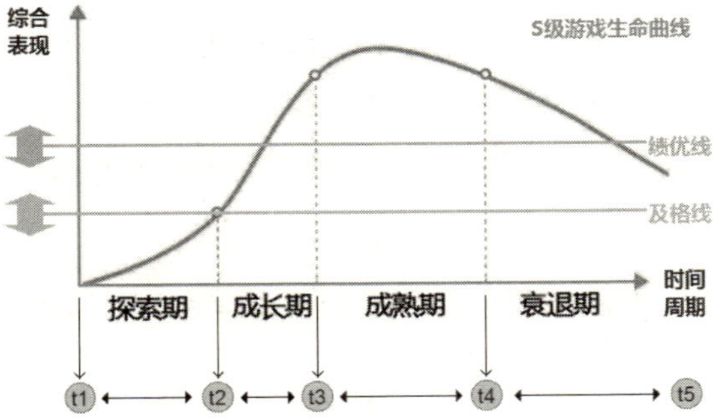

图 6-3

基于此，我们再增加两条线，一条是及格线，一条是绩优线。每家公司都有自己的评判标准，尺度各自定义拿捏。

图 6-3 中只绘制了 S 级游戏的生命曲线，其走势表现超出绩优线的标尺。

相应地，我们可以自己在心中绘制其他三个级别的生命曲线。

- A 级游戏在绩优线上下浮动；
- C 级游戏在及格线上下浮动；
- B 级游戏在 2 条线之间浮动。

从时间维度来看，高效率的运营团队：

- 能让 t1 到 t3 的时间尽量缩短；
- 能让 t3 到 t4 的时间尽量延长；
- 能让 t4 到 t5 的下滑曲线变得更平滑。

至于综合表现的追求，等同于该产品的商业成就的追求，是团队成功的合力，这里主要谈效率。

游戏测试的三个阶段（删档、不删档、公测），发生在 t1 时间点到 t3 时间点之间。

6.2.1 快速提升运营段位

我面试过很多运营人员，大体可以分为两类。

- 一类是打江山的，即把一款游戏从封测送到公测的整体过程，他们的工作经验更多积累于 t1 到 t3 之间；
- 另一类是守江山的，即游戏进入平稳运营期，维持和延长游戏的人数和收入，他们的工作经验积累更多在 t3 到 t5 之间。

从行业内的市场需求而言，打江山的相对更加吃香一些。每次游戏测试，从游戏孵化到游戏上线，是个人提升运营段位的最好方式。

最优秀的团队通常都是打江山的，在 t3 时间点前后，平稳过渡地交给其他人经营，然后转而攻打下一个山头。

很多运营人员工作多年，经历数十款产品，测试几次，数据不好就一直放弃，有些数据稍微好点的，也就是维持在及格线上下，比如很多 DAU 人数 X 万以内和月流水峰值 Y 万元以内的，它们是挣钱的，公司也过得去，然后自己在这个岗位上一待就是三五年，变成一个守江山的运营。相对遗憾的是，其业务段位无形之中因为工作经历被限制住了。

就个人职业生涯发展而言，想要快速进阶，要尽量跳出运营的舒适区，多做一些挑战自己的业务。就守江山而言，也就是 S 级、A 级的游戏值得守，如果长期守着一些 B 级的产品，自己的业务水准也容易停留在 B 级的段位。

总体建议如下：

- S 级游戏值得守，将来会有巨大的光环加成；
- A 级游戏，视游戏衰落情况决定是否留守；
- B 级游戏尽早放弃，切勿蹉跎职业生涯。

大家心中应当对绩优线和及格线有一个分寸感，打江山带来的业务提升是高速的，别让自己在守江山的场景里面蹉跎。

6.2.2 游戏测试的三个阶段

所有的游戏从孵化到商业化运营，总体分为 3 个阶段，如表 6-13 所示。

表 6-13

阶段	参与玩家	目标	测试周期
删档封测（孵化期）	5000 人以内	核心玩法、数值、稳定性	2 周以内/次
不删档内测（发育期）	1~5 万人	产品品质，算投资回报比	取决公司决策
商业化公测（赚钱期）	越多越好	商业变现	/

删档封测往往是第一次跟玩家见面，为控制影响力，人数规模比较小，时间比较短。

删档封测主要目标：打磨核心玩法，调整数值平衡以及保障稳定性。在这个过程中，用户会遇见卡机、掉线、适配、兼容、压力承载以及各种各样莫名其妙的 Bug，基本上是问题不断暴露、研发不断解决的循环，测试过程中随时随地出现临时的更新维护，因此对用户的耐受度要求比较高。删档可能做好几轮，直到核心玩法打磨成型、数值平衡、版本稳定为止。

不删档，意味着一款游戏的大基础已经得到保障，可以正式投入运营，并且对用户的游戏体验负责，将启动几轮导入用户的市场行为。

不删档测试主要目标：调优产品品质，跑留存数据，计算投资回报比，即：公司每投入 100 元钱（版权金、服务器硬件、运营人力、推广费用等），在多长的周期内，可以回收成本并获得利润。通俗的解释是：

- 投资（成本）> 回报（利润）= 赔钱；
- 投资（成本）= 回报（利润）= 白忙活；
- 投资（成本）< 回报（利润）= 赚钱。

不删档测试的整个周期一般会经历至少 2~3 次版本迭代，如果折腾了多次，感觉赔钱，往往就直接砍掉了。不瘟不火的话，则维持住运营，不断迭代版本，一旦投资回报比显得可观，那么就可以进入下一个测试阶段了。

商业化公测，意味着一款游戏的投资回报比是赚钱的，这个游戏基本上是做成了。由于服务器和人力的成本趋近固定，而营销推广费用则是无上限，接下来就是拼智力和执行力的环节：

- 研发不断开发迭代，提升用户体验；
- 市场不断找到更便宜的流量，导入用户；
- 运营不断提升在线人数和游戏营收。

个人经验以及很多业内的数据报告显示：8 成游戏死在删档封测阶段，2 成游戏进入不删档阶段。不删档阶段折腾了几下因为数据不好死掉的又占 8 成。

对于运营而言，大部分经验的积累在不删档期间，三个部门同时协作，研发和运营共同调试好产品品质，市场负责砸钱验收，争取把投资回报比顶到及格线以上，如果折腾几轮还是不及格，会被公司直接放弃。

运营的日常工作也分为三个阶段。

（1）负责人规划：决策各个测试阶段的业务范围取舍、质量取舍、业务完成顺序。

具体表现形式：运营负责人召集团队会议，依据具体场景分析决策。做哪些不做哪些，该阶段做到什么程度，业务完成顺序取决于公共资源部门的情况，这在很多需要征用公共资源的大公司很重要。

（2）团队内部输出：思考如何把自己的业务做得更好。

具体表现形式：运营测试计划总表、运维事件记录表、运营数据日报/周报、运营事故报告、游戏建议记录表、游戏 Bug 记录表、运营阶段复盘会、运营工具开发文档撰写、运营公告撰写、活动计划、版本迭代计划……说白了就是部门内部闷头干，不与外界接触的那些工作内容，要么自己完结业务，要么是为了驱动他人完结业务做准备。

（3）驱动公共资源：思考如何让其他部门配合自己把业务做好。

具体表现形式：各种会议、文档、沟通、跟进、验收。说白了就是驱动他人配合自己的那些事。此前的规划安排和内部输出直接影响到后面工作任务的展开。

在有些质量无法妥协的业务模块上，如果支持部门的档期排不开，与其他业务撞车，对方能力有限无法保障质量，建议向公司申请外包解决。

这三个阶段，构成了各个测试阶段的日常工作循环。

6.2.3 科学化决策业务取舍

通过评级定档，我们把产品分为 S、A、B、C 四个等级，游戏上线业务的整体框架自然是按照一款 S 级的标准穷举所得。

对于捏着多款产品要发的大公司而言，应当建立一个资源分配规则，S 级产品自然是尽可能追求极致，C 级产品也要维持基础业务保障，各个级别的产品会有自己的资源分配标准，如此才是公司经营效率最大化的体现。

对于很多中小型公司而言，尽管手里只有一款评级为 B 的产品，因为其唯一性，依然是全公司的宝贝，从封测到公测，所有部门拼尽全力即可。

各业务模块的先后顺序，范围取舍，完成质量，由运营负责人依据各个阶段性的测试目标自主决策，按照最高质量标准自主做减法。

第一种减法是做业务取舍。比如工作室反外挂业务，这些灰色产业一般会去找那些 S 级的游戏，B、C 级的游戏不火，自然也没有这种烦恼。所以社区运营、数据预警、推广员系统，在人力资源不足的前提下，是可以放弃的。

第二种减法是做质量取舍。比如 S 级产品的游戏图标设计，应该从 30 个备选方案里面选择，而 C 级产品只能从 5 个方案里面选择。性能适配、运营工具、客服工具等业务同理，品质不够，不值得按照最好的质量标准来。

小公司的业务容易决策，因为人力资源的上限就在那里，不会造成浪费，大公司捏着多款产品同时发行，各个产品的运营负责人自然是想尽办法抢占公共资源，以增加自己产品的成材率。如果没有清晰透明的资源分配制度，注定会造成人力资源的浪费。

大公司都期望能有一套科学化的资源分配制度，实话实说非常难，站在管理层的角度，让我们来推演一下，如表 6-14 所示。

表 6-14

产品级别	依据评级定档，把产品分为 S、A、B、C 四个级别
业务范围	定义各个产品级别，应当完成的业务模块范围
质量标准	定义各个产品级别，各业务模块的完成质量
完成时间	各业务质量标准下的完成时间，所需要的人力资源

在测试开启前，如果产品评级为 S，公司层面应该拥有一张业务运转表格，用来评估各个业务的具体进度，如表 6-15 所示。

表 6-15

业务模块	质量标准	人力资源	时间需求
业务 1	S 级质量标准描述	4	10 小时
业务 2	S 级质量标准描述	5	7 小时
业务 3	S 级质量标准描述	4	5 小时
业务 4	S 级质量标准描述	2	3 小时
业务 5	S 级质量标准描述	3	2 小时
……	……	……	……

定义“质量标准”：S 级质量标准，为倾尽全力的状态，各个公司实际情况不同。

定义“人力资源”：指的是完成该业务需要参与的总人数，包含需求部门和协作部门。

定义“时间需求”：从启动到业务完成的总工时累加，实际操作中，很多业务存在并行状态，需要精确计算。细致一点，一个是最低完成时间，另一个是极限时间。

业务运转表格上的各个指标维度，代表着一家公司的业务运转效率。

通过招募业务大牛、优化流程、业务积累，均可提升质量标准，降低参与人数，降低完成时间。优秀员工的加入和流失，均会引起这家公司的业务运转效率发生变化。

公司应当设计激励制度，来保障公司各个业务的运转效率得到提升，比方说某个业务，由于部门相关负责人进行了培训、优化和创新，提升了质量，降低了参与人数，缩短了完成时间，则应该进行表彰，如图 6-4 所示。

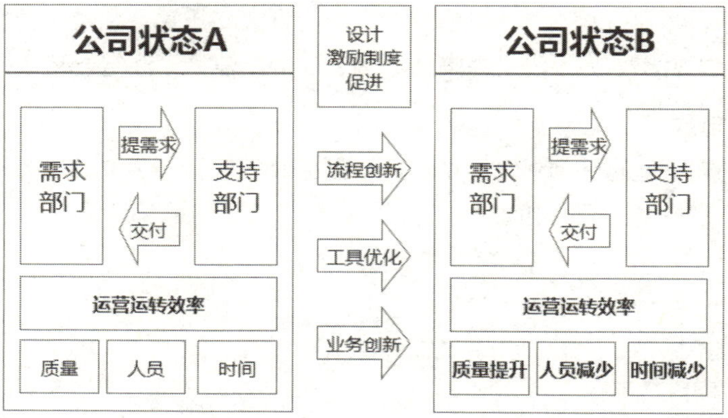

图 6-4

绝大多数公司，管理层都有这个意愿，但实际上并不知道各个业务的实际完成时间，毕竟计算出不断变化的业务运转效率是一件非常痛苦和困难的事情。

在很多场景下，运营总是能做出规划，但是公共资源一定会拖后腿。稍微大一点的游戏发行公司，至少 3~5 款上线运营的游戏，至少 1~2 款准备发行的游戏，老游戏迭代，新游戏上线，公共支持的人力资源终归有限，业务却又无穷无尽，*N* 个部门同时来找，且每个部门都希望自己的业务完成标准是 S 级，即使是再优秀的支持团队也只能应付，公共支持部门也弄得疲惫不堪。

合理的做法是 S 级游戏应该是 90 分标准，其他级别游戏依次递减，但是实际情况下，所有业务质量就只有 60~70 分的标准。用公共资源人员的心里话来说："逼得这么紧，能做完就不错了！还想怎样！"

双方的心态都很容易理解，站在运营的角度，即使我拿到了 B 级产品，自然也要花很多精力，多占用一些其他部门的资源，否则自己带的项目很难见起色，公共支持部门不用白不用。

这种场景带来的结果是：各个游戏的运营，几乎天天抱怨公共支持的人力资源不给力。公共支持部门明知道对方是在浪费人力资源也无能为力，要么消极对抗接受投诉，要么期望管理层加人。如果加多了人，忙碌的时候可以应付各个部门的业务需求，没产品发的时候就得裁员。

这一切都源于没有一套资源分配制度有效规避运营部门的多贪、多占、多压榨。由此，公共支持部门也没有能力拒绝对方的需求。即使公共支持部门觉得有些事不该干，老板们也不会关注，因此造成很多劳动是无效的。

6.2.4　有大局观的负责人如何取舍

再说一下个人经历，我曾经就职的一家公司有两款产品，归两个不同的运营团队带，基本上公司的整个公共支持团队是全力支持，两款游戏各个阶段的测试分开了档期，互相不抢资源。

在实际操作过程中，两个团队的运营负责人在每次测试规划业务的时候，表现完全不同。

没有大局观的负责人，不分重点主次，反正那么多事情摆在那里，就跟抄课文一样，全部整体推进，做了再说。拥有大局观的负责人，能够在产品发行的各个测试阶段，确认各个业务的顺序，以及取舍。

为了方便理解，假设一款游戏上线分成 3 个阶段。共计 30 项业务，两个不同的运营负责人决策如图 6-5 所示。

没大局观

拒绝放弃，每条都做了再说

业务模块	阶段1	阶段2	阶段3
业务1	60分	?	100分
业务2	60分	?	100分
业务3	60分	?	100分
业务4	60分	?	100分
业务5	60分	?	100分
……	……	……	……
业务30	60分	?	100分

有大局观

合理取舍，满足必须条件，做加法

业务模块	阶段1	阶段2	阶段3
业务1	60分	80分	100分
业务2	放弃	60分	100分
业务3	放弃	80分	100分
业务4	放弃	放弃	100分
业务5	100分	完结	完结
……	……	……	……
业务30	80分	80分	100分

图 6-5

基本上可以 100%地说，没大局观的负责人对于公共资源的使用就是一种浪费。

实际业务举例，某 S 级产品，在封测阶段的网站搭建，照逻辑说搞定了预约注册页、下载页和形象站即可，没大局观的，非要按照成熟产品的运营去搭建各个专题站、资料站，逼迫网站部门花费大量精力如期完成交付。

如期交付后，运营部门有两种应对情况：一种是自己辛苦做游戏资料，封测结束后，内容被研发全改了，这意味着此前的工作白做了；另一种情况是网站上线后，运营没有精力填写内容，玩家对空框的页面产生疑惑，运营要求网站部门推翻此前的框架设计，关闭没有内容填充的模块。这两种情况都是浪费人力资源的表现。用网站开发负责人的话来说："你当初说要，我现在给你做了，你因为没内容填，现在让我关掉，你这不是玩我吗？"

同样的情况，还会发生在运营工具建设、营销素材设计等诸多业务场景。

刚刚列举的场景还是在资源支持充足的前提下，如果是在大公司，十几个运营负责人在没有资源分配制度的前提下，必然是采取"没大局观"的做法，如若不然，过了自己的测试档期，公共支持资源就被其他的团队给占了。

综上所述：

- 公司管理层不知道公司的各个业务运转效率；
- 公司也没有资源分配制度，无法保障支持部门的人力资源被合理使用；
- C 级产品也要 S 级质量，各个运营部门拼命压榨公共支持部门；
- 公共支持部门忙于业务，基本无精力、无意愿考虑业务效率优化问题；
- 没有大局观的运营负责人为抢资源，不肯舍弃，致使恶性循环。

这一切，构成了一家游戏发行公司的业务运转效率生态。

良好的制度能够保证运营效率，可是这个制度的建设又足够困难，一旦建设成功基本上构成了一家游戏公司的核心竞争力，按照最为科学合理的方案运转，就能够最大化地节约人力资源，其价值难以估量。

6.3 99%的人一直错误理解沟通能力

从游戏运营的日常工作时间分布来看，30%的时间是跟部门内的同事交流，70%的时间是跟部门外的同事交流，因此，沟通是一项极重要的能力。

在谈论沟通能力之前，还是先从环境谈起吧。

6.3.1 游戏公司的前线和后勤

一线部门：市场、运营、商务、投放、媒介、渠道、地推、客服……
一线职能：直接接触并服务于目标用户群，从而为公司获取资源。

二线部门：网站、运维、数据、公共开发、公共美术、公共测试……

二线职能：伺候一线部门各种各样的需求。

一线部门是在前线浴血厮杀。
二线部门是在幕后奋力支持。

当产品有了成绩，公司挣钱的时候，你好我好大家好。
彼此能够坐在一起互相吹捧几句。

“哎呀多亏了你的支持。”
“不不不，还是你牛，我们只是沾光的。”

公司顺风局大家都好，问题不会暴露。

逆风局？

一线部门吐槽二线部门的支持不给力，进度慢，各种错。
二线部门吐槽一线部门的需求太频繁，不靠谱，各种催。

并没有感觉到彼此是浴血厮杀和奋力支持。

每个部门都觉得自己很委屈，很辛苦，工作强度大。
当做出成绩以后，一线部门会认为自己才是最给力的。

当跨部门配合不顺的时候，产品衰败时，都暗自里骂对方是傻子。
然后依旧要维持表面上的和气，因为以后还要对方的支持。

“我这么优秀的运营设计结果被你们这帮傻子支持给我耽误了，做个活动各种出 Bug，1 个小时 30 万的并发量都扛不下来各种崩溃，我要的 H5 的表现是这样的结果你给我弄成了那样，一个产品官网弄得下载转化极差，为什么人家的礼包码可以支持这个功能而我们的支持不了，为什么我们的短信、邮件营销送达率永远不如别人的高，数据总是对不上，我们的后台和 TD 相比到底要相信谁，运营工具交互体验极其不友好，后台 CMS 发文章为什么复制粘贴总是出现格式错误啊！”

当初我做运营的时候跟二线部门的人说：“哇哦，可以用了耶，但是这里还有这里帮我再改改好了，哥你啥时候有空我请你吃顿好的。”

其实心里的想法是：“好吧，就这样吧，我也将就接受了，不知道后面的排期等到什么时候。”

基于此，我们从日常工作场景中来看一下大家容易犯的一些错误，这也是我曾经踩过的坑。

6.3.2 不要掉进传话陷阱

以下是来自我的微信公众号的后台留言。

“饭大，最近因为有款游戏需要准备上 GP，所以需要一些宣传图片和 ICON 等美术素材，大部分时间都花在了来回在主管和美术之间跑。好几次都是美术觉得没必要这么做，给我解释一大堆，我被说服了。就去和主管商量，然后主管又认为有必要，说的也很在理，然后我又被说服了。我就这样跑来跑去觉得自己好没有主见啊，现在就连 ICON 哪个好，我都做不了主。其实我蛮有自信的啊，现在听他们说的我都一点主意都不敢出了。我怎么会这么没有主见呢？怎么办啊？”

背景情况：游戏即将上线，需要宣传图和美术素材（虽然我不知道 GP 是什么，不过不重要）。

事件人员：小万、小万的主管、美术同学。

游戏要上线，主管吩咐小万催美术。
小万跑腿，美术交出第 1 版设计稿。

主管吐槽，让美术改。
小万再跑腿，美术交出第 2 版设计稿。

主管再吐槽，让美术改。
小万再跑腿，美术交出第 3 版设计稿。

如此循环，三个人都非常不爽，都是一大堆的吐槽和负能量。

主管认为游戏图标应该长什么样，他的原因是 A。
美术认为游戏图标应该长什么样，他的原因是 B。
原因 A 和原因 B 都有道理，但是 A 和 B 就是冲突的。
这就辛苦了小万，成为了在中间传话和跑腿的对象。

很显然，小万同学掉进了传话的陷进之中。我想每个职场人都遇见过类似的问题，跑腿传话，然后在这个被折磨的过程中学习业务和成长。

从业务层面来看：本质就是主管和美术设计理念之间的冲突。

他们两个都认为自己懂，认为自己是对的，最好的方式就是把他们抓到一起，让他们统一理念。

我们可以看到小万在这个过程中的努力，试图通过自己的努力，尝试参与设计。这种事情通常与主见无关。即使小万的设计理念是世界上最好的理念，但小万没有任何决策权，说了不算。由于位置原因，这种试图参与的努力属于干着急。

各种业务的理念冲突太常见了，美术是最苦逼的，因为每个人都可以给他们的设计稿提意见。

对于美的喜好是一种非常主观的选择，就和喜好颜色款式一样，根本没有谁对谁错。但是往往事实的情况则是，谁官大，谁说了算。

个人的建议：非专业人员只给予意见，在专业的问题上，由专业人拍板决策负责。

除非公司招错了人。

合适的解决方案：找一个机会，让他们在工位上交流沟通，不要自己传话和跑腿。哄也好，诉苦也好，不管什么方式，把他们拉到一起才是解决问题的核心办法，如果有条件，最好是到对方的工位上去聊。

小万在这里唯一可以做的事情：罗列他们的理念冲突，用纸张或者录音的方式记录下来。找出更多的同类游戏图标的设计素材提供给美术作为参考。

从另外一个层面揣测，也许并非是业务上的事情。

也许主管和美术本来就合不来，我们经常听到自己的部门吐槽合作部门，双方都觉得对方无法忍受，这种情况在职场上随处可见，既往就有业务摩擦，又不好撕破脸，导致如此。

双方都不愿主动与对方沟通，于是小弟之间的传话和跑腿就成为了他们沟通的方式，小弟备受折磨，最后双方都很疲劳，就这么着吧。

并非我心理阴暗，这是存在于各个公司里面的真实现状。

美术的事还可以聊，服务器、客户端、数据库 BI、DBA、运维、网管这些人，更是会飙着他们领域的专业术语，然后让你告诉那个谁把什么给做了，他们死活就不愿意跟对方进行业务沟通，只愿意让中间人跑腿传话，让中间人累死累活。

这是常态，既是业务责任心缺失，也是各个公司的文化决定的。每个公司的中、高层管理应该好好反省。

所以对于执行者而言最好的策略是：**能不传话就不传话，能少开会就少开会，能让他们在工位上解决问题就别让他们去会议室解决问题，能站着开会就别坐着开会。**

6.3.3 沟通能力强不是情商高

先说前提，情商很重要，但对提升沟通效率而言，不是绝对有效。

工作中大家都有一个理解误区，很多人把沟通能力强，等于情商高会说话，从来不得罪人，会搞关系，言语上让人舒服……

这绝对是错误的认知。在工作中，情商高只能解决对方的配合意愿问题，并不能解决把事情说得清楚明白的问题。而沟通能力，则是理解对方意图，表达清晰明白，让对方易理解的能力。

工作中经常会出现，A 指示 B，B 向 C 提需求的场景，这是一个典型的“跨部门传话型协同工作”，事情进展顺利还好，一旦不顺利，执行出现严重的问题导致糟糕的后果，从沟通层面反推一下可能出现的情况：

- 情况 1：A 说得很模糊，B 没有确认 A 的意图，造成错误传达，C 不可能完成好；
- 情况 2：A 说得很明白，B 理解有偏差，造成错误传达，C 也不可能完成好；
- 情况 3：A 说得很明白，B 正确理解，但传达时造成对方理解偏差，C 很难完成好。

C 正确理解了 B 的需求，因为业务能力导致糟糕结果，就不在这里讨论的沟通能力的范围之内了。

第 1 种情况，考验的是 B 在 A 指示不清晰的情况下，是否能够反问出足够多细节，并且确认正确意图的能力。

第 2 种情况，考验的是 B 和 A 之间的沟通熟练度，如果 B 理解错了，后面什么事都歇菜。

第 3 种情况，考验的是 B 和 C 之间的沟通熟练度，如果 B 的表达不过关，后面完成质量也堪忧。

所以沟通能力有两个方向需要修炼，一个是理解，另一个是表达。

回到上面的场景，出现以上的任意一种情况，责任人都在 B，因为 B 是唯一真正做沟通，把信息传递给双方的人，A 往往是领导，只负责传达意图和指示工作，不负责填充细节，弄清楚是 B 的职责所在，C 负责倾听理解并具体执行，讲明白是 B 的能力体现。

所以 B 要做的，既要获得 A 的真实意图，又要准确无歧义不丢失细节地传达给 C。

但事实往往是后置反馈，在沟通过程中 B 很难自知自己是否理解 A 的意图，很难自知 C 是否明白自己的意思。

因此，**B 的沟通能力只能通过无数个 C 来体现**。事情顺利完成一次通过，证明 B 的沟通能力强，反之事情如果反复修改，那么 B 的沟通能力就弱。随着无数结果的发生，谁沟通能力强一目了然，时间是最公平的裁判。

问题出现了总得靠 C 解决，一旦出现赶档期的情况，C 必须在某时间点之前交付的业务，只能够靠 B 反复压榨 C 加班实现了，C 被折磨得越狠就越抗拒，例如此前沟通出问题导致差不多要推翻重做，于是 C 感觉 B 有问题，为什么当初不讲清楚；当然了 B 也会觉得 C 有问题，自己明明讲得很清楚啊。

所以这就是职场上跨部门都互相觉得对方有问题的由来。然而并没有什么用，尽管私下互相鄙视，但双方抬头不见低头见的，还是得好好共事，维持以后的配合。

如果一件事情比较简单，说点甜言蜜语帮点小忙加个塞、补个单、加速审批什么的，情商高搞搞关系会有效果。但当业务复杂，由于此前表述不清晰，反复折磨实现的人，要求配合你工作的人支付巨大的执行成本，那么情商再高也未必管用。

6.3.4　应急沟通话术

一旦事情没做好，跨部门之间开始互相甩锅、推卸责任，但是老板们要的是结果，而不是想看你们谁更有理。

我们是来工作而不是吵架的，鄙视对方不利于问题的解决。无论如何，我们都不能走到附带情绪的那一步，这是首要注意的事项。

有话请直说，也要好好说。既然我们无法阻止问题的出现，那么就得使用具体的话术来做应急沟通，尽快解决问题。

假设现在出了问题，最先发现问题的人应该做到以下三点。

（1）解释原理：我们是这样设计和安排的；
（2）陈述现状：结果好像跟我们预想的不一样；
（3）表达诉求：我们期望这样的结果，请于多少时间内解决一下。

因为专业领域，或者信息不对称的情况经常出现，我们没法秒懂人家的需求，而对方经常也是漏了点什么，经常遇见的情况是：我们“陈述现状”，人家会认为这关我什么事；我们“表达诉求”不“解释原理”，人家可能不知道如何排查问题；我们“解释原理”和“陈述现状”，不“表达诉求”，人家需要猜你需要什么。

当问题出现的时候，做到了以上三点，大部分场景下应该可以解决。这种应急话术方案，对研发、对运维、对客服、对数据、对任何一个部门都可以生效。

6.3.5 如何提升沟通能力

我们先理解一下沟通主客体在信息交流过程中的四个区域，如图 6-6 所示为著名的“乔哈里资讯窗”，大家可以通过百科来搜索相关资料。这是一种自我意识的发现、反馈模型。

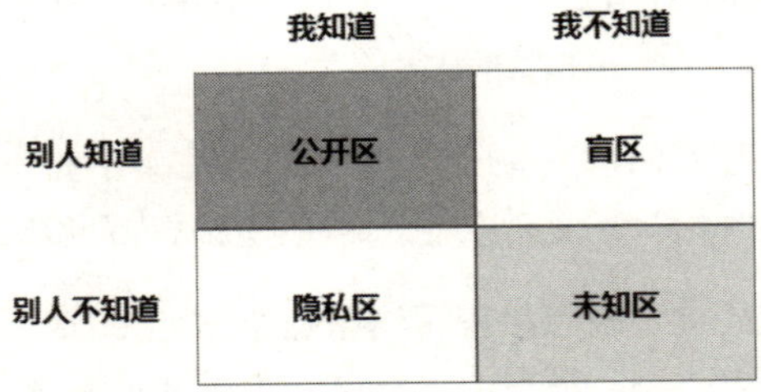

图 6-6

- 公开区，双方都知道；
- 盲区，只有一方知道；
- 隐私区，不愿意让对方知道；
- 未知区，双方都不知道。

如果一方一味陈述公开区的内容，可能会造成另一方的不耐烦。
如果一方遗漏了盲区内容（以为对方知道），会造成另一方理解偏差。
如果双方愿意共享隐私区内容，那么会加深信任。
如果双方共同探究未知区内容，那么会互相促进。

沟通能力强的人的大多数精力都花在让彼此之间的信息对称上：

- 使得双方盲区的面积不断减少（哦~原来你是这么想的）；
- 让公开区的面积不断变大（好，我明白你的意思了！）；
- 并且共同探索未知区（通过跟你交流，我有一个新的发现）。

只有在这种情况下沟通才是高效的。

所以好的沟通和默契往往都是双方的公开区越来越大，而其他三个区越来越小，如图 6-7 所示。

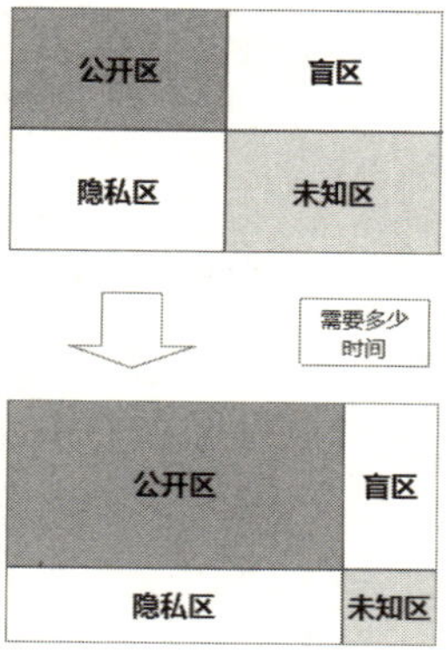

图 6-7

什么才是真正的沟通能力强呢？

（1）正确理解他人意图，并能够获得确认就是沟通好

并不是所有的人都能够做到表达清晰准确，并不是所有的话都适合直接说出来。这取决于人的表达习惯，表述者的习惯基本很难改，考验的是倾听者的能力，在倾听理解的过程中，就得从对方的表述中获取更多的细节，以及确认对方意图的反馈。

（2）与对方达成共识，并能愉快合作的能力就是沟通好

小孩子才论对错，成年人只讲利弊。合作双方共事，往往都是在能达成共识的前提下进行的。但凡被几句恭维话就给忽悠的人，共事期间易受情绪影响的人，往往是影响力弱的人。对方没有达成共识的意愿，合作时有负面情绪就是沟通烂。

（3）清晰无歧义无遗漏的表达，对方理解无障碍就是沟通好

表达清晰无歧义是一项非常高的能力要求，自己经过充分的思考当然烂熟于心，但是讲明白让对方易理解又是另一个问题，要不然我们就不会遇见很多让人发懵的公告、邮件、需求文档，以及没有逻辑关系的口头表达了。如果我们使得对方理解有障碍，自己丢三落四反复补充就是沟通烂。

我们生活在这个社会，每天与无数人通过语言、邮件、短信息、文档发生各种各样的交流，沟通的主体、客体随时变化，在共同处事的前提下，事情的过程和结果，是直接反映沟通能力强弱的。

真正意义的沟通能力强指的是：在双方有意愿的前提下，理解对方意图，表达清晰明白，让对方易理解。提需求的人把事情说得清楚明白，实现的人理解无歧义，一次性就把事情落实完毕，不反复修改，不耽误彼此。

如果沟通能力强，事情的推进就会越来越顺利，实现方会非常喜欢跟你共事，因为你讲得明白，没有大量的返工，提升了对方的工作效率，减少了没必要的加班。事情的过程和结果就是最好的体现。

所以，沟通能力真的与情商无关，情商指的是理解他人情绪、控制自己情绪、处理相互关系的能力，跟准确理解、清晰表述没有一点关系。让人费解的是，相当多提升沟通能力的文章中，大多数都是讲如何好好说话，如何维护人际关系，如何让他人舒服。

我从来不否认情商高的好处，这个世界上到处都是巨婴，情商高真的能解决很多问题，情商可以决定一个人在这个阶层中混得好不好，不然世界上也就没有那么多讲如何提升情商能力的知识了。但是情商高低，真的跟沟通能力强弱无关。

在我看来，会说话有两层意思，一层是让对方易理解，另外一层是让对方易接受。所以提升沟通能力和提升情商都是我们要追求的。每个人都有优缺点，当我们意识到了自己的问题所在，就自然能够找到解决问题的办法。

但是一旦错误地认为，沟通能力好就是情商高，一味地修炼情商，忽略理解和表达的提升，这是比“如何解决理解并清晰传达”更严重的问题。意识到问题时可以解决，但意识不到问题时才是最严重的事情，因为人会在错误的方向上去努力。

生活和工作中真的有太多这样的人了，也许你在跳槽的时候，你的前同事如是评价某人：

“是的，他很会说话，情商很高，但是除了每次哄着我加班外什么也不会，他的沟通表达实在非常烂，讲个东西都讲不明白，每次出了问题都害我们加班，耽误大家的时间。”

6.4 产品运营不分家，如何做好业务推进

一个工作中的常见场景。

老大：“小王，产品快上线了，我们要准备一批营销素材，要有视频、广告图、软文，你去准备一下。”

小王依次找了视频组、设计组、文案组，然后回来给老大汇报工作，说任务已经布置完毕。

若干天后，对素材极不满意的老大对着小王一顿猛批，说这里、这里、还有这里都要改。

小王再次找了视频组、设计组、文案组，陈述老大的修改意见，要求限期 3 天之内交付。

3 天后，内容还是不满意，老大带着小王去找对应的人员提修改意见，要求第二天交付。

老大："哎，就这么着吧，把这些东西都给市场和媒介，上吧！"

老大和小王同时觉得那帮做视频、画图、写字的家伙做出来的东西太差！公司怎么招这么一批人呢？让他们做/改这么一点东西为什么这么难、排期怎么这么紧啊，我能不能自己招人或者外包啊。

而做视频、画图、写字的人这几天被老大和小王折磨得要死要活。背地里骂他们，为什么反复修改。

两边的矛盾无数次在这类事情中产生，但是在一个公司里面共事，依旧要维持表面上的和气，保持你好我好大家好的状态。

上述这种状态，几乎就是各个公司之间跨部门配合的真实写照。

以前我在招聘产品岗和运营岗的时候，经常会这样问面试者："因为市场变化，或者受老板意见影响，或者自己先前准备不充分，文档因为忙写得不够清晰……总之就是需求变更时，遇到需要你出马，重新沟通甚至反复折磨你背后的开发团队，你会如何说服他们完成修改？或者你可以告诉我你曾经是如何处理这种情况的？"

面试者的答案中，100%会有"搞好关系"这个答案，他们说得没错，但我依旧认为这种处理方式非常怂。大部分产品人员和运营人员职业生涯里，充斥着赔笑脸、请吃饭、拍马屁、被集体攻击，简直是用生命在工作。

产品和运营不分家，大多数时候都需要配合才能够完成工作。但就我看来，大多数时候，都是"求"而非"配合"。

真正意义上的"配合"，是彼此做好自己的工作，业务流程像机器一样有条不紊。一旦出现"求"的场景，一般是需求方出了错，希望对方为自己的错误买单。

极少有人思考，自己在做业务推进过程中是如何处理的。

回到开篇老大给小王布置完工作后的场景。

小王找视频组、设计组、文案组传达任务。

“这个是我们马上要上线的游戏，你们赶快玩一下。然后帮我们做 3 个宣传视频，设计 15 张广告图吧。我们大概 2 周后要，我回头给你写一个需求邮件。任务量比较大，辛苦了。”

“这个视频有没有剧本什么的？”

“没有，你看着来吧，帮我们写一个，相信你。”

“每张广告图的尺寸是多少，有没有参考范例？”

“哦，我回头帮你要一下，你们以前不是做过吗？就跟其他的产品一样，反正感觉高端、大气、上档次就行。”（图 6–8）

图 6-8

基本对话就是这个样子。当然了，小王可能语气更加恭维一些，也许还带上一点吃的、喝的哄着这些帮他干活的同事。

以上的过程基本上就是：老大让小王办事，小王让这些人办事。小王的价值就是传话筒。这不叫配合，这叫下业务需求，出了问题就折腾对方，自己无法帮助对方按照老大的想法把东西做得有质量，只能让对方先做几个版本试试看。

不管传话筒的情商多高，在实现者（程序和设计）看来，缺乏细节内容和方向，单单靠嘴提需求的家伙，就是不靠谱的家伙。这种情况几乎每一个程序员和设计师都遇见过，所以后面的反复修改、彼此折磨就不奇怪了。

一个人一再不靠谱，在程序员和设计师那里一定会得到类似“这个无法实现；你把需求文档写明白了；你想好了，我们约定了就不许改了哈”的回答，如果遇见这种情况，可以想象程序员被“坑”得多厉害。同时也意味着对提需求者失去了信任，且今后，其他人必然以一种敷衍的姿态对待你的需求。

在绝大多数情况下，接到了老板的命令后，不做准备就直接找对方下需求，然后寄希望于对方能“秒懂”自己，顺利通过，其结果往往是：时间紧张，就这么着，赶紧上吧。

所以，我们不妨升级一下思路，提前做足准备，避免“求”别人。

6.4.1　向产品经理学习“需求”

产品经理不是经理，不是职级，而是一个专业岗位。

最优秀的产品经理是这样提需求的，如图 6-9 所示。

如何写好一份PRD

序	结构名称	交付形式
1	命名编号	文本
2	版本历史	Excel
3	目录	自动生成
4	设计目的	文本
5	功能需求	思维导图
6	界面路径图	逻辑图
7	交互表现	Axure
8	功能逻辑图	逻辑图
9	测试用例	Excel
10	美术音效	jpg/mp3
11	压力性能	Excel
12	程序接口	Excel
13	数据库结构	Excel

图 6-9

PRD（Product Requirement Document）中文翻译为产品需求文档，也是产品经理的基本功。我们在会议室或者私下讨论的一切东西，最终都要落实到纸面，并对想要的东西进行描述，明确框架、规格和指标，需求文档的质量好坏直接影响研发部门是否能够明确产品的功能和性能。

一个运营岗位的人如果掌握了产品岗位的技能，在“下需求”这个场景下，对自己推进业务自然大有裨益。当然了，这里也不是讲“如何撰写需求文档”，而是讲“如何做好业务推进”。

我是一个运营不会这些东西怎么办？至少应该先掌握框架，然后按照思路来推进。

降低一下难度，想要实现者更好地完成我们的需求，你应该至少保证下面的一些东西。

以本节开头的下需求场景为例，老大在布置任务的时候，小王就应该考虑如下问题：

- 做的这个东西用在哪里？
- 我们的目标用户是谁？他们有什么特点？
- 我们想为用户传达怎样的感受？
- 具体尺寸规格以及数量？
- 图片是否支持 GIF 格式，视频的长度，分辨率精度，时长？
- 相关竞品范例，大概是一个怎样的画面/逻辑表现？

一个有经验的运营，不是靠嘴，而是拿出具体的案例提供给实现方看，然后才能更好地把自己的想法传达给实现方。越多的细节和方向把控，越能够减少修改和返工，设计师交付的质量就越高。

不说明需求目的和使用场景的需求案，以及缺少细节的需求案，都不专业。

6.4.2 先提升能力，再学会来事

大公司里，美术、程序、测试这些开发资源（实现方）都是公用的。

我做运营的时候（需求方），曾经跟其他 3 个运营部门抢开发资源。即 4 个运营部门，同时刷美术、程序这些公共资源，完成游戏官网、各种活动页面、运营工具等，运营提的需求标准越靠近产品需求文档，越能够博得设计师和程序员的好感，对方所交付的东西质量就越高。

客气和恭维在实现方那里根本就不值钱，反正大家都一样。此时 4 个部门的 8 个需求同时扔过来，绝对是优先照顾需求写得足够清晰的人。

如果我们运营的是公司的王牌产品，那么意味着所有的优质人力资源都向自己倾斜，而当我们运营的不是王牌产品时，就得有技巧、有策略地去最大化地争取人力资源了。

准备充足到位的需求，实现方一次性通过，即使修改，也是小修小补，快速通过。准备不到位的需求，实现方的所有精力都被反复沟通、确认和修改占用了。

如果我们运营的不是王牌产品，那么只能通过强化自己的业务能力去竞争，其他人改 3 天，我们就改 1 天。

综上所述，在推动业务的过程中，实现方受以下几个因素影响：

- 需求案的质量（直接影响实现成本和修改成本）；
- 业务投入回报比（更愿意为好的产品付出精力）；

- 实现方老大的重视程度（菜鸟和资深交付的质量不同）；
- 需求方的态度（负责、熟悉程度、积极性、情商）。

最重要的一点是，以上 4 点在实现方那里是会形成口碑的，谁做事情认真负责，需求提交质量高，某部门某某上次如何折磨我们，又通过某个老大来压迫我们，是实现方内部吃饭、工作闲聊时非常热衷的话题。

6.4.3　如何进行内部公关，寻求支持

刚刚讲的是老大布置任务，自己去执行，这种情况的业务推进是最低维的，毕竟要做的只是需求推进，确认进度，验收结果。

我们再提升一下难度去思考，如何在没有支持的条件下，做好业务推进。

假设你发现了业务工作中的一个痛点，你有能力去做成一件事情，而且一旦做成了会非常出彩，为自己/部门带来足够多的竞争力，现在你需要争取足够多的资源去完成相关工作。

意愿很美好，现实很残酷，你注定会遭遇以下一项或者全部：

- 业务部门不在乎；
- 相关领导不重视；
- 研发团队不认可；
- 开发永远没档期。

为什么会出现上述情况呢？

既有的业务线已经成熟，这条线上的人已经接受了这种按部就班的设定，大家都发现了业务线运转的种种不合理，吐槽不断，且过往也有人在做创新的过程中投入了许多人力和物力资源，大多数都无疾而终，最终形成当下的状态。

我们经常在工作中听到“如果什么什么，那么我必然能够怎样怎样，但是政策不允许，工具不给力，老大就是这么安排的，过往一直就是这么干的，我没办法啊，我懒得管，跟我无关，就这么着吧……”无数的人在上面的场景下，泯然众人矣。

不熬资历的前提下，想要被快速提拔，无一不是做出了特别的创新型贡献。

这件事情分两步走，先输出解决方案，再解决意愿问题。反过来走也行，既往的经验告诉我，效率会比较低。

既然“业务部门不在乎，相关领导不重视，研发团队不认可，开发永远没档期”，

我们就得做足准备工作，逐一击破。

（1）理清楚商业价值、业务流程、系统逻辑；
（2）提炼卖点，能够带来哪些价值和收益；
（3）列举所需要的人力支持和排期。

我们完成上述内容的质量越高，获得支持的概率就越大。

内部公关的节奏一共分为四个步骤：知晓、认可、支持、落实。

第一步从知晓开始，换个词叫试探吧。主动表达自己的意愿，找机会跟领导和相关部门聊聊，旁敲侧击，做一些假设，解决业务线上的人的吐槽“如果怎样，那么就能怎样”，如果你得到了领导和相关部门的认可以及正向反馈，那么就可以继续下一步了。

第二步就是重点了，如何让人家认可。首先你必须证明你极其懂业务，且你们在此前的试探环节中，已经找到了痛点，剩余的是如何解决痛点。行业里是如何解决的，按照公司的流程应该如何设计，准备至少三种备选方案，这些东西包含的材料大致有：市场分析报告、用户调研报告、数据分析报告、需求分析文档以及一个简单的需求原型，只有你让人家理解和认可了，那么才有往后走的可能性。

第三步就是支持。你懂得审时度势，为自己争取足够好的人力资源，准备好足够多的时间，提升自己的容错率，完善产品需求文档、原型以及试运营方案，跟帮助实现的老大们讨论项目可行性。

第四步就是落实。就是开头讲的最低维的，即方向明确，目标清晰，环境都支持你，大家一同完成任务，项目启动会，流程管理，然后你引领着开发团队完成相关的业务，发布功能，上线试运营，业务迭代。

项目上线后试运营、迭代是属于另外一个领域的知识了。

业务推进的过程中有无数沟通，面对不同的用户群沟通技巧也不一样，你自己当前所处的地位，不同目标群体所关注的点，权、责、利之间的分配，通通都是要考虑的，为此你至少要准备三套沟通技巧。

领导关心什么？

资源支出，收益预期，权重，时机，影响力。

业务部门关心什么？

是否影响线上业务，流程和压力，权、责、利相关。

开发团队关心什么？

需求是否清晰，安排是否合理，权、责、利相关内容。

此处直接提炼出相关业务知识点，相信有过相关创新业务经历（且成功）的人自然懂。

6.4.4　人人都吐槽的问题为何无人解决

所有的创新灵感和意愿都来源于日常工作中的吐槽，这种机会非常多，但是实际能做成的并不多。

一部分人满意现在的状态，愿意做螺丝钉。
一部分人意识到了问题，业务理解浅，提不出解决方案。
一部分人根本无法同时赢得领导、业务部门和开发团队的支持。
一部分人赢得了支持，但是推进过程中方案不给力，导致了失败。

还有一部分“聪明”人，则是选择韬光养晦，明哲保身。

任何业务状态的形成，必然是有历史原因的，创新就如同改革一样，必然是革了谁的命，触及相关部门和人员的利益，成功的改革寥寥无几，而失败的改革则数不胜数，那些改革中的失败者的下场和遭遇，往往都不太好。

近代一些成功的商业案例，汽车刚刚被发明出来的时候，自来水刚刚建成的时候，以及我们都经历过的共享经济滴滴与 Uber，这些创新无疑都伤害、抢夺了当下一些既得利益者的蛋糕。

我曾经完成了一项业务改革，带来的结果是，公司裁掉/调离了这条线上的 4 个人力资源，节约了成本。但在这个过程中，创新背后所带来的阵痛，相关人员/部门的利益得失，过程中的各种纠结，略过不表。

我向来是走业务能力派的，情商一度非常低，只觉得认真负责，努力工作，业务能力强，就可以搞定一切，直到社会给了我无数的教训。

这种事情在小公司还好，你会赢得很多人的喜欢，但是在大公司，如果情商太低，往往境遇不佳。因此，大多数人在大公司的生存策略是，不关心业务如何做得更好，转而把更多的精力都投放到维系人际关系、讨好巴结取悦相关部门上。

如若不然，最后的结果可能是“活儿都是自己干的，功劳都被其他人拿走了”。

对于绝大多数不甘于做螺丝钉、蠢蠢欲动想创新的人而言，要做好经历失败很多次的准备，以及终于有一天做成了，结果得罪了人，做完之后没有功劳（关心你的人还会说你那么辛苦又何必）、没有回报的痛苦过程。

对个人而言，短期回馈根本不算什么，这一路的跋涉会遭遇很多非业务层面的艰难险阻，“证明自己能做成”的过程和结果就是奖励，一个人完成高难度的创新业务后带来的那种成就感，是会上瘾的。

整体来看，这一路修行，顺序如下：

（1）提出有效、可行的创新性解决方案；

（2）解决多方意愿问题，赢得大家的支持；

（3）为自己及团队争取最大的价值回报。

这三件事情，搞定第一条，是优秀的科学家；搞定第二条，是优秀的政治家；搞定第三条，是优秀的企业家。

6.4.5 如何赢得开发团队的深度信任

产品和运营不分家，要想做到高阶，就应当掌握彼此的业务技能。

先做一下产品经理的定义：只有能写出漂亮的需求文档，能领导程序、美术、测试人员，把控进度，且对结果负责的人，才是真正的产品经理。

单从沟通角度判断，世界上最好的产品经理是韦小宝，他总能够调动所有的资源完成自己的目标。面对老板能哭穷，面对用户能卖萌，面对技术能画饼，面对设计能吹捧，快速找到身边每一个人的 G 点，需要不断锻炼。

说说我创业时发生在自己身上的真实经历。

某个大版本，我负责某一个重要的功能设计，在上线前，测试验收的时候，发现了重大纰漏，查原因，我负主要责任，因为我的疏漏不细心所致。

由于该版本非常重要，必须得上，害得整个程序团队、测试团队为了我个人的错误埋单，连续通宵加班解决该问题以保障项目顺利。

简而言之，因为我导致整个开发团队加班熬夜大返工。在这种情况下，我一定会被贴上不靠谱的标签，从此被整个团队厌弃。程序测试恨死那些不靠谱的产品策划了，甚至对骂、诅咒、动手，这种事情在每一个公司都发生过。

但是我个人得到的境遇恰恰相反。

我个人极其自责，行为举止都崩溃了，个人情绪极其低落，躲在角落里不断地自责，因为我犯的错误害大家为我加班。但从程序员老大到小弟，全部安慰鼓励我，然后陪着我振作，赶在上线前，完成了最后的功能验收。

业务上线后，某资深玩家上门来公司吐槽某个功能设计问题，公司有一个规则，谁设计的谁负责解释。

该功能的策划和实施是由我负责的，自然由我去解答用户的疑惑并讨论相关设计，这是真正意义上的用户反馈，远比客服传话、运营传话要好得多。

在我个人和程序员配合的过程中，向来喜欢带着程序员跟我一起参与决策，研究用户心理，所以当用户来的时候，我们是一起接待的。

接待完用户之后，我和程序员直接进了会议室商量如何修改，然后在黑板上画完了对应的修改方案，敲定相关细节。我对程序员说，我给你写一个功能迭代文档吧，程序员一摆手，不用了。

然后他回到了工位上，啪啪啪敲起了代码，饭都没吃，仅仅 2 个小时就完成了修改，告诉我验收吧。

后来我跟该程序员配合的效率，夸张点已经达到了用眼神沟通交流的地步。

后来我们不共事了，每次聚会，那个程序员总嚷嚷着要把他的小姨子嫁给我。

在产品的职业生涯中，一定会碰到“我不关心，你只用告诉我怎么做，需求文档写明白了，并且定好了就不要改”的程序员，但是我都会努力带着他了解用户，了解场景，参与决策，让他们吃饭、睡觉、呼吸都会考虑如何设计才能够更好地平衡用户需求和商业需求，唯有如此，才能够带着自己的团队一起为了目标而努力，这种开发效率是极其惊人的。

如果我们遇到了能跟你讨论设计、积极参与、主动思考为什么如此设计的程序员，那么就找对人了。但是这种具备独立思考能力的程序员绝对是少数中的少数，大多数还是领着工资，工作应付交差。

职业生涯的初期，或者说去了一家新单位，给我们分配工作的人往往并非那么给力，极有可能是毕业生，或刚刚上手的人跟你对接。这就是现状，好的资源不会分给新面孔，我们每个人一开始都不大可能抓一把好牌，但重要的是要拥有如何把烂牌打好的能力。

优秀的产品经理可以管理不靠谱的程序员，优秀的程序员同样可以反向管理不靠谱的产品经理，此处的反向管理并不粗暴，而是站在对方的角度去考虑问题，这些可以通过交流感受到。

即使彼此段位不匹配，最终也能够尽最大的努力交付一个好的结果，而不是互相撕逼，浪费彼此的精力，最终业务黄了，共同被老大骂，暗地里还互相嘲讽鄙视。

而当两个人段位相当时，在交流沟通的过程中，自然会产生一种惺惺相惜的感觉，为什么我不早点遇见你。

会心一笑不必讲，对看一切都雪亮。

在搞死无数个项目，被无数程序设计鄙视过后，我们总能够完成一些事情，只有当你完成了一件又一件的事情后，才能在接下来创造产品的过程中修炼出一身技能。这些技能都是被动技能，即，在某些环境下自然而然地呈现出想错都难的职业素养，就顺利推进业务而言，真正意义上做到“羚羊挂角，无迹可寻”。

6.4.6 从将才到帅才

再升级一个维度去思考。

假设有一个将军，正在前线打仗，目标是赢得战争的胜利。

他文韬武略，勇冠三军，个人能力达到了我不是针对谁的地步；他的管理才能同样卓越，团队中人才济济，三军士气如虹，战斗力超卓；他的人格魅力也同样爆表，大家拥护他、爱戴他，愿意把自己的命都交给他。种种迹象表明，他的军队应该无往不胜。

我问两个问题：

这样的人是不是注定是人生赢家？
这样的军队是不是注定无往不利？

或许有的时候是，为什么说或许呢？

因为打仗不单依靠谋略、勇猛、士气、训练、统筹这些纸面上的东西……还依赖大后方的支持，包含君王的信任，朝中重臣的支持，以及后勤军备、武器战马、粮草辎重等。

在浩瀚如烟的历史长河中，无数的故事我们耳熟能详，汉朝的创立是因为两个人，萧何和韩信，宋朝的灭亡也是因为两个人，秦桧和岳飞。

我们想要一直赢得战争的胜利，就要保证每个环节都足够给力。如果我们运气好，遇见好君主，好队友，那么成功概率更大；反之，则只能想方设法尽人事与天争了。

所以这个维度就是将才和帅才之间的区别。

怎样才能算是站在帅才的角度去考虑问题呢？

遥映人间冰雪样，暗香幽浮曲临江，遍识天下英雄路，俯首江左有梅郎。

第 7 章　不止用心，我的团队管理方法论

一个人要像一支队伍，每个人都要像特种兵一样强大；一支队伍也要像一个人，每个人的思想、意识、认知及价值观要高度统一。

7.1 万用的组建团队方法论

马云和柳传志都讲过九字真言，“定战略，搭班子，带队伍”，两者讲的内容一样，但顺序不一样。先定战略后搭班子和先搭班子后定战略，适用于各个公司的不同时期。

前者像土豪团队，确定要做的事，然后再找到对应的人。后者更像是创业团队，即你能找到怎样的人才，然后依据情况，决定先做哪些更有把握的事。在实际的操作中，根据各自公司的实际情况，灵活操作。

每个人的职业发展都是不断上升的，无论是升职、跳槽、空降或是创业，都会面临团队人员变动，业务范围变动的情况，当我们被提升到管理岗位后，自然要承担更多的责任，带领团队走向胜利。业务做得好和管理做得好，是两个维度上的能力。

战略过于务虚我们不谈，带队伍后面章节讨论，这里主要讨论“搭班子”的方法论。

一个万用的“搭班子”框架：（确定团队愿景）+（寻找能力互补）+（追求性格互补）

当我们大脑中建立了上述组队框架后，组建团队这种事，就变得非常简单了。若按重要性排序，则团队愿景在前，但是从实际执行出发，应当是能力互补在前。

即，我们想要完成的事情，需要用哪些能力搞定，比如要开发一款游戏，自然得用到多个岗位的业务能力。

7.1.1 寻找能力互补

私以为，组建团队就好比组建人员的技能树，只有能力齐备，才能够应对所有的工作场景，一个负责人，对团队要做什么、需要怎样的专业技能心中应该有清晰的认知。

如表 7-1 所示，三大类别的能力构成了游戏运营的技能树主干。

表 7-1

业务能力	技能	说明
基本功	内容输出	负责准确传达信息
	协作推进	驱动他人协同配合

续表

业务能力	技能	说明
岗位技能	活动策划	岗位技能，完成运营 KPI 的利器
	数据分析	岗位技能，协助决策，验收结果
	用户运营	岗位技能，经营用户，输出价值
	版本管理	岗位技能，负责产品调整优化
通用能力	学习能力	具体定义见百科词条
	管理能力	具体定义见百科词条
	沟通能力	具体定义见百科词条

第一个类别是基本功，基本上所有人都会写，都会说，但是运营的标准要远远高于其他人。基本功强弱构成了运营工作顺利开展的前提。

第二个类别是岗位技能，这些是运营的专业深度所在，是其他岗位无法替代的，技能强弱受过往的项目经验、工作履历影响。

第三个类别是通用能力，只要跟社会接触都会有，只是强弱不同而已，所有的技能通通是用进废退。

岗位技能的强弱决定了薪水待遇多少，而通用技能，则决定了个人和团队成长发展的速度。

每个运营负责人，必然是某几个岗位技能充分胜任的人。但人无完人，负责人要寻找到与自己能力互补的人员去承担对应的工作。如此，团队内的业务质量才有保障。

游戏运营的工作足够复杂、足够细，是真正意义上的合力，每个团队想提升某个业务的完成质量或者想开垦新业务，必然需要拥有某几项核心岗位技能作为依托。优秀的团队会极尽苛刻自己的能力要求，优秀的负责人会花很多的精力在培养和寻找优秀的人才上。

按照游戏里面的说法，基本功就是基础属性攻防血，决定团队业务能力的下限。

岗位技能就是职业特征，就跟组队一样，坦克、治疗、输出、辅助均不可或缺，决定了团队业务能力的上限。

通用技能就等于团队的光环 BUFF，BUFF 越强大，团队的整体势能越大，直接影响团队的成长发展速度。

一旦团队内的技能完备，配合娴熟，容错率就高，无论是打江山，还是守江山，均底气十足。

7.1.2 追求性格互补

为方便大家理解性格互补，我们还是拿一个经典案例来说，比如《西游记》里面的那个取经团队。

- 唐玄奘，钦定领导者，具备领袖能力，竖立团队愿景，意志坚定，能始终如一带领团队完成取经大业；
- 孙悟空，典型的业务天才，业务攻坚，能力超群，疾恶如仇，非黑即白，激进创新，不服管教；
- 猪八戒，昔日天蓬元帅，混过官场情商高，外交能力一流，团队的开心果、润滑剂，性格圆滑，贪图享乐；
- 沙和尚，团队里的任劳任怨者，脏活苦活都由他来，能力平平，性格平稳，各项能力数值均一般；
- 白龙马，领导身边的秘书，拥有特殊资源（官二代背景），平日帮领导打杂，关键时候也能挺身而出。

这个五人班底是一个非常好的团队构成，过往的履历非常丰富，能力、性格、定位均互补。当然了，小说也是极致脸谱化，每个角色都能找出一大堆的优点和缺点，在现实工作中，每个人都是复杂的，或多或少都有着各个角色中的一面，只是占比多少而已。

针对《西游记》团队构成情况问自己几个问题：

- 如果要裁员，你会怎么裁？
- 如果要创业，你会先找谁？
- 如果提拔一个二把手，你会提拔谁？
- 如果重新选一个管理，谁更适合？

不同周期跟不同的人就上述问题交流个七八次，我们会收获无数的观点，以及自己内心的冲突，几番冲突下来，自己对团队性格架构的理解差不多也就到位了。

古往今来，那些能做成事的团队往往都具备相同的特质，在很多艺术作品里面也有体现，《士兵突击》《亮剑》《琅琊榜》《速度与激情》《越狱》《行尸走肉》团队的每个人或多或少都有着这样那样的毛病，完成愿景（任务、目标）的时候，必然会出现因为性格原因导致的剧情曲折。

拿影视作品里面的诸多场景去分析角色性格，也是帮助自己练习“追求性格互补”的一种方式。

7.1.3 确定团队愿景

特地把最务虚的团队愿景放到最后。虽然务虚，但是最重要，最具备价值，这是一个人工作的全部意义。

每次团队有人入职的时候，我都会问对方，对自己的职业生涯有什么规划，最终想成为什么样子的人。虽然每个人的答案细节不一致，但从意义上归纳，都指向几个关键词：个人成长、财务自由、自我价值实现。

由此，我从他们的回答中找到了答案，团队愿景：**让每个人成长为最优秀的个体，组建最优秀的团队，共同实现自我价值。**于是这也是每次部门月会的时候必然会谈到的东西。

“一个人来到我们团队，不需要表忠心，不需要无私奉献，不需要誓与团队共存亡。只需要思考一个问题，在这里与大家共事的一段岁月里，如何让自己快速成长，变得更加优秀，变得更加具备个人竞争力。”

“我想要的（愿景）对你并不重要，唯有你自己想要的（愿景）才能够激励你自己。”

“如果有一天你觉得在这里没有成长了，果断离开，我绝对不会说什么。如果你有好的下家能够给你带来更飞速的成长，提前一个月跟我打招呼就行。”

“所有的脱离个人成长谈忠诚，都是耍流氓。我相信当团队里面每个个体都非常优秀的时候，我们这个团队将战无不胜！”

当然上面的一些话，自然是关起门来说的，毕竟对很多传统洗脑管理方式而言，有一些政治不正确性。我见过无数的人，被一些流氓公司坑害过职业生涯，甚为惋惜，因为某种洗脑方式，只为方便他们耍流氓。而来到我这里的第一课，就是先把自己的脑子洗干净，工作的意义是为了自己的未来。

共同愿景的树立必须由个人目标汇聚而成，如果一个人没有自己的短期、中期、长期目标，那么对共同愿景的态度只会是应付和表面顺从，而不会产生内心真正的自我驱动力。

当然，个人目标也要尊重组织的共同愿景，不能凌驾于组织的共同愿景之上，更不能破坏组织的共同愿景。如果大家思维方式、价值观不一致，不如趁早分开。

目标一定要小而具体，具体到只要团队成员努力，就能实现它。愿景一定要大，大得让人们不能轻易就实现。个人目标和团队愿景从来都是不冲突的，在一个优秀的团队里，要建立起团队的共同愿景，必须持续不断地鼓励成员树立个人目标，并为他们实现个人目标而创造条件。

唯有如此，才能激励每个独立个体为团队的共同愿景而奋斗！

在一部讲述罗马奴隶起义的电影《斯巴达克斯》中，斯巴达克斯在公元前 71 年领导一群奴隶起义，他们两度击败罗马大军，但是在罗马大将克拉苏的长期包围攻击之后，最后还是失败了。

在电影中，克拉苏对几千名斯巴达克斯部队的生还者说："你们曾经是奴隶，将来还是奴隶。但是罗马军队慈悲为怀，只要你们把斯巴达克斯交给我，就不会受到钉死在十字架上的刑罚。"在一段长时间的沉默之后，斯巴达克斯站起来说："我是斯巴达克斯。"然后他旁边的人站起来说："我才是斯巴达克斯。"下一个人站起来也说："不，我才是斯巴达克斯。"最后，被俘虏军队里的每一个人都站起来说自己才是斯巴达克斯。

这个故事的意义在于，虽然每一个站起来的人都选择了受死，但是他们所忠于的并不是斯巴达克斯这个人，而是由斯巴达克斯所激发的"共同愿景"：获得自由。

这个愿景是如此让人难以抗拒，以至于没有人愿意放弃它。

著名心理学家马斯洛说："每一个自我实现的人都献身于某一事业、号召、使命和他们所热爱的工作。"马斯洛晚年曾从事对杰出团队的研究，发现他们最显著的特征便是具有共同的愿景与目标。而且在特别出色的团队里，个人目标与团队愿景已经无法分开了。

7.2 如何带好运营队伍

每个管理人都会面对"搭班子"和"带队伍"的事情。所以我们干脆模拟一个场景，假设自己现在到某创业公司作为某个模块的业务负责人，在不得挖老同事的前提下，如何带好一支运营团队。

本节分享一下个人从业以来的团队管理心得体会，内容相对零碎，仅为一家之言，供各位读者参考。

7.2.1 每日行为构成

运营部门各个职级的行为构成如下：

- 专员，接受安排，跟着主管学习基础技能，日常打杂，流程跟进；
- 主管，具体任务负责人，一专多能，带新人跨部门推进工作；
- 经理，安排工作，上下沟通，重点业务攻坚，协调推进；
- 总监，制订计划，完成公司运营目标，管理和发展团队。

从专员到经理，每天的日常行为构成如下：

- 上午开部门会议，布置和拆解工作，安排任务负责人；
- 下午跟其他部门接触，沟通、协调、推进、执行；
- 晚上验收各任务进度，筹划次日安排，思考如何把事做好。

即：每天真正独立完成、免打扰的工作最多合计 2 个小时，余下 10 个小时，全部都是在跟部门内外的人以各种形式（面对面、聊天软件、邮件）进行沟通。

通常是白天跟人交换信息，晚上伏案思考业务。

7.2.2　设计招聘漏斗

由于运营团队工作的特殊性，跨部门沟通能力直接影响开展工作的效率，个人更喜欢有过其他轮岗经验和知识背景的人才。

在筛选简历的时候，除去运营经验以外，设计了如下漏斗作为加分项。

- 第一层：优先过往履历一直在游戏行业内；
- 第二层：优先有客服、研发、市场岗位经验的履历；
- 第三层：优先程序、美术专业背景。

第一层的初衷，只有热爱才可以做好，愿意每天在单位里面待足够长的时间，否则做游戏对这个人而言只是一种挣钱的方式。

第二层的初衷，最好要有游戏客服、游戏研发、游戏市场的经验，在跨部门的沟通中，更容易明白对方的工作流程和业务痛点，更容易拉近关系，更愿意且更有能力为对方着想，在相互配合的过程中能够做到最好，而单一的运营岗位经验往往欠缺这些履历。

第三层的初衷，游戏是第九艺术，无论是研发还是运营，抛开规划者（策划、运营、市场）岗位要求，执行层面都是由会画画的和会写代码的协同完成，他们是真正意义上把想法变成事实的人群，如果能懂他们的知识，设计规划时自然而然能做到为对方思考，沟通推进中使用他们的专业术语，沟通起来就能更加便捷和通畅。

这三层漏斗构成了优先招聘的原则。

7.2.3 关注运营效能

表面来看，沟通执行很重要，但更重要的是规划设计。所以对于所有的运营人而言，必须接受的一个事实是：

- 沟通并驱动他人完成的工作范畴，可替代性较强，它影响的是运营目标的推进效率；
- 独立完成的工作范畴，才是运营的核心竞争力，它影响的是运营目标的完成质量。

运营团队里面负责沟通推进的工作占 80%，余下 20%则是设计规划，这 20%构成了运营团队的核心竞争力。

在前面的章节中，我们把运营的业务范畴分成了多个模块，如表 7-2 所示。

表 7-2

业务范畴					
活动策划	版本管理	用户运营	数据分析	竞品调研	渠道运营
新闻公告	运营维护	媒体运营	游戏资料	工具建设	营销品牌

表 7-2 是穷举状态，各公司在实际中，只会根据具体情况从少到多，先挑紧急且重要的业务开展，然后逐渐去拓展业务范围。

招聘的时候重点考察人员的业务能力。任何一个业务高手，对自己的专业领域都有一种确认感，这种确认感能够影响团队的综合效能。

我们都知道，方向对了，一次成功，自然节省目标达成的时间。业务能力强大，团队会少走很多弯路。同样是达成赚钱的目标，2 次活动和 4 次活动达成，背后所支付的人力成本根本不是一个量级，数据分析如此，用户运营如此……小到写游戏公告，大到与游戏研发拍板下个游戏版本的迭代内容，规则细节设定，所有定方向、定策略、定细节的工作通通都是如此。

如果把业务相对薄弱的管理型人才放到负责人的位置上，那么在团队任务决策时，很多时候会倾向于信任团队里面最专业的那一个，而不是职级。

运营做到深处，大方向几乎都不会错，拼的就是细节，专业不够好的负责人会拿不准细节，最终影响达成目标的效能，只能不断试错，快速调整，直至调整到正轨上。

所有的规划设计类工作都是智力密集型的工作，它不像流水线上的工人，工作的时间越长，成果就越多。在游戏行业，加班是常见现象，但是加班和加班是不一样的，如果一件事情，一个人 2 个小时轻松完成到 80 分，另外一个人通宵工作，眼圈发红，才完成到 80 分，我们应该表扬那个工作 2 个小时的。

团队运转效能是所有人员应当关注的，并且不断强调，谁能提升效能，就给予奖励。

7.2.4　面试就是人才储备

确定求职者没有达到人才标准，迅速而得体地结束对话。确定求职者为人才，不管最终是否录取，都会互相添加微信，以保证联系。

各个方面已经修炼得比较到位的求职者，在哪里都贵，待遇差不多的前提下，竖立目标愿景，给足发展空间，展示好的团队氛围，不难拿下。

各个方面尚未修炼到位的求职者，定位对方的优点（招聘的理由）和弱点（待成长的空间），并且证明自己能够帮助对方，同样不难拿下。

薪资实在谈不拢，对方也无比纠结，不管最终是否入职，我都拿出诚意来，为对方规划布局，至少在那几天，成为对方的职场导师，帮助给予业务指导，对方同样是可以感受到的，此后的互动都是建立在彼此为对方带来价值的前提下。愿意对人才花费额外的精力的好处如下：

保持联系，以便自己将来部门扩张的时候拿下。我曾经为了拿下一个人，花了 3 个月时间，事后证明是值得的。

如果拿不下，外包对方的技能为自己干活。曾经有过求职者最终未入职，但依旧不影响对方为我工作的情况发生。我付出的成本可以是钱，也可以是自己的职场经验和专业技能。

每年有两个人才流动期，与其互换简历。求职者推荐其他人才（不单单是运营岗）给我，那更是家常便饭了。

我有一个文件夹，里面摆着自己曾经拿到过的简历，以便将来使用，且我会定期用各种手段关照人事，自己这里永远缺人。

7.2.5　如何说服对方降薪入职

看中了一些人才，公司的待遇区间卡在那里，如何说服对方降薪入职？

欠着银行贷款、生活压力大的求职者，作为自己的人才储备库，余下皆是自己的目标用户。

靠自己的公司提供的福利待遇，各种光环？如果大家按照这个标准去挑公司，我们永远也干不过那些巨头。破解这个问题，还是得切换到求职者心态，从最底层的逻辑开始推理：

- 既然公司付钱给我们，自然是我们有被公司利用的价值；
- 既然我们（待遇和职级）升不上去，自然是有着各种各样的问题；
- 我们也深知，什么是更好的状态，并且努力追逐更好；
- 很多时候，我们无人点拨，无人给机会，受限于环境，无能为力。

思考自己每次离职的原因和入职的原因，不难得到答案：

- 福利待遇——公司提供；
- 目标愿景——团队提供；
- 学习成长——团队提供；
- 人际氛围——团队提供。

团队招聘，公司给你搞定其中一个维度，另外三个维度，完全掌握在自己手里。一个团队管理者在对外抛出橄榄枝、招揽人才时，自然是要提供更多的附加价值，且这个附加价值大得足够抵销员工在意的那几千块钱。且无论是追逐人，还是挽留人，都围绕这四个维度去打造。

在招揽人才的时候，我经常对外说的一句话就是：在我们这里最好能得到什么，最差能得到什么。然后，证明给求职者看。把自己的团队能够提供的附加价值，像推销产品一样推销给求职者。

我认识一些不那么在意钱的同学，一等一的聪明人，工作上就追求开心，团队里的人际氛围在这些同学眼里占据较高的权重。

就我个人发展的前五年而言，非常在意成长率。在成长的过程中，非常感恩于那些好的和坏的经历：那些给我们机会犯错，教我们知识技能，带领我们成长，一起把事情做成的那些人。同理，也非常讨厌不给机会，学不到东西，没有什么成长，做事情总拖团队后腿的人。

面对前者，心向往之，面对后者，避之不及。

7.2.6 如何处理人员流动

面试中会有看走眼的情况，一个人的综合能力如何，两个星期的表现就能暴露出来，别管此前的招聘成本和期间的培训成本，如果不合适，果断扔掉重新找。如果要耗人家两个多月，转正之前说不合适踢掉人家，自己不是坏就是蠢。

转正选择非常重要，我见过很多表现不如意，最后勉强留下的，不光是害自己团队，更是害合作伙伴。在共事的过程中，大家都为他的工作失误埋单，能力不胜任的人如果留在团队里，是对整个团队不负责。跟团队走过比较长的一段时间的人，如果能力跟不上团队的发展速度，处理方式同上，慈不掌兵，义不行贾。

如果有人有了更好的发展机会，综合评估后，确认自己无法匹配时，不要因为自己的私利而耽误他人发展，果断送走，好聚好散，职场生涯很漫长，以后还有共事和合作的机会。这一条不光考验智力（离了优秀人才也不影响），还考验胸襟（舍得放手并给予帮助）。

职场多年，见过无数团队的搭建、壮大、拆分、散伙……宛如历史更迭。或者是当时，或者是多年以后，我们每每谈及一些人的离开，总能感触良多。

离职时员工的情绪非常非常重要，如果一个人才离开了有怨气，只能是组织的错。我挺讨厌“铁打的营盘流水的兵”，这是无能的领导人对团队优秀人才流失的一种自我安慰。因为你既给不了人家现在，人家也看不到自己的未来。

曾经在我的团队里，别人 1.5 倍的薪水，基本是挖不走的，如果对方开到 2 倍，咱这边实在也涨不了多少，一般是被我赶走的，告诉对方不要有离职负担，如果在那边干得不爽再回来。以后的一些部门团建，还会邀请离职员工参加。

7.2.7　树立周期目标，为个人赋能

团队新人入职前三天，我都会问对方三个问题：

- 你想成为什么？
- 自己职业生涯中的短期、中期、长期目标依次是什么？
- 自己为了完成这些目标制订的计划是什么？

对很多人而言，一谈到制订个人的短期、中期、长期目标，以及具体实施计划，对方往往都是一愣，大多数人都极少思考这个问题，这其中不乏一些工作多年的人。我说你不用着急，想好了 24 小时之内给我发个邮件。第一封邮件有的几十个字，有的几百上千字，基本上可以看出一个人对自己的规划和期许。

试用期的第二周，我会认真地跟对方分析试用期间的各种表现，个人的优势和劣势，需要成长的空间，处理优势和劣势的注意事项。

等到转正了，约谈这段时期的表现和成长，然后让他认真完善和迭代如表 7-3 所示的表格。

表 7-3

我要成为什么		多少时间实现	
短期目标		达成条件	
中期目标		达成条件	
长期目标		达成条件	
优势		如何处理优势	
劣势		如何处理劣势	

长期目标的设计建议以半年为一个单位，如此就保证了目标的可达性，且在以后的工作中，时不时翻出来看，当半年周期过后，再次迭代这张表格。

通过邮件、面谈、打印签字等各种方式，去塑造仪式感和信任感，于是这个同学就自然而然产生一种自我驱动力，不是组织推着他往前走，而是他自己要成为什么，并且为了成为自己想成为的人，应该付出怎样的努力。

7.2.8 建立部门规则，提升人员素质

资源相同的情况下，拼智力；智力相同的情况下，拼资源。拼来拼去，最终还是拼团队的综合能力。

一个部门规则的完备程度，直接影响到团队人员的综合素质，要求越严格，业务质量越能够得到保障。

具体设计和落实规则，在后面详细说明。

7.2.9 设计奖惩政策，营造学习环境

很多公司都喜欢言必称自己是学习型组织，建图书馆，强制分享会并附带考核，设计各种规章制度，方向都对，但是执行起来往往会有一些弊病。

私以为，参与公司级分享会往往都是拓展知识，如果不用会迅速忘记，所以我干脆按照自己的方式去设计了一些政策，用来促进团队里面的学习环境。

周分享会：每周 1~2 次，要求人人轮流上去讲，其内容往往都来自于平常的业务中用得到的知识经验，完成则有具体奖励。

周复盘会：以周为单位开展，依据部门管理规范，把当周内犯过错误的人拉出来

“公开批斗”，陈述自己所犯的错误，接受处罚，并根据暴露的问题设计提升计划。

成长任务：对个人的技能进行针对性的强化，以提升个人的专业技能。完成有奖励，未完成则施予惩罚。

成长任务运营规则：

（1）每个人定期从成长任务表格里面领取自己的强化任务；
（2）按照计划强化优点，补齐弱点；
（3）未完成给予惩罚，完成了赋予奖励。

成长任务表结构如表 7-4 所示。

表 7-4

表头结构	说明	案例
技能类别	专业技能、通用技能	产品知识
任务编号	每个大类别有 N 个任务编号	3 号任务
任务名称	对应 N 个任务编号的名称	撰写产品需求文档
交付标准	设计可交付的标准	确认程序能够根据文档进行开发
强化原因	练习这个技能的好处	描述描述描述描述描述描述
计划完成时间	最短为 1 周，最长为 1 个月	14 天
赏金	奖金 + 随机结果	奖励 50 元 + 随机奖励
罚金	奖金*2 + 随机结果	罚款 100 元 + 随机惩罚

其中最为重要的是，交付标准的验收方式，比如表格中的案例，“确认程序员能根据文档进行开发”就可以请跨部门的同事，协助验收文档的输出质量。

设计奖励和惩罚机制时，附带一些不确定性。当完成某个阶段性的任务时，从中抽取一个作为回报（奖金、升职预期、假期、迟到、实物/虚拟奖励、学习机会……），惩罚也是同理，主要是大家不愿意干的一些日常事情，比如帮大家领快递、洗水果、订餐取餐等。这跟打游戏爆装备差不多一样的感觉。随机出现的奖励能够诱发出最高的效率和动机。

在实际操作中，部门负责人会根据各个团队成员的特点主动分配任务（比如说某人的某个业务能力薄弱需要加强），验收成果，调整奖励和惩罚的倍率。

7.2.10　处理下属犯错

当下属犯错的时候，应该及时给予反馈纠正。

批评应该是对事不对人的，如果是针对个人的反馈，直接指责他本人不行，对方往往会非常紧张，搞不好这种反馈会产生坏作用，这种语言上的对个人的评断，一定要刻意规避。

有效的反馈一定不能针对个人，而必须针对技术动作进行纠正，且必须在他犯错的当时及时纠正，直至帮助对方解决问题为止。

工作中有很多强调没效果，如果有条件，刻意安排他们吃亏犯错以加深印象，且这个亏，保证团队能够支付得起，以不损伤团队及个人口碑为前提。

7.2.11 如何看待德才兼备

品德和能力是两个维度的事情，每个负责人心中都有一个品德标尺，如果对方在自己定义的品德水平线以下，坚决不能要。而在水平线以上，就比综合能力了，品德不作为加分项。

A 员工：品德 59 分，能力 99 分；
B 员工：品德 60 分，能力 90 分；
C 员工：品德 90 分，能力 80 分。

必须裁掉一个人的话，选 A。
裁掉所有人只保留一个，选 B。
只能奖励一个人的话，选 B。
只能提拔一个人的话，倾向选 B。

简历里面学历造假的，要不要？人事一般是直接撸了，而我招聘从来不看学历，只看他解决问题的能力，并且还会向具体负责的人事强调自己的价值观，我想要的人，学历从来不重要，即使这一条跟公司的要求有冲突。

而工作履历造假的直接撸掉。进入社会后，起点可以低，但应该对自己的行为负责。

7.2.12 什么样的人才值得提拔

工作多年，个人最受用的一句话是："如果我们这里再有一个跟你一样的，那么很多事情会轻松很多。"这无疑是一个上司对一个下属最大的褒奖。能让领导对我说出这句话，证明我让他当了甩手掌柜，放到我这里的业务，上司基本不用操心。自然而然，我会把这些观念也灌输给团队里面的所有人。

我喜欢自燃型的员工，自带进取心、高度驱动力的他们从来精力无限，永远有想法、有计划并拼凑资源付诸实施。

我喜欢有责任心的聪明人，事情一点就透不说，他们在逻辑分析、资源整合、推进业务、规避风险时往往表现超强。

我喜欢耐挫折的人，即使短暂失败了也可以尽快恢复士气，积极总结复盘，他们终究是成事者。

我喜欢业务天才，他们是团队里的业务学霸，学习和创新天才，喜欢分享的布道者，靠自己的影响力积极影响整个团队。

拥有以上素质中的 2 条已是杰出，就可以把他们抱到管理岗位上，占据其中 3 条以上，哪怕跟人撕破脸，不惜各种代价也要得到他们。赋予他们责任、权利、利益。他们是帮助自己成为甩手掌柜的不二人选。

团队人员的下限，要么是聪明人，要么能吃苦耐劳，如果一条都不占，想办法淘汰掉。

一个团队的提拔、打压、奖励、惩罚、鼓励、规避行为，往往能够给团队里其他人起到示范作用。

7.2.13　尽量利益分配透明化

总是得谈钱，在这一点上，我认为做得比较好的，传统行业如销售，互联网行业如滴滴。它们拥有非常透明的分配规则，员工各凭本事吃饭，滴滴的司机们不需要讨好巴结任何人，只需要做好对乘客的服务，按照公式进行激励和提成。销售岗位也是同理，一切结算规则，都是围绕工作质量去展开。

在很多公司里却做不到这一点，我相信每个创业公司的高管们都有一张桌子，聊好了分配规则。但下面的团队往往就没有，不是团队的负责人不愿意做，而是违背人性，再说细点就得罪人了。

这里只想表明一个观点，如果利益分配能做到透明，奖金分配不依赖于领导的喜好，且围绕工作质量展开，那么这必然是一个伟大的团队。

谈好利益分配也是为了规避后面的纷争，这也是一个团队能够走得长远的保障。如果团队做不到权责利对等，那么负责人应该自我检讨。

以上，就构成了我对团队人员的招聘、培养以及管理心得，仅为一家之言，欢迎大家交流指导。

7.3 如何设计部门规章制度

对于个人而言，上限往往无法预测，但是下限往往可以保障，我们不光期待上限，更要保障下限，如果一个人的能力下限就已经是其他人望尘莫及的上限，那么这个人可以想象有多强大。

我相信，这个道理放在团队上同样成立。

一个部门规则的完备程度，直接影响团队人员的综合素质，要求越严格，业务质量越能够得到保障。

下面直接复制粘贴部门内的规章制度，也是部门新人入职的时候，必须仔细阅读的部分，供大家参考。

核心目的：

（1）团队所有人的基础素质处于行业水平线以上；

（2）绝对优秀的团队素质造就绝对优秀的业务输出；

（3）成就卓越的个人口碑和团队口碑。

注：表 7-5 给大家呈现的是简化的大众约束版本，具体到实际业务、岗位操作规范上，还有非常多的细节要求。

表 7-5

类	序	规范简述	规范说明	基础罚金
基本素质	1	积极心态	口语和打字，禁止出现“没办法”，要说“我做不到”，因为办法永远比问题多	10 元/次
	2	尊重为先	口语和打字，禁止称呼“码农”、“美工”等带侮辱性的说法	10 元/次
	3	解决问题优先	出了问题，即使对方全责，先解决问题（不许纠结谁的责任），然后找对方老大说事	30 元/次
	4	消灭错别字	即时通信工具以外的地方，人数≥3，每个错别字 10 元钱。打错名字，用词不当为争议区	10 元/字
	5	邮件回复习惯	同一个业务，尽量不要开新邮件，循环回复该邮件直至业务解决为止	20 元/次
	6	文件命名规范	《产品名称》+精准定义+时间，若一天多次发送，结尾加-1、-2、-3	10 元/次
	7	使用“我们”	口语和打字，禁用“你们”，要用“你看，我们这样干行不行？”	-

续表

类	序	规范简述	规范说明	基础罚金
协作质量	1	服务意识	工作时间内，所有人在讨论组找我们，15 分钟内完成回复，私聊会让大家觉得你没作为	10 元/次
	2	有效响应	在业务讨论组，其他人提出疑问，全部回答，直至确认对方问题解决	20 元/次
	3	积极同步信息	大群出现状况，大群同步信息；私下出现状况，解决问题后，视情况，在大群同步信息	-
	4	及时反馈结果	若业务已完成，尽量带截图，并@对方	-
	5	快捷沟通	与协作方熟悉之前，对外交流能面对面就别打电话，能打电话就别 QQ、微信	-
	6	预约习惯	每个人都有一个免打扰时间，学着预约	-
	7	邮件主题规范	项目名+精确定义+时间，好好打磨精确定义	-
工作心态	1	对结果负责	我们会遇见无数“拖后腿的”，抱怨无用，把事情办成才有用	-
	2	了解目标意图	人家提给你的是一个方案/想法，要猜测对方背后想要的意图	-
	3	准确精练表达	时刻反思自己的表达技巧，努力降低他人的理解成本	-
	4	对方不配合	条件反射般地反思总结是否是自己的问题	-
	5	修炼业务	每时每刻问自己，是否努力做到碾压 90%的同行	-
	6	当初你没讲啊	别让跨部门扯皮出现，别让老板各打 50 大板出现	-

比如周报、各类报表，业务文档格式规范、例行工作截止提交时间、业务硬伤、会议准备、迟到、会议记录等，犯错则罚款。

比如程序员岗位，要求必须写代码批注，提交 SVN 规范，接口说明文档；设计师岗位，对 PSD 图层命名规范，文件存储方式有硬性要求，一切都要求规范化，以便后面接手员工方便维护。

能被罚款的条目，往往都是方便监督执行的，比如错别字、文件命名规范、邮件回复等，而协作类和心态类的部门要求，监督执行成本过高，遂放弃。

比如基本素质的第 7 条“使用‘我们’”，就属于培养意识形态类的，若执行罚款，则争议成本过高。

罚款以人民币形式兑现，执行罚款时与员工在每周周会上当面集体确认，若周会上有异议委屈，可找“规则轮值负责人”申诉裁决，如表 7-6 所示。

表 7-6

处罚标准	处罚规则	处罚标准 = 基础检讨金 *（基础倍率 + 入职时长）
	减免规则	每个人每个月拥有一次罚款减免机会，未用完不累积

基础倍率依照员工级别（专员、主管、经理、总监）、薪酬区间、具体要求考量，如表 7-7 所示。如果有个人想快速晋升，我们就按照对应的级别考验，比如一个主管停留在 3 倍区，他想按照经理的标准要求自己以获得升职考核，那么他的姓名就可以进入 5 倍区，如表 7-8 所示。

表 7-7

基础倍率	7 倍区	姓名、姓名……
	5 倍区	姓名、姓名、姓名、姓名……
	3 倍区	姓名、姓名、姓名、姓名、姓名、、姓名……
	1 倍区	姓名、姓名、姓名、姓名、姓名、姓名、姓名、姓名、姓名……

表 7-8

入职时长	入职 0~3 月	0 倍
	入职 3~6 月	1 倍
	入职 6~9 月	2 倍
	入职 9~12 月	3 倍
	……	……

以基础罚金为 10 元来举个例子：

- A，姓名出现在 5 倍区，刚入职 3 周，根据公式，10 *（5+0）= 50 元；
- B，姓名出现在 5 倍区，入职 8 个月，根据公式，10 *（5+2）= 70 元；
- C，姓名出现在 3 倍区，入职 11 个月，根据公式，10 *（3+3）= 60 元。

依此类推。

7.3.1 如何保障有效执行

（1）每新进一个同学，我都给对方看这份内容。入职必须遵守，这叫有言在先；

（2）有些人简单略过，无视规则，习惯难改，通过罚款+周会“批斗羞辱”矫正行为，这叫玩真的，强制执行；

（3）为保证执行，经理级（含）以上员工，每周必须抓到 X 次管辖内的员工失误，以作为考核。若由规则轮值负责人发现不作为，则依据情况进行处罚；

（4）为保证团队最高领导接受监督和制裁，公开发现最高领导者问题者，额外奖励红包 50 元/次；

（5）每周周会，拿出专门的时间“批斗”和罚款，高级员工主动自黑，每个月列出犯错表单，公布犯错员工情况，以强调规则严肃性。

总而言之，一切规则设计和执行都是为了让部门的规则可被执行，最终达到目标。

7.3.2　各项规则设计的初衷

对于一个员工要求而言，**最有价值的还是那些不好罚款的范畴**，通过规则设计，**要求员工从行为映射到心态上**，进而完成内在的改变。

下面分解说明各项规则设计的初衷，先给规则（表 7-9 ~ 表 7-19）再说明。

表 7-9

基本素质	1	积极心态	口语和打字，禁止出现“没办法”,要说“我做不到”，因为办法永远比问题多	10 元/次
工作心态	1	对结果负责	我们会遇见无数“拖后腿的”，抱怨无用，把事情办成才有用	不好罚
工作心态	4	对方不配合	条件反射般地反思总结是否是自己的问题	不好罚

我想塑造一个“请给我结果”的积极工作心态，进而设计的一个罚款要求。

很多时候，我们都是偷懒思考，拒绝思考，拿没办法作为借口去推托责任。

对方就是不配合，我没办法！
对方就是没时间，我没办法！
对方就是业务差，我没办法！

诚然，大多数是这种情况，但有人真实思考对方不配合、没时间、业务差背后的真实原因吗？要知道，办法永远比问题多。当团队里面有人说没办法，我就反问：“你信不信我去，就能搞定？”对方不作声……我就现场示范。

我先要求我的管理层狠狠约束和强调，然后再要求他们去约束他们的团队成员，平常开会、微信 QQ 群讨论的时候，经常会出现工作受挫的情况，一旦让我发现他们本人以及带的团队成员出现这种心态，有人不经意表现出消极，口语上说“没办法”，即刻执行惩罚，由于比较高频，所以罚金相对较低。

一旦形成这种口语习惯，给自己带来的负面暗示是灾难性的。不接受“我没办法”，只接受“我做不到”，这种口语能带来奇妙的心理暗示，会产生一种自我驱动力。我只是“现在”做不到，除非我放弃，我不放弃，“终究”能做到。

基本可以肯定的是，跨部门沟通是一件非常痛苦的事情，都希望自己遇见明白人，然后顺利把事情给完成了。你跟明白人一起把事情办好了不算啥本事，那是你的幸运，别当成自己的本事。

一旦沟通不畅，就会非常痛苦，彼此都觉得对方有问题，觉得事情有些时候做不下去了，这个时候你就……就这么着吧？

我们完成一件事情，经常会涉及多个部门的沟通。我可以负责任地说，白痴到处都是。有些时候就是人家的错误，人家粗心马虎大意，人家全责，人家忘记了，人家业务能力不行，人家心思不在你这里，人家压根就不愿意配合你……

但是能把事情办成的人，才是最有价值的人。谨记，努力争取最好的结果。

我给任何一个团队管理层的人上的第一课都是如此，在受委屈的情况下，依旧把事情干成，是一个做管理的先决条件，并且要求他们日常工作中给所有成员灌输这种思想。

表 7-10

基本素质	2	尊重为先	口语和打字，禁止称呼“码农”和“美工”等带侮辱性的说法	10 元/次

口语和打字习惯，禁止出现“码农”和“美工”，平常口语习惯，请描述为：开发和设计，或者程序和美术。

程序员和设计师能自黑，但是非这个岗位的人绝对不能黑，这是不尊重对方岗位的表现。正如，我可以吐槽自己的母校，而非我母校的人说我母校不好，绝对跟你撕到底。如果顾忌一些事没明撕，心底也是绝对不爽的。其实相关的细节很多，比如不许戳显示器，不许说再改几版看看，不许说“这个很简单吧，不就是……”我们列举了一个表，但是有些不具备执行性，设计此条也是期望通过行为映射心态。

表 7-11

基本素质	3	解决问题优先	出了问题，即使对方全责，先解决问题（不许纠结谁的责任），然后找对方老大说事	30 元/次
工作心态	6	当初你没讲啊	别让跨部门扯皮出现，别让老板各打 50 大板出现	不好罚

工作中跨部门协作的场景非常多，有问题先解决问题，遭遇负能量，想吐槽跟有用的人 1 对 1，受委屈找对方老大。

场景：某次对方突然公开在讨论组发难（其实是在甩锅），说我们某个地方没做好，当初说过很多遍了。组内同事立刻情绪不好私聊我："他说在讨论组里说过好多遍，简直是扯淡，我们当初改完了他自己不检查。现在还说什么说过很多遍。"

我的私聊回复如下：

（1）如果业务未做好，我们全责，按照对方的改。

（2）这哥们平时不检查，出了问题，估计是被老大骂了，所以才在讨论组一副自己很冤枉的样子，说过好多次了，表现出特别尽责的姿态。这种表现属于完完全全的自我保护意识。

（3）如果他真的在讨论组/或跟你私聊只说了一次，然后自己不细心检查，我们当然可以拿截图反着呛他，结果就是双方交恶，对方记仇。我们不能因为一点小事，去赌对方的人性。

（4）除非我们永远不出错，但是将来一旦我们有什么闪失，他就可以借题发挥，让我们部门付出口碑代价。

（5）以后遇见类似的事情，有精力就帮对方检查一下，没精力检查务必提醒对方仔细验收。

（6）永远不要公开扯皮，如果你真的不爽，等这个事过去后，找对方聊聊，或者找对方老大聊聊。

太多的场合，我们都会受一些小委屈，一些不理解，一些摩擦，但是又解决不了问题。好多事情，介于不说委屈、说了矫情之间。公开吐槽没好处，所以找个有用的人吐槽，1 对 1，寻求解决方案。

定义有用的人，本方老大，或者对方老大。只有这种吐槽，才能够避免下次出现类似的悲剧，而你埋藏在心里不说，最终就是中毒，下次一样会遭遇类似的事。

"即使对方全责"这条要求本质上对自己的组员是不公平的，罚金之所以定得高是因为影响力太大，这就是苛刻所在。在这一点上，有的时候我自己都会忍不住为组员出头。事后反思，自己老老实实交罚金。

每次周会我都会花重点篇幅去说这种事，且每次周会几乎都会出现类似的情况，但是我依旧耐心解释制定这个规则的原因，并且举出许多既往案例（每家公司里几乎都会出现，扯皮的代价），我们应该有一个更高的姿态，因为我们很强，很负责，我们是做大事的团队，所以我们有理由惯着那些"猪"队友。

顺带说一句，刚刚那个场景，我的处理方式是私聊对方老大，说明原因，且如果对方需要，我们可以提供所有的讨论组和私聊截图记录，这是我对自己团队人员的管理底气所在。

表 7-12

基本素质	4	消灭错别字	即时通信工具以外的地方，人数≥3，每个错别字 10 元钱。打错名字，用词不当为争议区	10 元/字

这一条极易执行，但规则几度更迭，最后形成了精确定义。

即时通信工具指的是 QQ、微信、钉钉等，大家打字为了追求效率，可以允许错别字。但是邮件、文档、PPT 等留存及对外展示方面往往我就不允许了。但工作中有很多 1 对 1 交流的场景，很多东西都是不断迭代的，那个时候就是效率优先。

比如我和 A 交流，互发邮件、文档，交换 PPT 草稿，偶尔会出现错别字。然后就很尴尬，在我罚款了几次自己和几个部门干部后，觉得这种方式太影响效率。

后来就定义为，一旦我们的邮件、文档、PPT 对团队外的人员进行展示，不能出现错别字，后来觉得过于宽松，则变成了当参与人数大于等于 3 的时候，出现错别字，则执行罚款。

举例：我跟 A 两个人的 1 对 1 行为，为了交换思路高效，可以有错别字，但是给第 3 个人（不管此人是内部还是外部）看的时候，比如把文档扔群里，收件人大于 2，就必须对自己的内容负责，一旦出现错别字，就按照规则进行罚款。

具体执行的时候，因为错别字扣钱是高频的，很多语文基础不扎实的同学能力范围有限，用错了词，周会上进行错别字普及，就当是花钱学知识了。常见如“账号—帐号”、“登录—登陆”。因此，我们的运营公告里面和邮件里面的错别字的概率是很低的。

表 7-13

基本素质	5	邮件回复习惯	同一个业务，尽量不要开新邮件，循环回复该邮件直至业务解决为止	20 元/次
基本素质	6	文件命名规范	《产品名称》+精准定义+时间，若一天多次发送，结尾加 -1、-2、-3	10 元/次
协作质量	7	邮件主题规范	项目名+精确定义+时间，好好打磨精确定义	不好罚

如果是同一个业务，能不重新开邮件就不重新开，最好能够形成一条业务线，记录该业务的历史变更。在原邮件基础上完成回复。

即，某个活动页面，首次提开发需求是 1 月份，再次迭代是 3 月份，再次迭代是 5 月份，也要通过同一封邮件记录。大家在执行一段时间后，就知道这种记录方式的好处了。

文件命名习惯结构如下：项目名+定义+时间，例如：

《守望先锋》短信营销需求 20160525。

如果是一天之内，多个文档更新，增加后缀，例如：

《守望先锋》抽奖功能修订列表 20160525-1；
《守望先锋》抽奖功能修订列表 20160525-2；
《守望先锋》抽奖功能修订列表 20160525-3。

邮件主题规范命名方式同理，重点在于精确定义，但是由于场景过多，难以界定，所以后来就取消了罚款，所有的罚款设计，一定是要可执行的。

每次周会，这些都是主要罚款点，很多工作了多年的人都会在这些细节上栽跟头。种种规范和习惯都是在拼细节，有些文件一看命名规则，就知道是我们团队里面出的。同时很多员工跳槽后，也会因为这些细节被领导表扬。

表 7-14

基本素质	7	使用“我们”	口语和打字，禁用“你们”，要用“你看，我们这样干行不行？”	不好罚

先体会一下：

“请你们……”
“希望你们……”
“如果你们……”
“你们能不能……”
“你们非要这样的话……”

无论是聊天还是打字，距离感都挺远的，即使双方关系融洽，我都觉得有点不舒服。如果是因为某些问题争执，这种就显得非常刺耳了。感觉是在问责，双方很容易产生不好的情绪。这显然不利于事情的结果朝着好的方向去发展。跨部门沟通养成习惯，“你看，这个事，我们这样行不行？”不要产生错误的距离感，拒绝不好的口语习惯。

这种一开始是罚款的，后来觉得执行成本太高，就废弃了，转为批评教育。

表 7-15

协作质量	1	服务意识	工作时间内，所有人在讨论组找我们，15 分钟内完成回复，私聊会让大家觉得你没作为	10 元/次
协作质量	2	有效响应	在业务讨论组，其他人提出疑问，全部回答，直至确认对方问题解决	20 元/次
协作质量	3	积极同步信息	大群出现状况，大群同步信息；私下出现状况，解决问题后，视情况，在大群同步信息	不好罚
协作质量	4	及时反馈结果	若业务已完成，尽量带截图，并@对方	不好罚

无论是同部门还是跨部门，都追求协作质量，同步信息意识。魔鬼往往藏在细节里，原来是四项均罚款，后面由于监督执行成本原因，只罚款两项。

工作中，经常有人在讨论组提出问题，然后 A 同学不回复，直接私聊，然后问题解决，然后就没然后了。

问题 1：人家问问题，你直接私聊，大家看起来是你没响应；
问题 2：讨论组其他人不知道问题解决进度；
问题 3：你们私聊后解决完问题，没有将结果反馈给大家。

对方在业务讨论组咨询问题，必须第一时间公开响应回复。若需要私聊解决问题，私聊结束后，需要将私聊的进度、结论、结果发在讨论组，跟大家同步信息。

在实际落实的过程中，为了拧这个习惯，花了无数精力。这个同步信息的好习惯，在员工跳槽后，面对一个新环境，被无数次表扬。

表 7-16

协作质量	5	快捷沟通	与协作方熟悉之前，对外交流能面对面就别打电话，能打电话就别 QQ、微信	不好罚

大多数情况下，本部门沟通顺利是因为对彼此熟悉。

跨部门沟通不顺利，是因为不熟悉导致沟通成本高。

所以，“能面对面就别打电话，能打电话就别 QQ、微信”的背后意思是“为了追求彼此熟悉”而做的要求。只有熟悉才能够更好地了解对方想要的。只有熟悉对方才能知道对方有多靠谱或者多不靠谱。

而有些人，天生不爱说话，社交恐惧症，只愿意闷在自己的小世界里。或者从心底里抵触跟陌生人面对面交流，在一个要求彼此配合的环境里，大多数情况下，不爱沟通必然受制于人。

太多的人，文字表达能力太差，对于词语的理解不一致。如果用文字进行沟通，极易造成理解偏差，这种偏差往往会造成不好的结果。

如果双方有一方文字表达差，理解能力差，且双方都不爱多问一句，凭借自己的理解去想象、去执行，交出烂结果，重复返工就不稀奇了。

熟悉后，随便你们用什么方式进行沟通。但是在你们熟悉之前，能面对面就别电话，能电话就别 QQ、微信。顺便说一句，我对熟悉的（其他部门）人甚至能够做到用眼神沟通。这种跨部门的人越多，越能让你的职场无往不利。

表 7-17

协作质量	6	预约习惯	每个人都有一个免打扰时间，学着预约	不好罚

这种场景往往发生在与开发团队交流的过程中，从过往而言，团队里产品和运营岗位的人居多，在跟开发团队（设计、程序、测试）进行交流的时候，要附带无数细节及注意事项。

开发团队里的每个人都有一个免打扰时间，才能够更好地做好自己的业务，他们一般都是插上耳机，沉浸在自己的世界里面，将心比心，被打断思路是一件非常烦的事情。所以注意交流节奏非常重要。

规则如下：

（1）QQ 预约对方时间，表明交流目的；
（2）QQ 长期不回，站在对方工位附近看着对方，等待人家询问你；
（3）十分紧急的情况下，直接打断，或者直接找对方老大，事后私聊说明情况。

魔鬼再一次藏在细节里，我带过的团队从来不遭白眼，而其他人跟开发人员交流的时候就莫名其妙地遭白眼，其实他们哪里知道对方被打断，心里恼火着呢。

这个规则一开始的描述是，跟“开发团队”交流学着预约，后来直接从换位思考的角度描述，即“每个人都有一个免打扰时间，学着预约”。

表 7-18

工作心态	2	了解目标意图	人家提给你的是一个方案/想法，要猜测对方背后想要的意图	不好罚
工作心态	3	准确精练表达	时刻反思自己表达技巧，努力将降低他人的理解成本	不好罚

沟通的基本功，人人都是产品经理的一种意识形态。就这一点，我曾经以此要求过带过的所有程序员、设计师、测试……产品和运营就更是反复强调。

永远要了解需求方的真实意图，需求方可以是很多人，可以是老板，可以是直系上司，可以是提需求的同事……他们往往天马行空，都是给你提供一个想法建议，或是解决方案，然后要求你完成，永远要了解需求方背后的真实目的，才能够输出好的结果。

我们优秀，头脑清醒，提升的是所有协作团队的效率。
我们拙劣，思维混乱，折损的是所有协作团队的效率。

如果我们永远照着对方的节奏走，会被没经验的人带到坑里。先理解对方的需求，讨论实现目的的多种方案，了解他们出这种方案的推导过程。然后再讨论实现方案的技术可行性，考虑开发成本等。

大多数情况就是：

- 你跟人家讲一个东西，别人一脸懵；
- 你费了老大劲讲了五分钟，别人还是听不懂；
- 你希望人家这么配合你的工作，但对方还是没做好。

此时，你是不是条件反射地想：这人脑子有病吧！

这是一个心态问题，也是一个习惯问题。时刻反思自己的表达技巧，努力降低他人的理解成本，尝试着用对方可以理解的方式去解释。

你跟其他人讲一件事的时候，人家发愣了，你就要反思；如果人家一遍没听懂，就要反思自己为什么这么笨，居然要两次才可以说明白，条件反射般地反思，是否是自己的表达有问题。

谁都想跟聪明人沟通，但是聪明人真的太少。
你能降低他人的理解成本，准确精练的表达是一项绝对硬实力。
嘴巴里面说出来的能被迅速理解，是思路清晰的表现。
沟通最大的本事就是降低彼此的信息不对称，然后传达出自己想要传达的意思。

这种习惯给我自己带来的副作用是，现在我在 QQ、微信群里面打字，都会反复思考读者及受众，一旦感觉对方理解成本太高，就会撤回修订，然后重新描述。

尽管这十分费劲，但是也比让对方费劲去猜要好得多。这是一种习惯，按照我说的去做，长期下来，你便拥有了一个精确表述的好习惯，长期下来自然而然带来能力提升，往往构成自己的核心竞争力之一。强大的听说读写能力是一个人一辈子修行的基本功。

表 7-19

工作心态	5	修炼业务	每时每刻问自己，是否努力做到碾压 90%的同行	不好罚

从参加工作的第一天起，我就一个心态，要做部门业务能力第一。

当初做运营的时候，我们团队 2 个人顶对方团队 6 个人的生产力，并且在公司内的口碑还比人家好得多。

我写一篇公告，无错别字，清晰无歧义，外带文采斐然，一次过。
我设计一个活动，流程顺畅，效果良好，有效完成运营目标。
我写一个需求文档，项目评审会开发人员找不出任何毛病。

业务能力好，就少出错，完成某个业务就显得轻松。多少人因为业务能力不好，做了大量无效的重复性工作。要想做到毫不费力，背后是十分努力。

既然自己做到了，也希望团队能养成“努力碾压 90%的同行”的心态。并且在周会上强调：“业务能力做不到行业水平线以上，不要在团队里面混。高标准要求是对团队负责，是对每个人的未来发展负责”。

这种心态，求上得中，求中得下，即使团队里面最弱的那个人，也比其他人强。超强的能力，是自己在职场上赖以生存的资本。

以上，是个人设计部门规则的初衷。本来只想完整地复制粘贴相关内容，然后告诉大家，按照这个做，绝对不会错。因为懂的人自然懂，为啥这么做没错。但是显然如果这么贴出去过于敷衍。

7.3.3　部门规章制度的迭代

我们发现，很多无法被罚款的规则要求，往往都是个人核心竞争力。

心态，习惯，要求，往往影响着一个人的综合素质，这些规则其实就是一个管理者对员工要求有多苛刻的事，在设计和执行的过程中反复跟自己较劲，反复迭代。

大家来自不同公司，经验不同，年龄不同，履历不同，对于事情的理解有着较大的差异。业务好教，习惯难调，有些坏习惯、坏心态能够直接导致不好的结果。规章制度的存在就是为了帮助大家矫正坏习惯和坏心态。

能做什么，不能做什么，规则条款都写得清清楚楚，规则就应该像是一个火炉，靠近它就能感受到温度，触犯它就必须接受惩罚，从领导层到员工，所有人必须遵守，令行禁止才能有效执行。

我见过很多公司，规定了吸烟的场合，并设计了罚款制度，然后领导们公然违背，却没有人去制止、去落实。公然破坏规则，就是对团队最大的伤害。

我在管理团队的时候，如果发现自己犯了错，主动接受惩罚，并且在公开场合“羞辱”自己，犯了哪个错，处罚原则是怎样的，何时执行罚款。只有对自己狠，才能起到表率作用。为了帮助其他人监督自己，但凡能发现我犯错的人，对监督人进行奖励。

执行的时候，不光我自己抓，还要求部门负责人主动抓，做好规则的贯彻和执行是管理者必须付出的精力。

大家看到的只是一个阶段性状态，其实设计过程中，经过无数的推敲，每一条规则、细节背后都是从各个场景下积累出来的。执行过程中发现了设计不当、歧义、描述不准确的问题，时时修订，**这个部门规章制度发布之前，已经整整思考了两个星期，自试运行之日起，4 个月内修订了 25 处细节，均有记录。**

执行中根据情况反复迭代是部门规则的活力所在，如今看来，它依旧有很多进化空间。

第 1 个版本，有无数的规则谬误，而且对大家的要求比较低，执行一段时间后，已经没有人犯错误，然后提升要求，增加新的约束，从管理层到员工层，竖立一个统一的监督执行培训意识，优秀者跟直接利益挂钩，然后不断扩散，推及整个团队。每次周会几乎都会花 1/3 的时间在规则执行上。

每次有新人加入的时候，面对这些规章条款会有很多不适应，但是新人也会知道这个对他们极有好处，而且整个部门环境、氛围、人员素质都在帮助着这个新人不断变好。

他们都相信，经历过这些严格的要求，将来自己在职场上会拥有绝对强势的综合竞争力。

这很累，但很好，很值得，迄今我尚未看到任何一家公司的部门规范比这张表格里面的要求更严苛，正如这份规则制度被设计出来时的初衷：

（1）团队所有人的基础素质处于行业平均线以上；
（2）绝对优秀的团队素质造就绝对优秀的业务输出；
（3）成就卓越的个人口碑和团队口碑。

7.4 胸有经纬，成就王师之路

我为团队设计了很多规则，想办法让团队里面的人变得更好。但所有的规则建设都是一步步搭建的，如表 7-20 所示。

表 7-20

序	规则	制度运行	设计者	目的初衷
1	规章制度	惩罚（约束）	饭大官人	强化综合素质，保障团队下限
2	分享会	奖励（推动）	饭大官人+管理团队	扩展知识面，锻炼通用能力
3	成长任务	惩罚+奖励	管理团队	强化个体技能，提升团队上限
	……	……	……	……

团队初建，建立了一套部门规章制度，以保证了团队综合素质的下限，违反规则者罚款。

运行一段时间后，单纯的惩罚导致部门奖金池里面的钱越来越多，遂设计了分享会制度。希望把罚金分享给善于和乐意做分享的人。

再往后，为了逼迫每个人跳出舒适区，强化专业能力，补齐短板，又搭建了一套成长任务体系，做到就给奖励，做不到就罚款。

非常骄傲的是，部门的“规章制度”是我独自建立和执行的，“分享会”是我和管理团队一起建立并执行的，“成长任务”是我提了一个思路，我的管理团队全程自主建立并执行的，且每一套规则和运营策略迭代了无数次。

这几套机制设计时很辛苦，但是很有效果，运转达到三个月，我就可以彻底当甩手掌柜了。

7.4.1　权力和责任是匹配的

刚刚进入职场的时候，我特别羡慕那些高层管理者，可以上下班不打卡，可以某天上午不来，可以自己挑活干，可以分配工作给别人，可以分配奖金……拥有一切自由。

现在我也成了管理者，也拥有了上述的一切自由，在这个过程中，我逐渐意识到，自由是用责任进行交换的。

如果我某天不来，公司里面出了问题，更高级的领导一定会问责我，而不是各位。因为我承担了“整体业务运转良好”的责任。所以你们能承担更多的责任，相应地，我也会赋予你对应的自由。

组织与个体之间存在四种管理方式。

- 财务管控：定期完成财务目标，具体过程不干涉，如上市公司的股票运作，只管增长；
- 战略管控：定期完成战略目标，公司的董事会和 CEO 每天思考的事情；
- 目标管控：按时完成既定目标，保证质量，公司里面的中、高层管理者每天的日常；
- 操作管控：保证操作顺序不出错，比如实验室的实验员、军队里的士兵、富士康的工人。

位置越低被管理得越厉害，毫无权利和自由度可言。大家想要更多的权利，就通过自己的努力去争取。

每个人有两条职业发展路线，无论是做专业还是做管理，都务必向组织证明自己的能力，找到自己的位置。能力越强，权利越大，自由度越高。

7.4.2 大局观，对结果负责

幻想一下，现在你是一个高帅富（女生为白富美），今天在家精致打扮了一番，你春风得意开着豪车出门约会，路过一个十字路口，刚好交通灯切换成了车辆直行的状态，“嘿，今天运气不错”，你不用停车，照常开车直行通过……走到一半，突然一辆大卡车闯了红灯，风驰电掣地朝你冲来，然后豪车被碾成了渣渣，你当场就挂了。

在刚刚的事故之中，谁应该负主要责任？

怪肇事卡车司机？怪驾校培训不力？怪对方的刹车失灵？怪豪车的安全系统没保护好自己？交警到底去哪了，为什么没保护好我？还是红绿灯坏了，交通系统什么鬼？卡车司机是不是喝酒上路，该死的酒精……

接下来怎么办？砸卡车，司机判死刑，开除交警，交通系统重新整改，修订交通法规，喝酒上路终身监禁……

然而无论怪罪谁，还是事后做任何措施，你都挂了，一切都失去了意义。

在工作中，很多事情都是如此，我们没有犯任何错误，但是往往会被其他条件影响结果。

假设你是公司里面的运营负责人，现在正在主导产品上线，假设自己的工作已经是极尽完美了，没有任何过失，但是依旧会被糟糕的环境、猪队友以及任何可能导致失败的原因所拖累……当项目黄掉的时候，跟烂人扯皮，期望组织制裁他们，然后分手一拍两散等，这个项目终究是黄了，无法挽回了，几个月的辛苦都白费了，然后等待下一次主导又是何时？

牛人总是在前瞻性思维和总结性思维上，都非常出色，他们既能提前设想未来实践中可能出现问题的方方面面，又能够从已经发生过的事情中加以反思，因此他们总是能比一般人想得更加深入和周全，有效规避掉所有问题，这就是全面的大局观。

工作中大家都会有一种习惯，就是完全站在自己的角度去看待问题，永远顾着自己的一亩三分地，一旦出了问题，就把过多的精力放在辩论谁对谁错上，从而引发其他不必要的麻烦，浪费精力。

无论何时何地，我们都要对结果负责，主动要求自己站在更高的层面（且只能高一个层面）去看待问题，不仅要对自己极尽苛刻，还得时刻关注这条业务线上其他容易出错的环节，尽自己最大的努力把风险降到最低，以保证交付结果。

我工作的前两年，有一天跟老大一起在 CEO 办公室开会，CEO 中途接了一个电话，和颜悦色地接了 3 分钟，最后跟人微笑说再见，等待对方挂断后，CEO 当着我们的面直接把手机给摔碎了。然后出去默默跟秘书交代了两件事，回来继续跟我们开会。

不管他在外面被其他人欺负成什么样子，总得想尽办法照顾好自己的公司运转，因为他要对董事会负责，对公司里面的上千号员工负责。

7.4.3　提供可交付的结果

整个公司的业务运转由大大小小的目标组成，我们每个人的工作都是为了目标，交付结果。

结果就是“脱离于你，可以创造价值的东西”，比如一份需求文档、一份活动策划案、一份调研 PPT、一份运营公告等。

什么叫作可交付，即自己的结果输出之后已经是个完成品，不需要其他人再迭代加工。比如，需求文档能够让开发团队直接开始工作，活动策划案不需要其他人帮助补充细节，调研 PPT 能够带来指导意见，运营公告表达准确无遗漏，无错别字，可以直接发布……

当别人拿到你的东西之后，也只是阶段性地完结，他们还需要通过你的结果，去交付更大的结果。我们每个人遍布于公司各个业务生产链的上游和下游，任何一个环节有质量和效率问题，都会影响最终大目标的实现，比如运营部门的结果是完成营收 KPI，市场部门的结果是提升用户新进量，研发部门的结果是提供更好的心流体验。这些大目标的完成质量，往往取决于团队里面每个人的结果交付质量。

交付的结果，不是“我努力了，我周末来加班了，我熬夜干活了……”就算你把自己都感动哭了，没有用，我们真正在意的是交付结果的质量。为了科学地讨论这个问题，我们把交付结果的质量分为如表 7-21 所示的几个档次。仔细想想自己日常的交付结果在哪个档次，接收方如何评价。

表 7-21

结果标准	负责人内心
找你不如自己改	再这样下去，干脆换掉你
需要找你改	让人头疼
勉强可用	马马虎虎可以用
合格	通过
优秀	哎哟，不错，这个好
超出期待	考虑升职加薪，重点培养对象

接收方可能在部门内，也可能在部门外，大家对外的输出结果，都是通过部门内审核的，对外结果的交付，基本上代表了个人和部门的形象。

每个人对于合格标准的定义不同，如果我们心中拿出高一级的标准去要求自己，那么自己就能够快速出类拔萃，对自己的要求将直接影响每个人职业生涯的成长效率。

7.4.4 两个职场新人的成长故事

小王和小李同时入职一家公司，两个人的属性能力均是 60，上司同时派给他们一个难度 70 的任务，小王比较“聪明”，按照 60 的质量交付，小李对自己有要求，按照 80 的质量交付，如图 7-1 所示。

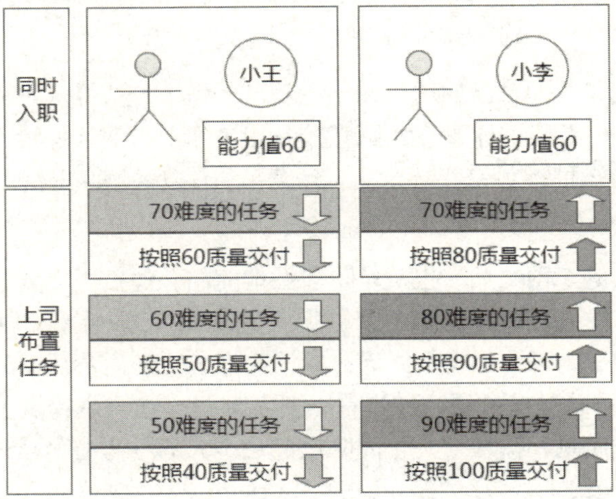

图 7-1

初始能力值相同的情况下，小李明显是吃亏的。往往小王能够提前完成任务，然后看着傻乎乎的小李在那里辛苦加班。

在工作中，很多时候任务做得如何，是很难有具体的评判标准的，且在极少数情况下，上司会安排一模一样的工作同时给两个人进行比较。但是上司都不是傻子，质量好不好，人的内心是有感觉的。但表面上，大家得到的评价是一样的，如果小王愿意发力，还可以完成更多的任务。

上司不会明面说小王什么，但是会认为小王的水准不过尔尔，慢慢下意识地，习惯分配一些低难度的任务给小王。小王继续按照此前的“聪明”策略执行，质量每次根据任务难度递减交付，选择当一个差不多先生。

而小李在上司那里，被赋予了一种期待感，慢慢地会被布置更高难度的业务。几轮任务派发下来，小王还是继续“聪明”地交付工作，在他看来，小李经常加班，偶尔还会得到上司的“单独指责”，且在相当长的一段时间里，自己工作轻松愉悦，小李无比辛苦，大家挣的钱差不多。

长此以往下去，这两个人将来的境遇大家不难猜到。

绝大多数新人入职后都是被动接受安排的，往往从 1~2 条基础业务线开始，然后逐渐接触更多，想要快速进阶，一定不能门门及格分，应当全力以赴，不断挑战高难度。

如果我们一致追求“勉强可用”，而不是“超出期待”，不断地降低外界对我们的期望值，慢慢地就把自己给耽误了。

选择舒服，是要付出代价的。

当我们明白了上面这个道理后，接下来要把握下面几点：

（1）不能所有的事情都做到满分，学着主动放弃；

（2）选择更喜欢、更有天赋、更愿意投入的事情疯狂投入；

（3）5 件事情 90 分不如一件事情 120 分，让人印象深刻。

我知道一个运营人，尽管自己一开始跟的产品是 C，基本上处于没人理的地步，团队整体都没信心，但是他依旧兢兢业业，尽管项目最后死掉了，但是他经手的两件事情做得极其漂亮，因为他这两项业务能力极其突出，最终跳槽进入了 S 级的项目练级。

只有极少数人一开始能拿到一副好牌（跟了好项目、好团队、好老大），大多数人一开始只有烂牌，但自己努力折腾，就可以让自己的境遇不断变好。当我们把某个业务模块修炼到部门第一、公司第一、行业前十的状态，才能算是形成了自己的核心竞争力，才能够被其他人看上。

后来我跟这个人交流，他跟我说，上司当时也安排给他至少 5 件事情，但是他觉得以当时 C 级产品配置的资源来看，根本没戏，他是故意让那几件事获得及格分的，然后把自己最喜欢、最有把握控制的事情拼命做到极致。

我跟你们不见外，个中细节自己琢磨，至少我们每个人，要拥有两技之长，并且把这些技能锤炼到行业前十的水准。

7.4.5　精要思维，做好时间管理

每个人每天的时间是公平的，但是每个人每天创造的价值则是天差地别，区别就在认知思维上。

假设你是一个月入 8000 元的北漂打工者，公司在四环内的某个写字楼里。

默默数一下表 7-22，自己两边，各中了几条，更像 A 还是 B？

表 7-22

行为	（A）普通思维	（B）精要思维
租房子	距离公司远，租金便宜	距离公司近，租金较贵
上班方式	挤地铁公交，着急时打车	步行上下班，15 分钟以内
外出就餐	老老实实 12 点后等电梯下楼，高峰期点菜，反复催促服务员	提前电话点餐，避开高峰期下楼，过去可直接开动
排队吃饭	等就等，好吃就行	绝对没有等的耐心
午餐叫外卖	每天反复纠结吃什么，省出的时间用来打游戏	从不纠结，省出的时间用来休息
未知来电	接，判断为骚扰电话后，听完对方的陈述，“对不起，我不需要，下次不要再打来了！”	选择性地接听，判断是骚扰电话后，1 秒内挂断
处理 QQ 消息	阅读后马上关闭对话框，不管是否处理完毕	任务未处理完毕，绝不关闭聊天对话框
领导/同事发来一堆工作任务	不管复杂或者简单，按照自己当前的喜好节奏来	优先处理简单任务，复杂任务标记，留时间专门处理
聚会选择	听从别人的安排	自己拿主意并尝试说服大家
拒绝他人	扭扭捏捏，磨磨唧唧	明确说不愿意/没能力做
如何看待锻炼	随便玩玩，有空就去，凭兴趣爱好	花钱请专业的教练指导，身体是革命的本钱
如何看待学习	选择自己感兴趣的内容	选择当下对自己有用的内容
如何看待午餐	跟关系好的同事一起吃	午餐是职场社交行为
如何看待工作	工作就是拿自己的时间换钱，给多少钱做多少事	工作就是老板花钱培训我，成长才是关键
……	……	……

我们工作中完全按照两种不同的思维方式执行，会发现完全不一样的状态。

A 起早挤公车，B 由于近，可以从容地收拾自己，步行上班的同时不光自己享受早餐，（如果愿意）还有精力帮同事带几份早餐。

B 由于住得近，可以走得比 A 晚，越是赶项目进度连续加班的时候，精力差距越明显，睡眠质量是所有职场人的化妆品，A 一脸倦容，B 光彩照人，你是领导更喜欢谁？愿意分配重要工作给谁？

当线上业务出了问题，领导基本上第一时间通知 B 解决问题，救火队员做得多了，自然就得到更多的业务锻炼机会。

长期跟 B 接触，总能学习到很多。他们对于一些高频的并非影响大局的事情，早就想得十分透彻，从来没有选择恐惧症，精要思维无形中帮助他节省了大量的时间。

以吃饭举例，从来都是提前计划完毕，然后按期执行即可。你看那些坐到饭店里面很快完成点菜的人，其实他是在路上早就计划完毕了的。

即使在面对突发选择的时候，比如临时点外卖，他们往往都会限制自己的决策时间，比如要求自己 x 分钟搞定这种事情。实在犹豫不决，不知道吃什么，就选面条，或者扔给其他人决定（你吃什么我吃什么），并且不后悔，极其豁达。他们能够判断什么重要什么不重要，注意力应该放在哪里。

当然了，在任何一个新环境，午餐还是建议跟同事一起吃比较合适，这是拉近关系的重要方式，融入团队非常重要。而当你处于一个非常安全的位置，拥有了一定的职场竞争力，并且和同事之间建立了足够多的安全感时，你才可以把午餐这件事情，真正意义上转化为职场社交行为。

这种思维长期执行于每个环节上，你会获得足够多的时间，在职场精英的眼里，时间的价值是远远大于金钱的，“如何把自己的一份时间使用得更有价值”是他们每天思考的东西。

有了时间就会更加从容，多余的时间又可以用来升级思维认知，不断调整，不断做出更好的选择，于是自己的职场就会进入一个正循环状态。这种思维将影响大家工作和生活中的方方面面。

当我们跟那些社会上过得相对比较好的人接触多了就会发现，这些人都是极其珍惜时间的，正如《穿普拉达的女王》里的米兰达，行为处事往往都十分直接，做决策毫不犹豫，日常沟通直接粗暴，没有温度和耐心。

这些人仿佛有着用不完的精力，做事情比其他人要快得多得多。跟他们接触久了，你也会变得和他们一样。跟与众不同的人接触，自然也会与众不同，人的思维习惯基本上决定了一个人的生产力。

7.4.6　“被动技能”与“主动技能”

先做一下定义：

- **主动技能：选择性驱动，需要花精力思考决策；**
- **被动技能：下意识反应，丝毫不费力即可处理。**

再列一下场景：

- 交付公告时，是否检查错别字？
- 交付原型时，是否做到清晰工整？
- 交付页面时，是否检查逻辑关系？
- 每次开会时，是否记录会议记录？
- 犯了错误时，是否即刻进行复盘？
- 数据变化时，是否瞬间定位问题？
- 遇见难题时，是否刨根问底弄明白？

我参加工作的第一年，遇见上面的场景，自己交付的答案全是否，经常犯错，然后被老大骂。

第二年，我要求自己做任何事情都必须精益求精。以写新闻公告为例，为了避免错别字反复检查三遍，为了降低用户的理解成本反复琢磨措辞和语义等。反复检查推敲的行为，我是"主动技能"发挥作用。

一开始必然是无比痛苦，毕竟为了保障质量，花费了大量的时间和精力。但渐渐地发现自己越来越高效，比如说检查一篇 2000 字的文章，找错别字不用花多少心思，感觉错别字会自动跳出来被我发现。

自此，主动技能自动进化为被动技能。即在有些场景下，我们下意识做出正确的选择，且几乎不费力就能搞定。

这种情况生活中随处可见，有人可以边看电视边织毛衣；有人骑自行车不需要用手扶车把；Michael Jordan 可以闭眼命中罚球；艺术家随便捣鼓一下就能把画面弄得美感十足；神射手抬手就能够命中靶心；篮板王下意识就能预判最好的抢篮板位置；摄影师抬起相机就能够捕捉到最美的镜头。

你去问他们是如何做到的，他们基本上都是不需要思考"下意识"做到的，这个"下意识"就是被动技能，而我们则做不到。

还有《最强大脑》里面那些神技，73 岁的原口证老先生能够背诵圆周率后十万位；一道 18 位数除以 11 位数的计算题放在过洼凛音面前，她可以 10 秒内告诉你正确答案……

是的，这些常人需要花费大量精力去完成的事情，在有些人那里就如同喝水一样简单，那些正确的选择、决策、答案似乎往人家脑海里面窜。达到这种水准，就足以称之为被动技能了。

我们回到工作中的场景，基本可以得出一个结论：一个人的能力越强，被动技能越多。

当我们遇见问题，花时间、花精力思考的人怎么比得过下意识就可以轻松搞定的人，这就是业余和专业的差距。

为了游戏平衡，DOTA 里面只设定了 4 个技能卡槽，但是工作中可不是，理论上我们的技能槽可以无限多。每个人每天只有 24 个小时，被动技能越多越高效，主要精力就可以拿来处理更高难度的事情，于是自己贡献的价值就必然更大。所以那些一天能处理超级多事情并且不犯错的人，看起来就像是有三头六臂，其实本质是他的效能高，处理业务速度快。

用数学的方式来衡量差距，假设我们每个人每天会遇见大大小小的问题总计 10 个。效能高的人在 1 个小时内，快速解决掉其中的 8 个，后面有大量的时间去处理剩下的 2 个。效能低的则相反，1 个小时后，他还剩余 8 个问题需要对付。这种表现差异，完全取决于他们面对问题时是不是下意识的，自然而然地做好。

主动技能可以进化为被动技能，同样，被动技能可以退化为主动技能，业精于勤，荒于嬉。

那些高手往往都吃了足够多的苦，经过了变态般训练才达到那种境界。用那句大家都早已经听过的话：大多数人努力程度之低，根本轮不到拼天赋。是不是专业，是不是高手，效能就是最好的答案。

7.4.7　获取对方的意愿

几乎所有的组织，都会出现高层意愿与基层执行出现偏差的情况。信息的折损往往都来源于各个层级的传递丢失、表达歧义以及理解歧义，如图 7-2 和图 7-3 所示。这种情况，我们无法避免，只能降低。

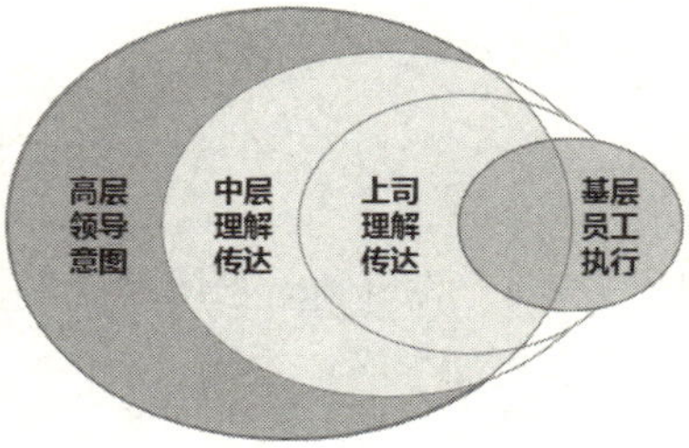

图 7-2

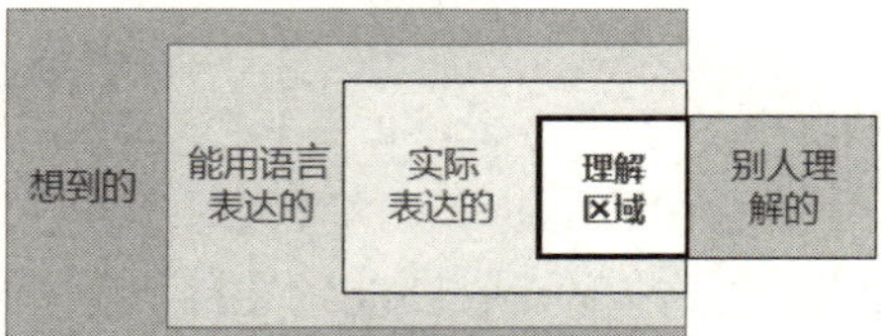

图 7-3

主动向他人传递信息，优先强调意愿，然后提供方案，做一个目标导向者。

理解他人传达的信息，一定要努力获取对方陈述“方案”背后的“意愿”，如果拿不准，不要着急开工，直到弄明白意愿为止。

如果对方表现出了“没说明白”的状态，有两种可能，一种是对方的表达能力有限，另一种是对方不方便直说。一个机敏的人能够获得足够多的信息，理解对方当时的处境状态，对方工作的 KPI，对方的组织利益诉求，个人利益诉求。思考的维度越多，越能够做到深层次地理解对方的意愿。

这种能力就是洞察，我不会跟其他人一样反复强调“换位思考”，而是告诉大家实际的操作思路。

如果我们长期拿这种思路去跟人交流，那么在工作业务上，沟通的效能一定非常高，希望这里讲的东西也能成为大家的被动技能。

7.4.8 避免假装掌握陷阱

解决一个问题时通常会遇到三种情况（图 7-4）：

- 情况 A，一次性解决得非常好，90 分；
- 情况 B，没搞定，只做到 50 分，然后思考如何做得更好，直到做到 90 分的水准；
- 情况 C，只做到 50 分，然后就认了。

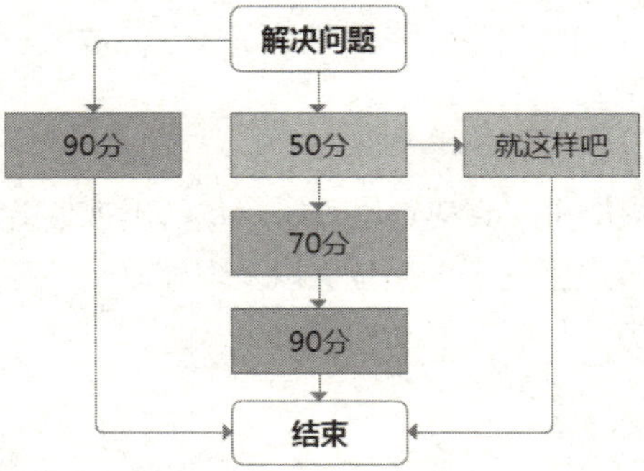

图 7-4

情况 C 就不说了，这种人迟早被赶出团队。相比情况 A，我更倾向于情况 B 的方式，因为这条线路往往能够让自己对于知识和技能的掌握更加牢固。

有的时候我一不小心就做到了情况 A，顺利解决一个从来没遇见的高难度问题，我会比较忐忑，因为我也不知道自己是蒙的，还是真正的掌握。

放到团队合作的场景之下，很多时候我们都是共同解决某个问题。就跟打 BOSS 一样，有人负责拉仇恨，有人负责输出，有人负责治疗。虽然最终成功了，但大家往往沉迷在成功的喜悦之中，忘记思考什么才是成功的关键因素。

在这个过程中，谁起到主导作用，谁是“猪”队友，往往并没有人去追究。特别是在职场，跨部门不敢说，同部门不好意思说，大家互相爱面子，从来不公开指责。

我们对成败的解释，总是倾向于“自我感觉良好”。也就是说，如果成功了，我们的解释就是这是因为我厉害；如果失败了，我们的解释就是因为遇到了不利的外部条件，也许是天气不好，也许是裁判不公平，也许是过程中遇到了完全意想不到的情况，反正不是我不行。

所以，我们在任何场景下，受挫绝对不能认怂，一定要搞定为止。当我们连续多次，面对不同的情况和条件，依旧能够很好地达成结果，那就证明自己真的成功掌握了。

7.4.9　想要加薪，拿了 OFFER 找我谈

每个人都想要更高的薪水，每家公司又都在拼命压价，这本质上就是一个矛盾体。如何在公司里为自己争取更多的利益呢？

在讨论这个问题之前，先跟大家讲个故事。

上下班的时候，我们偶尔会听到出租车司机抱怨，他说每天起早贪黑赚得真少啊，公司特别黑，我们的份子钱那么高，挣的血汗钱都被出租车公司拿走了……就市场经济规律而言，司机的博弈对象根本不是出租车公司，而是市场上的其他出租车司机。

我们把自己解决问题的能力想象成一种产品（服务），把公司想象成用户，公司支付我们的薪水就是用户购买我们解决问题的能力。如果我们去开出租车，就面临着海量的竞争者，我们不干自然有人干，如果我们去做导弹科研工作，情况又不一样了。

公司花钱购买员工的劳动力，找的是市场上能解决问题的人群里最便宜的那一群。所以抱怨自己多么苦，生活压力多么大，没人理你。当你觉得自己挣得少的时候，琢磨一下自己的价值。

所以，大家博弈的对象根本不是公司，也不用对上司讨好巴结哭穷，而是让自己的能力超过市场上的那些同行，做到其他人做不到的事情。

我们都知道，业务能力更出色的人总能拿到更好的待遇，但是主观出色（自己认为）和客观出色（业绩认为）又是两种情况。所以想要提升自己的薪水有几条路可以走。

（1）在公司内把事情做成，争取获得加薪；

（2）在外面谈到高薪的 OFFER（工作机会），向现在的公司争取加薪；

（3）在公司内争取失败，跳槽获得加薪。

任何一个高层管理者，一方面是站在公司的立场考虑，另一方面是站在大家的前途上考虑。所以跟大家把一切东西都掰开揉碎说明白。

公司的每个部门都被各种各样的政策控制着成本。每次能够为大家调整的薪水有限，这就是现实。如果你想要获得更高的薪水，一方面在公司内立战功，另一方面在外面拿到更高待遇的 OFFER，这样我才有底气去向我的上级破格争取。

我自己本人也是从员工层面走到管理岗位的，“骑驴找马”的事情大家都知道，如果你真的在外面找到了更好的发展机会，我根本不拦着你，但是有一个前提，你得提前一个月跟我打招呼，不要突然离开，大家共事一场，给我一些岗位补缺的时间。

每个部门都不希望优秀的员工离职，因为离职注定为上司带来麻烦，我为什么如此有底气说出这种话，是因为在我们部门，除了薪水待遇外，还有一种叫作“成长”的东西可以获得，我相信大家也会衡量跳与不跳之间的收益比。

我们都不可能在一家公司工作一辈子，因为总会出现我们需要更多的钱而公司无法给的情况，大家在市场上看看自己值多少钱也是好事。

所以我把规矩立下了，要想跟我谈加薪，（1）在公司里面立战功，（2）在外面拿到 OFFER。这两条标准达不到，不要跟我开口谈涨薪水的事。

在职场上，拥有竞争力的人往往被替代的成本非常高，换句话说，工作得让老大依赖我们，让自己在团队里显得更有价值，一旦老大依赖我们，那么自然会给我们更好的待遇。

但是站在组织运转的角度而言，是不期望团队的运转依赖于某个员工的，我也是从员工层面成长起来的，所以现在，我自然也会不断学习，努力摆脱对大家的依赖，以降低风险。

在这种彼此之间的博弈中，我们都会变得越来越好。

以上的内容，节选自团队每周的工作例会分享，往往都是工作中发生了某件事情，借助对应的场景，向团队成员灌输自己的思想。

一个人要像一支队伍，一支队伍也要像一个人，前者指的是保证团队的每个人要像特种兵一样能力强大，后者是要保证团队里面的每个人的思想、意识、认知及价值观要高度统一。

人永远比事重要，我愿意在他们身上花费无数的心思，不枉我当初招聘他们进来时的承诺，尽我最大所能，培养出一群真正拥有强大自我实现能力的人。

第 8 章　学习与成长，进阶高手之路

职场就像打怪升级，学习能力是最大的职场竞争力，会学习的人能够迅速脱颖而出，形成正循环，短短几年走完别人好多年才能走完的路。

8.1 人在职场，如何快速打造个人竞争力

问一下自己，自己现在的工作，其他人能顶替吗？

问一下自己，自己的能力是不是别人短期无法复制的？

问一下自己，自己离开现在的公司，会造成多大的影响？

判断自己有无竞争力，只能靠论证，**证明自己能搞定“别人搞不定”的事情。**

能搞定“别人搞不定”事情的人，通常两项能力非常杰出，一项是处理事情的能力，另一项是调动资源的能力。前者如科学家，后者如政治家，任何一项能力锤炼到极致，均可经天纬地，影响世界。

我们先不说那么遥远的事情，还是从一个职场新人开始说起，如何快速打造职场的个人竞争力。

初入职场的新人们都是小白，这个阶段的自己往往没有任何竞争力，唯一能比的就是勤奋，不要等人安排，主动向自己的上司要活干，只要能做到比自己平级的人积极努力，就可以保障自己的生存。

这个时候以证明自己的潜质为主，保证在我们所处的环境里，自己是同级别中最出色的那个就行，比如其他人做到优秀的水准需要花 3 个小时，自己做到优秀只需要 1 个小时，同等质量下比别人快，就是一种竞争力。

如果我们做事情足够努力，且聪明开窍，就能在各个业务上做得比同龄人更好，自然会引得上司的关注，作为培养对象，于是大大小小的事情都开始堆到我们头上，从此进入自己的第一个高速增长期。

这段时间比较长，属于没日没夜拼命干活的状态，渐渐地会发现有很多杂事是苦力活，无法给自己带来成长，而且往往会吃掉自己大量的时间，但是由于部门内一直是这么安排的，其他人做得不如自己顺利，因此只能落到自己的头上。

此时，要**从中仔细甄别那些没技术含量的苦力活，学着优化效率。**

优化效率有两个步骤。第一步，发明工具、更改流程进行优化。第二步，推给其他人，比如招个新人给自己带，跟上司交流期望调整业务。

第一步很难，极其考验智力，成功了会非常有快感。工作的过程中有无数的杂事，在上司眼中，如果一个人能优化效率，那么自然会给这个人更多的奖励（比如升职加

薪的机会），用来鼓励大家这么干。

我自己每次被提拔，往往都是干了一件优化效率的事，比如让写公告这样的事情模板化，进而做到效率优化。然后在此基础上走第二步，把写公告的事情扔给新人执行。

如果直接走第二步等于绕过困难，不走第一步，未免可惜，而且在上司那里未免有推活儿的嫌疑。

推活儿有一个前提，自己确认这个事情自己能搞定，确认自己去做比其他人好，确认不值得优化。强调：是不值得，而不是自己不能。

不是所有的业务都要去优化，我们得看性价比。直接跳到第二步的前提是确认自己拥有了第一步的能力，确认自己优化这个业务运转效率带来的综合收益低，我们把这项能力和精力放在综合收益高的业务上面。

渐渐地，我们有了意识，开始关注综合收益，主动挑活干。往往这个时候，几乎所有人都会遇见一些跟上司的冲突，比如被强制安排工作。

上司会“偷懒”，比如写个东西，大大小小都扔给我，因为我 15 分钟会做到 90 分的质量，其他人 30 分钟才 80 分的质量，一对比上司自然不满意，为了图省事，自然优先扔给我。可以 100%地告诉大家，我遇见的每一任上司都这样。

这种情况可以理解但是不能接受，在上司的潜意识里面，一定是找团队里面最好的人去处理。但是写作这种事，实在是过于高频，无形中会浪费自己大量的精力，所以一定要想办法抵抗，去化解。自私点讲，自己再怎么提升也有限，一旦做得多了，浪费自己的精力，影响自己的发展。

在任何一个环境里面，从来都是谁资源匮乏谁主动沟通，谁比较痛苦谁主动沟通。

由于此前完成了至少一件优化效率的事情，向上司证明了自己是人才，而且已经完成了升职加薪，我们开始有了一些博弈的资本，可以跟上司交流一下了。

我会站在上司的角度分析利弊，告诉他有些不重要的事情必须接受 80 分甚至更低，就当给其他人练级了，“其他人就不成长了吗？”“如果有一天我不在这里了，其他人不能顶上来怎么办？”当然我也承诺到了关键时候，自己会挺身出马解决。同时，期望完成一些工作上的调动，承担更多自己不熟悉的业务。

谈两次，如果上司不调整，继续拿无效工作消耗自己，果断离职。

个人竞争力就是自己的职场筹码，能力强的人在职场上什么姿态什么待遇，我们身边随处可见。虽然公司离了谁都能转，但是业务运转有快有慢，上司们自然追求转得快一些。

放心吧，在9成的情况下，竞争力强的人注定得偿所愿。

在自己的高速发展期，尽管自私挑活干，成为业务攻坚者，追求个人成长率永远摆在第一位。

拿着这种指导思路去修炼，在哪里都能成为一个极具职场竞争力的人，渐渐地，自己已经完全能自己做主，挑活干，挑那些团队里面稀缺的、其他人不能干的业务，抢占所有的头部资源，锻炼机会，尽自己最大的努力让上司成为甩手掌柜，在上司心中成为第一负责人，由此巩固自己的部门地位，获得足够多的话语权。

回头来看，从新人到部门第一人的过程如表8-1所示。

表8-1

步骤	行为	呈现的状态	目标
1	积极努力	比其他人干得多	保证生存
2	做得更好一些	比其他人干得好	证明潜质，获得更多机会
3	优化业务效率	出类拔萃	获得初级职场竞争力
4	有意识地挑活干	做别人接触不到的	积累竞争优势
5	抢占所有成长资源	让上司当甩手掌柜	成为部门第一人

这五个步骤是循序渐进的，普通人难以直接跨越，但是可以加速，拥有这种认知水平，成长过程中会绕过不少弯路。从时间上来考量，有些人用了两年，有些人却用了五年。

等达到第五步，开始实际成为独当一面的负责人，至少某一块事情已经被自己收拾完毕了。

从此自己已经进入了中、高层管理者的阶段，竞争的环境已经是整个公司，乃至整个行业了。

在这个阶段，接下来的生存和成长就不单是业务层面了。再往上走，既需要业务能力，也需要调动资源的能力。比如做好职场社交，玩好权利的游戏，跟其他人交换自己的价值等。

回到最初的那三个问题，我给大家的建议是，门门85分不如一门95分，一定要确保自己拥有的一项能力成为公司的标杆，能够代表整个公司的最高水平，且这项能力被很多公司所需求，唯有如此，自己的地位才能足够稳固。

绝大多数人会在这个阶段停留很长一段时间，剩下的就是等机会，熬资历，慢慢一路爬上去。公司如果有重大突破，自己迅速完成社会阶层迁跃，如果没有重大突破，也属于公司里面过得不错的那个群体。

此时的你，已经是个不错的职场玩家了，去任何一个公司都是被需求的，已经具备了相当大的职场竞争力。

确实已经很不错了，但是距离我们的目标——搞定“别人搞不定”的事，可能还有距离。

接下来，思考下面的问题：

- 离开自己现在的平台，自己能够拥有多少竞争力？
- 自己这些年积累的能力、履历、经验在行业里面排到什么位置？
- 能不能像科学家一样，在某个特定领域成为前五，甚至前三的水平？

虽然早期一直跟人比刻苦，这也是早期打造竞争力的必要手段，但越往后走，根本不是比刻苦，因为刻苦只是堆时间的努力活。

核心竞争力指的是，我们能干其他人不能干的事，或者是：**其他人干我的事，不是靠堆时间能搞定的。如果其他人能靠堆时间搞定，那么就算不上。**

正如无数的科学发明，既不拼人多，也不拼时长，而是拼认知，是掌握了真正的底层规律，掌握了某个领域事物运转的秘密。

此时的自己已经进入了一个瓶颈期，再想有境界上的精进，已经极难，极其依赖环境，比如自己的公司是行业的龙头老大，我们每天遇见的问题是所有公司遇见不了的。

普通人没有这种机会，但是普通人也有自己的办法，那就是学习，不仅是在自己的领域学习，而且要多元跨界，用各种边界知识去不断重塑自己的认知，增加自己的独特优势。而且越是到高阶，越是拼认知，相同的事情，自己观察和理解的角度和别人不一样，自然就能够发现处处都是机会。

所以，对于一个人而言，最重要的能力就是“学习能力”。

学习能力这种事情，不是意愿，不是积极，不是努力，不是态度，能力强弱通过效能体现，即：在单位时间内，确保自己能够获得的“成长经验值”远超 99%的人的能力，如此自己才能够成为那 1%。

能力和能力是不一样的，其他方面的能力只能解决特定领域的问题，而学习能力，能够帮助自己不断建立竞争优势，不断拉大与他人的差距。

如果每个人的天赋技能点可以重置的话，我愿意现在把自己的全部技能点堆到学习能力上，它可以帮助我们用最短的时间，征服任何一个领域的学科，最终把自己塑造成一个独一无二的超级个体。

8.2 道、法、术、器之间的概念和关系

世间不乏辛苦努力之人，真正缺少的是构造清晰目标去实现的人。人们往往会有向往优秀之心，却不知道如何做，朝哪个方向去努力，最终泯然众人。认知就好像是心法，貌似无用，其实无时无刻不影响着人的行为。

有了认知，才会有洞察，才可以激活更多的可能性。

我们要学的东西太多，知识、认知、方法、技术、技巧、能力、工具、手法，这些词汇往往让人发愁，本节期望从此终结掉它们，将其总结为如表 8-2 所示的四个方面。

表 8-2

名词	释义	说明	成长方式
道	知识	无数先哲总结出来的知识体系	学习
法	认知	方法论、认知、经验，通过感悟获得，可进化	学习、思考
术	技能	细分于各个专业领域中的技能	学习、练习
器	工具	完成工作需要的装备和道具	练习

1．器：通过练习掌握的工具

举个简单的例子，杂技领域的一个小技巧，骑着独轮车连续抛三只球，每个人看了都知道怎么做，保持平衡，控制节奏，但是能不能做好又是另外一回事。搁在职场上，典型如各种操作软件。搁在战场上，典型如使用各种武器，都是每个岗位吃饭的工具。

2．道：通过学习获得的知识

我们经常说的道理都是相通的，其实就是一个知识点可以指导很多专业领域，让技能更好地被运用。

3．法：通过自己感悟获得的方法论、认知、经验

每个人都可以自己生产方法论，往往是自己工作中提炼、归纳、总结得来的。那些对某个业务领域的问题处理得轻松自如的人，都有属于自己的一套方法论，但是往

往只适用于某个群体或者某个场景。

比如 Panda 写了一篇文章《如何正确卖萌成就动物园百万日流水》，其他动物可以学，但是效果未必好。但是喵星人写的《十年老猫为你倾心传授捕鼠心得》，汪星人就可以参考一下。

正如 Panda、瞄星人和汪星人，每个人的天赋不同，经历不同，价值观不同，形成的认知不同，因此各自发明的方法论不同。

知识与认知（方法论）的区别？

如果一个方法论在 A 场景下能够有效解决问题，但是在 B 场景下不灵光，结果发现只能在 A 场景下生效，我们称这种情况为路径依赖。在这种情况下，称之为方法论比较合适。

如果一个方法适用于解决所有场景的问题，并形成系统的理论体系，形成规律性，就可以称之为知识了。

方法论有好坏，认知水平有高低，经验有深浅，可以进化，进化的唯一方式就是多学知识，多思考。

所以，知识负责解释规律，是认知的进阶版。

4．术：通过练习提升的技能

需要解决问题的时候，要调用技能。同时也是最实用的，公司花钱购买的就是每个人解决问题的能力。

比如运营岗位需要掌握的两大基础技能（内容输出、沟通协作）和四大业务技能（活动策划、数据分析、用户运营、版本管理），这些东西负责解决工作中各个场景下遇见的各种问题。如果没有对应的技能，则无法保证问题能够被完美解决。

技能使用得好坏，受“认知”影响。

用打游戏里面的逻辑去梳理“认知”和“技能”的关系，认识等于战术和意识，负责指导角色“技能”的释放顺序和节奏，每个人玩游戏的方式不同，且是会不断进化感悟的。比如一个游戏角色没有防御和加血的“技能”，送过几次人头后认知升级，感悟进化出新的“认知”，必然会采用比较“猥琐”的战术打法，“猥琐”就是自己打游戏的认识水平提升了。

前面说了，知识可以解释所有场景的问题，认知（方法论）只能解决特定场景的问题，所以知识也是可以指导技能的使用的，且 100%正确。

但是知识的特点是比较抽象，而认知（方法论）的特点则是比较具体。从实用性角度出发，认知往往比知识更有效果。

提炼这些真的蛮辛苦的，我提炼的这些，也思考和琢磨了很久，且整本书里面的每一节都是自己的认知（方法论），均属于一家之言，都存在迭代进化升级的可能性。只有做好了定义，才适合往下推进。

纸上得来终觉浅，绝知此事要躬行，所以先学习知识、方法，后练习技能、工具。

道、法、术、器汇聚到一起，就是一个人能力的综合体现。

知识的深浅和多寡决定了一个人的业务能力是强是弱。就像技能树一样，修炼得越资深，领域越宽广，就越能够在不同的场景输出漂亮的 DPS。

我认为**游戏运营应当掌握的三大知识体系依次为心理学、经济学、行为学**。基于此，根据各自领域的业务情况生成自己的认知，也就是方法论。

仔细看看，运营的六大技能，内容输出、沟通协作、活动策划、数据分析、用户运营、版本管理通通都用得上心理学、经济学、行为学。

同时这三大知识体系同样可以指导其他的需要比拼认知的岗位，比如产品经理、市场营销、游戏策划、广告文案、平面设计、品牌策划。岗位极其注重认知（方法论），方向错了一切都白扯。

也就是说，这三大领域的知识摸透了，我们就具备了从事上述岗位工作的先决条件。这也就解释了"道理都是相通的"，其实更精确的表述是"知识都是相通的"。

我们差的，就是其他岗位所在领域里面的专业技能熟练度、工具使用熟练度，以及对应的岗位方法论。

所以我提到的一个员工如果干得不开心，想转岗，以及一个人升到更高的级别上，需要跨领域管理不被忽悠的清晰逻辑，这个就是认知的价值。

顺便吐槽一下，因为人人都懂一些心理学、经济学、行为学，所以导致上述岗位入门简单，精通困难。所以甲方、老板及任何人都可以批评这些岗位的工作输出，并且给予"专业"的指导。因为这样干也行，那样干也行。

所以他们"指导"自己的时候，理解一下，至于如何应付，每个人应对的方法就不一样了，这里不做具体展开。

为什么程序员、数值策划、财务会计不经常接受"专业"指导呢？毕竟掌握程序语法、数据库、数据模型、统计精算的知识和技能的人是少数。同时，他们也是不被理解的对象，自己的工作效率难以被考评。

我们现在在网络上学习的很多东西，大多数是认知（方法论）范畴，少部分是知识点。每个文章的作者，都按照自己特定的行业岗位输出自己的经验心得。

每个方法论的背后，往往都有知识作为指导依据，所以我们在看其他人的东西时，往往会给自己的本专业带来启发，这就是知识点和方法论进行了连接。

很多职场类的文章，经常拿热播影视剧里面的人物进行比较，其实就是在用知识来解读，比如“产品经理再忙也要看《琅琊榜》”。

同样大家搜索《人民的名义》《甄嬛传》《欢乐颂》《纸牌屋》加“职场”关键词，可以获得很多类似的文章，然后你会觉得说得好有道理，竟然无言以对，当然你看得多了也会觉得其实它们背后用的是一套知识体系里的逻辑，依次是管理学、博弈学、厚黑学。

所以看到这里，想必大家已经知道怎么做了。

（1）花一些精力，学习先哲留下来的知识（道）；
（2）养成输出习惯，归纳总结工作中的认知（法），不断完善、验证、迭代；
（3）再花更多的精力，练习自己本专业的技能（术）和工具（器）。

接下来，就是学习知识和刻意练习的过程了，通透了你就是业务大神。

当今社会讲究协作分工，就性价比而言个人建议先把其中一项练到极致，这是职场生存发展的倚仗，然后陆续拓展其他方面的能力。

对于某些专业技能的岗位而言，**术（技能）和器（工具）更重要一些，**比如程序员、设计师、狙击手、三分射手、飞机驾驶员……这些专业能力就是他们在各自领域的价值。

对于需要创造力的岗位而言，**道（知识）和法（认知、方法论、经验）就更重要一些，**比如游戏制作人、产品经理、市场策划、广告从业者……境界的比拼其实就是认知的比拼。

道、术、器、法并无高低之分，实际上，自己创造的价值是这 4 个维度的综合加成，如果我们每个维度都做到 85 分的水准，自己就是一个非常厉害的人了。

不光个体存在道、法、术、器，组织同样也存在，跟个人的区别是它是指团队的协作输出能力。

- “道”代表了管理团队的总体知识储备。

- “法”代表的是组织解决问题的方法论，一般指团队过往的业务积累。
- “术”代表了团队协作的业务能效，一般指团队完成工作的质量和效率。
- “器”代表业务运转时使用的各种工具及经营成本。

把一支团队想象成一支军队就比较容易理解，将官的文韬武略为“道”；军队通过战争积累的经验为“法”；完成具体战术目标，根据结果呈现出来的能力为“术”；军队的人员素质、武器装备为“器”。

倘若一个团队的四个方向均修炼到位，则战必克，攻必取，无往不胜！

8.3 过目难忘，极其牢固掌握知识技能的秘密

网上有个段子：

人生中智力最巅峰的那一段时间是高考前的那几个月，这时的你上知天体运行原理，下知有机无机反应，前有椭圆双曲线，后有杂交生物圈，外可说英语，内可修古文，求得了数列，说得了马哲，溯源中华上下五千年，延推赤州陆海百千万，既知音乐美术计算机，兼修武术民俗老虎钳，现在呢，除了玩手机，废人一个……

为什么当初会的如今忘得精光？究其原因，就是学习质量不够牢固，当初为了快速通过考试，只能够凭借记忆力短期强行记忆，所以如今就会出现它认识你、你不认识它的情况。

如今职场人的焦虑程度不低于考生，面对的是个人发展，输不得的人生，为了提升自己的竞争力，买书，花钱培训，参与分享会，购买各种各样的付费课程……投入的精力和财力不菲，当时感觉有收获，但随着时间的流逝，就会逐渐遗忘。

我本人就是一个典型，往前 3 年，每年花在学习上的钱平均为 15000 元，时间和精力就没法算了，但是过不久就会渐渐遗忘，总觉得自己心里亏得慌。在绕过了一系列的“坑”之后，终于爬了出来，如今“学习能力”已经成为了自己的核心竞争力。

在我看来，真正牢固掌握一门知识或者技能必须经过一个大的循环，即一共要经历四大步骤，“学习”、“练习”、“实践”、“教学”，每个阶段都经历过，才能够保证学习质量。

- “学习”：主动接受知识类信息的过程。
- “练习”：反复练习，尝试掌握的过程。

- “实践”：尝试用知识解决问题，获取反馈，总结完善的过程。
- “教学”：帮助别人掌握知识的过程。

“学习”的形态是，看书、看文章、听音频、看视频、参与培训课，然后我们了解了某个技术、技巧、方法论、知识框架。

“练习”的形态是，我们使用这些技巧和方法去解决特定问题，大量循环往复，直至熟练掌握，最好能像被动技能一样，形成条件反射。

“实践”的形态是，练习的升级版，面对各种复杂情况，搞定事情并产生价值，一般用于职场之中。

“教学”的形态是，将自己所掌握的在各种场景传道、授业、解惑。

1. “学习”过程中可能遇见的“坑”

（1）有情绪没帮助，给了鸡汤不给勺的内容；

（2）真理，正确的废话，无法指导操作，看了那么多道理，依旧过不好这一生的内容；

（3）理解成本奇高，知识载体无法做到通俗易懂的内容；

（4）当下阶段，不适合自己看的内容。

2. “学习”过程中的心得和建议

我们每天都会接受各种信息（消遣、资讯、鸡汤、娱乐等），大脑的注意力是有限的，为此一定要甄别和判断，能做好选择，才能提升学习效能。

带情绪的内容（比如文字、小说、漫画、电视）在生产之初，从来都是满足大脑欲望的，很容易吃时间。一般带情绪的内容我会划到消遣范畴，我有个习惯，就算是消遣，我也追求能让自己动脑筋的内容，比如《盗梦空间》《西部世界》《三国杀》《德州扑克》，刻意锻炼脑力。

想要判断真理（正确的废话）取决于自己的道行深浅，早年看管用且相当有帮助的，时间长了就厌倦了。大家在接受信息的时候刻意分一下类，选有用的。在职场中，一般高层的领导出于位置需要，讲的都是正确的官话。我个人把大佬们的（大部分）公开讲话，当观点、当新闻资讯看，从来不会划分到学习的范畴里。

知识是否通俗易懂，取决于生产知识的人，以及自己的理解力。我有个习惯，觉得某个人讲一个东西，特别易理解，就去查作者本人还输出了其他什么东西，他的其他内容一定也是易懂的。自己的理解力不足的话，求教其他人帮助理解，直到弄懂为止。

任何学习都讲循序渐进，初中数学学霸碰见微积分、统计学、概率学一定也很痛苦。以看书举例，如果大家都说这个好，但是自己读得吃力的话就果断放弃，比如凯文·凯利的《失控》，大家都说好，但我就是看得吃力，索性放弃。还有《人类简史》《未来简史》《物演通论》这一类哲学书，虽然我看得懂，但是出于学习性价比，不适合我当下看（至少不利于我写书这段时间内看）。

完成了“学习”步骤的人，90%就此结束，直接无视后面的“练习”、“实践”、“教学”，在这三个阶段里同样有“坑”。

3. “练习”过程中可能遇见的“坑”

（1）不知道如何为自己设置练习题；

（2）错误理解，同一个内容，不同的解读，导致无效练习；

（3）没有练习对象和目标，比如医生练习手术（较为低频），发型师练习剪发（易被拒绝）。

4. “实践”过程中可能遇见的“坑”

（1）无法获得反馈，不知道如何拿到反馈；

（2）实践中遭遇的情况复杂，练习的时候成功，实践的时候失败。

5. “教学”过程中可能遇见的“坑”

（1）自己会，但是讲不出来；

（2）讲出来了，他人听不懂；

（3）自己能做对，他人却做不对。

6. “练习”、“实践”、“教学”过程中的心得和建议

当我把“坑”列出来，大家其实已经会有意识地去完成规避动作，在这三个阶段，找到学习同伴和导师很重要，这些人是帮助我们提升质量和效率的。

那些被我们高频使用的，不易忘记。因为大量的“练习”和“实践”成为了条件反射，成为了被动技能，比如开车高手，不管任何场景，自己总能做对，这就是下意识的条件反射。正常水平，超常发挥，仅仅是优秀；超常水平，正常发挥，方为卓越。

如果花 100 个小时养成了错误的习惯，将来还要花 300 个小时去纠正，更恐怖的是，更多的人拒绝纠正。我个人的习惯是，搞定任何一件事，都尝试找出三种以上（均可行）的解决方案，并且践行之。

“练习”追求熟练，“实践”追求结果，两者本为一体，被我刻意拆开了，高手与庸才的区别就是，跳出舒适区后刻意“练习”的时间。有人做 20 年饭，下 20 年棋，打 20 年球，水平不过尔尔，有些人仅仅 5 年时间，就进入了该领域的顶尖水准，区别就在于跳出舒适区刻意练习的时间长短。

真正理解和掌握知识的人，才能积累出自己的经验、认知、方法论，是能做出“教学”动作的，深层次的是写 PPT，公开演讲，发表文章，在这个过程中，我们还可以拿到反馈，这对我们深度掌握知识只有好处。

如果这些动作（公开演讲、发表文章）太重了，可以选择浅一点的行为，我个人有一个小习惯，比如临时看文章，学了一个知识点，几乎会下意识地临时“卖弄”给别人，这个习惯极好，也算“教学”范畴，对方懂了，彼此有价值，对方不懂，我就反思自己的表达。

几乎每一门我在外面报名学习的课程，我都会写一篇文章，或者做一个 PPT 作为输出，然后讲给部门里的同事们听，彼此受益。一开始他们很受折磨（我讲得烂，委屈我早年的同事们了），随着时间的进行，他们很期待、很享受。

就是这些习惯和细节，让自己的学习质量远超常人。强制自己全部走完四个流程，不说过目不忘吧，至少过目难忘，且一定比其他未完成这些流程的人掌握得更加牢固。

8.4 海量知识随时获取的时代，如何提升学习效率

前一节，把掌握知识分成了四个步骤，提炼一下关键词，就是不迅速，但极牢固，主要追求质量。本节作为补充说明如何尽可能地提升学习效率。

高效不是时间短，速度快，而是通过计算得出来的，它有一个公式：

$$结果质量 \div 时间 = 效率$$

在质量确定的前提下，时间比较好算，比如：

- 成功命中 10 次罚球，用了多少时间；
- 抄写完 1 万字的文章，用了多少时间；
- 玩《王者荣耀》冲到了钻石段位，用了多少时间。

当然以上的结果是可以量化的，还有很多事情完成质量极难量化，比如发邮件、写文档、寻找问题的答案、完成工作等，不能量化也不重要，拿“比身边的所有人都

好一些”来要求自己的质量即可。

所以在追求高效这个维度上，我们有 2 层追求：**“尽可能好”**以及**“尽可能快”**。单一追求任何一个指标都是偏离高效的。

与此同时，快和好是不能兼容的，这是天生的矛盾体，就跟做数学题一样，又快又好，都是人和人之间通过结果质量和所花费的时间比较得来的。

想要追求高效，学习“学习的方法论”是唯一的办法。

在谈论学习效率之前，我们先看一下知识的载体有哪些：文字、音频、图片、视频、课程、分享会、工作经验、言传身教……（各位注意，顺序很重要。）

1. 从学习接受度而言，依次递增

大多数人都讨厌看字，但是听音频、看图片和视频的接受度会高一些，参加课程、分享会则添加了与人之间的互动，更会集中个人注意力。

学习接受度最好的是自己亲身经历，我们做饭被烫伤割伤，骑车摔倒，工作中挨骂，以及完成各种事情过程中的挫折，如果有人言传身教，帮助我们成功完成某件事情，一旦掌握了就再难忘记。

2. 从接受知识的效率而言，依次递减

世界上大部分知识记录的载体都是文字，音频其次，图片知识、视频知识数量依次递减，课程和分享会就更稀少了。在工作中，大多数人都是重复而循环地做着自己早已经掌握的那些东西，一年的时间又能接触到多少新知识？用到多少新技能？

我们每个月从部门老大那里通过言传身教获得的业务知识量，和我们看书获得的业务知识量是没法比的。所以单纯从获取知识类信息效率而言，文字是最有优势的。

为什么会出现这种情况？

我们从生产知识的过程来看。假设我是一个武功高手，发明了一门武功秘籍，我嘴巴说说（教徒弟）多简单，最多写成文字吧，配不配图看心情，但是你让我开设课堂（分享会）就要让我费很多的心思准备了，毕竟质量不能太差，不然面子上挂不住。

什么！？你还想让我拍成视频？做成教学课件共享到网络上？凭什么？我为什么要把这些东西共享出去，这可是我研究的，压箱底的东西，当然仅限内部传阅，知道的人越少，我的团队越具备竞争力。

从人性的角度而言，出于懒、自私、保护自己、无利可图，这已经让 90%的高手

不愿意生产知识了。假设有人愿意分享，生产武功秘籍，从教学的角度而言，剩下的这 10%的高手里善于用文字表达的最多也就是 10%。

高手也是分级别的，至少也是万里挑一，所以像《九阴真经》《武穆遗书》这样的顶级秘籍叠加出前面愿意生产的概率，究竟有多稀缺，大家差不多有概念了吧。

最理想的学习环境是怎样的？

我们拥有最好的学习心法，老师也是领域里的泰山北斗、知识大家，拥有顶级的传道授业解惑能力，帮助我们少走很多弯路，每天教导训练折磨我们，布置一个又一个不断挑战自我的任务，同时自己得经历和积累足够多的实战经历。

当然了，还有另外一种可能，像小说里面的主角一样，遇见各种奇遇，跳崖摔不死还能在山洞里被人强行传授内力，习得绝世武功。

每个人的工龄有限，机遇有限，就跟修仙小说里讲的一样，大门派的弟子注定是享受优质的修炼心法和学习资源的。更多的人一开始都是在小门派练级，难以遇见高人指点……

没有高手指点，上限不会超过江南七怪，有高手指点，下限也是全真七子。

现如今，公司和员工都是双向选择，为了得到更好的发展环境，我们只能通过自己的努力去为自己争取更好的成长环境和发展资源。

我们很幸运生活在这个时代，经过很多年的知识积累，体系传承，各个领域像《九阴真经》《武穆遗书》这样的顶级知识，在当当、亚马逊上便宜到只要几十上百元钱。与此同时，音频、视频学习资料，培训课程，分享会也多如牛毛。只要自己愿意去寻找知识，再支付一点学习的代价，壁垒已经不存在。

综上，我们得出一些结论：最高效的学习方式是高手的言传身教，但很多人够不着。对普通人而言，支付成本最低、最高效的学习方式来自书本。

如何打造高效学习竞争力？

每个人都是一台仪器，采集信息的能力不同。就我个人而言，一目十行地阅读，一本易懂的书三天就看完了，看微信的文章则读屏幕，效率比其他人快得多得多，听音频都是 1.5~2 倍的速度，每天大量的信息往脑海里面塞，频繁滚动。

阅读的第一遍，全然信任，完全被作者套路进去。
阅读的第二遍，逆向思考，在多少场景下能够成立。
阅读的第三遍，反推作者是如何思考的，梳理知识结构。

最后，书读三遍，不如手过一遍，提炼精华知识点，运用到自己的工作之中，能够帮助自己记忆得更加牢固。

当然了，只有极好的知识要点，才能够获得这种3+1的待遇，比如《影响力》这样的。

仅仅是复读这一项行为，就淘汰掉99%的人，余下的人，手过一遍，淘汰掉余下1%里面的99%的人。

时间才是学习者付出的最大成本：

挑选甄别的时间 + 阅读的时间 + 理解消化的时间 + 记忆衰减复习的时间 = 有效学习时间

挑选甄别：花大量的时间去阅读，剔除无用，辨别有用。
理解消化：针对某一问题，穷尽可能性，追求认知深度。

花大量的时间甄别哪些是无用的，从而找到有用的，这是苦力活，谁都躲不掉，即使高手为我们开了书单，也要真正拿到手里，快速地过一遍，寻找对自己当下有价值的部分精读，与身边的案例进行关联，尝试用知识解释和应用，如此才能够做到充分理解消化。

理解消化，则拼的是认知深度了，那么什么是认知深度呢？

问：为什么房价会不断走高？
答：因为炒房团呗。

问：为什么人容易变胖？
答：因为吃得多运动得少呗。

问：为什么跟那个家伙沟通如此困难？
答：因为对方理解能力不行呗。

这三句话，一般人都会回答，然后找到了答案，心满意足。

但是去看看知乎上的一些回答，依据提出的问题列举了无数的可能性，并且提供了诸多的解法，就能够看到不同的人对于一个问题的认知深度。

所以好的理解消化动作，一定是非常慢的，这跟前面的大量快速阅读的动作是相违背的，如果不追求认知深度，放弃理解消化，那么前面挑选甄别知识花费的时间就白费了，影响最终效果。

单一追求阅读速度和阅读数量，不追求理解消化的质量，认知深度过于肤浅，也将极大地影响学习效率。

什么是高效，又快又好才是高效，高效以结果体现。

综上，就看书学习而言，我们可以设计一个完整的闭环。

（1）看书学习（接受理解知识）；
（2）拆书做笔记，手过一遍（加深理解和输出）；
（3）看书评，看知乎，看豆瓣（看其他人的理解）；
（4）尝试把自己的理解讲给别人听（看其他人的反馈）。

学习能力是最大的个人竞争力，能够保证我们不断地优化自己知识结构，让我们做得比身边的人又快又好，于是才能不断脱颖而出，如此才有机会进入更好的修炼环境，与名师高手过招，自己的人生也才可能是芸芸众生望尘莫及的。

8.5　锻炼最强大脑，养成学习好习惯

我们每天高达 90%的行为是习惯支配的。可以说，几乎每一天，所做的每一件事，都是习惯使然。在我们身上，好习惯与坏习惯并存，那么，唯一能够有效改变我们生活的手段便是有效地改变我们的习惯。幸运的是，我们每个人都有这个能力。

本节分享一下 4 个关于学习的好习惯。

习惯 1：单位时间内深度突击。

这些年我经常跟团队强调一个观点："一段时间内，我们突击某个知识点或技能，修炼到多少分的水平，在接下来很长的一段时间内就是多少分的水平了。"

不用举任何案例大家都能够感受得到，如果我们在 60 分水准的时候就放弃精进，随着时间的增长就会遗忘，如果我们追求到 90 分，往往掌握得极其牢固。

我见过无数的人，大学的课程不好好学，等到毕业找工作之前，在外面花钱报培训班突击专业技能，明明能一次学会，非要花两次的时间，如果不是因为找工作的威胁，绝对不会有意愿去提升自己。

相同的事情，放在工作的场景里也 100%会出现，由于我们都会（刚刚通过考试），于是再也没有精力和意愿去提升了。除非之后遇见了高难度的问题，才可能尝试去解决。

但是任何问题的解决，都会有质量的好坏，如果难度过大，也非常有可能因为困难而放弃，选择当一个差不多先生"就这么着吧"，这就是很多人把一年的工作经验

用好几年的真实写照。除非有新的诱因和刺激（比如升职、跳槽、不努力会被淘汰），才会有动力去重启一个新的单位学习时间来突击。

学习就跟火车启动一样，停下来再次启动，需要花费不少时间，所以珍惜自己每次学习时的状态吧。所以，一次性突击到自己的极限效能最高。

“单位时间内掌握即可”就是一个恶习。每个人能掌握的知识点、方法论、技能几十上百种，但是水平不一，认知层次不一，如果养成了“单位时间内深度突击”的好习惯，日积月累，人和人之间就会差别很大。

习惯 2：训练快速阅读的能力。

小学的时候，老师告诉我们，看书要慢，要多读，反复研究，仔细体会，那种条件成立的前提是，我们看的是教育部通过几十年的甄别为我们精心挑选的更适合学生时代的读物。但由此我们可能就养成了一个恶习，看任何书籍都要慢。

如今的社会，是一个海量知识随时获取的时代，即使是知识，也有足够多的垃圾内容，由于个人时间总量是有限的，自然要加速进行筛选甄别。**挑选甄别 + 阅读 + 理解消化 + 记忆衰减复习 = 有效学习时间**，这几个动作是存在顺序的。假设面前有 5 本书全部都是讲消费心理学的，我一天之内就能全部扫完一遍（不是只看目录），然后迅速判断出哪本更好。这种行为就是“挑选甄别 + 阅读”。

刻意追求阅读速度在于缩短“挑选甄别”的时间，等发现了更适合自己当下的内容，一定要放慢速度，充分理解消化吸收。

世界上知识储备最多的载体是文字，这种习惯的养成能给我们带来无与伦比的竞争优势。如果没有速读的技能，学习书本，完全是靠碰运气，单位时间内对于知识的判断效能比较低。

听音频同理，一开始的时候是 1.25 倍，然后是 1.5 倍，然后是 1.75 倍……时间长了就习惯了，这样不仅省时间，还能够锻炼自己的大脑反应速度。

追求慢读人人都会，但是快读则未必人人可以，我们先要保证自己拥有快的能力，然后用不用这项能力是我们的个人选择，只要我们有意识地去追求提升阅读速度，一定是可以锻炼出来的。

习惯 3：休闲娱乐时，刻意锻炼脑力。

我自己自虐的一种习惯，在前面的文章里有提到过，就算是娱乐行为，我也选择烧脑。

电影、电视选择《盗梦空间》《西部世界》《纸牌屋》《权利的游戏》；玩游戏选择《三国杀》《德州扑克》，综艺节目《奇葩说》《最强大脑》；运动也选择篮球、足球等需要配合和动脑筋的竞技对抗，放弃单纯的跑步运动。

总而言之，跟脑力有关的休闲娱乐，都刻意追求之，刻意远离像“连连看”、“贪吃蛇”这样的高频度操作、低频率思考的游戏。

一直觉得大脑就跟肌肉一样，用进废退。这种习惯纯属自虐，也是刻意为之。

有些美剧看完了，还会去看豆瓣影评，获得其他人的看法，增加自己看待问题的角度，养成追求认知深度的习惯。

美国 AMC 电视台的系列美剧《行尸走肉》，一般人都当感官片看，其实剧情交代的结构极其巧妙，里面有很多的细节和人物刻画，大家去豆瓣上搜“独孤树”的剧评就能够看得出其他人的解读有多么深入。

习惯 4：刻意追求“多线程”思考。

有无数的知识、观点说要专注，要一心一意，同时做多个事情是个坏习惯，我承认，可是不知道为什么，我还是想要追求练习“多线程”。

自己从小都是边吃饭，边看电视，边做作业，操作姿势如下，作业本搁在那里，看几眼动画片，吃一口饭，用嘴巴嚼的时候写几笔，到了动画片中间插播广告时间就多写几笔。然后被父母念叨。

从科学上而言，人极难做到一个脑子同时干两件需要高密度支付智力的事情，比如，玩《三国杀》和下围棋是比较难同时进行的，因为那个时候，脑力资源被其中一项大量占用了。

但是有些低密度的智力支付，大脑如果转得快，是可以节省出脑力资源的，比如，每个人都可以同时做到边看（剧情不烧脑的综艺节目）电视，边嗑瓜子（低级技能），边做九九乘法表以内的算术题（低智力题目）。

《欢乐颂》里面的安迪不也是边跟部门的人开会，边电话指挥曲筱绡进行谈判吗？说到底，这两件事对于安迪而言，智力富余，足够处理。

同理，我相信柯洁是可以做到边虐很多围棋爱好者边玩《三国杀》的，因为他的智力是足够富余的。

从短期来看，脑力在不同的事情之间切换，是影响质量的，但是长期来看，一旦习惯了，从处理 A 事情转到处理 B 事情的切换成本越来越少，这种训练无疑是一种好事。

回到工作场景，我们每天会被无数的事情切碎和打断，就算坐在工位上，也会处理 QQ 消息，处理邮件消息，提纲思考一会开会的时候说点儿什么，这些东西都是占脑力的，看似同时进行，其实我们是一件一件事情处理的，但是处理这些事情要切换成本，自然切换效率越高越好。

后来我又在张公子的文章里找到一段文字，如图 8-1 所示，NBA 两届常规赛 MVP 史蒂芬·库里，训练的时候也是选择一种一心多用的操作。

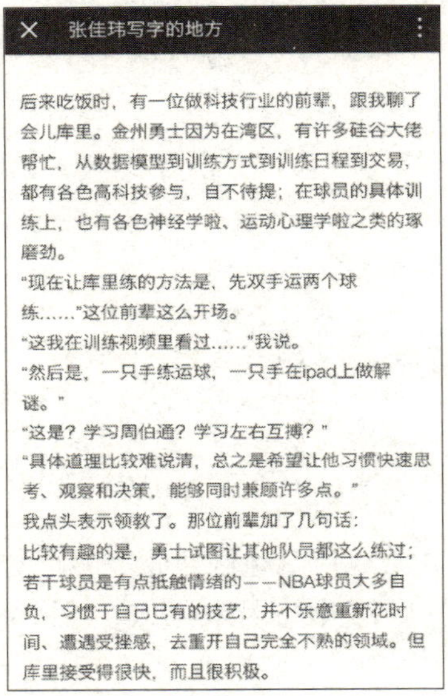

张佳玮写字的地方

后来吃饭时，有一位做科技行业的前辈，跟我聊了会儿库里。金州勇士因为在湾区，有许多硅谷大佬帮忙，从数据模型到训练方式到训练日程到交易，都有各色高科技参与，自不待提；在球员的具体训练上，也有各色神经学啦、运动心理学啦之类的琢磨劲。

“现在让库里练的方法是，先双手运两个球练……”这位前辈这么开场。

“这我在训练视频里看过……”我说。

“然后是，一只手练运球，一只手在ipad上做解谜。”

“这是？学习周伯通？学习左右互搏？”

“具体道理比较难说清，总之是希望让他习惯快速思考、观察和决策，能够同时兼顾许多点。”

我点头表示领教了。那位前辈加了几句话：

比较有趣的是，勇士试图让其他队员都这么练过；若干球员是有点抵触情绪的——NBA球员大多自负，习惯于自己已有的技艺，并不乐意重新花时间、遭遇受挫感，去重开自己完全不熟的领域。但库里接受得很快，而且很积极。

图 8-1

我不是因为看了这段文字获得的启发，而是我先坚持训练“多线程”的习惯至少 10 年时间，然后通过文章分享给大家，不久后，发现地球上另外一个人也是同样地训练“多线程”的习惯。

看到这段文字的那一刻，激动不已，仿佛论证了自己的某种观点，兴奋之情难以言表。

综上，是我长期以来关于学习的四个习惯，且每个我都解释了具体原因，以及养成后的好处。

习惯 1：单位时间内深度突击；
习惯 2：训练快速阅读的能力；
习惯 3：休闲娱乐时，刻意锻炼脑力；
习惯 4：刻意追求“多线程”思考。

我的建议：前面两个习惯，大家应该掌握，绝对不会有问题，而后面两个习惯，仅供大家参考。

在很长一段时间里，这些习惯也会伴随着一些副作用，比如有的时候注意力不集中；读书有的时候慢不下来；交流的时候思考问题太跳跃，喜欢多线程，容易跑题；说话的速度会变快，他人可能跟不上；跟慢条斯理的同学交流时耐心会变差，对方说一半，然后自己就秒懂了，忍不住抢话。

但是总体而言，自己的大脑能力越锻炼越强，怎么算都应该是件好事。

8.6　月薪 3000 元到月薪 30000 元的升级之路

工作真的很好混，稍微努力一下，很快就 10 万年薪了，然后过几年就 20 万年薪了，再过几年就 40 万年薪了……我相信只要你在一个行业里待足够多的年月，很容易就能够拿到自己该拿的薪水。但实际问题是：

（1）如何快速脱颖而出，短短几年就走完别人好多年才能走完的路呢？

（2）如何取得职场生涯的爆发，尽快做到财务自由，实现个人价值呢？

第二个问题，或许很多成功者来谈论更有说服力，但第一个问题，我可以给大家分享一下我的个人成长经验。

本节不谈管理，不谈情商，不谈人际交往，不谈捕捉机会、调动资源，只谈如何从入门到精通，从优秀到卓越，一门心思把专业能力打磨到极致的方法论。

8.6.1　为什么努力却没有效果

我相信大部分人都经历过高考，有一批同学异常勤奋努力，学习态度端正认真，每天学习超过 16 个小时，当考试分数下来的那一刻，这批人中有些人 600 多分，有些人 300 来分。他们的教材、复习的题目、学习的环境和付出的时间几乎都是一样的，中间出了什么问题？

我们再看看身边的一些人，每天在朋友圈里面分享各种各样的健身减肥知识心得，花大价钱办理健身会员卡，甚至购买各种各样的健身机械，专业的跑步装备，昂贵的蛋白粉，这些人中一部分是型男靓女，另外一部分依旧“土肥圆”，中间又出了什么问题？

我们身边还有一些同事，每天在公司待满 12 个小时，为了业务的推进跨部门沟通，跑来跑去累死累活，他们工作非常勤奋，经常能够看到他在朋友圈里分享各种各样的文章，横扫六合八荒、指点江山湖海、气吞万里如虎，有空还参加各种行业聚会交际，请人吃饭、求教业务……业务水平依旧一般。

我自己也曾经抱着去图书馆学习的目的，结果挑了几本漫画书在图书馆里待了一天；去球场上运动也是出工不流汗地打酱油，去健身房锻炼就挑那些强度特别小的运动，然后跟妹子聊天时间自然过得飞快；在公司佯装加班其实偷懒躲着老板打游戏，在楼梯、走道、阳台、会议室聊天扯淡一个多小时……

我在想，一天到晚耗在图书馆看漫画佯装学习，成为健身房朋友圈嘴炮党，待在公司刷加班时长，佯装着自己多认真多努力、多拼命的样子，就能让知识存储在自己的大脑之中？就能让肥肉离开自己的肚腩？就能让自己的业务突飞猛进？如果是这样，我觉得每个人都可以轻轻松松做到。

很多时候，我们都会花大量的时间把自己浸润到一个环境里，看似十分专注和在意，时间多得连自己都相信自己一直在为了这个目标而努力奋斗。

而真相是我们是为了抵御自己内心的不安和空虚，觉得自己的青春年华不能如此蹉跎（一般是灌了鸡汤文章、听了励志演讲之后），应该努力了，那些比我们优秀的人都在努力，我们也应该跟着去完成，不知不觉间付出了大量的时间。

因为这样，潜意识里面就给了自己一个好像有了交代的感觉，催眠和麻木自己。给外界环境营造出一种积极向上的姿态，只有这样才能够安慰自己："我已经很努力了，即使将来没有好的结果，也不能怨自己……"

我们虚伪造作掩耳盗铃，就别怨世界给自己开一个不怀好意的玩笑，最后的结果往往是自己 45° 仰望天空泪流满面，叹息奈何天意如此，造化弄人。

8.6.2 修炼专业技能树

很多人的职场生涯初期都会问一个问题，如何快速打造竞争力，快速成为一个强力的××（职业），这个××可以是任何岗位，可以是客服、运营、测试、策划、程序、市场、媒介、渠道、商务、编辑、产品……

互联网里面有大量的职业技能规划类文章告诉了我们答案，比如：

- **一名好的××需要具备哪些素质和技能；**
- **××必读！据说这是行业里最好的成长手册；**

- 绝对干货分享！全面提升××的业务能力。

相信我，这类东西点开之后 99%都是各种各样的观点罗列、知识分类，绝对正确的真理。它们共同的特点是：说得真有道理，但是我看完了、分享了、收藏了，就是不知道怎么办！

我们依旧要感谢前人的分享和总结，人家既然写得大而全，就等于指了路。真要考虑实际的操作性，恐怕无法用一篇文章来概括。

我们需要从各种各样的文章里，找出分类最系统、最科学的，然后把这些东西归纳整合为自己的修炼方向和成长目标，跟我们平时玩游戏一样，为自己排列一下专业的技能树（图 8-2），然后根据情况，一级一级地提升技能等级。

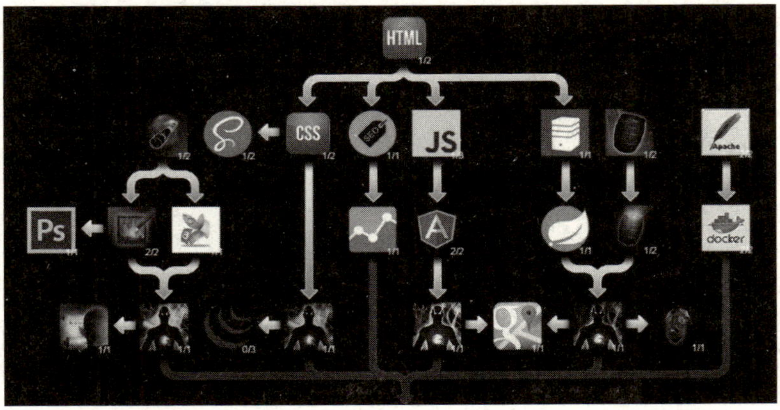

图 8-2

修炼方向指的是练习什么，用运动员来举例，比如速度、力量，弹跳；成长目标指的是做到怎样的程度，比如目标是百米 13 秒，卧推达到 80 千克，垂直起跳超过 90 厘米。

接下来，我们会面临初始的修炼选择，有以下两点建议可以参考。

（1）在瞎子的国度，独眼龙就是国王。组队打副本，坦克和治疗最吃香。

追求稀缺很重要，当我们的行业、公司、团队中聚集的全是某一类人才，那么团队缺什么自己就修炼什么，综合考虑短期和长期发展，这样就能够贡献最大的价值，从行业、公司、团队中获得最大的综合收益。

（2）每个人都有自己的禀赋，选择适合自己发展的方向。

追求适合自己的也很重要，个子不高不要去打中锋，不善于交际就别做商务市场，数学没天赋不要去做数值策划，逻辑能力太弱就少碰代码，没有美感不要转岗去画画。

综合以上两点，就可以排列好优先级，然后做出最适合自己的选择。

每一段时间只练习一项主技能，策略性地放弃有些专业技能，学习期间努力排除干扰，排除垃圾信息，无视那些对于专业技能没有帮助的内容，**所有努力的方向都围绕专业技能树去展开。**

8.6.3 如何排除干扰持续修炼

我们每天会被信息的海洋所淹没，会接触到大量的行业知识，每个人都处于信息过载的环境。

"多了解行业无害处"在有些场景下就是胡扯，因为"多了解"必然分散精力，对自己的成长发育造成干扰而不自知。

假设你现在是一名游戏策划。某游戏的市场营销策略，某大公司的季度财报，谁家又融了多少钱，谁家又倒闭了，类似的业界资讯就得主动屏蔽。即使是竞品大作游戏的上线时机也许会对你们的产品上线造成冲击，也不要管，那不是自己所处岗位应该操心的事情，策划关注的应该是竞品游戏的设计，如何在系统设计上做得比对方更好一些。

时间那么宝贵，而我们太多人总是控制不住自己去操那些不该自己操的心，然后精力就无意间被分散了。同理，假设你是一个运营、商务、媒介、投资人，一样有属于**自己应该"主动关注"和应该"刻意忽略"的区域。**

既然我们都躲不掉，拥有如上的意识形态，至少可以帮助我们做到有意识地排除干扰，做出最利于自己成长的选择。

除了信息干扰以外，几乎每个努力奋斗的人都遭遇过关于人的干扰。

"哟！你还挺爱学习的呀？"

"哎哟！还在努力啊，这么刻苦啊？"

"走吧！我们去××了，你来不来？"

从小我们身边就有一些这样的人，他会拉着你玩，然后讥讽那些拼命努力却看起来依旧是个失败者的人，把任何提升自己的学习行为描述成无聊，然后拉着你一起开黑、泡妞、打牌，如果你不跟他们一起堕落，就成为了异类。

无论何时，只要自己明面表现出努力，就可能有人酸你，因为努力的人对不努力的人造成很大的压力。他们的内心极其没有安全感，羡慕高手，羡慕那些不断努力、不断进步、不断学习到东西的人。但是偏偏自己做不到，于是他们剩下的就是打击别人，希望别人和他一样堕落，以获得安全感。

为什么做不到呢？因为努力本身就是跟人类的本性做斗争，能看快乐大本营当然不会去翻书本，能躺着吃好吃的油炸食物，当然不会选择去健身房挥汗如雨。

90%的人会被本性打败，剩余 10%则在对抗和妥协中反复循环。如果我们能够成为那 10%中的 10%，必然可以过上 1%的生活。

8.6.4　跳出舒适区，刻意练习

每个人至少拥有某个方面的技能和特长才会被公司录取，这个就是公司雇佣我们的本质，即购买我们解决问题的能力。大多数人在自己的岗位上有了一点年份之后，就会陷入能力成长瓶颈，迅速碰上天花板，任督二脉就是打不通，原因何在？

实话实说，在他们自己眼中，已经算是做得不错了，在团队里面、在公司里面绝对是处于比周围的人更好一些的那种状态，已经完全胜任岗位需要了，经常还开个培训分享会，自我感觉飘飘然的状态。

99%的人就卡在满意于自己是当下环境中最好的那种状态，这种人仅仅是在部门内、公司内做得不错，但是绝对不能称为高手。

如何成为行业内专业最好的那一个呢？

马尔科姆·格拉德威尔的《异类：不一样的成功启示录》给了我们答案：跳出舒适区，刻意练习（短板）。

以篮球运动员举例，运动爱好者只会在舒适区里享受这项运动带来的快乐，而运动员则是苦练那些业余选手不做的基本功，如此才能够吃上这碗饭。

专业领域的篮球运动员也分为普通球员和球星，球星也分为普通球星和超级巨星。

想要成为行业里面最好的那一个，就必须为自己不断加难度，加强度，加对抗，双腿绑铅块，拉着轮胎练习速度、耐力、力量、敏捷、弹速、反应、球感，用自己不适应的手运球、投篮，跟比自己高大强壮的对手对抗，在健身房挥汗如雨，把饮食、睡眠、训练控制得如同苦行僧一般。

唯有如此，超级巨星才能在高强度对抗下，自己的技术动作不变形，才能够在别人凶狠的犯规下把球打进，然后迎接山呼海啸的喝彩声……世人惊讶于他能做到这一切的时候，其实他的训练强度早已经比比赛强度不知道高出了多少倍。

不是每一个人都知道凌晨四点洛杉矶是什么样子，只有日复一日的刻苦训练，才能成就球场上的超凡表现。这也就是我们常说的，必须十分努力，才能够看起来毫不费力。

科比的努力，放到任何一个年代、领域、职业上都能够成就超凡。

所有的基础工作，大部分人随着熟练程度的提高，都会逐渐进入完成起来轻松加愉悦的状态。而当老板完全放心的时候，不再对你在这个业务上指点，甚至你已经是在指点别人的时候，你是否满足于此？

比方说，活动策划这件人人都会的简单事，我们会考虑以下要点。

（1）研究同类竞品中最近的爆品；
（2）思考最适合自己的活动主题；
（3）考虑好活动的时间长短和推出时机；
（4）用尽各种方法设计奖励和结算方式；
（5）降低活动参与门槛反复迭代规则；
（6）考虑好营销内容和传播策略；
（7）做好风险控制和奖励防刷；
（8）做好页面数据埋点与统计；
（9）做好各项人力物料成本估算。

把以上内容考虑一遍，活动框架基本就出来了。一般人两天差不多就能够搞定这件事情，这种情况叫作项目实战。

而刻意练习的人，则是利用空余的时间，专门用一段时间针对某个能力进行提升，比如说第（5）条活动规则的设计，需要收集超过 100 个活动规则，分析共性、特性及使用场景，然后花非常多的时间精力进行拆解、归纳和总结，反编译人家为什么这么设计，有没有改进的空间。

如此才能够提升对这块业务的认知，做到完全吃透。

项目实战和刻意练习最大的不同，就在于技能训练的强度。

我们在日常工作之中，要警惕自己进入轻松搞定的状态，要不断给自己加难度，只有当自己刻意地去练习短板，不停从自己的安全区跳出来，忍受痛苦和煎熬，真正完成业务技能上的精进，自己付出的努力才是算数的。

不凡者总是怀着一颗“如何超越，尝试把事情做得更好一些”的进取心，永远不满足于当下，即使他们在把某一个能力做到行业相当知名的时候，还不允许自己进入轻松搞定状态，学习各种新能力，从 90 分一直做到 120 分的水准，从此树立核心竞争力……即使在这个业务上，团队对他的要求只是 80 分。

8.6.5　让自己进入正循环

在任何一个领域内的刻意练习本身，可以说毫无乐趣可言，这意味着自己需要经常去做自己不擅长做的、不了解的、不习惯的事情，效率变慢，容易出差错，并且经常遇到失败、挫折乃至他人的嘲笑。

对抗本性是一种天赋，大多数人都没有这种天赋，更多人是在无数次“鸡血奋斗、妥协放弃，再鸡血，再放弃”中不断轮回。

在刻意练习的过程中，要想办法爱上这件事，争取尽快让自己进入正循环的状态。

什么叫作正循环，就是快速得到反馈，拿到奖励。如果负循环，自己的情绪很容易受挫，并且容易放弃。这跟我们打麻将、踢足球、下围棋、玩游戏差不多，如果一开始的时候，都是备受凌辱，被反复羞辱智商，那么我们就会快速进入一种“也许我在这个项目上没有什么天赋，还是算了吧”的状态。

如何拿到正循环呢？跟打游戏一样，先打小怪物，然后获得奖励，一步步地获得经验。这个过程是可以被设计的，由简单到复杂，设计一个专业技能强化表，自己日拱一卒。当把练习养成了习惯爱好之后，一切都将水到渠成。

在业务上的努力，终究会兑现成上司的表扬，数据的上升，更多的奖金，更多的机会，只要坚持几个月，这些东西总会到来的。

就我个人而言，小的时候严重偏科，就是一个学渣，到了职场则是一个不折不扣的学霸，这源于自己爱学习的好习惯，不让我学习简直就如同不让网瘾少年上网一样痛苦，只要找到了快乐，进入享受状态，有些事情根本就跟坚持没关系，不仅仅是学习，很多事情都如此，在一些人那里很痛苦，而在另外一些人那里却很享受。

如果我们可以做到完全对抗本性，成为那 1%的人，那么自己从专业能力上就可以碾压大部分同行，远超同龄人，并且不断接近成功，以至取得伟大成就。

8.6.6　10000 个小时定律

根据字面理解害死人，很多人误解了著名的 10000 个小时定律，认为凡事只要坚持做，达到 10000 个小时就能够从平凡变成超凡。

有些人烧了 20 年饭，下了 30 年棋，时间远超 10000 个小时，照理说应该早已经超凡了，但是其业务水准永远比不过年轻的米其林大厨和专业棋手。因为前者几十年做的是“重复动作”，而后者做的是不断刻意练习，寻找达到超凡水平的捷径。

我对 10000 个小时的理解是：几千个小时的通用知识积累，几千个小时的专业能力打磨。有名师指导，用对了方法，根本用不到 10000 个小时。

但是太多人的成长过程中，没有名师指导，不知道方法，只能够通过大量的历练，不断地总结反思，不断地吃亏上当去寻找捷径。

跟大家分享一下，这些年我成长的过往。

大三的时候，我决定未来就从事游戏行业的相关工作了，平时留意各种游戏相关的资讯，从开始玩家关注的 173 网站和多玩游戏网，到后来从业者关注的游戏魂、游戏道、游资网（GameRes）、游戏大观（GameLook）……那个时候我不懂，不管是精华还是糟粕，苦行僧一般地吸收着各种各样的东西，每天保守看两个小时，一直看到眼皮发胀为止，整整超过两年的时间。

从业以来做游戏运营，学习写公告、写新闻、做专题、设计产品官网、做营收活动等，这些技能是当时 PC 客户端游戏年代运营技能的基本功……那个时候我疯了一样，扒上市公司的竞品，临摹学习，针对每一个业务技能进行打磨，每天保守估计两个小时，整整两年的时间。

后来去了研发体系，拼地图、铺怪物、配台词、设计任务、设计系统、设计界面、流程图、界面图、甘特图，学习语言脚本……那个时候把行业最好的几个游戏制作人的博客、微博天天扫，学习他们分享的设计心得，每天保守估计 1 个小时，直到后来不做研发了。

创业时期每周 7×15（每周 7 天，每天 15 小时）的疯狂，每天早上被梦想叫醒，每天被一群工作多年的老江湖调教的时光就不提了。

早年的几段经历，就是靠时间堆，把自己浸润到一个环境里面，每天都是这些信息，当积累达到了一定量后，自然就会产生质变。

一个知识点，看过两三次也许依旧会忘记，当练习过足够多次后，再想忘记就难了。所以在我的职业生涯中，我几乎没有在老板那里得到“我是不是原来跟你说过……怎么你又犯这种错误”这种批评。

在我早期的职业生涯中，为了解决某个特定问题，一定是花足够多的心思去调研，当看过太多的解决方案后，自然就能够找到最适合自己的解决方案了。如果自己拿不准，每次都是一定提出两三种以上的解决方案供团队选择。

如果不这么干，根本睡不着，会给自己脑门上盖一个“无能”的戳儿，然后爬起来打开电脑，直至找到更优的解决方案。

可以想象，我的学习方式一开始是非常蠢的，早期自然走了太多弯路，不过越到后来，越来越能够分辨哪些是好，哪些是坏了。后来我安慰自己，如果早期不绕一点弯路，后期根本找不到捷径。

每一个神枪手，早年的训练中使用了多少发子弹只有他自己知道。
每一个营销高手，早年浪费了公司多少营销投放费用只有他自己知道。
每一个成功的企业家，早年在商界的厮杀中是多么的狼狈不堪只有他自己知道。

但只要你能够表现出持续成长，不断进步，团队会给予你更多的子弹，公司会继续给你营销费用，投资人会持续给你钱。如果你进步太慢，不如他们的预期，他们自然会断了你的成长资源。

所以，回答那两个问题：

（1）如何快速脱颖而出，短短几年就走完别人好多年才能走完的路呢？
（2）如何取得职场生涯的爆发，尽快做到财务自由，实现个人价值呢？

海量的工作时长 + 刻意练习 + 总结反思 + 成长资源

前三者通过自己的努力就可以获得，如何通过自己的努力不断获得公司、团队、投资人提供的成长资源，那是另外一个领域的话题了。

8.6.7 这个世界没有怀才不遇

每个人在一个领域修炼都会经历五个阶段：初窥门径、登堂入室、炉火纯青、登峰造极、一代宗师。

前面两点真的很容易，达到第三层境界“炉火纯青”已经可以独当一面了。

判断自己是否达到第三层境界的方法：当别人面对难题的时候解决起来吃力，而自己处理起来游刃有余；自己是否是团队中最难被替代的那个人；把自己放到自由市场上去竞争，是否能轻轻松松找到满意的工作……

想要达到第四层境界，则需要更多的机缘和项目加成。终于有一天，你取得了不俗的成绩，市场开始承认你，也许就真正意义上来到了第四层境界——登峰造极。

到了第四种境界，在某个领域，你会发现世界上很多所谓的攻略心得，都看不上眼，你有了自己的方法论、设计理念，已经到了“我不是针对谁”的地步。至于第五层境界，自然是做出了某个历史级的突破，从此把自己的名字刻在了这个行业里。

以前跟很多行业大牛聊天，最真实的感受是，每个领域最顶尖的人，才华、能力、人脉、资源、努力、方法至少某一点有强大的过人之处，然后抓住了生命中的某个机会际遇（准确说机会是主动追着他送上门），然后他们抓住了，从此成为人生赢家。

才华能力和人脉资源，随便把哪个积累到位，财富自由是迟早的事情，天生资源贫乏的，只能靠努力，刻意练习，一门心思把专业能力打磨到极致……当我们真正意义上成为了这个领域里面“某个业务能力最好的人”之一，一定会有人给你大把资源，去找你的。

这个世界没有什么怀才不遇。

“道理我都懂，但是依旧过不好这一生的人”大有人在，努力不一定能赢，但是不努力一定很舒服啊。依旧会有很多人在自己的专业领域内止步不前，“如何成为一个强力党”，这种问题依旧会无数次在各个职业领域里面被反复提及。

不知道大家是否听过一句话，求上得中，求中得下，求下无所得，目标定得高，不断地努力，即使到不了山顶，半山腰的风景也足够让自己笑面人生了。

8.7 管理时间账户，通往财富自由之路

我们都听过一句话，每个人每天有 3 个 8 小时，真正决定人生高度的是工作和睡眠之外，剩余那 8 个小时。我们也都知道，时间就是金钱，但是太多人不知道这个每天获得的金钱怎么花。至理名言往往都是如此，易于理解，但是不具备任何可操作性。

不如我们把时间想象成一家银行，每天为你的户头里存入 1440 分钟，不会多也不会少，如果你没花完，第二天还会给你充值 1440，但是第一天没花完的会被自动清零，如此循环往复，在这种情况下，我们的最佳消费策略是什么？

按照这个思路去思考，我们就不会每天稀里糊涂，肆意浪费自己的财富，至少浪费也要把时间浪费到美好的事物上，像投资理财一样对自己的时间进行合理分配，在此基础上，增加实际可操作性，让命运被自己掌握，从而活出想要的人生。

8.7.1 认识时间账户

长期来看，每个人每天的时间被如表 8-3 所示的 8 个时间账户切割掉。

表 8-3

序	时间账户	定义
1	精力恢复	睡觉和饮食
2	通勤时长	上下班路上
3	工作时长	为工作支出
4	学习成长	提升综合能力
5	交际应酬	维系/拓展人脉
6	家庭情感	维系亲缘感情
7	锻炼身体	提升身体素质
8	休闲享乐	自我爱好支出

这张表格被我迭代了无数次，最后成为上面的版本。

一个职场人，或主动或被动，把不同的时间分配到不同的账户里。分配到某个账户里的时间多了，其他账户里面的时间就注定变少，我们长期在哪个账户里面重仓投资，自己的生活就会向哪里悄然改变。

1．精力恢复

吃得好睡得香才能够努力工作，享受生活。

精力恢复是通过睡眠和饮食两个维度一起调节的，有精力才可以输出。恢复精力的速度就跟手机充电一样，每个人的恢复效率不一样，有些人只需要 6 个小时睡眠就可以龙精虎猛，有些人则 10 个小时不够睡。有人吃什么都开心愉悦，有人不光挑食（吃什么纠结很久）还拉肚子（经常生病），在精力恢复上，有些真的是老天的恩赐。

睡眠和饮食受压力、环境、情绪、习惯、健康程度影响，意识到这些问题，便可自我管理调节。平常留意相关知识，就可以有意识地加以控制。精力恢复高效的人，往往都养成了好的生活习惯，这无异于为自己的身体升级一个快充，更高的精力恢复效率意味着拥有了更多的时间，我们可以把时间分配到其他的账户里。

2．通勤时长

特地把这一点提出来，对于在大城市奋斗的同学而言，每天上下班路上合计的时间差不多有 1~2 个小时。每个人都会在居住环境、通勤距离、租房费用三个维度上进行博弈。

上下班路上消耗的不仅仅是时间和金钱，还有自己的精力（排队、换乘、挤车）以及情绪（天气、堵车、迟到压力），通勤时间长的人往往都有非常多的狗血回忆。

建议大家在可接受的范围内，能住得多近就多近，不光是让自己容光焕发、从容不迫，省下的时间还可以用来投资到其他地方。

3. 工作时长

工作时长不仅仅是自己在公司里面待的时间，但凡为了完成工作任务而花费的时间都算。每个人受工作性质影响，不同的岗位工作时长不一样，有的受职业约束（公务员、服务员、行政），有些是自我控制（销售、咨询、自由职业者），如果你是一个创业公司合伙人，基本上 24 小时都在工作。

由于待在公司也是可以交际应酬以及学习成长的，所以我对工作时长的定义是，我们在多少时间完成自己的工作对得起公司支付给自己的薪水。

毕竟对于很多管理者而言，如果不愿意折腾奋斗了，守着自己的那一摊业务运转，每天实际工作的时间也是可以算得出来的。如果他们把剩余的时间用来投资到学习成长和交际应酬上，其实这对他们个人发展也是好事，因为他们的这些投入能够帮助他们变得越来越好，将来也可以创造更多的社会价值。

不同的岗位、身份、发展阶段，实际每个人投入到工作上的时间也不一样。在这一块想要节省时间，最好的方式是提升工作效率，找到迅速解决问题的方法。工作效率高的人，省出来更多的时间，往往由自己自由支配。我羡慕很多自由职业者，每个月只需要工作那么几天，在有限的工作时长里赚取的酬劳让自己过得非常好，然后把自己的生命浪费到美好的事物上。

对大多数职场人而言，在精力恢复、通勤距离、工作时长上支出的时间，就是我们常说的 16 个小时。余下的 8 个小时，往往被剩余的时间账户所切割。

8.7.2 投资时间管理

永远记住，时间是我们自己的，不管我们在任何一个场景，时间永远是自己的，只有按照这个思路去思考，才能够做得好对时间的投资。

回想自己当年的成长，想要让自己迅速脱颖而出，就不能让时间按照正常人的方式去分配。只有异常投资每个时间账户，才能飞速发展，让自己具备更多的竞争力。

以我个人举例，2009 年北漂，没钱没关系，第一份工作是游戏客服，待遇每月 1300 元，住在六环外，上下班转乘走路合计 3 个小时，工作内容跟富士康流水线上的工人没啥区别，苦活累活干满 10 个小时，每个星期跟家里打 2 次电话，周末选择打游戏、看小说这样的便宜消遣……

如此浑浑噩噩地过了一段时间，觉得不该如此蹉跎，然后陆陆续续改善了一下自己的时间分配，工作的前 24 个月对时间账户的投资策略如表 8-4 所示。

表 8-4

序	行为	定义	刚刚北漂时		改善策略	改善后
1	精力恢复	睡觉和饮食	7 小时	维持基本	不变	7 小时
2	通勤时长	上下班路上	3 小时	没钱	搬到公司附近	0.5 小时
3	工作时长	为工作支出	10 小时	能力所限	逃避低效业务	7 小时
4	学习成长	提升综合能力	2 小时	上进心	提升业务能力	7 小时
5	交际应酬	维系/拓展人脉	0.5 小时	没钱	降低无效社交	0.5 小时
6	家庭情感	维系亲缘感情	0	没精力	不变	0
7	锻炼身体	提升身体素质	0	没精力	提升	1 小时
8	休闲享乐	自我爱好支出	1 小时	慰藉	不变	1 小时

那 24 个月，生活半径除了睡觉的地方就是公司，在单位里面待的时间平均每周 7 ×14 小时（每周 7 天，每天 14 小时），14 个小时中，覆盖了工作、学习、部分社交以及部分锻炼。

首先我必须维持住精力恢复的时间账户，以不伤害身体为代价地工作，然后增加了身体锻炼，让自己的续航能力变得更强，毕竟那个时候生不起病。

最重要的是改善策略，我分得清哪些工作是为了生存而必须坚持的，哪些工作是学习成长，能够有效提升自己的业务能力，如此不出三个月，跨部门调动，一路待遇水涨船高，一个人顶三个人的工作输出。由于起点比较低，职场前 24 个月的发展速度，秒杀 99%跟我一同进来的求职者。

如此疯狂投入，自己职场的第 18~24 个月，就进入了理想状态，时间投资管理如表 8-5 所示。

表 8-5

<table>
<tr><th>序</th><th>时间账户</th><th>定义</th><th>正常</th><th>异常</th><th>理想</th></tr>
<tr><td>1</td><td>恢复精力</td><td>睡觉和饮食</td><td rowspan="3">16 小时</td><td rowspan="8">想杰出
先异常</td><td>8 小时</td></tr>
<tr><td>2</td><td>通勤时长</td><td>上下班路上</td><td>0.5 小时</td></tr>
<tr><td>3</td><td>工作时长</td><td>为工作支出</td><td>3.5 小时</td></tr>
<tr><td>4</td><td>学习成长</td><td>提升综合能力</td><td rowspan="5">8 小时</td><td rowspan="5">12 小时</td></tr>
<tr><td>5</td><td>交际应酬</td><td>维系/拓展人脉</td></tr>
<tr><td>6</td><td>家庭情感</td><td>维系亲缘感情</td></tr>
<tr><td>7</td><td>锻炼身体</td><td>提升身体素质</td></tr>
<tr><td>8</td><td>休闲享乐</td><td>自我爱好支出</td></tr>
</table>

最大的改变是，自己每天只需要花 3.5 个小时就可以收拾掉自己手头的事了，余下的大把时间任由自己分配。

就这样，我让自己在工作的第 25 个月，便拥有了绝对的职场安全感，每个没钱、没背景的年轻人，只有改变自己的时间分配，舍弃掉一些东西，才能够有能力去选择自己想要的生活。

同样我见过太多已经开始混日子的人，守着自己的那一摊业务，在本应奋斗的年纪，把自己多出来时间大部分放到游戏、逛街、购物和吃喝玩乐上了……

8.7.3 权衡什么更重要

对于一个生命而言，假设我们现在每天支付 8 个小时用来“恢复精力”，余下的 16 个小时自由分配。相信不同阶段的人会做出不同选择。

李笑来老师在《通往财富自由之路》里提出一个概念，**注意力>时间>金钱**。这里的注意力指的是，我们在人生的某个阶段，主动放弃掉什么，把注意力集中在更有价值的地方。

在任何时候，“学习成长”绝对是排到第一位的。

知道如何恢复精力更高效吗？知道如何调养身体不生病吗？知道怎样锻炼才能有效减脂增肌吗？知道商务礼仪、交际谈吐细节吗？知道人际关系中的明规则潜规则吗？知道艾宾浩斯遗忘曲线吗？知道如何找到正确的方式把很多“需要坚持”的事情轻松做成吗？这些都是通过学习获得的，一个人在学习成长账户里投资时间带来的加成是全方位的。

胸有韬略显达贵，腹有诗书气自华。一个“有货”的人在很多场景下，都是明星级待遇。

知识不占物理空间，能够迅速打造自己多维的核心竞争力，我们在这个账户里投入的时间越多，带来的复利越可观。

或者可以这样理解，如果我们未来想要过上体面、财富自由、受人尊敬的生活，就应当在“学习成长”的时间账户里面加大时间投资。并且达到那个阶层，马斯洛的需求层级的每个维度都是需要通过学习达成的。

排第 2 位的应该是“锻炼身体”，很多人拼命打拼，但是透支了青春和身体，失去了健康往往得不偿失。很多做互联网的，电脑前面一呆十几个小时，生活不规律，经常熬夜；很多做销售的，全部的工作都在交际应酬上，被酒桌文化绑架，觥筹交错之间伤肝伤肾。

一个人在“锻炼身体”账户里投资时间等于是给自己做保养，长此以往，身体素质好，精力恢复快，基本不生病，省时间省金钱，精神面貌好，往往在交际应酬时也占优势，带来的正向加成同样可观。

余下三点，各位视情况自由排列。

“休闲享乐”的建议，尽量选择能正向加成的兴趣爱好，如果你在阅读和运动的时候享受到快乐，那就恭喜了，世界上有一部分人感受不到阅读和运动的快乐，或者知道这个好，但需要刻意去做。真正喜欢的事，根本用不着坚持，是自然而然，享受其过程的。

“家庭情感”的建议，父母血缘之间不必说，应尽的义务。而伴侣之间……世间有两句话道出了很多人的无可奈何，一句是“搬起砖我没法抱你，放下砖我没法养你”，另外一句是“在最没有能力的年纪，遇到了最想要照顾一生的人”，正如《欢乐颂》里的王柏川遇见了樊胜美。如果我们想给彼此一个更好的未来，先把自己变成更好的人。

“交际应酬”的建议，认为人脉就是一切的，过于狭隘，这句话只在某些特定场合成立。“大公司做人”玩的就是职场交际应酬，各方博弈调动资源，同样是争议话题不提也罢。

良性的、有价值的社交应该是能够相互促进成长，彼此成就，共同为对方提供价值。投资什么都不如投资自己，攀附往往无用，有才之人自然而然拥有等价值的社交人脉圈。

8.7.4　复用每份时间

一份时间，用来做多份事情，让每个有加成的行为重叠起来。

在上下班通勤（开车、挤地铁、走路）的时候，在健身房锻炼（跑步机、举铁）的时候，我们的肉体是被行为自动支配的，大脑会空出来，音频知识（主动放弃听音乐）就是最好的选择，推荐“得到”、“喜马拉雅听书”、“樊登读书会”提供的音频学习内容，很多不需要高频思考的时间，用来学习是最好不过了。

职场上走到一定位置的人，会额外珍惜时间，他们会把午饭和晚饭的时间用来交际应酬、管理下属、会议决策；如果你仔细留意，他们一个人吃饭的时候，能多简单多简单，而他们去跟人吃饭，吃饭本身不重要，从来都是为了达成某个目的。

锻炼身体同理，很多做销售的同学也总结到，与其请人吃饭，不如请人流汗。比如足球、篮球、羽毛球这类运动，就能同时命中“休闲享乐”、“交际应酬”和“锻炼身体”三个时间账户。

假设我们在行业内找到有共同爱好的伴侣，并找到价值观趋近的社交圈(爱学习、爱运动、同行业交换资源)，随随便便就可以命中多项。用影视小说里面的搭配是，《射雕》里的郭靖和黄蓉，《纸牌屋》里的木下总统和克莱尔……

8.7.5 如何保障执行

得到时间账户的认知永远都不晚。

或许有人认为自己现在羁绊多了，做不到，不具备可执行性，比如一天在公司里面泡 14 个小时对很多初入职场的人才有用。

换位思考一下，假设我现在已经身处 35~40 岁的阶段，待在某个公司，房子买在北京郊区通勤时间巨长无比，背着房屋贷款，上有老下有小，需要在家庭情感上支付很多精力，尽到责任和义务……

现在的我，怎么都比刚刚北漂没资源没钱没背景的新人强吧。职场经营打拼这些岁月，总有一些经验积累，总比新人知道提升自己核心竞争力的法门吧，总能够通过各种各样的方式去够得着那些比自己更优秀更有资源的人吧……每个人实际具备很多的选择权。

很多觉得人生的路难走的人，其实是从一开始就把自己的路给堵死了，不学习知识，不去追求更好的认知，这类人不愿意思考，不愿意阅读，永远待在泥潭里面出不来。

从出生的那一刻，我们就面临着很多不公平，更别提学校、社会上遇见的那些沟沟坎坎了，我们应该把抱怨哀叹顾影自怜寻求群体认同和安慰的时间，拿来让自己变得更好一点点。

而这种变好的指导思想，从建立时间账户的认知开始，从开始有效投资自己的时间分配开始。

当我们具备了更高级的认知，怎么可能活不出自己想要的人生。

8.7.6 天才都是工作狂

在 Quora 上有人问过这样一个问题：“我怎样才能成为像比尔·盖茨、史蒂芬·乔布斯、埃隆·马斯克、理查德·布兰森一样伟大的人物？”

马斯克前妻贾斯汀写下的回答得到了几百万次转发：

“极致的成功需要极致的个性，这样的成功以其他方面的牺牲为代价。极度的成功跟你认为的‘成功’是不一样的，你不必成为像理查德或者埃隆那样的人，也能过上富裕和优质的生活。你获得幸福的概率比成为伟大人物的概率更高。

但如果你是一个极端的人物，你必须做你自己，幸福对你来说已经不是人生最重要的目标了。这些人常常是怪胎或者与社会格格不入，他们总是强迫自己以一种非同寻常的方式去体验这个世界。

他们找到生存的策略，随着年龄的增长，他们会想方设法把这些策略应用到其他的事情当中，为自己创造独特的、强有力的优势。他们的思维方式不同于常人，他们总能以全新的角度看待事物，找到具有洞见的创意。但是，人们常常认为他们是疯子。”

伟大的人物通常对自己感兴趣的事情有着异常变态的时间投入，你不知道他们牺牲了什么，只能从他们的家人或朋友的描述中窥得一斑。

反侵权盗版声明

举报电话：(010)88254396；(010)88258888
传　　真：(010)88254397
E－mail：dbqq@phei.com.cn
通信地址：北京市万寿路 173 信箱
电子工业出版社总编办公室
邮　　编：100036